전략적
브랜드
경영

전략적 브랜드 경영 (3판)

초판 인쇄 2022년 8월 25일
초판 발행 2022년 8월 30일

지은이   알렉산더 체르네프
옮긴이   오해동
감수   노전표
펴낸이   이찬규
펴낸곳   북코리아
등록번호 제03-01240호
주소   13209 경기도 성남시 중원구 사기막골로 45번길 14
          우림2차 A동 1007호
전화   02-704-7840
팩스   02-704-7848
이메일   ibookorea@korea.com
홈페이지 www.북코리아.kr
ISBN   978-89-6324-873-8 (93320)

값 23,000원

* 본서의 무단복제를 금하며, 잘못된 책은 구입처에서 바꾸어 드립니다.

3판

전략적
브랜드
경영

Strategic
Brand
Management

알렉산더 체르네프 지음
오해동 옮김
노전표 감수

북코
리아

역자 서문

좋은 저서를 번역할 기회를 주시고 감수를 해주신 노전표 교수님(연세대학교)께 무한한 감사를 드리고, 책 출간에 많은 도움을 주신 북코리아 대표님과 김수진 과장님께 깊은 감사를 드립니다. 또한, 번역하는 동안 내내 관심과 격려를 아끼지 않은 동료, 후배, 선배님들께도 감사의 말을 올립니다. 마지막 완성에 조력을 아끼지 않은 사랑하는 가족과 딸에게 깊은 애정과 고마움을 전합니다.

2022년 8월
오해동

『전략적 브랜드 경영』제3판이 한국어로 번역되어 한국 마케팅 전문가들께 소개되어 매우 기쁘게 생각합니다. 본 저서가 브랜드 구축에 체계적이고 의미 있는 방식으로 접근하여 고객과 장기적인 비지니스 성공으로 이어지는 데 도움이 되기를 바랍니다.

알렉산더 체르네프

서문

영국의 시인이자 극작가인 윌리엄 셰익스피어는 〈로미오와 줄리엣〉에서 "우리가 다른 이름으로 장미라고 부르는 것은 달콤한 냄새가 날 것이다"라고 썼다. 셰익스피어의 통찰력은 수 세기 전에 그가 그의 걸작을 썼을 때 사실이었을지 모르지만, 오늘날에는 더 이상 사실이 아니다. 이름은 항상 단순한 이름이 아니다. 브랜드가 되면서 그 이름은 우리 주변 세계에 대한 우리의 인식에 영향을 미치고, 우리가 무엇을 구매하기로 결정하고, 우리가 다양한 제품과 서비스를 경험하고, 그들의 성과에 얼마나 행복한지를 결정하는 힘을 얻는다.

브랜드는 회사의 가장 소중한 자산 중 하나이다. 애플, 코카콜라, 디즈니, 맥도날드, 나이키 브랜드의 가치는 각각 수백억 달러로 추산되며, 상위 100개 브랜드의 가치를 합하면 1조 달러가 넘을 것이다. 이들 기업 중 상당수는 브랜드의 가치가 유형 자산의 가치보다 크다. 이제, 브랜드는 새로운 부의 창출자가 되었다.

브랜드의 중요성 증가는 여러 요인에서 비롯된다. 지난 수십 년 동안 전례 없는 아웃소싱의 물결은 제품의 상품화 속도를 가속화했으며 동일한 제조업체가 경쟁 회사를 위해 유사한 제품을 만들었다. 기술혁신은 제품품질의 극적인 개선을 가져왔고, 경쟁자는 고객의 필수

요구를 충족하는 제품을 만들 수 있지만 이러한 고객은 경쟁 제품 간의 의미 있는 차이점을 식별할 수 없다.

기능적 성능을 기반으로 오퍼링offering을 차별화하는 회사의 능력이 저하되면 자연스럽게 브랜드 기반 차별화로 초점이 이동한다. 기업이 기능적 성능을 통해 제품과 서비스를 구별하기 위해 고군분투하면서 고객, 협력자 및 이해 관계자를 위한 가치 창출 수단으로 브랜드에 점점 더 의존하고 있으며, 빠르게 상품화되는 제품과 서비스의 세계에서 브랜드는 경쟁 차별화의 새로운 영역이 되고 있다.

브랜드의 궁극적인 목적은 시장 가치를 창출하는 것이다. 브랜드의 가치 창출 모델은 전략과 전술이라는 두 가지 핵심 구성 요소로 구성되며, 브랜드 경영의 전략적 구성 요소에는 브랜드가 경쟁할 표적 시장을 식별하고 브랜드가 이 시장에서 창출할 가치를 정의하는 것이다. 반면 브랜드 전술은 브랜드를 디자인하고 그 가치를 관련 시장 실체에 전달하는 것과 관련된 특정 활동이며 브랜드의 성공은 전략의 실행 가능성과 시장 가치를 창출하는 전술의 효율성을 따른다.

시장 가치 창출과 관련된 브랜딩 결정의 복잡성으로 인해 기업의 브랜드 구축 활동은 브랜드 전략 및 전술 관리에 대한 체계적인 접근 방식을 따라야 하는데, 이러한 가치 기반 브랜드 관리 체계는 이 책에서 잘 제시되어 있다. 브랜드 경영은 고객, 협력자 및 이해 관계자의 마음속에 기업이 제공하는 제품에 대한 의미 있는 이미지를 형성함으로써 시장 가치를 창출하는 것을 목표로 한다.

이 책에서 설명하는 전략적 브랜드 경영 이론은 다음과 같이 네 부분으로 구성되고 11개의 장으로 되어있다.

1부에서는 브랜드 경영을 위한 일반적인 체계를 설명한다. 특히, 1장에서는 오퍼링을 식별하고 유사한 시장 오퍼링과 차별화하며 고유한 시장 가치를 창출하는 데 사용되는 마케팅 도구로서의 브랜드 개념을 소개한다. 2장에서는 마케팅 관리를 위한 일반적인 체계를 제시하고 마케팅 관리의 더 넓은 상황에서 브랜드와 브랜드 경영의 역할을 설명한다. 3장에서는 브랜드가 표적 고객, 회사 및 협력자를 위한 가치를 창출하는 방법과 브랜드 관리를 위한 전략적 체계를 제시한다.

2부에서는 강력한 브랜드를 구축하는 과정에 중점을 두며, 4장에서는 표적 시장을 정의하고 브랜드 가치 제안을 명확히 하고 브랜드 포지셔닝을 만드는 과정에 초점을 맞춰 브랜드 전략 개발의 주요 측면을 간략하게 설명한다. 5장에서는 브랜드 전술의 디자인 측면을 다루고 브랜드 디자인의 두 가지 주요 측면인 브랜드 식별자와 브랜드 참조자에 대해 설명한다. 6장에서는 브랜드 전략의 커뮤니케이션 측면을 다루며, 기업이 고객의 마음속에 의미 있는 브랜드 이미지를 구축하기 위해 브랜드 디자인의 요소를 표적 고객과 연관시키는 방식에 초점을 맞춘다.

3부에서는 회사가 브랜드를 성장시킬 수 있는 방법에 대해 설명한다. 7장에서는 브랜드 아키텍처의 주제를 다루고 브랜드 포트폴리오 관리, 공동 브랜드 전략 설계 및 개인 상표 관리와 관련된 문제를 검토한다. 8장에서는 브랜드 확장, 브랜드 재배치, 브랜드 재정렬, 브랜드 라이선싱 문제에 초점을 맞춰 시간이 지남에 따라 브랜드를 관리하는 방법을 살펴본다. 9장에서는 브랜드 경영의 주요 법적 측면과 기업이 브랜드와 관련된 지적 재산을 보호하기 위해 취해야 하는 방법에 대해 설명한다.

4부에서는 브랜드 분석 및 계획 과정을 다루는데, 10장에서는 시장 통찰력을 수집하고 브랜드 영향을 측정하는 과정에 대해 설명한다.

브랜드 이미지, 브랜드의 고객 가치, 브랜드 파워, 브랜드 자산을 측정할 뿐만 아니라 브랜드 행동 계획의 실행을 분석하는 데 중점을 둔다. 11장에서는 실행 가능한 브랜드 경영 계획 수립, 고객 가치지도 작성, 브랜드 정체성 가이드 개발, 브랜드 감사 수행에 중점을 두고 브랜드 분석 및 계획의 주요 측면을 간략하게 설명한다.

이 책에서 설명하는 핵심 개념과 원칙은 브랜드를 시장 가치를 창출하기 위한 도구로 보는 포괄적인 체계로 집중된다. 명확하고, 간결하며, 실용적인 본 저서는 강력한 브랜드 구축에 관심이 있는 브랜드 및 제품관리자, 고위 경영진 및 사업가를 위해 집필되었다.

목차

1부 브랜드 경영 체계

2부 브랜드 구축

3부 브랜드 성장

브랜드 경영 체계

여러 가지 방법으로 넘어질 수 있지만,
성공하는 것은 한 가지 방법으로만 가능하다.
- 아리스토 텔레스, 그리스 철학자

브랜드는 관리자가 사람들의 마음에 회사와 오퍼링에 대한 의미 있는 이미지를 생성하기 위해 사용하는 마케팅 도구이다. 브랜드는 고객을 위한 가치를 창출하고 고객의 시장 행동에 영향을 미치며, 회사의 가치를 창출한다. 시장 가치의 개념은 브랜딩의 핵심이며, 브랜드를 만들고 관리할 때 회사가 하는 모든 일은 고객, 회사 및 협력자를 위한 가치를 창출하는 궁극적인 목적에 의해 좌우된다.

이 책의 첫 번째 부분은 마케팅 관리라는 넓은 분야 내에 브랜드 관리를 통해 사업 분야로서의 역할을 검토하고, 시장 가치를 창출하는 수단으로서의 브랜드의 본질을 조사한다. 구체적으로, 제1부는 다음 세 장으로 구성된다.

1장에서는 오퍼링을 식별하고 유사한 시장 오퍼링과 차별화하며 오퍼링의 다른 속성에 의해 창출되는 것 이상으로 고유한 시장 가치를 창출하는 데 사용되는 마케팅 도구로서의 브랜드 개념을 소개한다. 브랜드 이미지의 형성과 고객 행동에 영향을 미치는 역할, 브랜드 관리의 본질, 핵심 기능 및 강력한 브랜드 구축에서의 중요성에 대해 논의하며, 브랜드를 회사의 모든 행동에 대한 지침 원칙으로 만들고 브랜드 약속을 중심으로 회사 문화를 구축하는 것과 관련된 브랜드 경영 개념을 소개한다.

2장에서는 회사가 브랜드 경영 계획을 수립하는 마케팅 관리를 위한 일반적인 체계를 설명한다. 마케팅 전략에 대한 논의는 가치 창출 과정의 논리에 초점을 맞추고 회사의 전략을 수행하는 시장 오퍼링 설계와 관련된 특정 활동을 설명하는 전술의 개요로 이어지고, 회사가 시장 가치를 창출하는 방법을 가이드하는 포괄적인 마케팅 관리 체계의 상황에서 회사 사업 모델을 설명한다.

　3장에서는 시장 가치 창출을 위한 역할에 대해 설명한다. 구체적으로, 브랜드가 고객 가치를 창출하는 핵심 영역으로 기능적·심리적·금전적 가치를 기술하며, 전략적 및 금전적 가치를 브랜드가 회사와 협력자를 위한 가치를 두 가지 핵심 영역으로 정의하며, 브랜드 파워와 브랜드 자산 개념 및 브랜드 시장 영향을 설명한다. 마지막으로, 브랜드 경영의 주요 측면은 브랜드가 시장 가치를 창출하는 방식을 설명하는 브랜드 관리를 위한 일반적인 체계로 요약된다.

1

사업 분야로서의 브랜드 경영

어떤 바보라도 거래를 성사할 수 있지만,
브랜드를 만드는 데는 천재성, 믿음, 인내가 필요하다.
- 데이비드 오길비, Ogilvy & Mather 광고 대행사 설립자

오래전부터, 생산자는 브랜드를 사용해 제품을 구별해왔다. 수년에 걸쳐, 브랜드는 제품의 출처를 나타내는 단순한 기호에서 사람들이 시장 오퍼링을 보는 방식의 중요한 측면으로 진화했다. 사람들의 마음에서 브랜드가 하는 역할의 변화와 함께, 브랜딩은 생산자의 직관과 직감에서 영감을 받은 주변적 고려에서 과학적 원칙과 논리적 체계를 바탕으로 핵심 사업 분야로 성숙했다. 역사를 통한 브랜딩 개념의 발전, 마케팅 도구로서의 브랜드의 역할과 사람들 마음속의 정신적 이미지, 시장 가치를 창출하는 수단으로서의 브랜드의 중요성, 강력한 구 구축과정으로서의 브랜드 경영의 본질이 이 장의 초점이다.

역사 전반에 걸친 브랜딩

브랜드는 한 생산자의 상품을 다른 생산자의 상품과 구별하는 수단으로서 오랜 역사를 가지고 있다. 초기에 알려진 브랜드 중 일부는 상품 제작자 또는 소유자 신원을 확인하는 데 사용되었다. 이러한 가장 단순한 형태의 브랜딩은 이집트, 크레타, 에트루리아, 그리스의 고대 문명에서 관찰되었다. 로마제국 시대에는 그림 외에 단어 표시를 사용하는 등 보다 독특한 형태의 브랜딩이 등장하기 시작했다.

산업 혁명의 직접적인 결과로 대량 생산되고 표준화된 제품 확산으로 소비자가 제품을 구별하는 데 도움이 되는 고유한 표시가 필요하게 된 19세기 말까지 브랜드 중요성이 극적으로 증가했다. 제조업체가 더 큰 규모로 생산하기 시작하고 더 많은 유통을 확보함에 따라 경쟁 제품과 차별화하기 위해 제품에 표시를 새기기 시작했다. 그 결과, 브랜드는 보편화되었고, 소비자는 구매 결정을 내릴 때 브랜드에 대한 의존도가 높아졌다.

산업 기술의 채택은 브랜드 기능이 소매업체에서 제조업체로 이동하는 데에도 기여했다. 수 세기 동안, 생산자는 제품을 소매업체에 대량으로 판매한 다음 소매업체에서 개별 구매자에게 판매했다. 제품을 설명하고 출처를 식별하는 것은 소매업체의 몫이었다. 인쇄 및 포장 기술의 발전으로 제조업체는 제품을 명확하게 식별하고 경쟁 제품과 차별화하기 위해 포장에 더 많은 관심을 기울이기 시작했다. 1850년대 컬러 인쇄의 발전은 라벨의 광범위한 사용으로 이어졌으며, 이제는 비교적 저렴한 비용으로 맞춤 제작 및 대량 생산이 가능하다. 라벨의 대부분은 제조업체의 이름과 주소가 포함된 정교한 석판화로 장식되었다. 많은 생산자들은 쇼핑객의 관심을 끌고 매장에서 제품이 눈에 띄도록 디자인된 고유한 그림 상징(브랜드 로고)을 사용하기 시작했다.

이런 변화와 함께, 브랜드의 본질은 단순히 제품의 원산지 표시에서 제조사를 식별하고 제품품질의 상징으로 여겨지고 있었다. 실제로 많은 브랜드가 소매업체의 재고 관리를 돕기 위해 제조업체를 식별하도록 설계된 제품 설명자로 시작하여 제품과 서비스는 시장에서 명성을 얻었고 고객은 이를 찾을 뿐만 아니라 기꺼이 프리미엄을 지불했다. 이름과 로고, 좌우명, 포장과 같은 기타 식별 특성은 단순히 이러한 제품 및 서비스에 라벨을 부착하는 것을 넘어 쉽게 관찰할 수 없는 특성과 이점을 암시했다.

오늘날 브랜드는 어디에나 있다. 식품, 자동차, 화장품, 의약품과 같은 물리적 상품에 국한되지 않는다. 브랜드는 소비자가 직접 구매하지 않는 제품 성분(테플론Teflon, 고어텍스Gore-Tex, 하이벤트Hy Vent)을 지정하는 데 사용될 수 있으며, 브랜드를 사용해 서비스(아메리칸 익스프레스, 넷플릭스, 익스피디아, 우버), 기업(프록터 앤드 갬블, 월마트, 스타벅스) 및 비영리 단체(유네스코, FIFA, WHO 및 미국 적십자)를 식별할 수 있다. 브랜드는 또한 행정 단위(지역, 주 및 도시), 지리적 위치(샴페인Champagne, 코냑Cognac, 로크포트Roquefort, 고르곤졸라Gorgonzola, 아시아고Asiago, 카망베르Camembert), 이벤트(지역 경기, 윔블던, 월드컵 축구, 슈퍼볼 및 더 마스터즈 골프)를 지정할 수 있으며, 개인(레이디 가가, 마돈나, 마이클 조던), 그룹(음악 그룹, 스포츠팀, 사교 클럽), 아이디어와 명분(교육, 사회 정의, 건강)을 식별할 수 있다.

브랜드 사용은 소비자 시장에만 국한되지 않고 비즈니스 시장에서도 중요한 역할을 한다. 브랜드가 고객의 마음에 의미 있는 연상을 불러일으키는 것과 같은 방식으로 브랜드는 관리자를 위한 가치를 창출하고 그들의 결정에 영향을 미칠 수 있다. 결과적으로 브랜드는 소비자 시장에서만큼 비즈니스 시장에서도 중요할 수 있다. B2B 기업은 컨설팅(맥킨지, 보스턴 컨설팅, 액센츄어), 상용 장비 제조(보잉, 듀폰, 캐터필러), 소프트웨어 솔루션 서비스(SAP, 오라클Oracle, 라쿠텐Rakuten)를 포함한 산업 전반에 걸쳐 강력한 브랜드를 구축했다.

마케팅 도구로서의 브랜드

브랜드는 사람들 마음에 회사와 제품에 대한 의미 있는 이미지를 만드는 데 사용되는 마케팅 도구이다. 브랜드는 이름, 로고, 좌우명 및 브랜드와 관련된 다양한 개념을 포함해 회사가 지정하고 관리하는 일련의 속성으로 구성되며 시장 행동에 영향을 미칠 수 있다.

> *브랜드는 오퍼링을 식별하는 데 사용되는 마케팅 도구이다.*
> *유사한 시장 오퍼링과 차별화하고 오퍼링의 다른 속성에 의해*
> *창출되는 것 이상으로 고유한 시장 가치를 창출한다.*

간단히 말해, 브랜드는 관리자가 사람들 마음에 의미 있는 정신적 이미지를 만들어 시장 가치를 창출할 수 있도록 한다. 시장 가치 개념은 브랜딩 핵심이다. 브랜드를 만들고 관리할 때 회사가 하는 모든 일은 고객, 회사 및 협력자를 위한 가치를 창출하는 궁극적인 목적을 위해 추진된다.

많은 관리자들이 일상 활동에서 제품과 브랜드 경영 결정을 혼동하기 때문에 브랜드 역할은 종종 제품 역할과 혼동된다. 그러나 제품 경영과 브랜드 경영은 시장 가치 창출이라는 공통의 목표로 통일된 두 가지 별개 활동이다. 제품과 브랜드 차이점은 다음 예를 통해 설명할 수 있다.

새로운 오퍼링을 소개하는 시리얼 회사의 경우, 오퍼링 개발에는 전략적 및 전술적 두 가지 유형이 있다. 전략적 결정은 목표 시장과 관련 시장 주체(표적 고객, 회사 및 회사 협력자)에 대한 가치제안을 식별하는 것이며, 브랜드 전술은 회사가 선택한 시장에 도입할 실제 오퍼링 개발이다(마케팅 관리의 전략적 및 전술적 측면은 2장에서 더 자세히 논의된다).

회사가 부모와 자녀 모두가 즐길 수 있는 맛있고 건강한 시리얼 가치제안으로 어린 자녀가 있는 건강을 중시하는 가족을 대상으로 하기로 결정했다고 가정해 보자. 이 전략이 적용되면, 다음 단계는 제품, 서비스, 브랜드, 가격, 인센티브, 커뮤니케이션 및 유통의 일곱 가지 전술로 시장에서 제공되는 실제 시리얼을 만드는 것이다. 여기에서, 제품 및 브랜드 결정은 동일한 포괄적인 전략을 따르는 오퍼링의 두 가지 고유한 속성이다.

제품을 디자이닝할 때 관리자는 제품이 표적 고객을 위해 생성할 주요 혜택을 식별해 적절한 제품 전략을 개발해야 한다. 시리얼의 예에서, 제품의 혜택은 맛과 영양과 같은 요소를 포함할 수 있다. 이러한 혜택을 제공하기 위해 관리자는 시리얼의 영양적 가치(영양, 설탕, 섬유질, 나트륨, 단백질 및 비타민)와 맛(향, 식감, 아삭함, 바삭함)과 같은 일련의 전술적 제품 기반 결정을 내린다.

시리얼의 특성을 결정하는 것 외에도, 관리자는 제품을 브랜드화하는 방법을 결정해야 한다. 이를 위해, 잠재적 구매자에게 특정 제품이 경쟁업체가 아닌 특정 회사가 제조한 것임을 알리기 위해 회사 제품과 연결된 고유한 정체성을 만들어야 한다. 또한 관리자는 제품을 경쟁 제품과 차별화할 뿐만 아니라 제품에 대한 고객의 경험에 가치를 추가하는 정체성을 만들고 싶어할 수 있다.

시리얼의 예에서, 브랜드는 고객과의 관계 구축의 심리적 혜택을 창출해 고객의 아침 식사 일상의 필수적인 부분이 되도록 하기 위해 관리자는 브랜드의 개성을 담아낼 수 있는 캐릭터를 만들어, 소비자들이 기업의 시리얼을 쉽게 인지할 수 있도록 하는 동시에 감성적인 차원에서 브랜드와 소통할 수 있다. 예를 들어, 캘로그Kellogg의 프로스트 플레이크Frosted Flakes는 식료품점에서 소비자가 시리얼을 고유하게 식별하고 브랜드와 감정적 연결을 촉진하기 위해 호랑이를 브랜드 캐릭터로 사용하여 브랜드는 제품이 창출하는 가치보다 더 높은 가치를 창출한다. 실제로 다른 회사에서 제조한 시리얼이 모양과 맛이 비슷할 때 브랜드가 핵심 구별 요소가 된다. 시리얼의 맛을 즐기는 동안 고객은 해당 고객에게 적절한 의미를 전달하는 이미지와 관련되지 않는 한 제품과 정서적 유대를 형성할 가능성이 없다.

　제품 및 브랜드 결정에는 다양한 유형의 전문 지식이 필요하다. 시리얼의 예에서, 제품 중심의 결정은 사람 영양, 식품 제조 기술 및 공정, 소비자 식품 선호도에 관한 지식을 요구한다. 대조적으로 브랜드 중심의 결정은 자기표현, 관계, 소속감과 같은 더 높은 수준의 고객 요구를 포함해 고객에 대한 심층적인 이해가 필요하다. 제품 및 브랜드 관리와 관련된 다양한 역량은 이 두 가지 활동을 개별 제품 및 브랜드 관리 기능으로 분리하고 이러한 기능을 서로 다른 관리자에게 할당해 성공적인 시장 오퍼링을 개발하기 위해 협력한다.

　브랜드는 기업이 디자인하고 관리하지만, 브랜드의 힘은 사람들 마음속에 형성되는 이미지에서 비롯된다. 코카콜라, 리바이스, GE, 후지필름, 3M과 같은 세계최대 기업들을 위한 정체성과 로고를 만든 유명한 브랜드 선구자인 월터 랜드Walter Landor는 "제품은 공장에서 만들어지지만, 브랜드는 마음에서 만들어진다."라고 언급했다. 브랜드는 사람 마음에서 만들어지기 때문에 제품과 달리 한 나라에서 쉽게 만들어져 다른 나라로 수출될 수 없다. 대신, 고객 마음에 의미 있는 이미지를 만들기 위해서는 각 시장에서 육성되어야 한다.

　브랜드가 사람들 마음속에서 만들어졌다는 사실은 브랜드 수명에도 중요한 의미를 갖는다. 새로운 기술의 출현으로 쓸모없게 될 수 있는 제품과 달리, 브랜드는 기업이 제품의 수명주기를 연장할 수 있도록 해주는 지속적인 자산이다. 예를 들어, 질레트Gillette는 1901년에 킹질레트King Gillette가 소개한 단일 면도날 안전면도기부터 최근에 출시된 다섯 면도날 가열식 면도기에 이르기까지 다양한 제품세대에 걸쳐 브랜드를 확장해 사람들 마음에 제품의 연속성을 보장했다. 브랜드는 다양한 제품세대에 걸쳐 연속성을 보장해, 새로운 제품이 이전 제품의 명성으로부터 혜택을 받을 수 있도록 한다.

　　브랜드는 상품화의 함정에서 탈출하는 수단이다. 코카콜라는 회사 본사의 금고에 보관되어 있는 '비밀' 공식으로 명성을 쌓았다. 그러나 실제 공식은 재설계되거나 우회되어 코카콜라 주력 제품이 사실상의 상품이 될 수 있다. 시간이 지나면서, 코카콜라는 자신이 실제로 판매하는 것이 콜라 기반 제품이 아니라 코카콜라 브랜드라는 것을 깨달았다. 아이러니하게도, 코카콜라 브랜드가 고객 시장 행동을 유도할 뿐만 아니라 그들의 삶에서도 중요한 역할을 한다는 것을 고위 관리자들은 주력 'Coke' 브랜드 이름을 'New Coke'로 변경하는 중대한 마케팅 실수를 통해서 알았다. 오늘날 코카콜라는 제품이 아니라 브랜드가 시장 가치를 창출하는 주요 수단이라는 사실을 받아들였다. 맞춤형 맛을 포함하는 150가지 이상의 다양한 코카콜라 음료를 특징으로 하는 코카콜라 프리스타일Freestyle 자판기는 제품에 대한 브랜드 지배력에 대한 증거이다. 그것은 더 이상 코카콜라 라벨을 부착한 독특한 제품에 관한 것이 아니라 고객들이 독특하지 않은 제품을 사도록 유도하는 코카콜라 브랜드에 관한 것이다.

정신적 이미지로서의 브랜드

브랜드는 브랜드 이미지, 즉 사람들의 마음속에 존재하고 회사와 오퍼링에 대한 생각, 신념, 느낌을 반영하는 정신적 이미지를 만들어 시장가치를 창출한다. 따라서 이름, 로고 및 좌우명과 같은 특정 속성을 지정하는 데 자주 사용되는 브랜드라는 용어와 달리, 브랜드 이미지라는 용어는 사람들의 마음속에 존재하는 브랜드별 연상의 네트워크를 나타낸다. 고객이 자신의 가치, 신념 및 경험을 통해 특정 브랜드를 보는 방식을 반영한다. 즉 브랜드 이미지는 소비자가 브랜드를 인식하는 방식을 반영한다.

브랜드와 브랜드 이미지는 복잡하게 관련되어 있으며 인과 관계로 생각할 수 있으며, 기업의 브랜딩 활동은 사람들의 마음속에 브랜드와 관련된 정신적 이미지를 형성하는 데 도움이 된다. 그러나 브랜드 이미지는 기업의 행동만으로 정의되는 것은 아니다. 사람들이 브랜드를 보는 방식은 독특한 신념, 브랜드 경험 및 사회적 상호작용 영향도 받는다. 따라서 관리자는 브랜드의 속성과 대중에게 전달되는 방식을 직접 제어할 수 있지만 각 개인 마음속에 존재하는 브랜드 이미지에는 간접적인 영향을 미칠 뿐이다.

브랜드 이미지는 브랜드 이미지와 연결된 주요 개념을 설명하는 연상 지도로 시각적으로 표현될 수 있다. 〈그림 1.1〉은 스타벅스 브랜드에 대한 사람의 이미지를 나타내는 간소화된 브랜드 연상 지도를 보여준다. 여기서 마디nodes는 사람의 마음속에 있는 브랜드와 관련된 다양한 개념을 나타낸다. 브랜드 이름에 가까운 마디는 브랜드와 직접적으로 관련된 생각을 나타내고, 멀리 있는 마디는 고객의 마음에서 덜 두드러진 2차적 연상을 나타낸다.

브랜드들은 이러한 연관성의 폭, 강도 및 매력(긍정적 vs. 부정적)뿐

친근한

에너지

개성

빠른

커피

나의 음료

훌륭한 서비스

아침

뛰어난 맛

나의 의식(ritual)

제멋대로 하기

가까운

나의 장소

일관된 경험

편리한

직장

집

그림 1.1 스타벅스 브랜드 연상 지도

만 아니라, 고객의 마음에 관련되고, 잘 짜여지고 긍정적인 이미지를 성공적으로 만들어낸 정도를 반영한다. 브랜드가 강할수록 관련 혜택, 사용 사례, 경험, 개념, 제품 및 관련 장소의 수가 증가하고 이러한 연관성은 더 강해지고 더 긍정적이다.

브랜드 이미지는 고객의 마음속에 존재하고 시간이 지남에 따라 축적된 고객의 개별 요구, 가치 및 지식에 영향을 받기 때문에, 동일한 브랜드가 고객 간에 다른 브랜드 이미지를 불러일으킬 수 있다. 예를 들어, 일부 고객은 스타벅스 브랜드를 수제 에스프레소 커피 음료와 연관시킬 수 있지만 다른 고객에게는 일상의 일부를 나타낼 수 있다. 즉, 다른 사람들은 스타벅스를 친구를 만나는 장소로 생각할 수도 있다. 따라서 브랜드 이미지는 고객이 이러한 혜택에 부여하는 가치에 따라 수용하거나 거부할 수 있는 일련의 혜택을 수용하는 것으로 브랜드를 묘사한다.

브랜드 이미지 개념은 회사와 그 오퍼링에 대한 여론을 반영하는 브랜드 명성의 개념과 관련될 수 있다. 브랜드 이미지와 브랜드 명성은 기업의 가치 창출 능력에 중요하다. 두 개념의 주요 차이점 중 하나는 브랜드 명성은 과거에 초점을 맞추는 반면, 브랜드 이미지는 범위가 훨씬 더 넓다는 것인데, 브랜드가 과거에 표현한 것과 현재 의미하는 것뿐만 아니라 브랜드가 미래에 약속하는 것을 반영한다. 브랜드의 과거 명성은 신뢰성, 즉 브랜드가 약속을 이행할 가능성을 확립하는 데 도움이 된다. 대조적으로 브랜드 이미지는 신뢰를 얻는 것을 넘어 시장의 다른 브랜드들과 차별화하고 고객들에게 적합하게 만드는 브랜드의 모든 측면을 반영하므로 브랜드 이미지는 고객이 브랜드의 의미를 내면화하는 방식을 나타내는 고객 중심적인 반면, 브랜드 명성은 브랜드가 과거에 한 일을 나타내는 회사 중심적이다.

가치를 창출하는 수단으로서의 브랜드

브랜드 가치는 고객 마음속에 존재하는 이미지에서 나온다. 브랜드 이미지와 브랜드 가치는 복잡하게 관련되어 있지만, 별개의 마케팅 개념이다. 브랜드 이미지는 브랜드 의미, 즉 브랜드가 무엇인지 아닌지를 반영한다. 반면 브랜드 가치는 이러한 의미와 관련해 고객이 느끼는 혜택과 비용을 반영한다. 브랜드 이미지는 "브랜드 X는 무엇인가?" 브랜드 가치는 "브랜드 X가 나에게 무엇을 할 수 있는가?"이다.

고객 가치를 창출하는 브랜드 능력은 회사 오퍼링을 정의하는 혜택의 투명성과 관련될 수 있다. 오퍼링의 모든 측면을 고객이 쉽게 관찰할 수 있는 것은 아니다. 일부 속성은 더 큰 수준의 불확실성과 관련이 있으며, 결과적으로 더 높은 수준의 투명성을 특징으로 하는 다른 속성의 혜택보다 평가하기가 더 어려우므로 성능과 관련된 불확실성

수준에 따라 제품 속성은 관찰 가능, 경험 및 신용의 세 가지 범주 중 하나로 분류될 수 있다.

- 관찰 가능 속성. 고객이 쉽게 식별하고 평가할 수 있는 혜택을 제공한다. 이러한 속성(검색 속성이라고도 함)은 가장 불확실성이 낮으며 일반적으로 구매 전 검사를 통해 식별할 수 있다. 예를 들어, 치약통의 크기와 모양, 자동차 색상, 식당에서 제공하는 요리 유형이 검색 속성이다.

- 경험 속성. 더 큰 불확실성을 수반하며 소비를 통해서만 드러난다. 예를 들어, 치약의 맛, 자동차의 편안함, 식당 음식 맛은 단순히 제공물을 보고 평가할 수 없기 때문에 경험 속성이다.

- 신용 속성. 불확실성이 가장 크며 실제 성능은 소비 후에도 제대로 드러나지 않는다. 예를 들어, 치약의 충치 예방 효과, 자동차의 안전성, 식당 음식의 칼로리는 고객이 제품을 경험한 후에도 성능을 평가할 수 없기 때문에 신용 속성이다.

관찰 가능 속성, 경험 속성 및 신용 속성 간의 구별은 이러한 속성이 고객에게 제공되는 방식을 결정하기 때문에 중요하다. 관찰 가능한 속성을 전달하는 것은 비교적 간단하며, 표적 고객에게 회사 제품 및 서비스의 속성에 대해 알리는 것뿐이다. 단순히 구매자에게 오퍼링의 혜택에 대해 알리는 것만으로는 충분하지 않기 때문에 경험적 속성을 전달하는 것은 더 복잡하다. 오퍼링의 혜택을 완전히 이해하려면 구매자가 경험해야 한다. 결과적으로 경험적 속성이 풍부한 오퍼링은 소비자가 자신의 혜택을 이해할 수 있도록 샘플링을 통해 혜택을 얻을 수 있다.

마지막으로, 신뢰 속성을 전달하려면 고객이 회사의 약속을 신뢰하도록 해야 한다. 그러한 신뢰는 제품 및 서비스의 관찰할 수 없는 성능에 대한 회사의 주장을 뒷받침할 수 있는 명성 좋은 브랜드를 구축

함으로써 달성할 수 있다. 따라서 혜택의 가시성과 이러한 혜택을 전달하는 수단으로서의 브랜드 중요성 사이에는 반비례 관계가 있다. 덜 가시적인 혜택은 시장 가치를 창출하기 위해 브랜드에 더 많이 의존해야 한다(그림 1.2).

그림 1.2 혜택 가시성 및 브랜드 영향

관찰할 수 없는 혜택의 중요성이 클수록, 브랜드가 시장 가치를 창출하는 데 더 큰 역할을 한다. 실제로 모든 혜택을 쉽게 관찰할 수 있는 경우, 브랜드의 기능은 제품 및 서비스 측면에서 창출한 가치 이상의 가치를 창출하지 않고 제품을 식별하고 경쟁 제품과 차별화하는 것으로 제한된다. 그러나 쉽게 관찰할 수 없는 속성은 사람들의 마음에서 잘 나타나지 않으므로 더 큰 마케팅 영향을 미치기 위해, 브랜드는 주어진 속성에 대한 우월성을 확립할 뿐만 아니라 이 속성의 중요성을 고객에게 보여주어야 한다. 즉, 브랜드는 고객 가치를 창출하기 위해 보이지 않는 것을 눈에 띄게 만든다.

제품과 서비스의 보이지 않는 측면을 두드러지게 만들기 위해, 브랜드는 제품이나 서비스의 이전에 보이지 않았던 차원의 중요성을 강조하고 우수한 성능을 약속함으로써 결함을 해결한다. 이러한 맥락에서 브랜드는 고객이 오퍼링을 평가할 때 고려해야 할 차원을 확장함으로써 선택을 복잡하게 하고, 이러한 복잡성을 해결하고 최선의 선택을 하는 방법으로서 브랜드의 역할을 촉진한다. 눈에 보이지 않는 혜택을

브랜드 경영 체계

강조해 복잡성을 추가하면 브랜드 오퍼링과 상품화된 제품을 구분하는 데 도움이 된다.

에비앙Evian의 성공을 생각해보자. 1826년 최초의 병입 시설을 개장한 후, 에비앙은 당시 일상용품으로 인식되었던 업계에서 전 세계적으로 가장 많이 팔리는 고급 생수가 되었다. 에비앙은 미충족 시장 니즈를 해결해 브랜드를 포지셔닝한 최초의 회사가 됨으로써 이를 달성했다. 엄마들은 아이에게 먹이는 수돗물의 순도를 걱정했다. 그들이 우려하는 이유 중 하나는 마실 때 쉽게 맛볼 수 있는 수돗물을 정화하는 데 사용되는 화학 물질 때문이었다. 수돗물 맛이 나지 않는 것을 순수함의 표시로 여겼기 때문에 에비앙 물은 순한 맛이 나는 완벽한 제품이었다. 에비앙은 단순히 신생아의 엄마에게 생수를 판매하는 것이 아니라, 물의 순수성과 아기의 성장을 촉진하는 미네랄의 존재를 강조해 제품을 유아용 유일한 물이라고 묘사했다. 에비앙은 당시 사람들의 눈에 띄지 않던 물의 순도와 미네랄 함량을 구매자 결정 과정에서 중요한 요소로 삼아 이 두 가지 혜택을 가장 잘 전달하는 브랜드로 자리매김했다. 따라서 에비앙은 오퍼링의 보이지 않는 속성을 두드러지게 함으로써 고객이 식수에 대해 생각하는 방식을 변화시키고 이러한 속성에 대한 브랜드의 우월성을 확립할 수 있었다.

에비앙과 마찬가지로 미쉐린Michelin은 자동차 타이어의 신뢰성이라는 이전에 모호한 측면의 중요성을 강조해 브랜드를 확립했다. 미쉐린은 "너무 많은 것이 당신의 타이어에 타고있기 때문에"라는 좌우명을 통해 신뢰할 수 없는 타이어를 구매하는 것과 관련된 위험을 부각시켰다. 같은 맥락에서 다이하드DieHard는 배터리의 수명을 강조하고, 디월트DeWalt는 전문 공구의 내구성을 강조하며, 맥도날드는 식사의 일관성에 초점을 맞추고, 파파존스는 피자 재료의 신선도를 강조한다. 제약회사는 회사가 이러한 문제를 눈에 띄게 만들 때까지 고객에게 보이지 않는 문제를 해결하도록 기획된 브랜드를 출시한다.

　보이지 않는 것을 만드는 가장 잘 알려진 예 중 하나는 인텔의 성분 브랜딩 전략일 것이다. 인텔 인사이드Intel Inside 캠페인 이전에 소비자는 소프트웨어 호환성, 성능 사양 및 가격과 같은 속성을 기준으로 컴퓨터를 구입했다. 인텔은 마이크로프로세서를 알려지지 않은 상태에서 주목의 대상으로 가져옴으로써 수백만 명의 소비자가 컴퓨터를 구매하는 방식을 변화시켰고, 인텔 로고를 소비자가 컴퓨터를 선택할 때 가장 먼저 고려하는 항목 중 하나로 만들었다. 유사한 전략에 따라 성공을 거둔 다른 저명한 브랜드로는 시마노(자전거용 기어 시스템), 돌비(소음 감소 음향 기술) 및 고어텍스(방수, 통기성 직물)가 있다.

　대부분의 경우, 브랜드에 의해 가시화된 속성에 대한 제품의 성능은 고객이 쉽게 관찰할 수 없다. 고객은 에비앙 생수의 미네랄 함량의 순도와 혜택, 미쉐린 타이어의 신뢰성, 다이하드 배터리의 수명을 쉽게 평가할 수 없으므로 혜택을 제공하고 브랜드를 선택의 핵심 요소로 사용하겠다는 브랜드의 약속에 의존한다. 브랜드는 제품이 관찰할 수 없지만 중요한 속성에 대해 약속한 대로 작동할 것이라고 고객에게 확신시켜 제품 구매와 관련된 인지된 위험을 줄인다.

브랜딩 및 브랜드 경영

고객과 회사 이해 관계자를 위한 가치를 창출하는 기업의 능력에서 브랜드가 하는 중심 역할은 브랜드 경영이 핵심 사업 분야로 부상하는 데 기여했다. 브랜드 경영의 중요성을 인식한 기업들은 이제 강력한 브랜드를 구축하기 위해 핵심 개념, 원칙 및 체계에 의존한다. 브랜드 경영의 본질과 시장 가치를 창출하는 과정으로서의 논리는 다음 절에 요약되어 있다.

● 브랜드 경영의 본질

브랜드 경영은 관련 시장 실체를 위해 가치를 창출하는 회사의 브랜드 자산을 개발하고 관리하는 과정이다. 즉, 회사가 충족하고자 하는 고객, 브랜드를 소유하고 관리하는 회사 및 고객을 위한 가치를 창출하기 위해 회사와 협력하는 회사의 협력자들이다. 간단히 말해, 기업의 브랜드 자산을 개발하고 관리하는 과정이다. 브랜드 경영은 시장 가치를 창출하는 브랜드를 만드는 것이다. 시장 가치를 창출하기 위해, 브랜드는 사람들 마음에 의미 있는 이미지를 심어주어 회사가 제품과 서비스를 식별하고, 경쟁사와 차별화하고, 동시에 제품과 서비스에 의해 제공되는 가치를 넘어서는 뚜렷한 가치를 창출할 수 있도록 도와야 한다. 브랜드 경영은 다음과 같이 정의될 수 있다.

> 브랜드 경영은 회사가 오퍼링을 식별하고 경쟁 오퍼링과
> 차별화하며 독특한 시장 가치를 창출할 수 있도록 하는 고유한
> 이미지를 사람들의 마음에 생성하고 유지하는 과정이다.

브랜드 경영은 브랜드 이름, 로고 및 좌우명과 같은 구체적인 브랜드 속성을 기획하는 것에서부터 고객 행동 및 회사 수익에 대한 브랜드의 영향을 평가하는 것까지 다양한 일련의 활동이다. 구체적으로, 브랜드 경영에는 다음과 같은 활동이 포함된다.

- **브랜드 가치 정의**. 브랜드 경영의 초석은 브랜드 의미와 브랜드가 고객, 회사, 협력자를 위해 창출할 가치를 정의하는 것이다. 시장 가치를 창출하는 것이 브랜드 경영의 궁극적인 목표이기 때문에, 가치 관리는 브랜드 핵심 측면이다. 시장 가치를 창출하는 수단으로서의 브랜드 역할, 브랜드 목표 시장을 식별하는 과정, 가치제안을 개발하고 브랜드를 포지셔닝하는 과정은 3장과 4장에서 논의된다.

- **브랜드 속성 기획**. 브랜드 기획은 브랜드를 정의하는 특정 요소를 만드는 것이다. 브랜드 기획에는 브랜드 이름, 로고, 좌우명, 캐릭터, 소리 표시 soundmark, 제품 디자인 및 포장과 같은 브랜드 고유의 속성(브랜드 식별자)이 포함된다. 여기에는 고객에게 의미 있고 회사가 브랜드와 연관시켜 활용하려는 가치를 가진 특정 경험, 대상 및 사람을 포함해 브랜드에 고유하지 않은 속성(브랜드 참조자)도 포함된다. 브랜드 속성을 기획하는 과정은 5장에서 자세히 설명한다.

- **브랜드 소통**. 브랜드 속성은 일단 생성되면 표적 고객과 공유해 마음속에 응집력 있는 이미지를 생성해야 한다. 이 과정은 효과적인 커뮤니케이션 캠페인을 개발함으로써 달성된다. 브랜드 커뮤니케이션을 관리하는 것은 브랜드 메시지의 내용과 표적 청중을 식별하고, 매체와 청중과 브랜드의 접점을 선택하고, 브랜드 커뮤니케이션 캠페인의 창의적인 실행을 개발하는 것을 포함한다. 영향력 있는 브랜드 커뮤니케이션 캠페인의 개발은 6장에 요약되어 있다.

- **브랜드 아키텍처 만들기**. 시장이 더욱 세분화됨에 따라, 기업은 단일 오퍼링에서 서비스를 제공하는 다양한 고객 니즈에 맞는 제품 라인으로 전환한다. 즉, 새로운 브랜드의 도입과 포괄적인 브랜드 포트폴리오 전략 개발이 필요한 전환이다. 브랜드 구조를 만드는 것은 특정 브랜드를 회사 제품 및 서비스에 할당하고 이러한 브랜드를 관리해 개별적 및 전체적 가치 극대화를 포함한다. 회사 자체 브랜드 포트폴리오를 관리하는 것 외에도, 브랜드 아키텍처에는 다른 브랜드와 협력해 브랜딩 제휴를 구축하는 것이 포함된다. 브랜드 포트폴리오와 공동브랜딩을 관리하는 과정은 7장에서 논의된다.

- **브랜드 역동성 관리**. 브랜드는 한 번 만들어지면 회사 목표와 시장 상황 변화에 따라 진화한다. 회사의 목표와 시장 환경 변화에 대처하기 위한 세 가

브랜드 경영 체계

지 유형이 있다. ① 브랜드와 관련된 일련의 제품 및 서비스를 확장하는 것과 관련된 브랜드 확장, ② 브랜드의 정체성과 의미에 대한 변경을 포함하는 브랜드 재배치repositioning, ③ 브랜드의 의미를 변경하지 않고 브랜드의 전술적 측면에서 비교적 작은 변경을 포함하는 브랜드 재정렬. 이러한 세 가지 유형의 브랜드 역동성 관리는 8장에서 다룬다.

● **브랜드 보호**. 많은 기업에서 브랜드는 가장 소중한 자산이다. 브랜드는 회사의 지적 재산이므로 회사 오퍼링을 식별하고 경쟁 제품과 차별화하는 역할을 효과적으로 수행할 수 있도록 보호해야 한다. 따라서 브랜드 경영은 경쟁업체 브랜드의 침해로부터 법적 보호를 받을 수 있는 방식으로 회사 브랜드를 구축하고 관리하는 것을 목표로 한다. 브랜드 지적 재산권 측면을 관리하는 과정과 브랜드가 창출하는 가치를 보호하기 위한 상표의 사용은 9장에서 논의된다.

● **브랜드 평가**. 강력한 브랜드를 구축하려면 시장과 브랜드가 이 시장에서 가치를 창출하는 방식을 명확히 이해해야 한다. 이를 위해, 브랜드 경영은 기업의 브랜딩 활동의 효과를 평가하고 고객의 마음에 브랜드 이미지를 묘사하고, 고객과 회사를 위해 가치를 창출하는 브랜드의 능력을 측정한다. 브랜드 영향을 측정하는 다양한 접근 방식은 10장에 설명되어 있다.

● **브랜드 경영을 위한 실행 계획 개발**. 강력한 브랜드를 구축하기 위해 관리자는 브랜드가 시장 가치를 창출하는 방법을 명확히 이해해야 하며 회사의 브랜드를 만들고, 성장하고, 방어하는 과정을 요약한 브랜드 경영 계획에 반영되어야 한다. 브랜드 경영 계획의 주요 구성 요소와 브랜드 실행 계획을 작성하고 브랜드 감사를 수행하는 절차는 11장에서 논의된다.

브랜드 경영의 궁극적인 목표는 강력한 브랜드를 구축하는 것이다. 그 목표를 달성하기 위해 관리자는 먼저 브랜드가 표적 고객을 위한 가치를 창출하는 방법과 회사가 이해 관계자를 위해 이 가치의 일부를 포착할 수 있는 방법을 명확하게 이해해야 한다. 브랜드가 시장 가치를 창출하는 과정은 다음 절에 자세히 설명되어 있다.

● 시장 가치를 창출하는 과정으로서의 브랜드 경영

브랜드를 구축하기 위해 회사는 브랜드 의미와 정체성을 디자인하고 다양한 채널을 사용해 표적 고객에게 이러한 정체성과 의미를 전달하는 것을 포함하는 일련의 브랜드별 활동에 참여한다. 기업 브랜딩 활동은 고객 마음속에 브랜드에 대한 주관적인 해석인 브랜드 이미지 형성으로 연결되어 브랜드의 매력도와 브랜드가 창출하는 고객 가치를 평가하는 기초가 된다.

　따라서 브랜드에 대한 고객의 평가는 고객 행동에 영향을 미친다. 구체적으로, 고객이 오퍼링을 구입할 가능성, 브랜드 오퍼링을 사용하고 브랜드와 상호 작용할 가능성이 높은 정도, 브랜드 경험을 공유하고 브랜드 옹호자가 될 가능성이 높은 정도이다. 고객의 시장 행동은 회사 포트폴리오에서 다른 브랜드에 이익을 줄 뿐만 아니라 회사 수익에도 기여함으로써 회사의 가치를 창출한다. 브랜드들이 회사와 고객을 위해 가치를 창출하는 과정을 〈그림 1.3〉에서 간략하게 보여준다.

　일부 기업은 브랜드를 관리할 때 이름, 로고, 대변인과 같은 브랜드 정체성 요소를 결정하고 브랜드 커뮤니케이션 캠페인을 디자인하는 것과 같은 전술적 활동부터 시작하는 주요 실수를 저지른다. 이 접근 방식의 문제는 브랜드 정체성과 커뮤니케이션을 디자인하는 것이 브랜드가 시장 가치를 창출하는 방법을 명확하게 설명하는 포괄적인 전략에 의해 안내되어야 하는 전술적 결정이라는 것이다. 브랜드가 어

그림 1.3 브랜드의 시장 영향력

떻게 시장 가치를 창출할지에 대한 전략적 비전 없이는 강력한 브랜드를 구축할 수 없다.

강력한 브랜드를 구축하기 위해, 관리자는 브랜드가 시장에서 창출하고자 하는 가치에서 시작해야 하며, 회사가 브랜드 구축을 위해 수행해야 하는 특정 활동(브랜드 정체성 요소 설계 및 브랜드가 표적 고객과 커뮤니케이션 방식)으로 거슬러 올라가야 한다. 브랜드를 구축하고 관리하는 첫 번째 단계는 브랜드가 회사를 위해 가치를 창출하는 방법을 파악하는 것이다. 즉, 회사 수익에 직접적으로 기여하는 금전적 가치 또는 다른 오퍼링의 시너지 효과로 인해 회사에 이익을 주는 전략적 가치이다. 브랜드가 회사를 위해 창출할 가치를 확인한 후, 관리자는 고객이 회사 제품을 구매하는 것에서 브랜드 옹호자가 되는 것을 더 쉽게 만드는 것까지 어떻게 브랜드가 고객에게 원하는 가치를 창출하기 위해 고객 행동을 변화시켜야 하는지를 고려해야 한다.

고객 행동에서 원하는 변화가 식별되면, 관리자는 이러한 변화를 일으키기 위해 브랜드가 고객을 위해 창출해야 하는 가치를 결정해야 한다. 다음 단계는 고객 가치 창출을 위해 브랜드가 고객의 마음에 그려야 하는 이미지를 식별하는 것이다. 기업은 원하는 브랜드 이미지가 식별된 후 브랜드 정체성 요소 디자인 및 브랜드 커뮤니케이션 캠페인 개발과 같은 특정 브랜드 구축 활동을 고려해야 한다. 브랜드 관리에 대한 가치 중심 접근 방식 논리는 〈그림 1.4〉에 나와 있다.

회사 가치 → 고객 행동 → 고객 가치 → 브랜드 이미지 → 회사 활동

그림 1.4 가치 중심 브랜드 관리

● 브랜드에 의한 경영

강력한 브랜드는 고객이 공감할 수 있는 명확한 가치 제안을 가지고 있으며, 브랜드가 그들의 정체성의 일부를 대표한다고 느낄 수 있게 한다. 의미 있는 가치 제안을 달성하기 위해 기업은 고객, 회사, 협력자들을 위한 가치를 창출하는 방식으로 브랜드를 관리해야 할 뿐만 아니라 브랜드와 직접 관련되지 않은 모든 활동을 브랜드 본질과 고객에 대한 약속과 연계시켜야 한다. 따라서 브랜드를 관리하는 것과 브랜드에 의한 관리는 브랜드 경영의 두 가지 측면이다. 브랜드를 관리하는 것은 브랜드 요소를 디자인하고, 브랜드의 의미를 전달하고, 브랜드를 성장시키고 방어하는 것과 같은 브랜드별 결정을 하는 것이며, 브랜드에 의한 경영은 회사의 모든 행위를 수행할 때 브랜드의 본질, 즉 브랜드가 상징하는 것을 지침 원칙으로 삼는 것을 의미한다.

브랜드에 의한 경영은 회사의 모든 활동(전략적, 전술적)이 브랜드 의미와 고객에게 제시하는 가치와 일치해야 함을 의미한다. 이러한 정렬은 제품, 서비스, 가격, 판촉, 커뮤니케이션 및 제품의 유통 측면에 관한 모든 마케팅 결정이 브랜드의 본질과 일치해야 함을 의미한다. 예를 들어, 질레트는 제품을 디자인할 때 "남자가 얻을 수 있는 최고"가 되겠다는 브랜드의 약속을 이행할 수 있도록 제품의 우수성을 보장하기 위해 노력한다. 리츠칼튼은 브랜드 좌우명인 "숙녀와 신사를 섬기는 신사 숙녀 여러분"에 따라 최상의 서비스를 제공하는 것을 목표로 하고 있다. 루이비통, 에르메스, 롤스로이스와 같은 명품 브랜드는 가격경쟁을 하지 않고 판촉 행사도 하지 않는다. 할리데이비슨, 레드불, 파타고니아와 같은 라이프스타일 브랜드는 정체성을 유지하기 위해 사용자 기반 커뮤니티 구축에 초점을 맞춘 비전통적인 커뮤니케이션 캠페인을 사용한다. 랄프로렌, 라코스테, 카르티에와 같은 라이프스타일 및 럭셔리 브랜드는 일관된 브랜드 이미지를 유지하기 위해 소매 환경을 통제할 수 있는 직접 유통 모델을 사용하는 경향이 있다.

브랜드에 의한 경영은 모든 회사 활동이 브랜드 의미와 일치하는지 확인하는 것 이상이며 회사 문화가 브랜드 약속을 중심으로 구축되었음을 의미한다.

브랜드는 표적 고객뿐만 아니라 회사 직원 및 협력자를 포함한 모든 이해 관계자에게 약속을 제공한다. 브랜드는 기업 문화를 요약하고 조직의 행동을 안내하고 조직의 성격을 정의하는 공유 가치, 신념, 규범 및 경험을 반영한다.

브랜드는 회사가 수용한 핵심 가치를 정의할 수 있는 힘이 있으며, 그렇게 함으로써 회사에 방향을 제시하고 이해 관계자에게 활력을 주고 영감을 준다. 예를 들어, 기업 문화의 중추인 맥도날드의 가치 체계는 세 가지 핵심 차원에 따라 정의된 브랜드 약속을 따른다. ① 규모를 선의로 사용하겠다는 약속인 책임감 있는 리더십, ② 모든 문화, 연령 및 배경의 고객을 환영하는 세계에서 가장 보편적이고 민주적인 브랜드 중 하나가 되기 위한 노력인 포용성, ③ 끊임없이 혁신하고 항상 전진하겠다는 진보성이다. 브랜드에 의한 경영은 브랜드 본질을 내면화하고 그에 따라 행동하는 것을 요구한다.

요약

브랜드는 오퍼링을 식별하고 유사한 시장 오퍼링과 차별화하며 오퍼링의 다른 속성에 의해 생성된 것 이상으로 고유한 시장 가치를 창출하는 데 사용되는 마케팅 도구이며 회사가 지정하고 관리하는 속성 집합으로 구성된다. 이름, 로고, 좌우명 및 브랜드와 관련된 다양한 개념을 포함해 시장 행동에 영향을 미치는 힘이 있다. 시장 가치의 개념은 브랜딩의 핵심이다. 브랜드를 만들고 관리할 때 회사가 하는 모든 일은 고객, 회사 및 협력자를 위한 가치를 창출하는 궁극적인 목적에 의해 추진된다.

브랜드는 브랜드 이미지, 즉 사람들의 마음속에 존재하고 회사와 제품에 대한 생각, 신념, 느낌을 반영하는 정신적 이미지를 만들어 시장 가치를 창출한다. 브랜드 이미지는 소비자가 브랜드를 인식하는 방식을 반영하며 브랜드 이름과 연결된 주요 개념을 설명하는 연상 지도로 시각적으로 표현될 수 있다. 브랜드가 불러일으키는 연상의 성격은 이 브랜드가 고객의 마음에 관련성 있고, 명확하며, 긍정적인 이미지를 성공적으로 생성한 정도를 반영한다. 브랜드가 강할수록 관련 혜택, 사용 기회, 경험, 개념, 제품 및 관련 장소가 더 많아지며 이러한 연관성은 더 강력하고 더 긍정적이다.

브랜드 가치는 고객의 마음속에 존재하는 이미지에서 나온다. 브랜드 의미를 반영하는 브랜드 이미지와 달리 브랜드 가치는 고객이 이러한 의미와 연관시키는 혜택과 비용을 반영한다. 브랜드 이미지는 '브랜드 X란 무엇인가?'라는 질문에 답하는 반면, 브랜드 가치는 '브랜드 X가 나를 위해 무엇을 할 수 있는가?'라는 질문에 답한다.

고객 가치를 창출하는 브랜드 능력은 회사 오퍼링을 정의하는 혜택의 투명성과 관련이 있다. 성과와 관련된 투명성 수준에 따라 혜택은 관찰 가능, 경험 및 신뢰성의 세 가지 범주 중 하나로 분류될 수 있다. 혜택의 투명성은 이러한 혜택을 전달하는 수단으로서 브랜드의 중요성과 반비례 관계가 있다. 덜 가시적인 혜택은 시장 가치를 창출하기 위해 브랜드에 더 많이 의존해야 한다. 결과적으로 관찰할 수 없는 혜택의 중요성이 클수록 브랜드가 시장 가치를 창출하는 데 더 큰 역할을 한다.

브랜드 경영은 회사가 제품을 식별하고, 경쟁업체와 차별화하고, 뚜렷한 시장 가치를 창출할 수 있도록 하는 사람들의 마음속에 정신적 이미지를 창조하고 유지하는 과정이다. 브랜드 경영은 다양한 활동들을 포함한다. 이 활동들은 브랜드의 의미와 그것이 창조할 시장 가치의 정의, 특정 브랜드 속성 설계, 대중에게 이러한 속성들을 전달하고, 특정 제품과 서비스에 브랜드를 할당하고 다른 브랜드와 연결함으로써 브랜드 구조를 만들고, 브랜드와 관련된 일련의 오퍼링을 확장하고 브랜드의 정체성과 의미를 수정해 브랜드 역동성 관리하고, 브랜드와 관련된 지적 재산을 보호하고, 회사의 브랜드 활동의 효과를 평가하는 것을 포함한다. 이러한 모든 행동이 브랜드 경영 계획이며, 여기에는 회사가 이 브랜드로 달성하고자 하는 목표와 이 목표를 달성하기 위해 설계된 브랜드 관련 활동이 기술되어 있다.

강력한 브랜드를 구축하려면 관리자가 시장에서 브랜드가 창출하고자 하는 가치를 결정하는 작업을 시작으로 회사가 수행해야 하는 특정 활동, 즉 브랜드 정체성 요소 설계 및 표적 고객에게 브랜드가 커뮤니케이션하는 방식을 이어서 작업해야 한다. 따라서 브랜드 구축은 브랜드가 회사를 위해 가치를 창출하는 방법을 식별하는 것으로 시작하고, 그 후 브랜드가 원하는 회사 가치를 창출하기 위해 고객 행동을 어떻게 변화시켜야 하는지를 확인하는 것으로 진행된다. 관리자는 고객이 원하는 시장 행동을 이끌어내기 위해 브랜드가 창출해야 할 가치를 결정하고 브랜드가 고객에게 이러한 가치를 전달하는 데 도움이 되도록 고객의 마음속에 창조해야 할 이미지를 정의해야 한다. 그 후에 회사는 브랜드 정체성 요소를 설계하고 브랜드 커뮤니케이션 캠페인을 전개하는 것과 같은 특정한 브랜드 구축 행동을 고려해야 한다.

강력한 브랜드 구축은 브랜드 경영을 넘어 브랜드에 의한 경영으로 확장된다. 시장 영향력을 극대화하기 위해 브랜드별 결정을 내리는 브랜드 경영과 달리 브랜드에 의한 경영은 브랜드의 본질, 즉 브랜드가 나타내는 모든 것을 회사의 모든 행동에 대한 지침 원칙으로 사용하는 것을 의미한다. 브랜드에 의한 경영은 기업의 행동을 브랜드의 의미에 맞추는 것 이상을 포함한다. 즉, 브랜드 약속을 중심으로 기업 문화를 구축한다.

수년 동안 커피 생산은 콜롬비아의 주요 무역 중 하나였으며 온화하고 균형 잡힌 커피콩을 재배하는 것으로 명성을 얻었다. 커피의 품질에도 불구하고 콜롬비아 재배자들은 구매자에게 프리미엄 가격을 지불 하도록 설득하는 데 어려움을 겪었다. 1950년대 후반 콜롬비아 커피의 급격한 가격 하락은 커피의 품질을 인증하고 세계 다른 지역의 커피와 차별화하기 위해 커피의 콜롬비아 원산지를 강조하는 아이디어를 탄생시켰다. 콜롬비아 커피 재배자 연맹FNC에서 개발한 이 전략은 콜롬비아 커피의 순수한 원산지에 대한 인식을 높이고 다른 나라의 원두를 혼합한 커피와 구별하며 커피 생산자가 100% 콜롬비아 커피에 더 높은 가격을 부과할 수 있도록 하기 위해 고안되었다.

차별화 전략에는 콜롬비아 커피를 중심으로 브랜드를 구축하고 이 브랜드를 구현하고 세계 시장에서 콜롬비아 커피를 정의할 유형의 상징을 만드는 것이었다. 이를 위해, 1958년 FNC는 DDBDoyle Dane Bernbach 에이전시(현재 DDB Worldwide)의 도움을 받아 콜롬비아 산의 전형적인 커피 재배자를 대표하는 후안 발데즈Juan Valdez라는 가상의 캐릭터를 만들었다. 이 캐릭터는 거래에 대한 숙달과 콜롬비아 커피가 우수한 상품이 될 수 있는 조건을 보여주며 의도적으로 진짜와 같게 만들었다. 발데즈가 노새인 콘치타Conchita와 함께 수확한 커피콩 자루를 나르는 모습을 담은 TV 광고와 인쇄 광고가 제작되었고, 이는 브랜드 로고가 되었다.

카페 드 콜롬비아Cafe de Colombia 브랜드와 후안 발데즈Juan Valdez 로고는 성공적인 커피 원산지 인증 수단이 되었다. 이에 따라 FNC는 100% 콜롬비아 커피가 포함된 자체 브랜드 제품에 사용하기 위해 로스터에 대한 상표 사용권을 부여하기 시작했다. 카페 드 콜롬비아 브랜드의 성공은 브랜드 인지도가 높아졌을 뿐만 아니라 콜롬비아 커피 재배자들이 경쟁 국가의 커피에 비해 국제 시장에서 판매할 수 있었던 더 높은 가격에서도 분명했다. 브랜드의 강점을 활용하고 존재감을 확장하기 위해, 2002년 FNC는 소매 커피를 전문으로 하는 다국적 커피 하우스 체인인 후안 발데즈 카페를 시작했다. 상품화된 제품을 성공적으로 차별화함으로써 카페 드 콜롬비아는 세계적인 명성을 얻었고 콜롬비아에서 가장 가치 있는 브랜드 중 하나가 되었다.

BRANDING SPOTLIGHT 차별화 수단으로서의 브랜드 - 네슬레

19세기 말까지 유럽의 높은 아동 사망률은 5명 중 1명이 돌 전에 사망하는 미해결 문제였다. 독일 태생의 약사인 앙리 네슬레Henri Nestle는 13명의 형제자매 중 5명이 어린 시절에 사망했을 때 이를 직접 경험했으며 이 문제를 해결하기로 결심했고, 1867년에 작은 스위스 마을인 브베Vevey에서 유아용 조제분유를 시장에 내놓았다. 소의 우유, 밀가루, 설탕을 섞은 우유와 밀가루라는 공식은 모유 수유를 할 수 없는 신생아를 위해 고안되었다.

앙리 네슬레는 독특한 로고를 사용해 제품을 브랜드화한 최초의 스위스 제조업체 중 하나였다. 1868년에 도입된 네슬레 로고는 그의 독일어 방언으로 '작은 둥지'를 의미하는 성을 홈페이지에 등록했다. 원래 로고에는 어미 새가 먹이는 세 마리의 어린 새가 등장해 회사 이름과 유아용 시리얼 제품 간의 연관성을 가진 아이디어를 홍보했다. 로고는 시간이 지남에 따라 진화했지만 (현재는 두 마리의 어린 새만 있으며 로고 아래에 양식화된 브랜드 이름이 포함되어 있음), 전체적인 모양과 핵심 의미는 오늘날까지 유지되고 있다.

네슬레 이름과 로고는 유아용 시리얼의 모든 광고와 라벨에 등장했으며, 항상 제품 이름과 연관된다. "네슬레 빵과 우유가루Nestle's Bread and Milk Flour"(영국), "락투스 파리나 네슬레Lactous Farina Nestle"(미국), "하리나 락테아다 네슬레Harina Lacteada Nestle"(스페인), "네슬레 킨더멜Nestle's Kindermehl"(독일), "파리네 알리멘테어 네슬레Farine alimentaire Nestle"(프랑스). 앙리 네슬레는 국가 전반에 걸쳐 일관되고 고유한 브랜드 이미지를 갖는 것의 중요성을 이해했다. 그의 중개상이 둥지를 스위스 국기의 흰색 십자가로 대체할 수 있다고 제안했을 때 네슬레는 다음과 같이 대답했다.

> "내 둥지를 스위스 십자가로 바꾸는 데 동의할 수 없다. 십자가는 뚜껑에
> 아주 좋아 보이지만 내 라벨은 모든 곳에서 동일해야 한다고 절대적으로
> 주장한다. 외관은 동일해야 하며 글만 해당 국가의 언어로 번역되어야
> 한다. 사람들이 내 제품을 한눈에 알아볼 수 있어야 한다. 둥지는 나의
> 상표일 뿐만 아니라 문장coat of arms이기도 하다. … 누구나 십자가를
> 사용할 수 있지만 다른 사람은 내 문장을 사용할 수 없다."

시작은 미미했지만, 네슬레는 시간이 지남에 따라 초콜릿(1904), 무가
당 연유(1905), 분유(1916), 비타민 보충제(1936), 인스턴트 커피(네스카페,
1948년 도입), 녹는 차(네스티, 1948년 출시), 분말 초콜릿 우유(네스퀴크, 1948년
출시), 캡슐 기반 에스프레소 기계와 커피(네스프레소, 1986년 출시)까지 범위를
확장했다. 네슬레의 성공은 수년에 걸쳐 안전한 고급 영양으로 명성을 얻은 브
랜드의 힘과 함께 끊임없는 제품 혁신에 기인한다. 영양 공급이라는 뿌리에 충
실함으로써 네슬레는 범위를 넓히고 브랜드의 의미를 스위스 유아용 조제분유
에서 글로벌 영양 공급원으로 확장할 수 있었다.

BRANDING SPOTLIGHT 가치 표시로서의 브랜드 - 에르메스 버킨 백

에르메스는 1837년 티에리 에르메스Thierry Heremes
가 유럽 귀족들을 섬기는 말 마구 작업장으로 파리
의 그랑 불바르Grands Boulevards 지역에서 설립되었
다. 최고 품질의 장인 정신으로 알려진 이 회사는 수

년에 걸쳐 가장 유명한 마구 및 안장 제조업체 중 하나가 되었으며 안장을 운반
하기 위한 가죽 가방과 함께 건초 가방(말의 목에 걸어 이동 중에 먹이를 주기 위해
두는 것), 승마 부츠 및 채찍과 같은 기타 승마 장신구를 생산하기 시작했다.

에르메스는 우수한 기술력을 바탕으로 승마 제품을 넘어 부유한 고객들
에게 관심을 끌수 있는 장신구까지 판매 범위를 넓혔다. 1930년대 중반, 에르

메스는 남성용 크로노그래프 손목시계와 여성용 커프 시계를 선보였다. 수년에 걸쳐 이 회사는 명품 패션 액세서리 핸드백, 실크 스카프, 넥타이, 보석, 향수를 포함하면서 확장되었다. '창의적인 장인 정신'의 에르메스 철학은 그것을 세계에서 가장 강력한 명품 브랜드 중 하나로 이끌었다.

실크 스카프 외에도 가장 상징적인 에르메스 제품은 핸드백이다. 여성을 위해 특별히 디자인된 최초의 에르메스 핸드백은 에토레 부가티Ettore Bugatti(자동차 디자이너이자 부가티의 창립자)와 공동으로 만들어졌으며 1923년에 도입되었다. 부분적으로 에르메스가 가죽 제품과 의류를 위해 지퍼 사용에 대한 독점권을 획득했고 프랑스에서 이 기구를 도입했기 때문에, 지퍼를 활용한 최초의 핸드백이었다.

특히 두 개의 에르메스 핸드백, 즉 켈리 백과 버킨 백은 스타일, 우아함, 명성의 상징으로 상징적인 지위를 획득했다. 켈리 가방은 1935년 삭 아 데페슈Sac à dépêches라는 넓은 여행용 가방으로 디자인되었다. 이 가방은 1956년 라이프 잡지가 나중에 모나코의 레이니에 3세와 결혼한 저명한 할리우드 여배우 그레이스 켈리가 가방을 들고 있는 사진을 실으면서 주목을 받았다. 사진이 전 세계의 수많은 출판물에 실린 후 대중은 에르메스가 나중에 채택한 이름인 '켈리Kelly' 가방으로 이 가방을 언급하기 시작했다. 켈리 백은 세계적인 지위의 상징이 되었으며 두 번째로 많이 찾는 에르메스 핸드백이다.

가장 탐나는 에르메스 핸드백, 아마도 오늘날 가장 탐나는 핸드백은 버킨 백이다. 버킨 백 이야기는 1983년으로 거슬러 올라간다. 영국 여배우 제인 버킨Jane Birkin 옆에 앉아 있던 승객이 여행 가방에서 모든 것이 떨어지는 것을 보고 주머니가 있는 가방이 있어야 한다고 제안했을 때였다. 에르메스가 지갑을 만든 날 그녀가 그것을 살 것이라는 제인 버킨의 대답은 우연히 에르메스의 CEO이자 회사 설립자의 증손자였던 승객의 공감을 불러 일으켰다. 비행이 끝날 무렵, 넓고 견고하며 바닥이 평평하며 여닫을 때도 똑같이 우아한 버킨 백의 디자인에 대한 예비 스케치가 완성되었다. 버킨은 디자인에 그녀의 성을 빌려주는 대가로 무료 가방을 받았다. 모든 에르메스 가방과 마찬가지로, 버킨 백은 한 명의 장인이 제작하며 만드는 데 일주일이 걸린다.

버킨 백은 단순한 패션 품목이 아니라 시간이 지날수록 그 가치를 높이 평가하는 투자 상품이다. 최고급 히말라야 버킨 백은 최근 크리스티 경매에서 38만 달러에 판매되어 경매에서 가장 비싼 핸드백 중 하나가 되었다. 일본 디자이너 긴자 타나카Ginza Tanaka가 제작한 플래티넘 버킨은 2천 개의 다이아몬드로 장식되어 있으며 가격은 190만 달러이다.

에르메스의 성공은 풍부한 유산, 뛰어난 장인 정신, 세계적으로 상징적인 위상을 성취한 브랜드의 강점을 기반으로 한다. 에르메스의 유산을 바탕으로 의류, 액세서리 및 향수를 통해, 여전히 수익의 대부분을 가죽과 승마 상품에서 얻고 있다. 에르메스가 집중력을 유지하고 뿌리에 충실할 수 있게 한 것은 에르메스를 "가죽, 스포츠, 세련된 우아함의 전통"이라고 묘사한 티에리 에르메스의 손자 에밀-모리스 에르메스의 말에 사로잡힌 자사 브랜드의 본질에 대한 날카로운 비전이다.

BRANDING SPOTLIGHT 라이프스타일 브랜드 구축 – 토미 바하마

토미 바하마Tommy Bahama는 1990년대 초반 휴가 정신을 상징하는 캐릭터, 즉 인생이 긴 주말인 남자를 상상한 세 명의 기업가에 의해 만들어졌다. 의류 디자인 및 제조에 대한 배경 지식을 가진 그들은 가상의 캐릭터가 입을 옷 종류를 만드는 회사를 시작했다. 모든 사업 결정은 하나의 핵심 질문에 의해 결정되었다. 토미 바하마는 무엇을 할까요? 이 질문에 대한 대답은 그들의 제품 라인을 정의했다. 토미는 실크, 프린트 셔츠, 맞춤 바지, 편안한 반바지를 좋아했다. 그는 우아하면서도 섬들의 자연환경을 견딜 수 있을 만큼 내구성이 강한 옷을 좋아했다. 이를 염두에 두고 브랜드의 표적 고객은 자유로운 영혼을 표현할 수 있는 의류를 찾는 차별적인 취향을 가진 35~65세의 남성이었다.

회사는 처음부터 물량보다 브랜드 이미지 구축에 중점을 두었다. 토미 바하마는 라이프스타일 브랜드로 자리 잡았고, 그 본질을 '섬 생활'이라는 단어로 표현했다. 토미 바하마 세계는 "기한이나 요구 사항이 없는 곳, 단순한 즐거움으로 재회할 수 있는 공간이 있는 곳이다. 자유롭게 숨을 쉴 수 있고, 자발적으로 살고, 스타일리시하게 휴식을 취할 수 있는 곳이다."

고객의 마음에 원하는 브랜드 이미지를 만들기 위해, 대형 백화점보다 토미 바하마와 같은 부티크 브랜드에 관심이 많은 전문점에 유통 노력을 집중했다. 더 작고 전문화된 소매상들은 브랜드에 익숙해지고 브랜드 만트라brand mantra와 일치하는 방식으로 진열할 가능성이 더 높았다. 전문점의 영업사원은 토미 바하마 의류 브랜드가 누구나 쉽게 공감할 수 있고, 많은 사람들이 찾고 있는 것을 상징하기 때문에 고객을 토미 바하마 의류로 안내할 가능성이 더 크다. 많은 수의 전문점과 협력하는 작업은 상대적으로 적은 양의 주문을 하고 있는 신규업체에게는 비용이 많이 드는 모험이었다. 브랜드 구축 수단을 확보하기 위해 회사는 대형 소매점 체인을 위해 일반 면 카키색을 생산하는 자체 상표 사업부를 시작했다. 이는 회사 출시 3년 만에 마침내 흑자를 낼 수 있었던 전략이었다.

브랜드를 성장시키기고, 제품을 판매하기 위해 소매업체 에게만 의존하지 않고 고객을 소매점으로 끌어들이기 위해 자체 광고에 착수해야 했다. 200만 달러의 예산은 복잡함을 뚫고 폴로Polo, 노티카Nautica, 힐피거Hilfiger와 같은 의미 있는 방식으로 경쟁하기에는 너무 적었다. 브랜드 비전에 따라, 회사는 고급 쇼핑, 세련된 식사 및 50개 이상의 챔피언십 골프 코스로 유명한 멕시코만의 부유한 도시인 플로리다주 나폴리에 섬 리조트 테마 식당을 열기로 결정했다. 이 전략은 새로운 고객을 브랜드로 소개하는 것뿐만 아니라, 회사가 구매자의 행동을 직접 관찰하고 고객의 요구에 맞춰 제품을 제공할 수 있도록 했다. 이러한 관찰 중 하나가 여성용 토미 바하마 라인의 출시로 이어졌다.

수년에 걸쳐, 회사는 회사 소유 매장을 지속적으로 성장시켜 현재 전 세계적으로 160개 이상의 소매점을 보유하고 있으며, 도매 사업을 확장하고 신발, 핸드백, 넥타이, 안경, 향수, 가정 장식, 실내외 가구와 같은 장신구에 대한 수익성 있는 라이선스 계약을 체결해 10억 달러의 라이프스타일 브랜드가 되었다.

아세트아미노펜 기반의 진통제인 타이레놀은 1950
년 맥닐 연구소McNeil(나중에 존슨앤드존슨에 인수됨)에

TYLENOL

의해 개발되었으며 처음에는 처방약으로 독점적으로 제공되었다. 타이레놀은
다른 아세트아미노펜 제품에 비해 매우 경쟁력 있는 가격으로 병원에 제공되
었기 때문에 부분적으로는 병원에서 빠르게 인기를 얻었다. 처방 없이 타이레
놀을 사용할 수 있게 된 후 존슨앤드존슨은 의료계에서 널리 사용되는 것을 기
반으로 병원에서 가장 많이 사용하는 진통제라는 구호를 사용해 타이레놀을
광고하기 시작했다. 1982년까지 타이레놀은 처방전 없이 구입할 수 있는 진
통제 시장의 35%를 차지했으며. 4억 달러 이상의 매출을 올렸고 존슨앤드존
슨의 가장 수익성 있는 브랜드가 되었다.

1982년 가을, 타이레놀 캡슐로 추적되는 일련의 시안화물 중독으로 구
매자가 사망한 후 존슨앤드존슨은 미국 시장에서 3,100만 병의 타이레놀 캡
슐을 모두 회수하고 폐기하겠다고 발표했다. 몇 년 전 정제의 대안으로 등장한
캡슐이 타이레놀 전체 매출의 40%를 차지했음에도 불구하고, 많은 소매상들
이 캡슐, 알약, 약제 등 모든 종류의 타이레놀을 판매대에서 철수하기 시작하
면서 타이레놀의 시장 점유율이 7% 미만으로 떨어졌다. 많은 마케팅 전문가
들은 타이레놀이 이번 위기에서 회복할 수 없을 것이라고 예측했다.

위기 이후 몇 주 동안 수행된 존슨앤드존슨 내부 조사에 따르면, 많은 소
비자들이 타이레놀 제품을 복용하는 것에 대해 우려하고 있지만, 대중들 사이
에서는 브랜드에 대한 상당한 호의가 있음을 시사했다. 존슨앤드존슨은 이러
한 신뢰를 바탕으로 대중과의 직접적인 소통과 개방을 초석으로 하는 브랜드
회복 전략을 개발했다. 이 회사는 모든 새로운 개발 사항에 대해 대중에게 알
리기 위한 기자 간담회 및 기자 회견을 포함한 광범위한 홍보 캠페인에 참여했
다. 또한 존슨앤드존슨은 현재 고전적인 연설을 통해 대중에게 문제와 회사가
이 문제를 해결하는 방법에 대해 알리고, 동시에 타이레놀에 대한 대중의 신뢰
를 강조하는 의료 책임자가 등장하는 60초 광고를 개발했다.

초강력Extra-Strength 타이레놀 캡슐이 우리 공장을 떠난 후 제한된 지역에서 범죄로 조작된 최근의 비극적 사건을 알고 계실 것입니다. 이 행위는 우리 모두에게 피해를 줍니다. 왜냐하면 여러분은 타이레놀을 여러분의 건강관리의 신뢰할 수 있는 부분으로 만들었기 때문입니다. 그리고 우리는 그 신뢰를 얻기 위해 열심히 일했기 때문에 타이레놀을 만드는 것입니다. 우리는 그것을 유지하기 위해 더욱 노력하겠습니다. 우리는 선반에서 모든 타이레놀 캡슐을 자발적으로 회수했습니다. 우리는 가능한 한 빨리 변조 방지 용기에 캡슐을 다시 도입할 것입니다. 그때까지 모든 타이레놀 캡슐 사용자는 정제 형태를 사용할 것을 촉구하며 캡슐을 정제로 교체할 것을 제안했습니다. 타이레놀은 20년 넘게 의료계와 1억 명의 미국인들의 신뢰를 받았습니다. 우리는 그 신뢰를 너무 소중하게 여기기 때문에 개인이 그것을 함부로 조작할 수 없습니다. 계속해서 타이레놀을 신뢰하기를 바랍니다.

소비자의 약 85%가 방영 첫 주에 광고를 한 번 이상 보았다. 마케팅 조사 결과 타이레놀이 소비자의 신뢰를 회복하기 시작하자, 존슨앤드존슨은 소비자의 증언을 담은 광고로 캠페인을 확대하는 동시에 브랜드에 대한 병원의 신뢰를 강조했다. 독극물이 처음 보고된 지 불과 6개월 후인, 1983년 2월까지 타이레놀은 오염 전 시장 점유율의 대부분을 되찾았다. 강력한 브랜드 구축에 대한 존슨앤드존슨 투자는 결실을 맺었다. 존슨앤드존슨의 CEO인 제임스 버크James Burke의 말에 따르면, 우리는 거의 100년 동안 쌓아온 신뢰를 바탕으로 돈을 벌고 있었습니다.

2

가치 창출 과정으로서의
브랜드 경영

전술 없는 전략은 승리로 가는 가장 느린 길이다.
전략 없는 전술은 패배 전의 소음이다.

- 손자, 중국 군사 전략가

　　마케팅 경영의 한 측면으로서, 브랜드 경영은 일반 원칙과 틀에 따라 이루어진다. 회사는 브랜드 구축 노력이 회사의 가장 중요한 목표라는 더 넓은 맥락에서 고려되고 회사의 전략 및 전술과 일치할 때만 강력한 브랜드를 구축하는 데 성공할 수 있다. 이 장에서는 마케팅 경영을 위한 더 넓은 틀과 더 광범위한 상황에서 브랜드 경영을 설명한다.

시장 가치 창출: 전략과 전술

회사의 성공은 선택한 시장에서 가치를 창출하는 능력에 의해 결정된다. 가치를 창출하기 위해, 회사는 경쟁할 표적 시장을 명확하게 식별해야 하고, 표적 고객, 협력자 및 회사 이해 관계자를 위한 의미 있는 일련의 혜택을 개발하고 표적 시장에 이러한 혜택을 제공할 오퍼링을 기획한다. 회사의 사업 모델 전략 및 전술의 두 가지 핵심 구성 요소는 아래와 같다.

● **전략**. '전투 지휘'를 의미하는 그리스어에서 유래했으며, 전투 전에 군대를 이동시키는 것과 관련해 사용되었다. 마케팅에서 전략은 경쟁할 표적 시장과 이 시장에서 창출하려는 가치에 대한 회사의 선택을 설명한다. 표적 시장의 선택과 가치 오퍼링은 회사 사업 모델의 기초이며 회사의 오퍼링을 정의하는 전술적 결정을 내리기 위한 지침 원칙이다.

● **전술**. '배열'을 의미하는 그리스어에서 유래했으며, 전투 중 초기 전략적 위치에서 군대를 배치하는 것과 관련해 사용된다. 마케팅에서 전술은 주어진 전략을 실행하는 데 사용되는 일련의 특정 활동(마케팅 믹스marketing mix라고도 함)을 나타낸다. 시장 전술은 회사가 주어진 시장에서 도입하고 관리하는 오퍼링의 주요 측면이며, 제품이 창출하는 혜택과 비용에서 고객이 해당 제품에 대해 듣고 구매하는 방법에 이르기까지이다. 전술은 논리적으로 회사의 전략을 따르고 회사가 이 전략을 시장 현실로 만드는 방법이다.

기업의 사업 모델의 두 가지 요소인 전략과 전술, 사업 모델을 현실로 만들기 위한 실행 계획 개발은 다음 절에서 더 자세히 논의된다.

마케팅 전략: 표적 시장

표적 시장은 기업이 가치를 창출하고 포착하는 것을 목표로 하는 시장이다. 표적 시장 선택은 회사의 시장 전략 실행 가능성을 결정할 수 있는 중요한 결정이다. 표적 시장은 다섯 가지 요소로 정의된다. ① 회사가 충족시키려는 니즈를 가진 고객, ② 동일한 표적 고객의 동일한 니즈를 충족시키는 것을 목표로 하는 경쟁자, ③ 고객의 니즈를 충족시키기 위해 회사와 협력하는 협력자, ④ 오퍼링을 관리하는 회사, ⑤ 회사가 운영되는 상황.

　　다섯 가지 시장 요소를 흔히 5C라고 하며, 결과의 틀을 5C 틀이라고 한다. 이 틀은 시장 분석을 위한 간단 하면서도 매우 강력한 도구이다. 5C 틀은 중앙에 표적 고객이 있는 일련의 동심원으로 시각적으로 표시될 수 있으며, 협력자·경쟁자·회사가 중간에, 상황이 바깥에 있다(그림 2.1). 표적 고객의 중앙 배치는 시장에서 그들의 결정적인 역할을 반영하며, 회사·협력업체·경쟁업체는 고객을 위한 가치 창출을 목표로 한다. 상황은 고객, 회사, 협력업체 및 경쟁업체가 운영되는 환경을 정의하기 때문에 외부 계층이다.

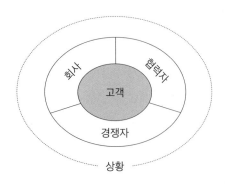

그림 2.1 표적 고객 정의하기: 5C 틀

5C와 이들 간의 관계는 다음 절에서 더 자세히 설명한다.

● 표적 고객

표적 고객은 회사에 대한 니즈가 충족되는 것을 목표로 하는 주체(개인 또는 조직)이다. 회사 제품의 주요 목표는 고객 가치를 창출하는 것이기 때문에, 올바른 고객을 식별하는 것은 시장 성공에 필수적이다. 기업 대 소비자 시장에서 표적 고객은 일반적으로 회사 제품의 최종 사용자이다. B2B 시장에서 표적 고객은 회사의 오퍼링을 사용하는 다른 기업이다. 표적 고객은 니즈와 프로필의 두 가지 요소로 정의된다.

- **고객 니즈**. 회사가 해결하고자 하는 고객이 직면한 특정 문제이다. 니즈는 고객이 회사의 오퍼링에서 받을 것으로 기대하는 혜택이다. 고객 가치를 창출하는 회사의 능력에 매우 중요하지만, 고객 니즈는 쉽게 관찰할 수 없으며 고객의 인구 통계 및 행동에서 추론된다.

- **고객 프로필**. 고객의 관찰 가능한 특성이다. ① 연령, 성별, 소득, 직업, 교육, 종교, 민족, 국적, 고용, 사회계층, 가구 규모 및 가족 수명주기와 같은 인구 통계, ② 특정 시점에서 고객의 영구 거주지 및 현재 장소와 같은 지리적 위치, ③ 도덕적 가치, 태도, 관심 및 생활방식을 포함한 고객의 성격과 같은 사이코그래픽스psychographics, ④ 쇼핑 습관, 구매 빈도, 구매 수량, 가격 민감도, 판촉 활동에 대한 민감도, 충성도, 사회 및 여가 활동과 같은 행동이다.

니즈와 프로필의 두 가지 요소는 표적 고객을 정의하는 데 중요하다. 니즈는 회사가 고객을 위해 창출해야 하는 가치를 결정하고, 고객 프로필은 이러한 고객에게 도달해 오퍼링을 전달하고 제공할 수 있는 효과적이고 비용 효율적인 방법을 확인시켜 준다.

예를 들어, 스타벅스의 표적 고객의 경우, 스타벅스는 집과 직장

사이에서 휴식을 취하고 친목을 도모하며 개인 취향에 맞게 수제 커피를 즐길 수 있는 공간에 대한 고객의 니즈를 충족시킨다. 이러한 니즈를 가진 고객은 다양한 프로필을 가지고 있다. 대부분은 상대적으로 높은 수입, 전문 경력 및 사회적 책임 의식을 가진 25~40세의 성인 도시인이다. 두 번째로 큰 고객층은 16~24세 사이의 젊은 성인이며, 이들 중 다수는 대학생 또는 젊은 전문직 종사자이다.

표적 고객의 선택은 두 가지 핵심 원칙에 따라 결정된다. 표적 고객은 회사와 협력자를 위한 가치를 창출할 수 있어야 하며, 그 반대의 경우도 마찬가지이다. 회사와 협력업체는 경쟁업체와 비교해 이러한 표적 고객을 위해 월등한 가치를 창출할 수 있어야 한다. 표적 고객의 선택은 경쟁 범위, 잠재적 협력자, 고객 니즈를 충족시키는 데 필요한 회사 자원, 회사가 시장 가치를 창출할 상황 등 시장의 다른 모든 측면을 결정한다. 표적 고객의 변화는 일반적으로 경쟁자와 협력자의 변화로 이어지고, 다른 회사 자원을 필요로 하며, 다른 상황 요인의 영향을 받는다. 전략적 중요성 때문에, 올바른 표적 고객을 선택하는 것이 성공적인 사업 모델을 구축하는 열쇠이다.

● 경쟁자

경쟁자는 회사와 동일한 고객의 동일한 니즈를 충족시키는 것을 목표로 한다. 회사 오퍼링의 성공은 탁월한 고객 가치를 창출하는 능력에 달려있기 때문에, 고객이 선택할 때 고려할 경쟁력 있는 오퍼링을 식별하는 것은 시장 지위를 획득하고 방어하는 회사의 능력에 필수적이다. 경쟁자가 누구이며 표적 고객에게 제공하는 혜택이 무엇인지 알지 못하면, 회사가 우수한 가치를 성공적으로 제공할 오퍼링을 개발하기가 어렵다.

경쟁자는 그들이 운영하는 산업이 아니라 고객 니즈에 따라 정의된다. 예를 들어, 디지털 카메라 제조업체는 서로 경쟁할 뿐만 아니라 스마트폰 제조업체와도 경쟁하며, 디지털 카메라와 스마트폰 둘 다 적절한 순간을 포착하는 동일한 고객 니즈를 충족시킬 수 있기 때문에 스마트폰 제조사들과 경쟁한다. 특정 범주가 아닌 고객이 충족하고자 하는 고객 니즈를 기반으로 경쟁자를 정의함으로써, 회사는 현재 및 미래의 경쟁자가 누구인지 더 잘 이해할 수 있다.

예를 들어, 스타벅스는 던킨(구 던킨 도넛), 맥도널드, 코스타Costa 커피 및 피츠Peet's 커피를 포함해 드립 및 에스프레소 커피 음료를 제공하는 다른 체인점과 경쟁하며, 수제 커피 음료를 제공하는 부티크 커피숍과 경쟁하고 일회용 캡슐을 통해 소비자가 집에서 쉽게 드립 및 에스프레소 커피 음료를 만들 수 있는 네스프레소Nespresso 및 큐리그Keurig, 전통적인 커피 생산자인 폴저스Folgers, 맥스웰하우스Maxwell House와 경쟁한다.

경쟁은 고객별로 다르기 때문에, 한 시장에서 경쟁하는 회사는 다른 시장에서 협력할 수 있다. 예를 들어, 애플은 개인용 컴퓨터 및 태블릿 시장에서 마이크로소프트와 경쟁하는 동시에 워드 프로세싱 및 스프레드시트 프로그램을 포함한 생산적 소프트웨어를 개발하기 위해 마이크로소프트와 협력한다. 마찬가지로 삼성은 갤럭시 폰이 아이폰과 직접 경쟁하지만 많은 아이폰 부품을 제조한다. 더욱이 경쟁은 특정 고객의 요구를 충족시키는 오퍼링의 능력을 기반으로 정의되기 때문에, 회사 제품 라인의 다양한 오퍼링이 서로 경쟁할 수 있다. 예를 들어, 센서 엑셀Sensor Excel, 마하3Mach3 및 퓨전Fusion과 같은 다양한 세대의 질레트 면도기는 남성이 선호하는 면도기를 놓고 서로 경쟁한다.

● 협력자

협력자는 고객을 위한 가치를 창출하기 위해 회사와 협력하는 실체이다. 협업을 통한 가치 창출은 기업이 가치를 창출하고 고객에게 전달하는 기존의 비즈니스 패러다임에서 기업과 협력자가 함께 가치를 창출하는 새로운 패러다임으로의 근본적인 전환을 의미한다. 이 가치 공동 창출 접근 방식은 목표 고객에게 가치를 설계, 커뮤니케이션 및 전달하는 전체 과정에 협력자를 포함해야 한다.

협력자의 선택은 고객 니즈를 충족하는 데 필요한 자원의 상호보완성에 의해 결정된다. 협업에는 회사에 부족하고 표적 고객의 니즈를 충족하는 데 필요한 자원을 외부위탁하는 작업이 포함된다. 따라서 회사는 부족한 자원을 구축하거나 확보하는 위험하고 시간 소모적인 작업을 수행하는 대신, 이러한 자원을 보유하고 공유해 이익을 얻을 수 있는 실체와 제휴 관계를 통해 자원을 '빌릴' 수 있다.

스타벅스의 협력자 네트워크를 고려해보자. 고품질의 커피 원두를 제공하기 위해 전 세계의 수많은 커피 재배자들과 협력하고 있다. 스타벅스는 음료수, 과자, 스낵 및 브랜드 상품과 같은 다양한 비 커피 품목을 제공하는 공급업체와 제휴 관계를 맺고 있으며, 식료품 체인점, 대량 판매점, 창고 클럽 및 커피 원두, 인스턴트 커피 및 스낵을 판매하는 편의점을 포함한 다양한 소매점과 스타벅스 협력업체가 있다.

협력자의 일반적인 유형에는 공급업체, 제조업체, 유통업체(판매업체, 도매업체 및 소매업체), 연구 개발 기관, 서비스 제공업체, 외부 영업 인력, 광고 대행사 및 마케팅 조사 회사가 포함된다. 예를 들어, 프록터 앤드 갬블P&G는 디자인 회사 아이데오IDEO와 협력해 일부 제품을 개발하고 다이아몬드 패키징Diamond Packaging과 협력해 포장을, 유통은 유통 대기업인 월마트와 협력한다. 월마트는 P&G와 협력해 많은 제품을 조달하고, 소프트웨어 솔루션 제공업체인 오라클과 협력해 물류를 간소화하고, 운송 대기업인 몰러 머스크Moller-Maersk와 협력해 상품을 운송한다.

● 회사

회사는 주어진 시장 오퍼링을 개발하고 관리하는 실체이며, 판매되는 실제 상품을 생산하는 제조업체(P&G), 서비스 제공업체(아메리칸 익스프레스), 브랜드 구축에 관여하는 기업(라코스테), 미디어 회사(페이스북), 또는 소매업체(월마트)가 될 수 있다. 회사는 단일 역할에 국한되지 않으며, 여러 기능을 수행할 수 있다. 예를 들어, 소매업체는 생산 시설을 보유하고, 자체 브랜드 구축에 참여하며, 다양한 부가 가치 서비스를 제공할 수 있다.

회사가 달성하고자 하는 목표와 이러한 목표를 달성하는 데 필요한 자원을 이해하는 것은 선택한 시장에서 성공적으로 경쟁할 수 있는 회사의 능력을 결정하는 데 중요하다. 시장 가치를 창출하려는 기업의 동기와 능력은 목표와 자원이라는 두 가지 주요 요소로 정의할 수 있다.

- 목표. 회사가 특정 오퍼링으로 달성하고자 하는 최종 결과이다. 회사 목표는 이익 극대화와 같은 금전적일 수도 있고, 다른 회사 오퍼링과의 시너지 창출 및 사회 전반에 대한 가치 창출과 같은 전략적일 수도 있다.

- 자원. 시장 가치와 지속 가능한 경쟁 우위를 창출하는 능력을 결정하는 자원을 포함한 회사 특성이다. 회사의 자원에는 사업 시설, 공급자, 직원, 기존 제품, 서비스 및 브랜드에 대한 노하우, 커뮤니케이션 및 유통 채널, 자본력 등과 같은 자산 및 역량이 포함된다.

예를 들어, 스타벅스의 기본 목적은 주주들을 위한 매출 및 이익 창출이다. 이 금전적 목표는 사회에 이익을 주고 사회적 책임을 증진한다는 전략적 목표로 보완된다. 스타벅스의 자원은 수많은 소매점, 커피 재배자 및 유통업체와의 관계, 전문적으로 훈련된 직원, 지적 재산, 강력한 브랜드, 충성도 높은 고객, 자본 시장에 대한 접근으로 정의된다.

다양한 전략적 역량과 시장 오퍼링을 가진 기업의 경우, 회사라는 용어는 특정 오퍼링을 관리하는 조직의 특정 사업부(전략적 사업부라고도 함)를 나타낸다. 예를 들어, 애플은 아이폰, 아이패드, 애플워치, 아이튠스 및 애플 TV를 비롯한 여러 전략적 사업부로 구성되어 있다. 같은 맥락에서 듀퐁DuPont, 알파벳Alphabet(구글의 모회사), 페이스북에는 여러 사업부가 있으며, 각각은 자체 사업 모델이 필요한 별도의 회사로 볼 수 있다.

● 상황

상황은 회사가 운영되는 환경이다. 시장 환경의 작은 변화라도 회사의 사업 모델에 큰 영향을 미칠 수 있기 때문에 상황을 이해하는 것이 중요하다. 상황은 다섯 가지 요소로 정의된다.

- 사회문화적 상황. 사회 및 인구통계학적 경향, 가치 체계, 종교, 언어, 생활 방식, 태도 및 신념이 포함된다.

- 기술적 상황. 새로운 기술, 기량, 방법, 설계 절차, 제조, 커뮤니케이션, 시장 오퍼링 제공이 포함된다.

- 규제 상황. 세금, 수입 관세, 금수 조치, 제품 사양, 가격 및 통신 규정, 지적 재산권 법이 포함된다.

- **경제 상황**. 전반적인 경제 활동, 통화 공급, 인플레이션 및 이자율과 같은 요소가 포함된다.

- **물리적 상황**. 천연자원, 기후, 지리적 위치, 지형 및 건강 동향이 포함된다.

예를 들어, 스타벅스 상황은 ① 수제 커피 음료의 인기가 높아지고 있고, 직접 만나 어울리고자 하는 열망과 온라인 커뮤니케이션의 인구 증가, ② 회사가 고객을 더 잘 이해하고, 구매 행동을 관찰하며, 일대일 소통, ③ 커피에 대한 수입 관세에 영향을 미치는 유리한 무역협정, ④ 지역 경제 상황과 커피의 글로벌 상품 가격을 포함한 다양한 경제적 요인, ⑤ 서로 다른 지리적 위치에 걸친 기후와 날씨 동향 등과 같은 특징이 있다.

가치 교환 과정에서 서로 다른 시장 참여자를 설명하는 다른 4개의 C(고객, 경쟁자, 협력자, 회사)와 달리, 상황은 가치 교환이 발생하는 환경을 나타낸다. 결과적으로 상황의 변화는 모든 시장 참여자와 그들이 시장 가치를 창출하고 포착하는 방식에 영향을 미칠 수 있다. 새로운 기술의 발전이든 규제 환경의 변화이든 간에 상황의 변화는 새로운 시장과 산업을 낳는 파괴적 혁신의 원동력이 된다. 회사가 운영되는 상황의 복잡성을 철저히 이해하지 않고는, 시간의 시험을 견뎌낼 실행 가능한 사업 모델을 만드는 것이 불가능하다.

마케팅 전략: 가치제안

가치제안은 시장 참가자를 위해 오퍼링이 창출하고자 하는 가치(혜택 및 비용 측면에서 정의됨)이다. 표적 고객, 협력자, 회사 등 시장 교환에 관련된 모든 관련 주체를 위한 가치 창출은 모든 회사 활동을 가이드하는 가장 중요한 원칙이며, 회사의 가치제안을 요약하는 시장 가치 원칙이다.

오퍼링은 회사가 목표를 달성할 수 있도록 하는 방식으로
표적 고객과 협력자를 위한 탁월한 가치를 창출해야 한다.

시장 가치 원칙은 시장 오퍼링을 개발할 때, 회사가 고객 가치, 협력자 가치, 회사 가치의 세 가지 유형을 모두 고려해야 한다.

- **고객 가치**. 고객에게 제공하는 가치이다. 오퍼링이 고객 니즈를 충족시키는 정도에 대한 고객의 평가이다. 오퍼링이 고객에게 창출하는 가치는 ① 고객 니즈, ② 회사 오퍼링의 혜택과 비용, ③ 표적 고객이 자신의 요구를 충족시키기 위해 사용할 수 있는 대체 수단(경쟁적 오퍼링)의 혜택과 비용 등 세 가지 주요 요인에 의해 결정된다.

- **협력자 가치**. 회사의 협력자에게 제공하는 가치이며, 오퍼링이 협력자를 위해 생성하는 모든 혜택과 비용의 합계이다. 협력자 가치는 협력자가 다른 오퍼링보다 목표를 더 잘 달성하도록 돕는 오퍼링의 능력을 반영한다.

- **회사 가치**. 회사에 제공되는 가치이다. 오퍼링과 관련된 모든 혜택과 비용의 합계이다. 오퍼링 가치는 회사 목표 및 회사에서 출시할 수 있는 다른 오퍼링 가치와 같이, 회사에서 사용할 수 있는 기타 기회 가치와 관련된다.

시장 가치 원칙은 세 가지 핵심 주체(표적 고객, 회사, 협력자)를 위한 가치 창출의 중요성을 강조하기 때문에 3-V 원칙이라고도 한다. 시장 가치 원칙은 사업 모델의 실행 가능성이 고객, 협력자 및 회사를 위한 제안 가치와 관련된 세 가지 질문에 대한 답변으로 정의된다.

- *오퍼링이 표적 고객에게 어떤 가치를 창출합니까? 표적 고객이 대체 선택 대신 이 오퍼링을 선택하는 이유는 무엇입니까?*

- 오퍼링이 회사의 협력자들에게 어떤 가치를 창출합니까? 잠재적인 협력자가 대체 경쟁자 대신 회사와 제휴 관계를 맺는 이유는 무엇입니까?

- 오퍼링이 회사에 어떤 가치를 창출합니까? 회사가 대체 오퍼링이 아닌 이 오퍼링에 자원을 투입해야 하는 이유는 무엇입니까?

시장 성공을 달성하기 위해, 회사는 이해 관계자, 고객 및 협력자 간의 가치 균형을 유지해 최적의 가치제안을 생성해야 한다. 여기서 최적 가치라는 용어는 오퍼링 가치가 세 주체에 걸쳐 균형을 이루도록 해서, 회사가 전략적 목표를 달성할 수 있도록 하는 방식으로 표적 고객과 협력자를 위한 가치를 창출한다는 것을 의미한다. 고객, 회사 및 협력자의 가치를 최적화하는 것은, 시장 성공의 초석인 시장 가치 원칙에 내재되어 있다(그림 2.2).

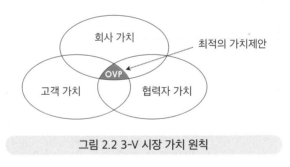

그림 2.2 3-V 시장 가치 원칙

시장가치 원칙을 충족하는 오퍼링은 최적의 가치제안Optimal Value Proposition을 갖는다. 세 시장 주체 중 어느 하나에 대한 우수한 가치를 창출하지 못하면, 필연적으로 지속 불가능한 사업 모델과 벤처 사업 실패로 이어진다. 거의 모든 사업 실패의 근본 원인은 회사가 표적 고객, 협력자 및/또는 회사에 우수한 가치를 제공하지 못하는 데서 찾을 수 있다. 실제로 표적 고객은 대안 선택에 비해 우수한 가치를 제공하지 않는 한 오퍼링을 구매하고 사용할 가능성이 낮다. 회사의 협력자는 경쟁 제품보다 더 큰 혜택을 제공하지 않는 한, 해당 오퍼링을 지원하지 않는다. 회사 이해 관계자는 대안 선택보다 전략적 목표를 더 잘 달성할 수 있는 경우가 아니면 오퍼링에 투자하지 않을 것이다. 따라서 가치 교환의 모든 관련 참가자의 요구를 충족할 수 있는 가치제안을 개발하는 것이 모든 마케팅 활동의 가장 중요한 원칙이다.

시장 가치 원칙은 스타벅스의 가치제안을 통해 설명할 수 있다. 스타벅스의 고객들은 다양한 커피 음료의 기능적 혜택을 통해 가치를 얻을 뿐만 아니라, 맞춤형 음료 선택을 통해 자신의 성격의 특정 측면을 표현하는 심리적 혜택을 통해 가치를 얻고, 이에 대해 회사에 금전적 보상을 제공한다. 스타벅스의 협력자(커피 재배자)는 자신이 제공하는 커피 원두에 대한 금전적 보상과 제품에 대한 일관된 수요를 갖는 전략적 혜택을 받고, 그 대가로 스타벅스의 표준에 맞는 커피 원두를 재배하는 데 자원을 투입한다. 제품과 서비스를 개발하고 소비자에게 제공하는 데 자원을 투입해 회사(스타벅스)는 금전적 혜택(매출 및 이익)과 브랜드 구축 및 시장 입지 강화의 전략적 혜택을 얻는다.

가치제안은 오퍼링이 세 가지 주요 시장 주체를 위해 창출할 가치에 대한 회사의 기대를 반영한다. 가치제안은 회사가 시장에 내놓을 실제 오퍼링이 아니며, 오퍼링이 고객, 회사 및 협력자를 위해 창출할 것으로 기대되는 가치이다. 시장 가치를 창출하는 오퍼링 개발의 주요 측면은 다음 절에서 논의된다.

마케팅 전술: 시장 오퍼링

마케팅 전술은 특정 고객 니즈를 충족시키기 위해 회사가 사용하는 실제 상품을 설명하는 특정 속성을 기술함으로써 회사의 오퍼링을 정의한다. 기업 전략이 표적 시장과 관련 시장 참가자에게 제공하고자 하는 가치를 결정하는 반면, 전술은 전략에 설명된 가치를 제공할 구체적인 오퍼링을 결정한다.

● 시장 오퍼링을 정의하는 일곱 가지 속성

회사의 오퍼링은 제품, 서비스, 브랜드, 가격, 인센티브, 커뮤니케이션 및 유통이라는 일곱 가지 속성으로 정의된다. 이러한 일곱 가지 속성은 마케팅 믹스Marketing mix라고도 하며, 오퍼링의 전략을 실행하는 데 사용되는 특정 활동의 조합이다. 이러한 전술은 오퍼링을 정의하고 시장 가치를 창출하기 위해 관리자가 마음대로 사용할 수 있는 도구이다 (그림 2.3).

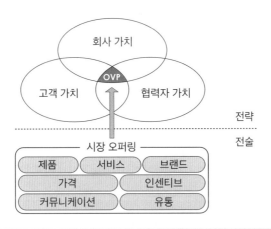

그림 2.3 마케팅 전술: 시장 오퍼링을 정의하는 일곱 가지 속성

시장 오퍼링을 설명하는 일곱 가지 속성은 다음과 같이 정의된다.

- **오퍼링의 제품 측면**. 회사가 시장 가치를 창출하는 것을 목표로 하는 제품 혜택을 반영한다. 제품은 유형(예: 식품, 의류, 자동차)과 무형(예: 소프트웨어, 음악, 비디오)일 수 있으며, 일반적으로 고객에게 취득한 상품에 대한 영구적인 권리를 부여한다. 예를 들어, 자동차나 소프트웨어 프로그램을 구매하는 고객은 제품의 소유권을 갖는다.

- **오퍼링의 서비스 측면**. 고객에게 영구적인 소유권을 부여하지 않으면서 고객을 위한 가치 창출을 목표로 하는 제품 혜택을 반영한다(예: 영화 대여, 가전제품 수리, 의료 절차, 세금 준비). 예를 들어, 영화를 대여(또는 스트리밍)하면 고객이 소유권의 혜택을 받지 않고도 제한된 시간 동안 영화를 볼 수 있다. 많은 오퍼링에는 제품 및 서비스 구성 요소가 모두 포함된다. 예를 들어, 휴대폰에는 제품 구성 요소(물리적 장치)와 무선 연결 및 기기 수리를 포함하는 서비스 구성 요소가 포함된다.

- **브랜드**. 브랜드와 관련된 제품 및 서비스의 출처를 고객에게 알리는 것을 목표로 하는 마케팅 도구이며, 회사의 제품 및 서비스를 식별하고, 경쟁 제품과 차별화하며, 제품 및 서비스 측면을 넘어 고유한 가치를 창출하는 데 도움이 된다. 예를 들어, 할리데이비슨 브랜드는 오토바이를 식별하고, 혼다, 스즈키 및 야마하에서 만든 오토바이와 구별하며, 브랜드와 자신을 동일시하는 고객으로부터 뚜렷한 감정적 반응을 이끌어낸다.

- **가격**. 오퍼링이 제공하는 혜택에 대해 회사가 고객과 협력자에게 청구하는 금액이다.

- **인센티브**. 비용을 줄이고 혜택을 증가시켜 오퍼링의 가치를 높이는 도구이다. 일반적인 인센티브에는 대량 할인, 가격 할인, 쿠폰, 리베이트, 프리미엄, 보너스 오퍼링, 콘테스트 및 보상이 포함된다. 인센티브는 고객, 회사의 협력자(예: 유통 업체에 제공되는 인센티브) 및 회사 직원에게 제공될 수 있다.

- **커뮤니케이션**. 관련 시장 주체(대상 고객, 협력자, 회사 직원 및 이해 관계자)에게 오퍼링 세부 사항에 대해 알려준다.

● **유통**. 표적 고객과 회사 협력자에게 오퍼링을 제공하는 데 사용되는 경로 이다.

예를 들어, 스타벅스의 오퍼링을 정의하는 일곱 가지 속성을 살펴 보자. 제품은 다양한 커피 및 기타 음료와 식품 품목, 서비스는 구매 전, 구매 중, 구매 후 공간 및 편의 시설 사용과 함께 고객에게 제공되는 지원, 브랜드는 스타벅스 이름, 로고 및 브랜드가 고객 마음에 불러일 으키는 연상이다. 가격은 스타벅스가 제공하는 오퍼링에 대해 고객에 게 청구하는 금액이며, 인센티브는 고객에게 추가 혜택을 제공하는 판 촉 도구인 로열티 프로그램, 쿠폰 및 한정 기간 가격 인하이다. 커뮤니 케이션은 다양한 매체 경로(광고, 소셜 미디어 및 홍보)를 통해 배포되는 정 보로, 대중에게 스타벅스 오퍼링에 대해 알린다. 유통에는 스타벅스가 소유한 상점과 스타벅스의 오퍼링이 고객에게 전달되는 스타벅스 라 이선스 소매점이 포함된다.

● 가치를 디자인, 소통, 전달하는 과정으로서의 마케팅 전술

일곱 가지 마케팅 전술은 가치를 디자인하고, 소통하고, 전달하는 과 정으로 볼 수 있다. 제품, 서비스, 브랜드, 가격 및 인센티브는 주요 혜 택과 비용을 제품의 가치 디자인을 반영하고, 소통은 고객에게 오퍼링 의 가치를 알리는 과정이며, 유통은 표적 고객에게 오퍼링의 다양한 측면을 제공하는 과정이다(그림 2.4). 고객 가치는 가치 창출 과정에서 각기 다른 역할을 하는 서로 다른 속성과 함께 세 가지 차원에서 만들 어진다.

주요 혜택과 비용 때문에 제품, 서비스, 브랜드, 가격, 인센티브는 오퍼링의 핵심 가치 동인driver이다. 특히, 제품, 서비스 및 브랜드의 처

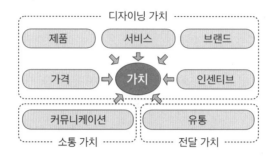

그림 2.4 가치를 디자인하고, 소통하고, 전달하는 과정으로서의 마케팅 전술

음 세 가지 구성 요소는 오퍼링이 고객에게 제공하는 핵심 혜택이며, 가격은 오퍼링과 관련된 기본 비용이며 인센티브는 가격을 변경해 오퍼링 비용을 줄인다.

커뮤니케이션과 유통은 처음 다섯 가지 속성에 의해 생성된 혜택이 표적 고객에게 소통되고 전달되는 통로이다. 따라서 커뮤니케이션은 제품 또는 서비스의 기능에 대해 고객에게 알리고, 브랜드 이미지를 구축하고, 가격을 홍보하고, 구매자에게 판매 판촉을 알리고, 오퍼링의 가용성에 대해 조언한다. 마찬가지로 유통은 회사의 제품과 서비스를 제공하고, 회사에 고객 지불금을 전달하고, 고객과 협력자에게 오퍼링의 판촉 인센티브를 제공한다.

가치를 디자인하고 소통하고 전달하는 과정은 스타벅스 사례에서 설명될 수 있다. 스타벅스 오퍼링의 가치 디자인 측면은 에스프레소 음료에서 다양한 식품 품목, 심지어 와인에 이르기까지 제품 포트폴리오를 만드는 것과 관련이 있고, 서비스 경험을 정의하고, 브랜드를 디자인(스타벅스가 브랜드가 고객에게 의미하는 것)하고, 다양한 음료와 크기의 가능한 모든 조합에 대한 가격을 설정하고, 무엇을, 언제, 얼마나 많은 판매 판촉을 제공할지 결정한다(예: 2-for-1 판촉). 스타벅스의 가치 소통은 이용 가능한 다양한 음료 및 식품 품목에 대해 고객에게 알리고 교육하고, 스타벅스 서비스 정책을 전달하고, 스타벅스 브랜드 의미를 홍보하고, 가격을 알리고, 관련 인센티브에 대해 고객에게 알리는 것이다. 마지막으로, 스타벅스의 가치 전달은 고객에게 제품 및 서비스를 제공하고, 브랜드 관련 정보를 전달하고, 소비자 결제를 받고, 적절한 경로(예: 신문 삽입 광고, 온라인 배너 광고 및 근접성 기반 핸드폰 판촉 등)를 사용해 표적 고객에게 인센티브를 제공하는 것이다.

실행 계획 개발

회사 실행 계획은 회사의 궁극적인 목표와 회사가 이 목표를 달성하는 것을 목표로 하는 방법을 설명한다. 실행 계획 핵심은 오퍼링의 전략과 전술로 구성된 사업 모델이다. 실행 계획은 회사가 사업 모델로 달성하고자 하는 궁극적인 목표, 회사가 전략과 전술을 실행하는 방법, 정해진 목표를 향한 과정을 측정할 방법이다.

　실행 계획 개발은 목표Goal 설정, 전략Strategy 개발, 전술Tactics 디자인, 집행Implementation 계획, 제안된 행동의 성공을 측정하기 위한 일련의 통제Control 지표 확인의 다섯 가지 주요 활동이며, 마케팅 계획 및 분석의 초석인 G-STIC 체계를 구성한다. G-STIC 체계의 개별 구성 요소(목표, 전략, 전술, 집행 및 통제)는 아래에 더 자세히 설명되어 있다.

● **목표**. 성공을 식별하는 궁극적 기준으로, 회사가 달성하고자 하는 최종 결과이다. 목표에는 두 가지 구성 요소가 있다. 성공을 위한 궁극적인 기준을 정의하는 집중focus과, 달성해야 할 양적 및 시간적 성과 기준benchmark이다. 목표는 무엇을 달성해야 하는지(집중), 얼마나 달성해야 하는지(정량적 기준), 언제 달성해야 하는지(시간적 기준)의 세 가지 질문에 답하는 것을 목표로 한다.

- **전략**. 특정 시장에서 회사가 창출한 가치를 기술하며 두 가지 요소로 정의된다. 표적 시장은 다섯 가지 구성 요소(5C)를 포함한다. 회사가 충족시키려는 니즈를 가진 고객, 동일한 표적 고객의 동일한 니즈를 충족시키는 것을 목표로 하는 경쟁자, 고객 니즈를 충족시키기 위해 회사와 협력하는 협력자, 오퍼링을 관리하는 회사 및 회사가 운영하는 상황. 가치제안은 회사가 표적 고객, 협력자 및 회사 이해 관계자를 위해 창출하려는 가치이다.

- **전술**. 회사가 주어진 시장에서 도입한 실제 오퍼링이다. 전술은 논리적으로 회사의 전략을 따르고 회사가 이 전략을 실행 가능하게 만드는 방법이다. 전술은 회사의 시장 오퍼링을 정의하는 일곱 가지 속성인 제품, 서비스, 브랜드, 가격, 인센티브, 소통, 유통이며, 기업이 선택한 시장에서 가치를 창출하는 데 사용하는 도구이다.

- **집행**. 회사의 전략과 전술을 현실로 만드는 것을 목표로 하는 활동이다. 집행에는 오퍼링을 개발하고 표적 시장에 오퍼링을 배치하는 작업이 포함된다. 오퍼링 수립에는 회사의 전략과 전술을 구현하는 데 필요한 자산(자원 및 역량) 확보가 포함된다. 상업적 배치는 오퍼링을 시장에 도입하는 데 필요한 단계를 설명하기 위해 오퍼링 개발 과정을 따른다.

- **통제**. 현재 행동 방침을 계속할지, 현재 행동 계획을 재평가하고 재정렬할지 현재 행동 방침을 포기할지 여부를 회사에 알려준다. 통제에는 두 가지 구성 요소가 포함된다. 목표를 향한 회사의 진행 상황을 관찰하는 성과 평가와, 새로운 기회와 위협을 식별하기 위해 시장의 변화를 결정하는 것을 목표로 하는 상황 모니터링이다.

실행 계획의 주요 구성 요소와 개별 구성 요소의 기초가 되는 주요 결정은 〈그림 2.5〉에 요약되어 있다.

G-STIC 체계는 설정된 목표를 달성하기 위해 설계된 일련의 활동을 설명하기 때문에 회사 마케팅 계획의 중추 역할을 한다. 일반적인 마케팅 계획은 네 가지 주요 구성 요소로 구성된다. 회사 목표와 제안된 행동 과정에 대한 능률적이고 간결한 개요를 제시하는 실행요약, 회사가 운영되는 시장의 주요 측면을 설명하는 상황 개요, G-STIC 체계

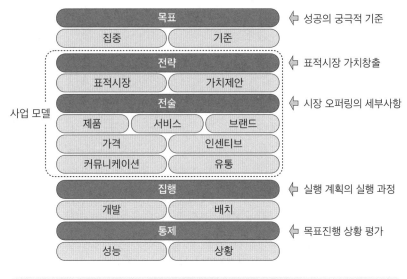

그림 2.5 마케팅 관리를 위한 G-STIC 체계

에 의해 정의된 실행 계획, 제안된 실행 계획의 특정 측면을 자세히 설명하는 일련의 표이다. G-STIC 실행 계획은 마케팅 계획의 핵심이며 사업 계획의 다른 구성 요소(실행요약, 상황 개요 및 표)는 계획의 기초가 되는 논리의 이해를 돕는 것을 목표로 한다.

요약

회사의 성공은 선택한 시장에서의 가치 창출 능력으로 결정된다. 가치를 창출하기 위해, 회사는 경쟁할 표적 시장을 명확하게 식별하고, 시장에서 가치를 창출 및 포착할 수 있도록 의미 있는 가치제안을 개발하며, 실행 가능한 시장 오퍼링을 디자인해야 한다. 이러한 주요 활동은 회사 사업 모델의 두 가지 구성 요소인 전략과 전술을 형성한다.

전략은 회사가 경쟁하는 시장과 회사가 시장에서 창출하고자 하는 가치를 식별한다. 마케팅 전략에는 목표 시장과 가치제안이라는 두 가지 구성 요소가 포함된다.

표적 시장은 5-C 체계를 형성하는 다섯 가지 요소로 정의된다. 회사가 충족시키려는 니즈를 가진 고객, 동일한 표적 고객의 동일한 니즈를 충족시키는 것을 목표로 하는 경쟁자, 고객의 요구를 충족시키기 위해 회사와 협력하는 협력자, 오퍼링을 관리하는 회사, 회사가 운영되는 상황이다. 표적 고객의 선택은 표적 시장의 다른 모든 측면인 경쟁 범위, 잠재적 협력자, 고객 니즈를 충족하는 데 필요한 회사 자원, 회사가 시장 가치를 창출할 상황을 결정한다.

가치제안은 오퍼링이 대상 고객, 협력자 및 회사를 위해 창출하는 것을 목표로 하는 가치이다. 오퍼링의 가치제안은 세 가지 질문에 명확히 답해야 한다. ① 표적 고객이 사용 가능한 대안 대신 회사 오퍼링을 선택하는 이유는 무엇인가? ② 왜 협력자들은 대체 옵션 대신 회사의 오퍼링을 선택할까? ③ 회사가 대체 옵션 대신, 이 오퍼링을 구현하기로 선택하는 이유는 무엇인가? 시장 가치 원칙은 주어진 시장에서 성공하기 위해 회사는 목표를 달성할 수 있는 방식으로 표적 고객과 협력자를 위해 탁월한 가치를 창출해야 한다.

전술은 오퍼링 전략의 실행에 사용되는 특정 활동이며 관리자가 시장 가치를 창출하기 위해 마음대로 사용할 수 있는 수단이다. 전술은 회사가 표적 시장에 배치하는 오퍼링(마케팅 믹스라고도 함)의 일곱 가지 주요 속성인 제품, 서비스, 브랜드, 가격, 인센티브, 커뮤니케이션 및 유통에 대한 개요를 설명한다. 전술은 제품, 서비스, 브랜드, 가격 및 인센티브가 오퍼링의 가치 설계 측면을 구성하는 가치를 디자인, 소통, 전달하는 과정으로 볼 수 있다. 커뮤니케이션은 오퍼링의 가치 커뮤니케이션 측면이며, 유통은 오퍼링의 가치 전달 측면이다.

마케팅 계획은 목표 설정, 전략 개발, 전술 디자인, 실행 계획 정의, 설정된 목표를 향한 진행 상황을 측정하기 위한 통제 지표 식별의 다섯 가지 주요 단계이며, 마케팅 계획 과정을 가이드하고 회사 마케팅 계획의 중추인 G-STIC 체계를 구성한다.

MARKETING INSIGHT 마케팅 관리를 위한 4-P 체계

1960년대에 도입된 4-P 체계는 인기 있는 마케팅 체계 중 하나이며, 관리자가 주어진 오퍼링과 관련해 내려야 하는 네 가지 주요 결정을 파악한다. ① 제품에 포함할 기능, ② 제품 가격 책정 방법, ③ 제품 촉진 방법, ④ 제품을 배치할 소매점이다. 4-P 체계는 단순하고, 직관적이며, 기억하기 쉬워 널리 알려져 있다.

그러나 4-P 체계의 단순성은 제약이 많아 현대사업 환경에 적용하기에는 한계가 있으며, 제약 중 하나는 오퍼링의 제품과 서비스 측면을 구분하지 않는다는 것이다. 4-P 체계가 오퍼링의 서비스 요소를 명시적으로 설명하지 않는다는 것은, 점점 더 많은 기업이 제품 기반 사업 모델에서 서비스 기반 사업 모델로 전환하고 있는 오늘날의 서비스 지향 사업 환경에서 주요 단점이다.

4-P 체계는 촉진이라는 용어를 정의하는 데 미흡하다. 촉진은 두 가지 유형의 활동을 포함하는 광범위한 개념이다. ① 가격 판촉, 쿠폰 및 거래 판촉과 같은 인센티브, ② 광고, 홍보, 소셜 미디어 및 개인 판매와 같은 커뮤니케이션. 이 두 가지 활동 각각은 가치 창출 과정에서 뚜렷한 역할을 한다. 인센티브는 오퍼링의 가치를 향상시키는 반면, 커뮤니케이션은 오퍼링의 가치를 반드시 향상시키지 않더라도 오퍼링에 대해 고객에게 알린다. 이러한 별개의 활동을 지칭하기 위해 단일 용어를 사용하는 것은 시장 가치를 창출하는 데 있어 그들이 수행하는 고유한 역할을 혼란스럽게 한다.

4-P 체계의 주요 한계는 브랜드가 별도의 요소로 정의되지 않고 제품의 일부로 간주 된다는 것이다. 제품과 브랜드는 오퍼링의 다른 측면이며 서로 독립적으로 존재할 수 있다. 시장 가치 창출에 있어 브랜드가 수행하는 뚜렷한 역할을 인식하지 못하는 체계는 경영 의사 결정을 가이드하는 효과적인 도구로 작용할 수 없다.

이 장의 앞부분에서 논의한 마케팅 전술 체계에서 설명한 바와 같이, 제품, 서비스, 브랜드, 가격, 인센티브, 커뮤니케이션, 유통의 네 가지 요소가 아닌 일곱 가지 측면에서 시장을 정의함으로써 4-P 체계의 주요 한계를 극복할 수 있을 것이다. 4개의 P는 시장 오퍼링을 정의하는 7개의 속성에 쉽게 발견할

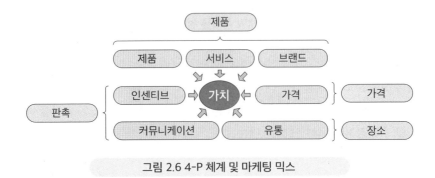

그림 2.6 4-P 체계 및 마케팅 믹스

수 있으며, 첫 번째 P는 제품, 서비스 및 브랜드로 구성된다. 가격은 두 번째 P, 인센티브와 커뮤니케이션은 세 번째 P이다. 유통은 네 번째 P이다(그림 2.6).

이 장의 앞부분에서 설명된 마케팅 관리 체계는 4-P 접근 방식을 기반으로 회사의 오퍼링을 설계하는데, 보다 정확하고 실행 가능한 접근 방식을 제공하는 세련되고 개선된 형태의 4-P 체계를 만든다.

BRANDING INSIGHT 전략과 전술로서의 브랜드

브랜드를 전술로 보는 관점은 다소 논쟁의 여지가 있으며, 특히 브랜드의 강점과 재정적 성장이 밀접하게 연결된 브랜드 관리자 및 회사의 관점에서 볼 때 더욱 그렇다. 일반적인 관점에서 브랜드는 기업이 시장 가치를 창출하는 데 사용할 수 있는 도구 중 하나이다. 따라서 브랜드가 일부 회사에서 중심적인 역할을 하는 반면, 다른 회사는 일반(비브랜드nonbranded) 제품 및 서비스로 상품 시장에서 성공적으로 경쟁한다. 비록 그들이 브랜딩의 힘을 활용하지 않더라도, 이들 회사는 시장 성과를 창출하는 괄목할 마케팅 전략을 가지고 있을 수 있다. 마케팅 관리는 강력한 브랜드를 구축하기로 선택한 회사에만 국한되지 않는다. 즉, 브랜딩 접근 방식에 관계없이 모든 비즈니스 기업의 핵심 기능이다. 마케팅 관리의 궁극적인 목표는 회사, 고객 및 협력자를 위한 가치를 창출하는 것이다. 이러한 맥락에서 브랜드는 시장 가치를 창출하는 도구 중 하나이다.

　　　　　　　브랜드 경영 체계

다수의 마케터가 브랜드를 회사 마케팅 전략의 기초로 생각하는 것이 사실이지만, 다른 기능 영역에서는 회사 오퍼링의 다양한 측면에 대해 유사한 견해를 갖는 경향이 있다. 예를 들어, 엔지니어, 기술 전문가 및 제품 설계자는 제품의 측면을 시장 가치 창출의 핵심으로 간주하는 경향이 있다. 이 논리에 따라 브랜드가 획기적인 제품 없이 시장 가치를 창출할 수 있는 애플의 능력과 얼마나 관련이 있는지, 면도기 회사 질레트가 제품 혁신의 100년 전통에서 비롯된 우수한 제품에 의해 뒷받침되지 않고 남성이 얻을 수 있는 최고라는 브랜드 포지셔닝을 얼마나 오래 유지할 수 있는지를 생각해보자.

같은 맥락에서 서비스 중심 기업의 관리자는 기업의 사업 모델에서 중심이 되는 것은 브랜드가 아니라 고객 서비스라고 주장할 수 있다. 자포스Zappos, 아마존Amazon, 트레이드조Trader Joe's, 노드스트롬Nordstrom은 고객에게 제공하는 우수한 수준의 서비스 덕분에 충성도 높은 고객 기반을 구축했다. 이러한 서비스를 제공하지 않으면 브랜드가 무의미해지고 전체 사업 모델이 붕괴 될 수 있다.

대부분의 기업에서 재무, 회계 및 고위 경영자는 브랜드보다 가격을 가치 창출의 주요 수단으로 보는 경향이 있다. 이는 경영자들이 주로 회사의 가치 창출에 관심을 갖고 있으며 가격을 회사 가치 창출의 주요 수단으로 여긴다는 사실에서 부분적으로 기인한다. 실제로 제품, 서비스, 브랜드, 인센티브, 커뮤니케이션 및 유통과 같은 다른 모든 마케팅 전술은 회사가 고객과 협력자를 위한 가치를 창출하기 위해 자원을 투자해야 한다. 가격은 회사가 이해 관계자를 위한 금전적 가치를 알 수 있게 해주는 유일한 전술이므로 마케팅 전술이 중심에 있어야 한다고 할 때, 브랜드가 아니라 가격이어야 한다고 주장할 수 있다.

광고 대행사, 홍보 회사 및 소셜 미디어 인플루언서influencer는 소통이 회사 사업 모델의 핵심이라고 할 수 있다. 왜냐하면 회사 오퍼링의 혜택을 고객에게 알리지 않으면, 고객은 오퍼링의 가치를 볼 수 없으며 오퍼링을 구매하지 않을 것이다. 또한 브랜드 이미지는 고객의 마음속에 있기 때문에, 브랜드의 의미를 전달하고 회사 브랜드를 대표하는 정신적 연상의 네트워크를 형성하는 기업의 능력의 결과이므로 소통 없이 브랜드는 존재할 수 없다고 주장할 수 있다. 마찬가지로 영업사원은 고객이 오퍼링을 쉽게 사용할 수 있도록 하는 회사의 능력이 사업 모델의 핵심이라고 주장할 수 있으므로 영업 관리자는 영업이 주변적인 역할보다 중심적인 역할을 하고 브랜딩의 중요성이 고객의 손에 오퍼링을 제공할 수 있는 회사의 능력에 의해 결정된다고 생각할 수 있다.

다른 전술의 핵심 중요성에 대한 주장에는 장점이 있지만, 브랜드는 회사 오퍼링의 전술적 측면이 될 뿐만 아니라 오퍼링에 의해 생성된 가치의 주요 측면을 함축하므로 오퍼링의 가치제안과 매우 밀접하게 연결된다. 동시에 브랜드 이미지는 고객의 마음속에 있기 때문에 회사가 쉽게 바꿀 수 없다. 기업은 제품을 수정하고, 다양한 수준의 서비스를 제공하고, 가격을 변경하고, 새로운 인센티브를 제공하고, 새로운 커뮤니케이션 캠페인을 만들고, 유통 채널을 재조정할 수 있지만, 오랜 기간 동안 구축된 브랜드 이미지를 일방적으로 변경할 수 없다. 브랜드 이미지 관성은 회사의 마케팅 전략 수립 시 브랜드를 핵심 요소로 만든다.

브랜드의 전략적 중요성을 더하는 또 다른 요소는 브랜드가 고객뿐만 아니라 회사 직원과 관련된 도덕적 가치를 반영할 수 있다는 사실이다. 실제로 많은 기업들이 전체 조직의 가치 체계를 반영하는 방식으로 브랜드를 포지셔닝했다. 파타고니아Patagonia, 유니레버Unilever(도브Dove)와 같은 회사는 브랜드로 대표되는 가치 시스템을 내재화했다. 이들 기업의 경우, 브랜드 관리는 실제로 브랜드에 의한 관리를 의미한다. 즉, 브랜드가 나타내는 가치를 가장 중요한 마케팅 전략 수준으로 높이는 접근 방식이다(자세한 내용은 1장 참조). 따라서 브랜드에 의한 관리는 모든 회사 활동을 브랜드가 나타내는 가치 시스템과 일치시키는 것을 의미한다. 브랜드에 함축된 일련의 가치는 회사 가치제안의 일부이기 때문에, 브랜드에 의해 관리된다는 것은 실제로 회사의 행동이 가장 중요한 전략을 따라야 한다는 것을 의미한다.

와비 파커Warby Parker는 2010년 미국 펜실베이니아 와튼 경영대학원 MBA 과정에 있는 4명의 학생들에 의해 설립되었다. 와비 파커는 기존의 디자이너 브랜드 **WARBY PARKER** 보다 훨씬 저렴한 가격으로 고품질의 안경을 제공한다. 핵심 역량은 최신 유행의 안경 디자인, 브랜드 구축 및 소비자 직판 유통이다. 이 회사는 온라인 채널을 활용하고 소비자 직접 유통 모델을 사용해 오프라인 안경매장 운영과 관련된 많은 비용을 제거했다. 사업 모델의 주요 측면은 아래에 설명되어 있다.

와비 파커의 표적 고객은 최신 유행의 고품질의 합리적인 가격의 안경을 찾는 사람들과 그들이 살고 있는 사회에 관심을 갖고 더 나은 세상을 만들고자 하는 개인이다(고객 니즈). 고객 대부분은 처방 안경을 착용하는 18~34세 도시 인구의 젊은 전문직 종사자(고객 프로필)이다. 고객의 니즈를 충족시키기 위해 와비 파커는 이탈리아의 원자재 공급업체, 중국에 위치한 2개의 제조업체, 뉴욕에 기반을 둔 2개의 광학 연구소, 전시장 역할을 하는 9개의 부티크 안경 소매점, 주문 수행 및 품질 관리을 처리하는 공급망 관리 회사, 일대일 기업의 사회적 책임 주도를 구현하는 비영리 조직등 수많은 협력업체를 보유하고 있다. 와비 파커의 경쟁사는 랄프로렌, 샤넬, 프라다, 버버리, 구찌, 올리버 피플스, 퍼솔, 룩소티카 등 고급 디자이너 안경 브랜드다. 와비 파커와 경쟁업체는 공급망 물류의 획기적 개선, 온라인 소매의 급속한 성장, 사회에 영향을 미치는 데 점점 더 관심을 갖고 있는 소비자인 젊은 층 소비자로 구성된 상황에서 운영한다.

와비 파커의 고객 가치 제안은 소비자가 온라인으로 주문하고 집에서 시착할 수 있는 멋지고, 경쟁력 있는 가격의 안경으로 구성되어 있으며 중요한 사회 문제에도 기여한다. 협력업체의 가치제안에는 주로 판매 수익 및 이익과 같은 금전적 혜택이 포함되며, 회사 가치제안에는 매출과 이익 창출, 강력한 소비자 브랜드 구축, 충성도 높은 고객 기반 구축, 세상을 더 나은 곳으로 만드는 데 도움이 되는 것을 포함한다.

와비 파커의 제품은 반사 방지 폴리카보네이트 처방 렌즈가 있는 안경이다. 이러한 제품을 보완하는 서비스에는 30일 동안의 조건 없는 무료 반품 정책, 가상 시착 프로그램, 전문가의 조언 등이다. 와비 파커의 브랜드명은 미국 소설가 잭 케루악Jack Kerouac이 창작한 가상의 인물인 와비 페퍼Warby Pepper와 재그 파커Zagg Parker의 이름을 조합한 것이다. 주요 브랜드 연상에는 고전적인 미국 전통 디자인, 탁월한 가치, 탁월한 고객 서비스 및 사회적 책임이 포함된다. 와비 파커의 안경 가격은 95달러이며 모든 시제품(집에서 시착) 및 구매 시 무료 배송된다. 인센티브로 안경 한 개가 판매될 때마다 회사는 도움이 필요한 사람에게 한 개를 제공하는 데 비용을 부담한다.

와비 파커의 커뮤니케이션에는 『GQ』, 『보그Vogue』, 『뉴욕타임즈New York Times』 같은 잡지의 언론 보도, 소셜 미디어, 제3자 웹사이트의 온라인 광고, 키워드 검색, 이벤트 마케팅, 소매점에서의 광고, 자체 회사 웹사이트 등이 포함된다. 와비 파커의 유통 모델에는 Warby Parker.com 웹사이트와 주문을 위한 9개의 와비 파커 전시장, 주문 배달을 위한 UPS 및 페덱스가 있다.

와비 파커 온라인 상점은 2010년에 시작되었으며, 한 달 후 이미 2만 명의 고객이 대기자 명단에 있었다. 와비 파커의 사업 모델과 시장 성공은 멘로 벤처 탤런트 캐피탈, 스파크 캐피탈, 아메리칸 익스프레스, 웰링턴 매니지먼트, 타이거 글로벌 매니지먼트, 제네럴 카탈리스트 파트너스 및 티. 로. 프라이스 등 많은 투자자를 끌어들였다. 2019년에, 와비 파커는 마지막 자금 조달 이후 거의 20억 달러로 평가되었다.

시장 가치 창출 수단으로서의 브랜드

사람들은 그들이 할 수 있는 것뿐만 아니라,
그들이 의미하는 것을 위해서도 물건을 산다.
- 시드니 레비, 브랜드 이미지 개념의 선구자

브랜드는 고객, 회사 및 협력자에게 중요한 가치의 원천이다. 브랜드는 고객 행동에 동기를 부여하는 핵심 요소이자 회사와 협력업체의 수익과 이익의 주요 원천이다. 시장 가치를 창출하는 브랜드의 역할은 브랜드의 본질을 이해하고 브랜드 관리에 대한 체계적인 접근 방식을 개발할 필요성을 강조한다. 이 장에서는 시장 가치를 창출하는 수단으로서 브랜드 역할을 설명하고 브랜드 가치를 관리하기 위한 일반적인 체계를 개괄적으로 설명한다.

시장 가치를 창출하는 수단으로서의 브랜드

브랜드의 주요 목적은 세 가지 시장 주체인 대상 고객, 회사 및 협력자를 위한 가치를 창출하는 것이다. 브랜드는 회사의 제품과 서비스를 식별하고, 표적 고객에게 떠올리게 하기 위해 오퍼링의 제품 및 서비스 특성을 넘어 확장되는 고유한 브랜드 연상을 개발함으로써 고객 가치를 창출한다.

브랜드는 오퍼링의 혜택을 강화하고 고객 수요를 증가시켜 공급업체, 유통업체 및 마케팅 파트너를 비롯한 회사 협력자들에게 가치를 창출한다. 브랜드는 추가적인 수익과 이익을 창출함으로써 회사 가치를 창출하는 동시에 회사 가치를 높이고 분리 가능한 회사 자산을 창출한다.

브랜드가 성공하려면 3-V 원칙을 따라야 한다. 즉, 대상 고객, 회사 및 협력업체의 가치를 최적화하는 방식으로 브랜드를 디자인하고 관리해야 한다. 제품, 서비스, 가격, 인센티브, 커뮤니케이션 및 유통과

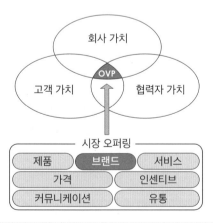

그림 3.1 시장 가치를 창출하는 수단으로서의 브랜드

같은 다른 마케팅 전술과 협력해 브랜드는 회사와 협력자에게 이익이 되는 방식으로 표적 고객을 위한 가치를 창출해야 한다(그림 3.1).

브랜드는 회사가 가치를 창출하는 데 사용할 수 있는 도구 중 하나이기 때문에 회사 오퍼링을 정의하는 다른 마케팅 전략과 비교함으로써 브랜드의 역할을 더 잘 이해할 수 있다. 따라서 브랜드는 세 가지 모두가 회사의 오퍼링에 의해 창출되는 핵심 혜택(브랜드와 일반적으로 오퍼링의 비용과 관련된 가격 및 인센티브와는 구별 됨)을 정의한다는 점에서 제품 및 서비스와 유사하다. 주로 기능적 혜택을 제공하는 제품 및 서비스와 달리 브랜드의 주요 초점은 심리적 혜택을 제공하는 것이다. 이러한 맥락에서 브랜드는 제품 및 서비스 측면에서 제공하는 혜택을 넘어서는 혜택을 창출하는 것을 목표로 한다. 브랜드는 또한 다른 마케팅 전술에 의해 정의된 가치를 커뮤니케이션하고 전달하는 것보다 제품 가치의 디자인에 도움이 되는 전술 중 하나라는 점에서 오퍼링의 커뮤니케이션 및 유통 측면과 구별된다.

브랜드가 고객, 회사 및 협력자의 가치를 창출하는 방식은 다음 절에서 더 자세히 논의된다.

고객 가치를 창출하는 수단으로서의 브랜드

고객 가치 창출은 강력한 브랜드 구축의 핵심이다. 따라서 고객 가치의 본질을 이해하고 핵심 영역을 식별하는 것은 실행 가능한 브랜드 전략 수립에 필수적이다.

● 브랜드 관리에서 고객 가치의 개념

고객 가치의 두 가지 측면은 브랜드를 관리할 때 중요하다. 첫째, 가치는 무형이다. 즉, 회사 브랜드의 가치는 고객의 주관적인 평가에 있기 때문에 가치는 무형이며, 시장에 물리적으로 존재하지 않는다. 가치는 회사 브랜드의 속성이 아니며, 고객이 브랜드와 상호 작용할 때 생성된다. 이러한 속성에 의해 니즈가 충족될 수 있는 고객이 브랜드의 속성을 고려할 때에만 브랜드 가치가 나타난다.

둘째, 가치는 독특하다. 이는 브랜드에 대한 고객의 개별 평가를 반영한다는 것을 의미한다. 따라서 고객이 특정 브랜드에서 파생시키는 가치는 브랜드와 관련된 축적된 생활 경험뿐만 아니라 이 고객의 니즈와 선호도에 따라 달라진다. 브랜드 가치의 독특한 특성은 동일한 브랜드가 다른 고객에게 다른 가치를 창출할 수 있음을 의미한다. 한 고객에게 흥미로운 브랜드가 다른 고객에게는 거의 또는 전혀 가치가 없을 수 있다.

근본적인 고객 니즈에 따라 브랜드는 기능적, 심리적, 금전적 세 가지 영역에서 고객 가치를 창출할 수 있다. 고객 가치의 이 세 가지 영역은 〈그림 3.2〉에 설명되어 있으며 아래에 요약되어 있다.

- 기능적 가치. 오퍼링 기능의 다양한 측면과 직접적으로 관련된 혜택 및 비용이다. 기능적 가치를 창출하는 속성에는 성능, 신뢰성, 내구성, 호환성, 사용 용이성 및 디자인이 포함된다. 사무실 및 산업 장비와 같이 주로 실용적인 기능을 제공하는 제품의 경우 기능이 가장 중요한 고려 사항인 경우가 많다. 오퍼링의 기능적 가치는 다음 질문에 대한 답으로 측정된다. "오퍼링이 표적 고객에게 어떤 기능적 혜택과 비용을 창출하는가?"

- 심리적 가치. 오퍼링과 관련된 심리적 혜택과 비용이다. 예를 들어, 고객은 자동차가 전달하는 사회적 지위와 생활방식 뿐만 아니라 고성능 차량을 운

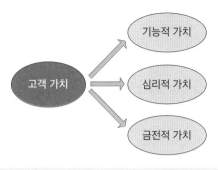

그림 3.2 고객 가치의 세 가지 영역

전하는 즐거움과 같은 자동차가 제공하는 정서적 혜택을 높이 평가할 수 있다. 오퍼링의 심리적 가치는 다음 질문에 대한 답으로 측정된다. "표적 고객이 오퍼링에 대해 어떻게 느끼는가?"

● 금전적 가치. 오퍼링과 관련된 금전적 혜택 및 비용이다. 차별화되지 않은 상품군에서 금전적 가치는 중요한 참고사항이다. 오퍼링의 금전적 가치는 다음 질문에 대한 답변으로 측정된다. "오퍼링이 표적 고객에게 제공하는 재정적 혜택과 비용은 무엇인가?"

이러한 가치들이 고객 가치의 다른 측면을 나타내더라도 상호 배타적이지 않다. 예를 들어, 스타벅스는 매주 전 세계 수백만 명의 고객에게 갓 내린 커피를 제공하며, 이 과정에서 세 가지 영역 모두에 가치를 제공한다. 스타벅스는 고객에게 에너지(카페인)를 제공하고 생산성을 높이고 휴식과 업무, 친목을 위한 물리적 공간을 제공함으로써 고객을 위한 기능적 가치를 창출한다. 스타벅스는 고객의 일상의 일부가 되어 심리적 가치를 전달하며, 사회적으로 책임 있는 회사를 지원해 도덕적 만족감을 키울 뿐만 아니라 '자신만의' 음료를 만들어 소속감과 정체성을 표현할 수 있는 수단을 제공한다. 마지막으로, 스타벅스의 금전적 가치는 가격과 고객 포인트, 1개 구매/1개 무료buy-one/get-one offers, 판촉 할인 등 다양한 금전적 인센티브를 제공한다.

소비자 가치는 항상 긍정적이지는 않다. 가치는 혜택과 비용 모두에서 비롯되기 때문에, 특정 차원에서 비용이 혜택을 능가할 수 있다. 대부분의 경우, 브랜드의 핵심 혜택을 반영하는 기능적 가치와 심리적 가치는 긍정적인 반면, 고객이 오퍼링을 위해 지불하는 가격을 포함하는 금전적 가치는 부정적이다. 예를 들어, 고객은 스타벅스 커피의 기능적 혜택을 높이 평가하고 스타벅스 브랜드와 관련성이 높지만, 스타벅스 가격에서 부정적인 가치를 도출할 수 있다. 가치는 혜택과 비용의 함수이기 때문에 가치를 창출하려면 세 가지 차원에서 혜택이 상응하는 비용보다 커야 한다.

브랜드가 기능적, 심리적, 금전적 세 가지 측면에서 고객을 위해 가치를 창출할 수 있는 구체적인 방법은 다음 절에서 설명한다.

◉ 기능적 가치를 창출하는 수단으로서의 브랜드

브랜드는 세 가지 유형의 혜택을 제공해 기능적 가치를 창출한다. 즉, 회사의 오퍼링 식별, 오퍼링 성능 암시signaling, 오퍼링 성능에 대한 고객의 인식 향상 등이다.

- 회사의 오퍼링 식별. 브랜드는 오퍼링을 식별하고 고객이 회사의 제품과 서비스를 경쟁 제품과 구별할 수 있도록 한다. 회사가 인쇄된 스큐SKU, stock-keeping-unit 바코드를 스캔해 제품을 식별하는 것처럼, 소비자는 브랜드를 관찰해 제품 정보를 얻는다. 브랜드는 원하는 오퍼링을 식별하는 지름길이며 소비자가 구매하려는 품목을 식별하기 위한 정신적 · 육체적 노력을 줄이는 데 도움이 된다. 예를 들어 타이드Tide 세탁 세제가 고유한 브랜드와 연결되지 않을 경우, 고객이 구매한 제품이 실제로 P&G에서 생산한 타이드 세제인지 확인하기 위해 많은 세제 성분을 조사해야 한다.

- **성능 암시**. 브랜드는 브랜드와 관련된 제품 및 서비스의 기능적 혜택에 대해 고객에게 알릴 수 있다. 브랜드의 이러한 측면은 오퍼링의 실제 성능을 쉽게 관찰할 수 없을 때 특히 중요하다. 예를 들어, 타이드 브랜드는 우수한 세정력, 크레스트Crest 브랜드는 효과적인 치아 보호, 디 월트DeWalt 브랜드는 내구성을 나타낸다. 브랜드의 암시적인 혜택은 브랜드 오퍼링을 넘어 확장될 수도 있다.

- **향상된 인지 성능**. 브랜드는 성능을 알리는 것 외에도 고객이 회사의 제품과 서비스를 경험하는 방식을 바꿀 수 있다. 예를 들어, 맥주의 맛과 의약품 효과는 브랜드 이름에 대한 사람들의 지식에 의해 영향을 받을 수 있다(브랜드 플라시보 효과). 오퍼링의 기능적 측면에 대한 고객의 경험에 영향을 주는 것 외에도 브랜드는 다른 사람에게 암시적 역할을 하는 능력에서 비롯되는 성능 혜택을 창출할 수 있다. 부를 상징하는 브랜드(예: 파텍 필립 시계, 부가티 자동차) 또는 전문 지식(보쉬 건설 공구 및 몽블랑 비즈니스 액세서리)은 개인의 신뢰를 구축하고 사업 거래를 촉진하는 기능적 혜택을 창출할 수 있다.

고객이 회사의 오퍼링을 식별하도록 돕는 브랜드 능력은 가장 중요한 기능적 혜택이다. 기술 개발 및 생산 외주로 인해 외관과 성능이 유사한 상품 및 서비스의 상품화가 증가함에 따라 회사 오퍼링을 고유하게 식별하고, 기능을 알리고, 인식된 혜택을 향상 시키는 브랜드 능력이 가장 중요해진다.

● 심리적 가치를 창출하는 수단으로서의 브랜드

심리적 가치는 브랜드가 창출하는 시장 가치의 핵심 원천이다. 실제로 브랜드는 고객의 마음속에 특정한 연상을 불러일으키기 때문에 오퍼링의 다른 속성보다 더 넓은 범위의 감정과 더 깊은 의미를 전달할 수 있다. 특히, 브랜드는 감정을 전달하고 자기표현과 사회적 대의를 촉진함으로써 심리적 가치를 창출한다.

- **감성적 가치를 창출**. 브랜드는 다양한 긍정적인 감정을 경험하게 함으로써 고객의 감정적 반응을 불러일으키고 가치를 창출할 수 있다. 예를 들어, 올스테이트Allstate 보험 회사("당신은 올스테이트와 잘 지내고 있습니다")는 브랜드로 마음의 평화를 전달하는 것을 목표로 한다. 홀마크Hallmark("당신이 가장 좋은 것을 보낼 만큼 충분히 배려할 때")는 사랑과 애정의 감정을 떠올리게 하고, 코닥Kodak("공유 순간, 삶을 공유할 때")은 사람들의 삶에서 특별한 순간의 추억을 불러일으키며, 캠벨Campbell's("인생의 순간에 중요한 진짜 음식")은 따뜻한 추억과 편안함을 불러 일으킨다.

- **자기표현의 가치를 창출**. 브랜드는 정서적 혜택을 창출하는 것 외에도, 개인이 자신의 정체성을 표현할 수 있도록 함으로써 심리적 가치를 창출할 수 있다. 예를 들어, "새로운 세대의 선택"(1963년 도입)이라는 펩시의 고전적인 포지셔닝은 자신의 정체성을 정의하려는 많은 십대들에게 반향을 일으켰다. 할리데이비슨, 오클리, 애버크롬비 & 피치와 같은 브랜드는 다양한 유형의 생활방식을 대표해 소비자가 자신의 개성을 표현할 수 있도록 하고, 롤스로이스, 루이비통, 카르티에와 같은 브랜드는 고객이 자신의 부와 사회경제적 지위를 강조할 수 있도록 해서 심리적 가치를 창출한다. 자기표현의 수단으로서 브랜드의 역할은 이 장의 마지막에서 자세히 설명한다.

- **사회적 가치를 창출**. 브랜드는 사회 기여를 통한 도덕적 만족감을 전달해 심리적 가치를 창출할 수 있다. 예를 들어, 톰스TOMS, 유니세프, 국경 없는 의사회, 미국 적십자와 같은 브랜드는 관련 사회적 문제에 대해 고민하고 다양한 사회적 책임 있는 프로그램을 시행함으로써 고객 가치를 창출한다.

브랜드가 심리적 가치를 창출하는 방식은 단일 차원에 국한될 필요는 없다. 브랜드는 여러 영역에서 가치를 창출할 수 있다. 예를 들어, 스타벅스 브랜드는 감정적 반응을 불러일으키고, 자기표현의 수단으로 사용되며, 사회적 대의를 촉진한다. 동시에 이러한 차원 중 하나는 브랜드를 정의하는 특성으로 나타난다. 스타벅스 브랜드의 경우, 자기표현 수단의 역할을 하고 고객이 자신의 정체성을 표현할 수 있도록 한다. 일반적으로 이러한 차원에서 브랜드가 창출하는 심리적 가치는 브랜드의 힘과 고객의 행동을 변화시키는 능력이 더 커진다.

◉ 금전적 가치를 창출하는 수단으로서의 브랜드

브랜드는 기능적, 심리적 가치를 창출할 뿐만 아니라 금전적 가치도 창출할 수 있다. 특히, 브랜드는 가격 암시와 가격 프리미엄을 구사하는 두 가지 방법으로 금전적 가치를 창출할 수 있다.

- 가격 암시. 브랜드는 제품 및 서비스와 관련된 가격을 고객에게 알릴 수 있다. 예를 들어, 월마트 브랜드는 저렴한 가격의 이미지를 전달해, 자사 제품이 경쟁사보다 가격이 저렴하다는 것을 알린다. 저렴한 이미지는 월마트의 가격에 대한 고객의 인식에 영향을 미치므로, 실제로는 그렇지 않을 수도 있지만, 월마트가 모든 품목을 가장 낮은 가격으로 제공한다고 인식한다. 이러한 가격 인식은 고객이 월마트에서 구매할 가능성을 높여, 월마트의 수익과 이익을 강화한다. 브랜드가 전달하는 가격 이미지는 구매자가 제품의 실제 가격과 가격 경쟁력을 모를 때 특히 중요하다. 이런 경우, 고객은 브랜드에 의존해 제품 가격을 추론할 수 있다.

- 가격 프리미엄 구사. 브랜드는 가격 인식을 형성하는 데 도움이 될 뿐만 아니라, 고객에게 고유한 금전적 혜택을 제공할 수 있다. 예를 들어, 브랜드 제품의 소유자는 해당 제품을 2차 시장에 출시하면 더 높은 가격을 받을 수 있다. 에르메스, 프라다 및 루이비통 핸드백은 기능적으로 동등한 브랜드 없는 핸드백에 비해 훨씬 더 높은 재판매 가격을 요구한다. 브랜드의 재정적 이익은 수집품의 경우 특히 두드러진다. 예를 들어, 2018년에 페라리 250 GTO는 4,800만 달러 이상에 소더비 경매에서 판매되었다. 이는 20년 전에 비해 10배 이상 비싸고, 운송 수단으로서의 기능적 가치가 보장하는 것보다 훨씬 더 높은 가격이다. 마찬가지로 에르메스 버킨 핸드백의 재판매 가격은 50만 달러에 달하며, 이는 상당 부분 브랜드의 상징적 지위 때문이다. 실제로 브랜드의 재정적 이익은 예술, 와인, 시계, 자동차와 같은 대체 투자를 평가하는 핵심 요소 중 하나이다.

모든 브랜드가 세 가지 유형의 고객 가치를 모두 창출할 수 있는 것은 아니다. 서로 다른 유형의 브랜드 가치가 내포하는 포지셔닝 전략 중 일부는 상호 배타적일 수 있다. 예를 들어, 저렴한 가격을 알리는 브랜드는 우수한 제품 성능을 나타내거나, 부와 사회적 지위를 전달하는 데 있어 신뢰할 수 없을 수 있다. 따라서 서로 다른 유형의 고객 가치는 브랜드가 세 가지 차원 각각에서 고객을 위해 가치를 창출하도록 요구하기보다는 브랜드의 가치 제안을 개발하는 데 지침이 된다.

협력자 가치를 창출하는 수단으로서의 브랜드

브랜드는 회사의 협력자들에게 전략적 가치와 금전적 가치라는 두 가지 유형의 가치를 창출할 수 있다(그림 3.3). 전략적 가치는 고객 수요 증가 및 타 브랜드와의 시너지와 같은 브랜드의 비금전적 혜택을 반영하며 금전적 가치는 브랜드에 귀속되는 한계 수익 및 이익과 관련이 있다. 전략적 이익이 종종 궁극적으로 금전적 이익으로 이어지지만(예: 브랜드 간의 시너지 효과가 더 큰 이익으로 이어지는 경향이 있음), 즉각적인 영향은 금전적 결과와 직접적으로 연결되지 않는다.

브랜드가 두 가지 유형의 협력자 가치(전략적 가치와 금전적 가치)를

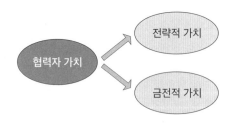

그림 3.3 협력자 가치를 창출하는 수단으로서의 브랜드

창출할 수 있는 방법은 아래에서 더 자세히 논의된다.

◉ 협력자를 위한 전략적 가치를 창출하는 수단으로서의 브랜드

브랜드에 의해 생성된 전략적 가치는 회사의 협력자가 브랜드를 제공하는 오퍼링과 연결함으로써 얻을 수 있는 비금전적 이점을 반영한다. 특히, 브랜드는 회사의 협력자에게 다음과 같은 두 가지 유형의 전략적 혜택을 제공할 수 있다.

- 고객 수요 강화. 강력한 브랜드는 브랜드와 관련된 협력 제품 및 서비스에 대한 수요를 증가시킬 수 있다. 패션 소매업체는 충성도가 높은 고객을 유치해, 매장 방문객을 증대하는 유행하는 브랜드를 보유함으로써 이익을 얻을 수 있다. 예를 들어, 패스트 패션 의류 소매업체 H&M은 베르사체 및 랑방과 같은 고급 패션 브랜드를 제품 구색에 추가함으로써 이익을 얻었다. 같은 맥락에서 신용카드 발급사는 브랜드 충성도가 높은 고객을 유치함으로써 주요 항공사 또는 호텔과 협력해 이익을 얻을 수 있다. 마찬가지로 공정무역Fair Trade, 에너지 스타Energy Star, 그린 실Green Seal, USDA 오가닉USDA Organic과 같은 인증브랜드는 이러한 브랜드의 신뢰성을 활용해 협력업체 오퍼링의 관심을 높인다.

- 협력 브랜드 강화. 브랜드는 고객 수요를 강화하는 것 외에도 협력업체의 자체 브랜드를 강화할 수 있다. 따라서 강력한 브랜드와 공동브랜딩은 '후광halo'(파급) 효과를 가질 수 있으며, 협력자 브랜드에 명성, 신뢰성 및 특이성과 같은 혜택을 추가할 수 있다. 예를 들어, 페라리와 제휴는 푸마 브랜드를 강화하는 데 도움이 되고, 두가티 파트너십은 디젤의 브랜드 인지도를 높이는 데 도움이 되며, 브라이틀링과 공동브랜딩은 벤틀리 브랜드 이미지를 개선하는 데 도움이 된다. 공동브랜딩은 또한 브랜드 이미지에 다른 차원을 추가하고 더 넓은 범위의 니즈와 기회에 브랜드 관련성을 높임으로써 브랜드를 확장할 수 있다. 예를 들어, 신용카드와 제휴하면 광범위한 구매 기회에서 소매업체 브랜드의 인지도와 관련성을 높일 수 있다.

브랜드가 협력자를 위해 창출하는 전략적 가치는 개념적으로 브랜드가 창출하는 고객 가치의 기능적·심리적 차원과 유사하다. 회사의 협력자는 일반적으로 비즈니스 개체이기 때문에, 브랜드 가치의 기능적 및 심리적 차원은 브랜드가 제공하는 전략적 혜택 측면에서 고려된다. 이러한 맥락에서 고객 수요를 강화하고 협력자의 브랜드를 강화하는 브랜드의 능력은 협력자가 경쟁 우위를 확보하고 시장 지위를 강화하는 데 도움이 된다.

◉ 협력자를 위한 금전적 가치를 창출하는 수단으로서의 브랜드

전략적 가치 외에도, 브랜드는 부가 수익과 이익을 창출함으로써 협력자를 위한 금전적 가치를 창출할 수 있다. 회사 브랜드 오퍼링에 대한 수요가 증가하면 회사의 협력자는 프리미엄 가격을 부과해, 수요를 현금화할 수 있으므로 더 높은 이윤을 창출할 수 있다. 예를 들어, 인텔과의 공동브랜딩(인텔 인사이드 캠페인)을 통해 컴퓨터 제조업체는 제품에 더 높은 가격을 부과해 이윤을 높일 수 있었다. 같은 맥락에서 샤넬, 프라다, 조지오 아르마니와 같은 패션 브랜드와 제휴해 세계최대의 안경 제조업체인 룩소티카Luxottica는 자체 브랜드 이름으로 판매되는 제품에 비해 디자이너 제품을 프리미엄으로 판매할 수 있다.

회사 가치를 창출하는 수단으로서의 브랜드

브랜드가 협력자 가치를 창출하는 방식과 유사하게, 브랜드는 전략적 가치와 금전적 가치라는 두 가지 유형의 회사 가치를 창출한다(그림 3.4). 전략적 가치는 타 브랜드와의 시너지, 고객 수요 증가, 기업 문

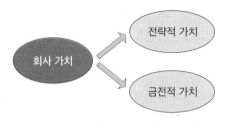

그림 3.4 회사 가치를 창출하는 수단으로서의 브랜드

화에 대한 긍정적인 영향 등 비금전적 브랜드 혜택을 반영하며 금전적 가치는 브랜드에서 발생하는 한계 이익과 관련이 있다.

브랜드가 전략적 가치와 금전적 가치라는 두 가지 유형의 회사 가치를 창출할 수 있는 방법은 다음에서 더 자세히 논의된다.

● 회사의 전략적 가치를 창출하는 수단으로서의 브랜드

브랜드가 창출하는 전략적 가치는 기업이 자사의 제품 및 서비스를 특정 브랜드와 연관시킴으로써 얻는 비금전적 이익을 반영한다. 특히, 브랜드는 고객 수요를 강화하고, 다른 마케팅 전술의 영향을 증폭하고, 더 많은 협력자 지원을 보장하며, 숙련된 직원의 고용 및 유지를 촉진할 수 있다.

● 고객 수요 강화. 브랜드는 고객 가치를 창출하기 때문에, 회사 오퍼링에 대한 수요를 증가시킨다. 따라서 브랜드가 없는 제품에 관심이 없는 고객은 동일한 제품의 브랜드 형태에 관심이 있을 수 있다. 단, 이 고객이 해당 브랜드를 찾는 경우는 물론이다. 회사 오퍼링의 매력을 높이는 것 외에도, 브랜드는 더 많은 제품 및 서비스 사용을 촉진할 수 있다. 매력적인 브랜드와 관련된 오퍼링은 입소문 및 소셜 미디어 댓글과 같은 고객 옹호를 장려할 가능성이 더 높으며, 이는 결과적으로 판매를 촉진할 가능성이 높다.

- **다른 마케팅 전술의 영향을 증폭**. 브랜드는 고객 수요를 직접적으로 강화하는 것 외에도 회사의 오퍼링을 정의하는 다른 속성의 효율성을 높일 수 있다. 따라서 브랜드는 브랜드 제품이 브랜드가 없는 제품보다 더 강력하고, 신뢰할 수 있고, 내구성 있고, 안전하고, 매력적이고, 맛있어 보이도록 해서 제품 성능에 대한 고객의 인식을 향상시킬 수 있다. 고객은 브랜드 제품이 더 매력적이라고 생각할 뿐만 아니라, 유통 채널 전반에 걸쳐 브랜드 제품을 검색할 의향이 더 많아지고 기능적으로 동등한 대체품을 쉽게 구할 수 있다 하더라도 좋아하는 브랜드를 가지고 있지 않은 매장은 가지 않는다. 고객은 또한 그들이 애용하는 브랜드의 인센티브와 커뮤니케이션에 더 호의적으로 반응하고 브랜드가 없는 제품의 인센티브는 무시할 가능성이 높다. 브랜드가 다른 마케팅 전술의 영향을 증폭시키는 방법은 이 장의 끝에서 논의된다.

- **더 많은 협력자 지원을 보장**. 브랜드는 협력자를 위한 가치를 창출하기 때문에, 강력한 브랜드를 가진 회사는 협력자와 더 나은 조건을 협상할 수 있는 위치에 있다. 예를 들어, 강력한 브랜드를 가진 제조업체는 소매업체와 더 유리한 계약을 맺을 수 있으므로 유통 네트워크와 더 많은 판촉 지원(현재 보유 재고, 제품 배치 및 판매 지원)이 가능하다. 같은 맥락에서 브랜드가 강한 소매업체는 브랜드가 없거나 약한 브랜드와 관련된 제품 제조업체로부터 더 큰 지원과 더 나은 이윤을 얻을 수 있다.

- **숙련된 직원의 고용 및 유지를 촉진**. 직원들은 브랜드가 자신의 니즈, 선호도 및 가치에 공감하는 회사에서 일하는 것을 중요하게 생각한다. 결과적으로 강력한 브랜드를 보유한 회사는 재능 있는 직원을 더 쉽게 유치하고 이러한 직원이 떠나지 않도록 한다. 직원 채용 및 유지를 용이하게 하는 것 외에도, 브랜드는 기업 문화를 강화하고 사기를 높이며 생산성을 높일 수 있다.

강력한 브랜드는 위의 모든 측면에서 회사 가치를 창출할 수 있다. 예를 들어, 애플 브랜드는 다른 브랜드로 판매되거나 브랜드가 없는 동일한 제품과 비교해 자사 제품에 대한 수요를 증가시키는 데 도움이 된다. 고객은 애플 브랜드 제품이 더 나은 성능을 가지고 있다고 인식할 가능성이 더 높고, 이러한 제품을 구입하기 위해 더 많은 노력을 기울이고, 애플의 정보 전달에 더 주의를 기울일 것이다. 애플은 또한 소매업체로부터 호의적인 대우와 더 큰 지원을 받아 자사 브랜드의 강점을 활용한다. 마지막으로, 애플 브랜드는 숙련된 직원을 유치하는 동시에 충성도를 높이고, 생산성을 높이며, 기업 문화를 향상시키는 데 도움이 된다.

◉ 회사를 위한 금전적 가치를 창출하는 수단으로서의 브랜드

브랜드는 전략적 이점과 함께 부가 수익과 이익을 창출하고 인건비를 낮추고 회사 가치를 높이고 분리 가능한 회사 자산을 만들어 회사에 금전적 가치를 창출할 수 있다.

- 부가 수익과 이익 창출. 브랜드 제품 및 서비스에 대한 고객 수요 증가와 브랜드가 더 높은 가격을 책정할 수 있는 능력은 더 높은 판매 수익으로 이어져 더 높은 수익을 창출할 수 있다. 또한 특정 브랜드에 대한 고객 선호도는 회사가 협력자(예: 공급 업체 및 유통 업체)와 더 나은 금융 조건을 협상할 수 있도록 해 회사의 이윤을 높일 수 있다.

- 낮은 인건비. 회사 직원이 가치 있게 여기는 의미를 지닌 강력한 브랜드는 금전적 보상을 대신할 수 있는 심리적 가치를 창출할 수 있다. 따라서 직원들은 보상의 일부를 희생하고 유리한 브랜드의 회사에서 일하기 위해 더 낮은 급여를 받아들일 준비가 되어 있는 것으로 나타났다.

- 회사의 가치 증가. 브랜드는 순이익을 증가시킬 수 있는 능력 때문에 회사에 금전적 가치를 창출한다. 이러한 맥락에서 브랜드의 금전적 가치는 회사 브랜드에 의해 창출될 가능성이 있는 현금 흐름의 미래 가치에 의해 결정되며, 회사의 가치를 높인다. 브랜드에 의해 생성된 금전적 가치(브랜드 자산이라고도 함)는 다음 장에서 더 자세히 설명한다.

- 분리 가능한 회사 자산. 브랜드는 회사의 가치평가에 기여하는 것 외에도, 다른 기업으로 이전될 때 회사에 추가적인 가치를 창출할 수 있다. 예를 들

어, 시어스Sears는 수십 년 전에 처음부터 구축한 크래프츠맨Craftsman 브랜드를 스탠리블랙앤데커Stanley Black & Decker에 9억 달러에 매각했다. 특히, 모회사의 브랜드와 다른 이름을 가진 브랜드는 브랜드의 진정한 가치를 발견할 수 있는 더 나은 기회를 가진 다른 회사에 인수될 때 훨씬 더 높은 가치를 가질 수 있다(다양한 브랜드 포트폴리오 전략에 대한 자세한 설명은 7장 참조).

브랜드가 회사를 위해 가치를 창출하는 방식을 이해하는 것은 관리자가 브랜드 구축 활동의 효과를 더 잘 측정할 수 있게 해주기 때문에 중요하다. 브랜드가 회사를 위해 창출하는 가치를 아는 것은 관리자가 브랜드 구축 비용을 단순히 잔여 가치가 없는 지속적 마케팅 비용이 아닌 가치 창출 자산에 대한 투자로 설정할 수 있도록 한다. 브랜드가 창출하는 회사 가치에 대한 자세한 분석은 다음 절에서 설명된다.

브랜드 가치 관리: 브랜드 파워와 브랜드 자산

회사가 강력한 브랜드를 구축하는 데 성공하려면, 브랜드 가치의 출처와 결과는 물론 브랜드 가치를 평가하는 지표와 과정에 대한 명확한 이해가 있어야 한다. 브랜드 가치의 두 가지 측면인 브랜드 파워와 브랜드 자산은 아래에서 더 자세히 설명한다.

● 브랜드 파워

브랜드 파워는 표적 고객, 회사 협력자 및 회사 직원과 같은 관련시장 주체의 행동에 영향을 미치는 브랜드 능력을 반영한다. 고객, 협력자, 회사 직원이 브랜드와 관련된 오퍼링에 더 호의적으로 반응할 때 브랜드는 더 큰 힘을 갖게 된다. 예를 들어, 오퍼링이 특정 브랜드와 연관되어 있다는 지식이 소비자의 반응을 바꾸지 않는다면, 그 브랜드는 파워가 부족하고 회사의 오퍼링은 사실상 상품이다.

브랜드 파워는 여러 면에서 회사에 혜택이 된다. 브랜드 파워는 표적 고객이 브랜드 제품을 구매하고 자주 사용하며 이 제품을 지지할 가능성을 높인다. 더 큰 브랜드 파워는 회사와 협력하려는 의욕을 높임으로써 협력자의 행동에 영향을 미친다. 또한 브랜드 파워는 회사가 직원의 충성도와 생산성을 향상시켜 숙련된 인력을 유치하는 데 도움이 된다.

파워 브랜드는 지속 가능한 경쟁 우위의 원천이 될 수 있으며 고객에게 회사 오퍼링을 선택하는 이유를 제공한다. 예를 들어, IBM 브랜드는 품질, 안정성 및 호환성을 의미하기 때문에 아무도 IBM을 구매했다고 해고되지 않았다. 마찬가지로 할리데이비슨의 성공은 오토바이의 디자인뿐만 아니라, 상당 부분 브랜드 힘 덕분이다. 코카콜라와 다른 콜라 음료를 구별하는 것은 맛뿐만 아니라, 이미지에 있다. 즉, 국경과 문화적 장벽을 초월해 지구상의 거의 모든 사람들에게 다가갈 수 있는 이미지이다.

차별화의 원천으로서 브랜드 파워는 시리얼, 청량음료, 알콜음료와 같은 상품화된 제품 범주에서 특히 두드러진다. 예를 들어, 그레이 구스Grey Goose는 자사 제품을 세계 최고의 시음 보드카로 성공적으로 포지셔닝해 많은 경쟁업체에 비해 훨씬 높은 가격을 책정할 수 있었다. 그레이 구스의 예는 특히 기본 제품(보드카)이 사실상 상품이기 때문에 "독특한 특성, 향, 맛 또는 색이 없는 중립 증류주"로 정의된다. 따라서 다양한 프리미엄 보드카의 맛의 차이를 구별하지 못하는 대부분의 고객에게, 그레이 구스 브랜드는 주요 가치 동인이자 구매의 주요 이유이다.

● 브랜드 자산

브랜드 자산은 브랜드의 금전적 가치이다. 브랜드 소유권 때문에 회사 가치에 부여되는 프리미엄이다. 브랜드의 금전적 가치는 브랜드가 평생 동안 창출할 재정적 수익에 반영된다. 브랜드 자산의 개념을 이해하고, 그 전례와 결과를 관리하고, 브랜드 자산을 측정하는 방법론을 개발하는 것은 회사의 재정적 안정을 보장하는 데 가장 중요하다.

수년 동안 기업들은 자신이 만든 브랜드 가치에 접근할 수 있는 확립된 회계 절차 없이 브랜드 구축에 수백만 달러를 지출했다. 브랜드 평가 문제는 1980년대 RJR 나비스코RJR Nabisco의 250억 달러 인수를 포함한 인수합병 급증이 브랜드 평가에 대한 관심 증가와 보다 정확한 브랜드 평가 방법론의 개발에 대한 자연스러운 촉매 역할을 했을 때 두드러졌다. 기업이 소유한 브랜드 가치는 장부에 반영되지 않는다. 특히 기업의 브랜드 가치가 유형 자산의 가치를 초과할 수 있다는 점을 고려할 때, 기업이 시간이 지남에 따라 구축한 브랜드 자산에 대한 공정한 가격을 설정하는 것이 가장 중요하다. 따라서 브랜드가 시장 가치를 창출하는 방법을 이해하고 브랜드 가치를 측정하는 방법론을 개발하는 것은 회사의 시장 성공을 보장하는 데 매우 중요하다.

회사가 브랜드 가치를 정확하게 추정함으로써 이익을 얻을 수 있는 몇 가지 이유가 있다. 브랜드 가치를 아는 것은 인수합병에서 구매자가 회사에 지불해야 하는 프리미엄 초과 장부 가치premium over book value를 결정하는 데 중요하다. 주식 평가 목적으로 회사 전체의 가치를 결정하기 위해서는 브랜드 가치를 아는 것이 중요하다. 또한 브랜드 평가는 브랜드 소유자가 자신의 브랜드를 사용할 수 있는 권리에 대해 라이선시licensee로부터 받아야 할 가격 프리미엄을 결정하는 라이선싱licensing에서 중요하다. 더욱이 브랜드 가치에 대한 정확한 추정은 브랜드에 대한 손해와 관련된 소송 사건에서 적절한 금전적 보상 규모를 결정하는 데 중요하다. 브랜드 가치 평가는 브랜드 구축 비용을 정당화하기 위한 비용 편익 분석과 기업 포트폴리오의 브랜드 전반에 걸친 자원 할당을 결정하기 위한 기업 브랜드 구축 활동의 효율성을 평가하는 데 필수적이다.

브랜드 자산은 기업의 모든 무형 자산의 금전적 가치를 나타내는 회계 용어인 영업권goodwill의 일부이다. 영업권은 자산, 공장, 자재 및 투자와 같은 유형 자산 외에도 회사 자산에는 브랜드, 특허, 저작권, 노하우, 라이선스, 유통 계약, 회사 문화 및 경영 관행으로 구성된 무형 구성 요소도 포함된다는 것을 문서화하는 방법이다. 따라서 영업권은 브랜드 자산보다 훨씬 광범위하며 회사 브랜드 가치뿐만 아니라 회사의 다른 무형 자산 가치도 포함한다.

영업권은 회사가 다른 기업을 인수하고 자산의 장부가액에 프리미엄을 지불할 때 회사 장부에 기록된다. 예를 들어, 회사가 장부 자산이 5억 달러인 다른 회사를 인수하기 위해 10억 달러를 지불하는 경우 차액 5억 달러는 취득자의 장부에 영업권으로 기록된다. 브랜드의 장부금액과 시장 가치가 불일치 하는 이유 중 하나는 취득한 브랜드는 세무 및 회계상 자산으로 인식되지만, 내부적으로 생성된 브랜드는 그렇지 않기 때문이다. 따라서 브랜드를 처음부터 구축한 회사는 이러한 브랜드를 내부적으로 개발하고 관련 비용을 비용으로 청구했기 때문에 재무제표에서 해당 브랜드를 자산으로 인식할 수 없다. 이러한 맥락에서 영업권은 브랜드를 취득할 때 브랜드의 시장 가치를 인정한다.

브랜드 자산의 개념은 고객 자산의 개념과 관련될 수 있다. 고객 자산(고객 평생 가치라고도 함)은 회사의 고객으로 있는 동안 회사 고객이 창출한 금전적 가치를 반영하며 브랜드 자산은 회사 제품과 서비스가 창출하는 가치 이상으로 브랜드가 창출하는 가치의 금전적 등가물을 반영한다. 이러한 맥락에서 고객 자산은 회사 브랜드의 영향에 국한되지 않고 회사 제품 및 서비스의 영향도 고려한다는 점에서 브랜드 자산보다 광범위하다. 브랜드 자산과 고객 자산을 보는 실용적인 방법은 브랜드가 원인이고 고객 자산이 결과인 인과 관계이다. 브랜드 자산은 고객 자산의 원동력 중 하나이며, 다른 마케팅 전략과 함께 고객을 유치하고 유지하기 위해 기업에서 사용할 수 있는 도구 중 하나이다.

● 브랜드 파워와 브랜드 자산의 조정

브랜드 파워와 브랜드 자산은 밀접하게 관련되어 있다. 브랜드 파워는 세 가지 주요 시장 주체인 고객, 협력자, 회사 이해 관계자를 위한 가치를 창출하고, 결과적으로 행동을 변화시키는 브랜드의 능력을 반영한다. 모든 고객에 걸쳐 집계된 브랜드 유발 행동 변화는 회사의 금전적 가치를 창출하며, 이는 회사의 브랜드 자산에 반영된다.

고객과 기업 가치를 창출하는 수단으로서의 브랜드 파워와 브랜드 자산의 관계는 다음과 같이 요약될 수 있다. 브랜드 파워는 브랜드의 정체성과 의미를 기획하고 전달하는 기업의 브랜드 구축 활동에서 비롯된다. 회사의 활동은 심리적, 기능적, 금전적이라는 세 가지 주요 차원에서 브랜드를 평가하는 데 사용하는 고객 마음속에 브랜드 이미지를 설정하는 데 도움이 된다. 브랜드 가치에 대한 고객 평가는 시장 행동에 영향을 미치고, 브랜드 제품을 구매, 사용 및 옹호할 가능성을 높인다. 고객 행동은 결과적으로 회사에 가치를 창출해 전략적 및 금전적 목표를 달성하는 데 도움이 된다. 여기에서 고객 행동에 영향을 미치는 브랜드의 능력은 브랜드의 힘을 포착하고, 브랜드와 관련된 고객 행동의 변화로 인해 회사에 창출된 가치에 상당하는 금전적 가치는 이 브랜드의 자산을 반영한다(그림 3.5).

그림 3.5 브랜드 파워 및 브랜드 자산

브랜드 파워와 브랜드 자산은 복잡하게 연관되어 있지만, 브랜드 파워가 더 크다고 해서 자동으로 브랜드 자산이 커지는 것은 아니다. 브랜드 자산은 브랜드 파워의 기능일 뿐만 아니라 주어진 시장에서 이 파워를 효과적으로 활용하는 기업의 능력이다. 예를 들어, 브랜드를 좋아하는 고객은 브랜드 제품이나 서비스가 열등하거나, 가격이 높거나, 고객이 제품의 혜택을 알지 못하거나, 제품의 유통이 제한적이기 때문에 제품을 구매하지 않을 수 있다. 따라서 회사 가치를 창출하는 브랜드의 능력은 고객 행동에 대한 브랜드의 궁극적인 영향에 영향을 줄 수 있는 제품, 서비스, 가격, 인센티브, 커뮤니케이션 및 유통과 같은 다른 마케팅 전술의 기능이기도 하다.

브랜드가 가치를 창출하는 능력은 다양한 시장의 힘에 달려있다. 따라서 브랜드 자산은 시장 규모의 함수이므로 더 큰 고객 세그먼트에 서비스를 제공하는 브랜드가 회사에 더 큰 가치를 창출할 가능성이 높다. 브랜드가 고객 행동에 강한 영향을 미칠 수 있다 하더라도, 그 시장이 상대적으로 작다면 훨씬 더 많은 수의 고객에게 영향력이 약한 브랜드보다 가치가 떨어질 수 있다. 예를 들어, 닛산의 브랜드 자산은 포르쉐가 닛산에 비해 더 높은 가격 프리미엄에 반영되어 더 강력한 브랜드임에도 불구하고, 포르쉐의 브랜드 자산보다 높은 것으로 추정된다. 같은 맥락에서 아우디와 렉서스는 폭스바겐과 토요타보다는 가격 프리미엄과 시장 행동에 더 큰 영향을 미치는 브랜드 파워를 가지고 있지만, 폭스바겐과 토요타가 더 큰 브랜드 자산을 가지고 있는 것으로 추정된다. 마찬가지로 아르마니와 모엣 샹동Moet & Chandon이 갭 Gap과 맥도날드보다 브랜드 파워가 높지만, 후자의 브랜드 자산은 더 높을 것으로 추정된다.

브랜드 파워를 브랜드 자산으로 전환하는 회사의 능력은 협력자의 행동에 달려있다. 브랜드가 협력자의 지원으로부터 혜택을 받을 때 더 커질 가능성이 높다. 예를 들어, 소매업체가 눈에 띄게 표시하고 홍보하는 브랜드는 유사한 소매 지원을 받지 않는 브랜드보다 더 많은 판매 수익을 창출할 가능성이 있으므로 더 큰 자산을 보유하게 된다. 브랜드 자산은 또한 경쟁에 달려있다. 공격적인 경쟁 활동은 브랜드의 힘에도 불구하고 회사가 제공하는 오퍼링의 시장 점유율을 손상시킬 수 있다. 회사 가치를 창출하는 브랜드 능력은 브랜드가 운영되는 경제적, 사회문화적, 기술적, 규제적, 물리적 상황의 변화에 의해 영향을 받는다. 예를 들어, 상표법의 변경은 브랜드 파워를 유지하는 브랜드의 능력을 제한할 수 있고, 수입 관세는 회사의 판매량을 감소시켜 브랜드 파워를 수익화하는 능력에 영향을 줄 수 있다.

브랜드 자산이 항상 브랜드 파워의 완벽한 지표는 아니므로, 브랜드 파워가 금전적 가치를 초과하는 경우와 브랜드의 금전적 가치가 브랜드 파워를 과대 평가하는 경우를 식별할 수 있다. 브랜드 자산이 브랜드 힘의 완전한 시장 잠재력을 고려하지 않을 때 브랜드는 저평가된다. 대조적으로 브랜드 자산이 기본 브랜드 파워를 과대평가할 때 브랜드는 과대평가된다. 마케팅 관점에서 브랜드 자산이 저평가되어 브랜드 파워가 회사에서 완전히 수익을 창출하지 못하는 브랜드는 가치 창출 기회를 제공한다. 투자 관점에서 볼 때, 저평가된 브랜드는 이러한 브랜드의 숨겨진 힘을 이끌어내는 기업에 인수 기회를 제공한다. 성공적으로 부활한 저평가된 브랜드의 예는 이 장의 끝부분에 나와 있다.

브랜드 관리 체계

강력한 브랜드 구축은 브랜드 관리의 주요 측면을 도출하고 브랜드의 시장 영향을 극대화하기 위한 정돈된 접근 방식을 제공하는 포괄적인 체계를 사용해 크게 촉진될 수 있다. 따라서 이 장에서는 브랜드 가치 창출계획을 개발하기 위한 구성 요소의 개요를 설명하고 브랜드가 시장 가치를 창출하는 과정을 설명한다.

● 브랜드 가치 창출계획

브랜드 구축은 브랜드가 시장 가치를 창출하는 방법을 설명하는 가치 창출 계획의 개발로 시작된다. 브랜드 가치 창출계획은 세 가지 주요 구성 요소로 구성된다. ① 브랜드가 달성하려는 회사 목표, ② 표적 시장에서 브랜드가 창출하려는 가치를 정의하는 전략, ③ 회사가 전략을 실행하기 위해 사용할 특정 전술. 브랜드 가치 창출 계획의 세 가지 측면과 주요 구성 요소는 〈그림 3.6〉에 나와 있으며 다음에서 더 자세히

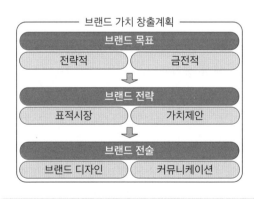

그림 3.6 브랜드 가치 창출계획

설명한다.

브랜드 목표는 회사가 브랜드로 포착하려는 전략적 및 금전적 가치를 반영한다. 전략적 목표는 회사가 브랜드를 통해 포착하려는 비금전적 혜택을 나타낸다. 이러한 혜택에는 회사 오퍼링에 대한 고객 수요 증가, 회사가 숙련된 직원을 유치 및 유지하도록 지원하고, 기업 문화를 향상시키는 것과 같은 요소가 포함된다. 반면 금전적 목표는 회사가 브랜드 오퍼링에 대해 부과할 수 있는 더 높은 가격으로 인한 더 큰 이익, 회사 판촉 활동의 효율성 증대, 유리한 유통 방식 등과 같이 브랜드에 직접적으로 귀속될 수 있는 재정적 이익을 포함한다.

브랜드 전략은 브랜드가 창출하는 가치를 정의하며 표적 시장과 이 시장에서의 가치제안이라는 두 가지 요소로 구성된다. 표적 시장은 다섯 가지 C(2장에서 논의)로 정의된다. ① 브랜드가 가치 창출을 목표로 하는 표적 고객, ② 이러한 고객을 위한 가치를 창출하기 위해 회사와 협력하는 협력자, ③ 동일한 고객을 위한 가치 창출을 목표로 하는 브랜드의 경쟁자, ④ 브랜드를 관리하는 회사, ⑤ 브랜드가 운영되는 상황. 브랜드의 가치제안은 브랜드가 관련 시장 주체, 즉 표적 고객, 회사 및 협력자를 위해 창출하려는 가치로 정의된다. 앞서 논의한 바와 같이, 고객 가치 제안은 기능적·심리적·금전적 세 가지 측면으로 정의될 수 있는 반면, 협력자와 회사 가치 제안은 일반적으로 전략적 및 금전적 두 가지 차원에서 정의된다.

브랜드 전술은 회사가 브랜드 전략을 실행하는 방식을 명확히 하며 브랜드 디자인과 브랜드 커뮤니케이션이라는 두 가지 요소로 구성된다. 브랜드 디자인은 브랜드 이름, 로고, 좌우명, 캐릭터와 같은 브랜드의 식별 특성과 브랜드와 연결된 의미 있는 연상을 설명하며, 브랜드 커뮤니케이션은 브랜드 요소를 표적 고객에게 전달해 고객 마음에 의미 있는 브랜드 이미지를 만드는 수단을 설명한다.

브랜드 가치 창출계획의 다양한 측면은 시리얼 회사가 최신 오퍼링을 식별하기 위해 새로운 브랜드를 도입한 예를 통해 설명할 수 있다. 특정 브랜드를 사용함으로써 회사는 몇 가지 목표를 달성하는 것을 목표로 한다. 시리얼에 대한 고객 수요 촉진, 회사가 이 제품에 대해 프리미엄 가격을 부과할 수 있게 하는 것(금전적 목표), 브랜드를 추가 제품 출시를 위한 플랫폼으로 사용(전략적 목표).

이러한 목표를 달성하기 위해, 회사는 브랜드의 표적 시장과 고객 및 협력자를 위해 창출하고자 하는 가치를 설명함으로써 전략을 개발한다. 특히, 건강에 민감한 어린 자녀가 있는 가족을 대상으로 회사 시리얼을 쉽게 인지할 수 있도록 해(기능적 혜택), 감성적인 차원에서 브랜드와 소통할 수 있도록(심리적 혜택) 가치를 창출하는 것을 목표로 하며 고객을 매장으로 유도하고(전략적 혜택) 판매 촉진(금전적 혜택)을 통해 소매업체의 가치를 창출하는 것을 목표로 한다.

그런 다음 브랜드 전략은 브랜드 이름, 좌우명, 브랜드 캐릭터 및 브랜드 이미지를 정의하는 연상과 같은 브랜드 전술의 다양한 측면에 반영된다. 예를 들어, 상징적인 시리얼 브랜드 중 하나를 디자인할 때 켈로그는 "켈로그 프로스트 플레이크Kellogg's Frosted Flakes"라는 이름을 지정하고, "온 가족이 좋아할 훌륭한 맛The Great Taste Whole Family Will Love"이라는 좌우명을 만들었으며, 어린이 친화적인 브랜드 캐릭터인 '토니 더 타이거Tony the Tiger'와 맛, 영양, 재미의 개념을 결합시킨 후 TV, 인쇄물, 라디오 광고, 매장 내 커뮤니케이션, 시리얼 포장 등 다양한 매체를 사용해 고객과 커뮤니케이션을 했다.

◉ 브랜드가 고객에게 미치는 영향

브랜드를 현실로 만들기 위해 기업은 고객의 마음에 브랜드를 포지서

닝하는 일련의 활동에 참여해 전략과 전술을 구현해야 한다. 이러한 활동은 고객이 고유한 신념, 경험 및 사회적 상호작용을 통해 특정 브랜드를 보는 방식을 반영하는 브랜드 이미지를 생성한다.

브랜드 이미지의 형성은 브랜드 가치에 대한 평가를 동반한다. 브랜드는 세 가지 방식으로 고객 가치를 창출할 수 있다. ① 브랜드 오퍼링의 성능을 향상시켜 기능적 가치를 창출, ② 고객이 오퍼링을 경험하는 방식을 향상시켜 심리적 가치를 창출, ③ 오퍼링의 금전적 혜택을 향상시켜 금전적 가치를 창출한다.

브랜드는 고객 가치를 창출함으로써, 다양한 방식으로 고객 행동에 영향을 미친다. 브랜드는 고객이 회사 오퍼링을 구매할 가능성을 높임으로써 고객의 구매 행동에 영향을 미치며 브랜드 제품 및 서비스의 잦은 사용을 촉진함으로써 고객이 제품과 상호 작용하는 방식에 영향을 미친다. 브랜드는 또한 제품 및 서비스와 브랜드 경험을 공유하려는 고객 의지에 영향을 미치고, 회사 오퍼링을 옹호하며, 브랜드 전도사가 될 것이다. 브랜드 중심의 고객 행동은 회사에 가치를 창출해 전략적 및 금전적 목표를 달성할 수 있도록 한다.

고객과 회사 가치를 창출하는 브랜드 능력은 브랜드가 운영되는 상황에 의해 영향을 받는다. 이러한 상황은 시장의 힘과 다른 마케팅 전술이라는 두 가지 핵심 요소에 의해 정의된다. 시장의 힘은 브랜드가 운영되는 환경의 변화를 반영한다. 여기에는 고객 요구와 선호도의 변화, 경쟁 환경의 변화, 협력자 네트워크의 변화, 회사의 핵심 역량 및 자산의 변화, 회사가 운영되는 상황의 변화가 포함된다. 브랜드 영향은 제품, 서비스, 가격, 인센티브, 커뮤니케이션 및 유통과 같은 다른 마케팅 전술의 영향도 받는다. 따라서 부적당한 제품 디자인 및 열악한 서비스 품질, 높은 가격, 원하는 브랜드 이미지와 양립할 수 없는 판촉, 비효율적인 커뮤니케이션, 제한된 유통과 같은 요인에 의해 브랜드 영

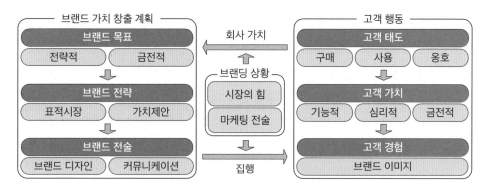

그림 3.7 브랜드가 고객에게 미치는 영향

향이 약화 될 수 있다.

브랜드의 고객 영향은 〈그림 3.7〉에 설명되어 있다. 여기에서, 왼쪽은 브랜드의 가치 창출계획(앞서 논의되었으며 〈그림 3.6〉 참조)을 나타내고, 오른쪽은 고객이 회사의 브랜드 구축 활동에 어떻게 반응하는지를 보여준다. 고객의 반응은 회사의 다른 마케팅 활동과 회사의 브랜드 구축 활동의 범위를 넘어선 다양한 시장의 힘에 의해 더욱 영향을 받는다.

브랜드의 고객 영향은 새로운 시리얼 브랜드의 이전 사례를 통해 설명할 수 있다. 브랜드를 출시하기 위해 회사는 브랜드 관리계획에 설명된 다양한 브랜드 구축 활동에 참여한다. 회사의 브랜딩 활동은 고객의 마음속에 시리얼 브랜드의 이미지 형성을 촉진하며, 고객은 그 이미지를 가치를 제공할 수 있는 능력과 관련해 평가한다. 이러한 맥락에서 브랜드는 고객이 다른 시리얼 제품 중에서 회사의 시리얼을 쉽게 식별할 수 있도록 하고, 제품의 품질(기능적 가치)을 보장하며, 시리얼에 대한 재미와 흥분감을 제공(심리적 가치)함으로써 고객을 위한 가치를 창출한다.

브랜드에서 파생된 가치는 타 브랜드가 아닌 해당 시리얼의 구매 결정, 시리얼 소비 속도, 대면 대화 및 소셜 미디어 등 다른 고객과 함께하는 브랜드 관련 소통에 참여하는 고객 행동에 동기를 부여한다. 이러한 행동 패턴은 더 큰 매출과 이익을 창출하는 동시에 브랜드를 강화함으로써 회사의 가치를 창출한다.

고객 행동에 영향을 미치는 브랜드의 능력은 경쟁자의 행동, 시리얼을 홍보하고 품절을 최소화하려는 소매업체의 동기, 전반적인 경제 상황과 같은 다양한 상황 요인의 영향도 받는다. 브랜드 영향은 또한 제품의 성능(맛, 건강 및 영양가) 및 가격, 판매 판촉의 가용성, 시리얼에 대한 고객의 인식, 소매점에서의 시리얼 가용성과 같은 오퍼링의 다른 속성에 의해 영향을 받는다.

브랜드 관리 과정의 다양한 측면은 다음 장에서 더 자세히 설명한다. 구체적으로, 4장에서는 브랜드 전략의 두 가지 측면인 표적 시장과 가치제안에 대해 논의하고, 5장과 6장에서는 브랜드 관리의 두 가지 전술적 측면인 브랜드 디자인과 브랜드 커뮤니케이션에 대해 논의한다.

요약

브랜드의 주요 목적은 세 가지 시장 주체인 표적 고객, 회사 및 협력자를 위한 가치를 창출하는 것이다. 제품, 서비스, 가격, 인센티브, 커뮤니케이션 및 유통과 같은 다른 마케팅 전술과 협력해 브랜드는 회사와 협력자에게 이익이 되는 방식으로 표적 고객을 위한 가치를 창출해야 한다.

브랜드는 세 가지 영역에서 고객 가치를 창출할 수 있다. ① 오퍼링의 성과와 직접 관련된 이익과 비용에 의해 정의되는 기능적 가치, ② 오퍼링과 관련된 심리적 혜택 및 비용으로 정의되는 심리적 가치,

③ 오퍼링과 관련된 금전적 혜택 및 비용으로 정의되는 금전적 가치. 특히 브랜드는 회사의 오퍼링 식별, 오퍼링의 성능 암시, 오퍼링의 성능에 대한 고객의 인식 향상이라는 세 가지 유형의 성과 관련 혜택을 제공해 기능적 가치를 창출한다. 브랜드는 감정을 전달하고, 자기표현을 촉진하고, 사회적 대의를 촉진함으로써 심리적 가치를 창출한다. 마지막으로, 브랜드는 암시하는 가격과 가격 프리미엄을 반영해 금전적 가치를 창출한다.

브랜드는 두 가지 유형의 협력자 가치를 창출할 수 있다. 협력자가 자신의 제품 및 서비스를 주어진 브랜드와 연관시킴으로써 얻을 수 있는 비금전적 이익을 반영하는 전략적 가치와 브랜드에 귀속되는 한계 수익 및 이익과 관련된 금전적 가치이다. 특히, 브랜드는 고객 수요를 강화하고 협력업체 브랜드를 강화해 협력업체를 위한 전략적 가치를 창출하고, 수익과 이익을 증가시켜 금전적 가치를 창출할 수 있다. 협력자 가치를 창출하는 방식과 유사하게, 브랜드는 전략적 및 금전적 회사 가치를 창출할 수 있으며, 고객 수요를 강화하고, 다른 마케팅 전술의 영향을 확대하고, 더 많은 협력자 지원을 보장하고, 숙련된 직원의 고용 및 유지를 촉진함으로써 회사를 위한 전략적 가치를 창출할 수 있다. 브랜드는 증분 수익과 이익을 창출하고, 회사 가치를 높이며, 분리 가능한 회사 자산을 창출함으로써 회사에 금전적 가치를 창출할 수 있다.

강력한 브랜드를 구축하려면 브랜드 가치의 출처와 결과뿐만 아니라 브랜드 가치를 평가하기 위한 지표에 대한 명확한 이해가 필요하다. 브랜드 가치의 두 가지 주요 지표는 브랜드 파워와 브랜드 자산이다.

브랜드 파워는 표적 고객, 회사 협력자 및 회사 직원과 같은 관련 시장 주체의 행동에 영향을 미치는 브랜드의 능력을 반영한다. 고객, 협력자 및 회사 직원이 브랜드와 연관될 때 오퍼링에 더 호의적으로 반응할 때 브랜드는 더 큰 힘을 갖는다.

브랜드 자산은 브랜드가 평생 동안 창출할 재정적 수익에 반영된 브랜드의 금전적 가치이다. 브랜드 소유권 때문에 회사의 가치에 부여되는 프리미엄이다. 특허, 라이선스, 노하우를 포함한 기업의 모든 무형 자산의 금전적 가치를 반영하는 영업권과 달리, 브랜드 자산은 특정 브랜드와 관련된 금전적 가치에 중점을 둔다. 브랜드 자산 추적은 주식 평가 목적으로, 자금 조달을 확보하고, 라이선스 비용을 결정하고, 소송에서 손해를 평가하고, 브랜드 구축 활동의 효율성을 측정하기 위해 인수 및 합병에서 중요하다.

브랜드 파워와 브랜드 자산은 복잡하게 연관되어 있어 브랜드 파워가 클수록 브랜드 자산도 커지지만 브랜드 자산이 항상 브랜드 파워의 완벽한 지표는 아니며, 브랜드 파워가 금전적 가치를 초과하거나 그 반대의 경우도 있다. 저평가된 브랜드는 이러한 브랜드의 숨겨진 힘을 발휘할 수 있는 기업에 인수 기회를 제공한다.

브랜드 구축은 회사가 브랜드와 함께 달성하고자 하는 목표, 표적 시장에서 브랜드가 창출하고자 하는 가치를 정의하는 전략, 그리고 이 전략을 실행하기 위해 회사가 사용할 구체적인 전술 개요를 제시하는 가치 창출 계획의 개발에서 시작된다. 브랜드 전략과 전술 실행은 고객 마음에 브랜드 이미지를 형성하고 그 매력을 고객이 나중에 평가한다. 브랜드 가치에 대한 고객 평가는 차례로 브랜드 제품과 관련된 시장 행동을 결정해, 궁극적으로 회사 가치를 창출한다. 회사가 브랜드 관리에 대해 체계적이고 가치 중심적인 접근 방식을 사용하고 이 접근 방식을 충분히 구현했다면, 브랜드가 창출하는 가치는 회사가 설정한 브랜딩 목표와 일치할 것이다.

브랜드는 개별적으로 고객 가치를 창출하지 않고, 다른 마케팅 전략과 함께 작동한다. 결과적으로 브랜드가 창출하는 고객 가치는 기능적·심리적·금전적 세 가지 핵심 가치 차원에서 다른 마케팅 전술에 의해 창출된 가치와 비교함으로써 더 잘 이해할 수 있다. 이러한 맥락에서 시장 가치를 창출하는 브랜드의 능력과 특히 관련이 있는 것은 회사의 오퍼링 가치를 정의하는 다른 네 가지 전략(제품, 서비스, 가격, 인센티브)이다.

오퍼링의 제품 및 서비스 속성은 기능적 가치를 창출하는 주요 수단이며 성능, 일관성, 신뢰성 및 내구성과 같은 이점을 제공하는 데 중점을 둔다. 반면 가격과 인센티브는 오퍼링의 금전적 가치와 연관되어, 가격은 오퍼링이 제공하는 혜택에 대해 고객이 지불해야 하는 금액을 정의하고, 인센티브는 일반적으로 오퍼링 비용을 부분적으로 상쇄하는 것을 목표로 한다. 마지막으로, 브랜드는 심리적 가치를 창출하는 일차적 수단이며 감정을 이끌어내고, 자기표현을 촉진하며, 사회적 책임을 전달하는 데 특히 적합하다.

고객 가치를 창출하는 수단으로서 브랜드의 역할은 심리적 혜택을 창출하는 데 국한되지 않는다. 브랜드는 다른 두 가지 측면에서도 가치를 창출할 수 있다. 브랜드는 회사의 오퍼링을 식별하고, 오퍼링의 성과를 알리고, 오퍼링의 성과에 대한 고객의 인식을 강화함으로써 기능적 가치를 창출할 수 있다. 브랜드는 또한 고객의 가격 인식을 형성하고 가격 프리미엄을 부과함으로써 금전적 가치를 창출할 수 있다. 브랜드가 고객 가치를 창출할 수 있는 다양한 방법이 〈그림 3.8〉에 나와 있다.

브랜드의 역할이 심리적 가치 창출에만 국한되지 않는 것처럼, 다른 마케팅 전략의 역할도 하나의 기능에 국한되지 않는다. 실제로 이러한 마케팅 전술은 고객의 마음속에 존재하는 브랜드 이미지에 영향을 미칠 수 있다. 예를 들어, 제품 디자인과 포장은 제품의 심리적 가치와 브랜드 이미지를 정의하는 데 핵심적인 역할을 할 수 있다. 코카콜라 병의 소용돌이 모양 디자인, 그레이 구스 보드카 병의 서리가 내린 디자인 및 시그니처 파란색 티파니 상자는 이러한 제품과 브랜드 이미지가 생성하는 심리적 가치에 큰 영향을 미친다. 같은 맥

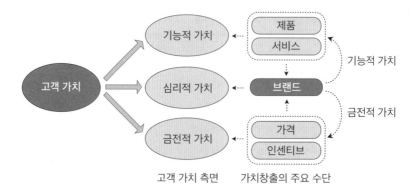

그림 3.8 고객 가치 창출 수단으로서의 브랜드

락에서 서비스의 수준은 기업이 제공하는 서비스와 브랜드 이미지가 창출하는 심리적 가치에 크게 기여할 수 있다. 리츠 칼튼, 포시즌 및 세인트 레지스St. Regis가 제공하는 완벽한 서비스는 브랜드 이미지의 중요한 구성 요소이자 고급 호텔이 창출하는 가치의 핵심 측면이다.

　　브랜드 이미지는 오퍼링의 제품 및 서비스 속성에 영향을 받는 것 외에도 오퍼링의 가격 및 인센티브에 의해 영향을 받을 수 있다. 예를 들어, 낮은 가격은 고급 브랜드의 이미지를 손상시킬 수 있으며, 높은 가격은 가치 브랜드의 이미지와 일치하지 않는다. 마찬가지로 인센티브는 브랜드 이미지에 영향을 미칠 수 있으며, 금전적 인센티브는 일반적으로 고객의 관심을 브랜드에서 제품의 금전적 측면으로 집중시킴으로써 브랜드 이미지를 약화시킨다. 따라서 브랜드는 심리적 가치를 창출하는 주요 도구이지만, 다른 마케팅 전략은 고객의 마음속에 존재하는 브랜드 이미지를 형성함으로써 회사가 제공하는 심리적 가치에 의미 있는 영향을 미칠 수 있다.

BRANDING INSIGHT 자기 표현의 수단으로서의 브랜드

브랜드가 가치를 창출하는 방법 중 하나는 개인이 자신의 정체성을 표현할 수 있도록 하는 것이다. 자기표현의 수단으로 사용하는 데 중점을 두는 브랜드를 자기표현 또는 라이프 스타일 브랜드라고도 한다. 이러한 브랜드는 개인의 자아상을 반영하는 일련의 가치를 전달하는 상징의 역할을 한다. 그들이 투영하는 이미지의 유형에 따라 자기표현 브랜드는 지위, 개성 및 전문성의 세 가지 기본 차원에 따라 정의될 수 있다.

- 지위 브랜드. 특정 사회경제적 계층에 대한 개인의 구성원 자격을 반영한다. 지위 브랜드는 주로 사회적 지위, 소득 및 부를 표시할 목적으로 재화를 획득하는 것을 의미하는 베블렌Veblen효과(경제학자이자 사회학자인 소스타인 베블렌Thorstein Veblen의 이름을 따서 명명됨)와 관련이 있다. 지위 브랜드는 새로운 부의 창출과 특정 사회 집단의 상향 이동을 특징으로 하는 사회경제적 환경에서 특히 인기가 있다(예: 개발도상국에서 상류층 및 중산층의 출현). 부를 상징하기 때문에 지위 브랜드는 동일한 제품 범주의 다른 브랜드에 비해 상대적으로 프리미엄 가격이 책정된다. 롤스로이스, 부가티, 루이비통, 카르티에 및 브리오니는 지위 브랜드의 예이다.

- 개성 브랜드. 소비자의 개별 가치, 선호도 및 취향을 표현한다. 개성 브랜드는 개인의 지위, 부, 권력을 주장하는 데 초점을 맞추지 않고 오히려 개인의 독특한 신념, 선호도 및 가치를 반영하는 것을 목표로 한다. 대다수 인구가 도달할 수 없는 가격대를 가진 지위 브랜드와 달리 개성 브랜드는 일반적으로 가격 면에서 차별화되지 않으므로, 많은 인구에 도달할 수 있다. 할리데이비슨, 룰루레몬, 애버크롬비 & 피치, 퀵실버 및 오클리는 개성 브랜드의 예이다.

- 전문 브랜드. 특정 분야에 대한 전문성을 알린다. 전문 브랜드는 우수한 기능을 확립한 분야에 고도로 전문화되어 있다. 예를 들어, 전문가 등급 장비로 지정된 디월트 브랜드 공구를 사용하면 건설 작업자가 인지하는 전문성과 신뢰성을 높일 수 있다. CAT(건설장비), 힐티Hilti(전동공구), 폴 미첼(헤어케어) 등이 대표적인 전문 브랜드이다.

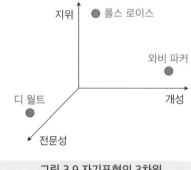

그림 3.9 자기표현의 3차원

위의 세 가지 유형의 자기표현 브랜드는 지위, 개성, 전문성으로 정의되는 3차원 공간으로 표현될 수 있다(그림 3.9). 지위는 수직적 분화를 수반하며, 이에 따라 개인은 재산으로 구별된다. 개성은 수평적 분화를 더 잘 반영해 개인의 특이한 선호도에 따라 개인을 구별한다. 전문성은 전문 기술로 개인을 구별하는 대안적 유형의 차별화이다.

브랜드의 가치제안은 단일 차원으로 제한될 필요가 없으며, 3차원 모두에 걸쳐 있을 수 있다. 예를 들어, 부가티는 지위 브랜드(100만 달러 이상의 자동차 가격)이지만, 자동차 소유자의 특정 측면을 표현하는 개성 브랜드이며, 자동차 경주 스포츠 행사 상황에서는 전문 브랜드로 볼 수도 있다. 마찬가지로 몽블랑은 주로 전문 브랜드로 자리 잡았지만, 지위와 개성을 지닌 브랜드이기도 하다.

브랜드의 자기 표현적 의미는 상황에 따라 다르며 국가, 문화 및 사회 집단에 따라 다르다. 일부 국가에서는 개성 상징인 브랜드가 다른 국가에서는 지위 상징의 역할을 할 수 있다. 예를 들어, 미국의 할리데이비슨은 개인의 자유를 상징하는 자기 표현적인 브랜드인 반면, 많은 개발도상국에서는 독점성과 높은 가격으로 인해 지위의 상징으로 인식되기도 한다.

브랜드 경영 체계

브랜드는 직간접적으로 고객 행동에 영향을 미친다. 브랜드는 기능적, 심리적, 금전적 가치의 세 가지 차원 중 하나 이상에서 고유한 혜택을 제공함으로써 고객 행동에 직접적인 영향을 미친다. 따라서 브랜드는 회사의 오퍼링을 식별하고, 오퍼링의 성과를 알리고, 오퍼링의 성과(기능적 혜택)에 대한 고객의 인식을 향상시키는 데 도움이 된다. 감정을 이끌어내고, 자기표현을 촉진하고, 사회적 책임을 전달하며(심리적 혜택) 가격 인식을 형성하고 가격 프리미엄(금전적 가치)을 반영한다.

브랜드는 직접적인 영향 외에도 제품, 서비스, 가격, 인센티브, 커뮤니케이션 및 유통과 같은 회사 오퍼링의 다른 속성에 의해 생성된 가치를 향상시켜 고객 행동에 영향을 줄 수 있다. 특히, 강력한 브랜드는 고객이 회사 오퍼링의 다양한 측면에 더 호의적으로 반응하도록 다른 마케팅 전술의 영향을 증폭시킬 수 있다. 다른 마케팅 전술의 영향을 증폭시키는 브랜드의 능력은 〈그림 3.10〉에 나와 있으며 아래에서 더 자세히 설명한다.

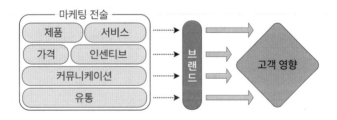

그림 3.10 오퍼링이 고객에게 미치는 영향을 증폭시키는 수단으로서의 브랜드

● **향상된 제품 및 서비스 경험**. 강력한 브랜드와 관련된 제품 및 서비스는 브랜드가 없는 제품보다 더 강력하고, 신뢰할 수 있고, 내구성 있고, 안전하고, 매력적이고, 맛이 좋으며, 시각적으로 매력적으로 인식되는 경우가 많다. 예를 들어, 소비자는 브랜드가 마음에 들면 맥주 맛이 더 맛있다고 평가할 가능성이 높고, 기존 브랜드와 관련되어 있으면 약이 더 효과적이라고 평가할 수 있다. 강력한 브랜드와 관련된 제품이 더 나은

성능을 보일 것이라고 믿는 것 외에도 고객은 브랜드 제품 및 서비스 성능의 불일치에 대해 더 관대해지는 경향이 있어 마케팅 위기 동안 고객 충성도를 유지하는 데 도움이 된다.

- **지불할 의향이 더 커짐**. 브랜드는 고객 가치를 창출하기 때문에, 강력한 브랜드와 관련된 오퍼링은 브랜드가 없는 오퍼링보다 가격이 우선이다. 브랜드의 가격 결정력은 동일한 제품이 브랜드 및 비브랜드 변형 모두에서 사용 가능한 범주에서 분명하게 나타난다. 따라서 바이엘의 아스피린, 몰튼Morton의 소금 및 오웬스 코닝Owens Corning의 분홍색 단열재는 브랜드가 없는 제품에 비해 더 높은 가격을 책정한 강력한 브랜드는 가격 변화에 대한 고객의 민감도를 변화시키는 경향이 있어 고객 반응은 가격 하락에 더 탄력적이고 가격 인상에 더 비탄력적이다. 따라서 브랜드 오퍼링의 가격 하락은 브랜드가 없는 오퍼링에 비해 더 많은 고객을 유치할 가능성이 있는 반면, 가격 인상은 더 적은 고객을 잃을 가능성이 있다.

- **인센티브의 효율성 증가**. 고객들은 그들이 애용하는 브랜드가 제공하는 가격 할인, 쿠폰, 리베이트, 콘테스트, 경품 행사, 게임 및 로열티 프로그램과 같은 인센티브에 더 호의적으로 반응할 것이다. 강력한 브랜드가 제공하는 인센티브를 이용하는 것 외에도, 고객은 경쟁업체가 제공하는 인센티브에 휘둘릴 가능성이 적다.

- **더 큰 커뮤니케이션 효율성**. 고객은 덜 알려진 브랜드나 브랜드가 없는 오퍼링의 커뮤니케이션에 비해 강력한 브랜드의 커뮤니케이션에 더 주의를 기울일 것이며 소비자는 전달된 정보를 더 잘 받아들이고, 정보를 더 잘 기억하므로 행동을 변화시킬 가능성이 더 높다.

- **오퍼링을 획득하기 위해 더 많은 노력을 기울일 의향**. 고객은 유통 채널 전반에 걸쳐 브랜드 오퍼링을 검색하고 좋아하는 브랜드가 없는 소매점을 포기한다. 예를 들어, 고객은 자신이 좋아하는 브랜드를 판매하는 소매점 때문에 더 멀리 떨어져 있고, 근무 시간이 덜 편리하고 체크아웃 시간이 더 긴 소매점에서 쇼핑을 선택할 수 있다.

브랜드에 의해 직접 창출된 가치가 일반적으로 브랜드 가치의 주요 원천이기는 하지만, 다른 마케팅 전술의 영향을 증폭시키는 브랜드의 능력에 의해

브랜드 경영 체계

창출된 간접적인 가치는 중요할 수 있으며 브랜드의 전반적인 시장 영향을 평가할 때 고려될 필요가 있다. 브랜드가 시장 행동에 영향을 미칠 수 있는 다양한 방식을 설명하는 것은 기업 활동의 시장 영향을 추정하는 것뿐만 아니라 브랜드의 가치에 대한 정확한 평가를 얻는 데 중요하며, 브랜드를 더욱 강화하기 위한 자원 배분을 용이하게 할 수 있다.

BRANDING SPOTLIGHT '죽은' 브랜드 되살리기

카페인이 없는 커피 브랜드인 브림Brim은 1961년 제너럴 푸드General Foods에서 출시했다. 이 브랜드는 매력 **brim** 적인 슬로건인 "브림으로 테두리까지 가득 채우세요Fill it to the rim - with Brim"으로 브랜드를 홍보하기 위해 수백만 달러를 썼다. 34년 후, 일련의 기업 인수 및 합병에 따라 브림 커피는 중단되었고 브림은 브랜드로서의 존재를 중단했다. 그 결과 브림의 브랜드 자산은 사실상 '0'으로 감소했다. 그러나 브림의 주인인 크래프트Kraft가 브림 커피 판매를 중단했다고 해서 고객 행동에 영향을 미치는 능력에 반영된 브랜드 파워는 하루아침에 사라지지 않았다.

이 브랜드는 25세 이상의 10명 중 9명이 브랜드를 인식할 수 있다는 것을 발견하고, 이름에 대한 권리를 획득한 캐나다 몬트리올에 본사를 둔 소형 주방 가전 제조업체인 센시오Sensio에 의해 2014년에 부활했다. 센시오는 브림을 미스터 커피Mr. Coffee와 블랙앤데커Black & Decker가 지배하는 미국 커피 제조 공간에서 지배적인 브랜드로 만드는 것을 목표로, 드립 커피 기계로 브림을 재도입했다. 센시오에게는 드립머신의 1차 구매자인 40대 이상에게 브림이 인지도가 높은 브랜드라는 점을 활용해 드립머신 시장에 안착할 수 있는 기회였다. 브림의 좌우명인 "장인처럼 빚다Brew Like Artisan"는 프리미엄 상태를 강조했으며, "1961년 이후 커피 전통에서 받은 영감Inspired by Coffee Traditions Since 1961"이라는 광고 슬로건은 역사적 뿌리를 강조했다. 브림은 소셜미디어 및 홍보 캠페인으로 재출시했으며, 월마트, 타겟, 아마존을 비롯한 다양한 소매업체를 통해 판매되었다.

이부프로펜 기반Ibuprofen-based의 항염증 및 진
통제인 뉴프린Nuprin은 애드빌Advil(화이자에서 판매)
및 모트린Motrin(존슨 앤드 존슨에서 판매)에 대한 화학적으로 동일한 대체품으
로 브리스톨 마이어Bristol-Myers에 의해 도입되었다. 브리스톨 마이어는 1980
년대 후반과 1990년대 초반에 전설적인 테니스 선수 지미 코너스가 등장하
는 슈퍼볼 광고가 포함된 캠페인에서 뉴프린을 대대적으로 광고했다. 1990년
한 해에만 브리스톨 마이어는 대중 매체에서 뉴프린을 광고하는 데 거의 3천
만 달러를 썼다. 뉴프린은 작고, 노랗고, 더 나은 몸 통증약으로 홍보되었다.
1990년대 후반, 뉴프린은 대중의 마음속에 브랜드의 힘에도 불구하고 브랜드
자산을 사실상 '0'으로 만들면서 중단되었다. 2014년 인도 방갈로르Bangalore
에 본사를 둔 스트라이드 파마 사이언스Strides Pharma Science는 브랜드의 영향
력이 어느 정도 유지되었음을 깨닫고, 뉴프린 브랜드에 대한 권리를 취득하고
뉴프린이라는 이름으로 이부프로펜 정제를 개발 및 상용화했다.

　　프록터 앤드 갬블에서 판매하는 욕실용 티슈 브
랜드인 화이트 클라우드White Cloud는 1958년에 출
시되었다. 1993년에는 욕실 티슈 시장의 5%를 차지
했으며, 해당 시장에서 프록터 앤드 갬블의 두 번째
로 많이 판매되는 브랜드가 되었다. 이 회사의 베스트셀러 브랜드는 1957년
프록터 앤드 갬블이 인수한 브랜드인 샤민Charmin으로 시장 점유율이 20%에
달했다. 두 브랜드 모두 1992년에 두 브랜드 각각에 대해 약 800만 달러를 지
출하며 대대적으로 홍보했지만, 1993년에는 제품 라인을 축소하면서 시장을
확장하는 글로벌 브랜드를 구축하기 시작했다. 화이트 클라우드 브랜드를 중
단하고 화이트 클라우드 제품 라인을 샤민 울트라Charmin Ultra로 리브랜딩하
기로 결정했다. 고객 이탈을 방지하기 위해 1993년에 판매된 많은 화이트 클
라우드 포장에는 "곧 화이트 크라우드가 이름을 샤민 울트라로 변경할 것입니
다."라는 문구가 포함되어 있는 반면, 샤민 울트라는 가장 부드럽고, 두꺼운
욕실 티슈로 홍보되었다.

　　샤민 브랜드에 몰두한 프록터 앤드 갬블은 제품 단종과 함께 화이트 클라
우드 상표의 소멸을 허용했으며, 1996년 Paper Partners로 알려진 회사는 상

표를 주장하고 욕실 티슈와 함께 사용하기 위해 등록했다. 한편, 화이트 클라우드 마케팅White Cloud Marketing으로 브랜드를 변경한 이 회사는 미국 최대 소매업체이자 프록터 앤드 갬블의 최대 고객인 월마트와 자사 매장에서 자체 상표로 화이트 클라우드 욕실 티슈를 판매하는 독점 계약을 체결했다. 또한 월마트는 일회용 기저귀에 대한 화이트 클라우드 이름에 대한 권리를 취득하고 1999년에 매장에서 판매하기 시작했다. 2년 후, 월마트는 화이트 클라우드 액체 및 분말 세탁 세제, 액체 섬유 유연제 및 건조 시트를 출시하기 시작해 프록터 앤드 갬블의 오퍼링과 함께 직접 경쟁했다. 월마트가 브랜드를 재출시 한 지 10년 후, 화이트 클라우드 매출은 6억 달러에 이르렀고, 욕실 티슈는『컨슈머 리포트Consumer Reports』의 'Best Buy' 등급을 포함해 전반적으로 가장 높은 등급을 받았다.

2부

브랜드 구축

만약 당신이 브랜드가 아니라면, 당신은 상품이다.

– 필립 코틀러, 현대 마케팅 이론의 창시자

브랜드가 가치를 창출하는 방식은 전략과 전술이라는 두 가지 요소로 정의된다. 브랜드 전략은 목표 시장에 대한 관리자의 선택과 회사 브랜드가 이 시장에서 가치를 창출하는 방식을 반영하며 브랜드 전술은 브랜드 전략을 사람들의 마음속에 독특한 브랜드 이미지를 생성하는 일련의 구체적인 결정으로 바꾼다. 브랜드의 전략적·전술적 측면의 궁극적인 목표는 표적 고객, 협력자 및 이해 관계자를 위한 가치를 창출하는 것이다. 가치 창출 과정의 두 가지 측면인 브랜드 전략과 브랜드 전술의 발전은 이 책의 2부의 세 개의 장에서 더 자세히 논의된다.

4장에서는 브랜드 전략의 두 가지 구성 요소인 표적 시장과 가치 제안을 설명한다. 특히, 시장 가치의 주요 차원을 간략하게 설명하고 브랜드가 표적 고객, 회사 및 협력자를 위해 가치를 창출하는 방법을 기술한다. 브랜드 전략에 대한 논의는 표적 고객이 브랜드에 대해 어떻게 생각해야 하는지에 대한 회사의 관점을 반영하는 브랜드 포지셔닝에 대한 논의로 보완된다. 브랜드 포지셔닝에 대한 논의는 세 가지 주요 결정, 즉 홍보할 혜택의 수, 홍보할 혜택 및 이러한 혜택을 구성하는 방법을 중심으로 이루어진다. 이 장은 고객에 대한 브랜드의 약속을 정의하는 브랜드 만트라brand mantra에 대한 논의로 마무리된다.

5장에서는 브랜드 전술의 디자인 측면에 초점을 맞추고 브랜드 디자인의 두 가지 주요 측면인 식별자와 참조자에 대해 설명한다. 브랜드 식별자는 회사의 오퍼링을 식별하고 경쟁 사와 차별화할 목적으로 회사가 개발, 관리 및 소유하는 브랜드 이름, 로고, 좌우명, 캐릭터와 같은 요소이다. 브랜드 식별자에 대한 논의 다음은 관련 니즈, 행사,

장소 및 사람을 포함한 주요 브랜드 참조자의 개요이며, 이는 회사가 브랜드 이름과 연결해 활용하는 것을 목표로 한다.

6장에서는 브랜드 전술의 커뮤니케이션 측면에 초점을 맞추며, 브랜드 디자인의 주요 측면을 표적 고객과 연결해 고객 마음속에 의미 있는 브랜드 이미지를 구축한다. 브랜드 커뮤니케이션의 발전은 커뮤니케이션 목표 설정, 표적 고객을 식별하고 메시지 개발을 통한 커뮤니케이션 전략의 명확화, 매체 선택 및 창의적인 해결방안 수립을 통한 커뮤니케이션 전술 디자인, 커뮤니케이션 캠페인 구현 및 커뮤니케이션 결과를 평가해 캠페인 결과 통제의 다섯 가지 주요 결정으로 구성된다.

이 세 장은 이 책의 1부에서 설명한 브랜드 경영 체계의 핵심을 설명한다.

브랜드 전략 수립

브랜드를 위해 어떤 이미지를 원하는지 결정해야 한다.
이미지는 개성을 의미한다. 제품은 사람과 마찬가지로 개성이 있으며,
시장에서 만들 수도 있고 망칠 수도 있다.
- 데이비드 오길비, *Ogilvy & Mather* 광고 대행사의 설립자

브랜드 전략은 브랜드가 시장 가치를 창출하는 방법을 설명한다. 구체적으로는, 브랜드가 운영되는 표적 시장과 관련된 시장 참여자인 표적 고객, 기업 및 협력자들을 위해 창출하는 가치를 나타낸다. 본 장에서는 브랜드 전략 수립의 두 가지 측면인 표적 시장의 정의와 가치 제안 디자인에 대해서 알아본다.

표적 시장 정의

브랜드 표적 시장은 다섯 가지 요인5Cs으로 정의된다. ① 브랜드가 가치를 창출하려는 고객Customer, ② 표적 고객을 위해 가치를 창출하는 기업과 협력하는 협력자들Collaborators, ③ 동일한 표적 고객의 동일한 니즈를 충족시키는 것을 목표로 하는 브랜드를 가진 경쟁사Competitors, ④ 브랜드를 담당하는 기업Company, ⑤ 회사가 운영되는 관련 상황 Context.

● 표적 고객 파악

표적 고객 파악은 브랜드 전략의 중추이며 브랜드를 최적화하는 기업의 고객 선택에 관여한다. 즉, 타켓팅은 기업이 브랜드를 디자인하고 커뮤니케이션할 때 어떤 고객을 우선으로 하고 혹은 무관심할 것인지에 대한 기업의 선택을 반영한다.

브랜드의 표적 고객 선택은 두 가지의 중요한 원칙인 호환성과 매력에 따른다. 표적 호환성은 경쟁 브랜드보다 더 나은 고객 니즈를 충족시키는 브랜드력을 반영하는 것으로 월등한 고객 가치를 창출하는 브랜드력이다. 표적 매력은 브랜드에 혜택을 주는 주어진 시장 세그먼트력을 반영한 것이다. 따라서 브랜드를 맞춤화하는 고객을 선택할 때 기업은 다른 시장 세그먼트가 기업을 위해 가치를 창출할 수 있는지 반드시 평가하고 브랜드와 가장 적합한 세그먼트를 선택해야 한다. 표적 시장을 선택하는 두 가지 원칙은 〈그림 4.1〉에 설명되어 있다.

표적 고객을 선택할 때 고려해야 할 주요한 사항은 표적 시장의 폭을 결정하는 것이다.

코카콜라는 상당히 광범위한 고객을 표적으로 하고, 할리데이비

그림 4.1 브랜드의 표적 고객 파악

슨은 좁은 고객 세그먼트에 더 집중한다. 여기서 장단점은 표적 시장의 폭과 시장에서의 브랜드의 경쟁적인 포지셔닝이다. 브랜드 어필의 폭은 주로 브랜드 깊이의 포기로 나타난다. 상대적으로 좁은 표적 시장 선택은 브랜드가 강력한 경쟁력을 확보하는 데 도움을 줄 수 있지만 동시에 시장 잠재력에 제약이 있다. 반면 매우 광범위한 시장 세그먼트를 선택하면 더 큰 시장의 잠재력은 있지만 강력한 경쟁 우위를 확립하는 데는 제약이 있다. 브랜드의 표적 고객을 파악하는 핵심은 적용 범위의 폭과 브랜드의 표적 고객 관계와의 깊이의 올바른 균형을 선택하는 것이다.

> 브랜드는 의미 있는 차이point of difference를 만들 수 있는
> 가장 큰 시장 세그먼트를 선택하기 위해 노력해야 한다.

고객을 파악하는 데 사용되는 기준에 따라, 타깃팅은 전략적이거나 전술적일 수 있다. 전략적 타깃팅은 고객 니즈를 맞추기 위해 기업이 브랜드의 맞춤화를 통해서 니즈를 충족시켜서 고객을 파악한다. 반면 전술적 타깃팅은 브랜드가 전략적으로 중요한 고객에 도달하는 방법을 파악하는 것을 목표로 한다. 이 두 가지 타깃팅 유형은 상호 배타적이지만 표적 고객을 파악하는 절차상으로는 분리할 수 없는 두 가지 구성 요소이다.

전략과 전술 타깃팅은 목표가 다르다. 전략적 타깃팅은 오퍼링의 혜택과 고객 니즈 사이에 더 잘 맞는 시장 규모에 관여를 한다. 전략적

타깃팅은 다양한 니즈를 가진 다양한 고객들에 어필하는 전체 시장을 포함하는 브랜드에 도달하기 위해 노력하기보다는, 일부 잠재적인 고객은 무시하고 구체적인 니즈에 맞는 브랜드 맞춤화를 통해 다른 고객에게 더 나은 혜택을 제공하는 의사 결정을 요구한다. 반대로, 전술적 타깃팅은 이미 선택된 표적 고객과의 최적의 브랜드 커뮤니케이션 방법 파악을 목표로 한다. 따라서 전술적 타깃팅은 어떠한 잠재적 고객 배제를 목표로 하지 않고 기업에 효과적이고 비용 효율적인 방식으로 모든 전략적으로 중요한 고객 달성을 목표로 한다.

　　전술적 타깃팅은 브랜드의 목표를 관찰 가능한 고객 특성에 연결함으로써 전략적으로 실행 가능한 고객에게 브랜드와 커뮤니케이션하기 위한 효과적이고 비용 효율적인 방법을 파악한다. 고객 프로파일이라고 하는 이러한 관찰 가능한 요인들은 네 가지 유형이 있다. ① 연령, 성별, 소득, 직업, 민족, 가구 규모와 수명주기 단계 등과 같은 고객의 설명적인 특성인 인구 통계demographic, ② 고객의 실제 위치를 반영하는 지리적geographic, ③ 고객의 행동을 반영하는 행동적behavioral, ④ 도덕적 가치, 태도, 관심사와 라이프스타일 등을 포함하는 개인의 개성을 반영하는 심리적psychographic이다. 따라서 인구 통계 자료는 표적 고객이 누구인지를 서술하고, 지리적 자료는 고객이 어디에 있는지를 서술하고, 행동 프로파일은 고객이 무엇을 하는지를 서술하고, 심리적 프로파일은 왜 고객 행동이 특정 방식으로 행동하는지 이유를 밝힌다.

　　전략적 타깃팅과 전술적 타깃팅은 목표가 다르기 때문에 각기 다른 요인들을 우선시 한다. 전략적 타깃팅은 브랜드가 표적 고객을 위해 창출하고 표적 고객으로부터 포착할 수 있는 가치에 중점을 둔다. 반대로 전술적 타깃팅은 브랜드가 이러한 고객들에 도달할 수 있는 방법에 중점을 둔다. 전략적 타깃팅과 전술적 타깃팅은 두 가지의 중요한 질문에 답하는 것을 목표로 한다. 브랜드가 상호 유익한 관계를 맺을 수 있는 고객은 누구인가? 어떻게 이러한 고객들에게 가장 효과적이고 비용 효율적인 방법으로 도달할 수 있는가? 첫째 질문은 브랜드 전략에 중점을 두고, 둘째 질문은 브랜드 전술을 다룬다.

● 핵심 협력자 파악

브랜드 협력자는 브랜드를 구축하고 성장시키는 기업과 협력하는 단체이다. 브랜드 협력자는 단체들 사이에서 참여 수준에 따라 다른 형태로 발생할 수가 있다. 가장 단순한 협력 형태는 브랜드 경영 촉진을 위해 외부 단체에 의존하는 것이다. 예를 들어, 기업은 브랜드를 디자인하고 커뮤니케이션하기 위해 브랜딩, 광고, 홍보, 소셜 미디어 대행사들과 협력할 것이다.

상당히 많이 관여된 브랜드 협력 형태는 공동브랜딩이다. 두 개 이상의 기업이 서로의 브랜드력을 활용하기 위해 공동 전략을 수립하고 그들의 브랜드를 서로 연결해 시너지를 달성한다. 예를 들어, 나이키와 애플이 나이키 러닝Nike+running 아이폰 앱 개발을 위해 상호 협업하고, 제너럴 밀스 베티 크로커General Mill's Betty Crocker는 허쉬Hershey 및 썬키스트Sunkist와 제휴해 간편식 공동브랜드를 개발했다.

브랜드 협력은 라이선싱도 포함될 수 있다. 이는 기업이 브랜드 파워를 키우기 위해 제3자에게 브랜드를 빌려주는 것이다. 브랜드 라이선싱은 기업이 다른 기업의 브랜드 자산과 브랜드 구축 역량을 활용해 기업의 브랜드 기능을 외부에 위탁한다. 디즈니, 마텔, 워너 브라더스 등이 최고 브랜드 라이선스 제공자들이다. 브랜드 라이선싱은 프랜차이징 상황에서 일어날 수 있다. 이는 A기업(프랜차이저franchisor)이 B기업(프랜차이지franchisee)에게 일반적인 협정의 일부로서 브랜드 사용 권리를 부여하는 것이다. 예를 들어, 패스트푸드 산업 맥도날드, 서브웨이, 던킨, 피자헛, 타코벨, KFC 등은 자기들의 브랜드를 가장 중요한 프랜차이징 협정의 일부로 프랜차이지에게 자사 브랜드를 부여한다.

협력자 파악에서의 중요한 원칙은 표적 고객 선택의 지침과 유사하다. 브랜드는 협력자를 위해 가치를 창출할 수 있어야 하고, 협력자는 브랜드에 대해 의미 있는 기여를 할 수 있어야 한다. 같은 맥락에서 브랜드는 협력자 오퍼링에 대한 고객 니즈를 지지하고, 협력자 브랜드를 강화하고, 협력자의 매출과 수익을 창출 등을 통해 협력자 가치를 창출한다. 반대로 협력자는 브랜드 구축과 성장을 촉진하기 위해 기업의 자산과 역량에 보완적인 자원을 제공함으로서 브랜드를 위한 가치를 창출할 수 있다.

● 주요 경쟁자 파악

표적 고객과 협력자 선택과는 달리, 기업은 그 브랜드의 경쟁자를 선택하지 않는다. 대신 브랜드의 경쟁자는 브랜드의 고객과 협력자들 선택에 의해 결정이 된다. 브랜드가 만족시키는 것을 목표로 하는 표적 고객 니즈와 이러한 니즈를 충족시킬 수 있는 협력자를 선택함으로써, 기업은 동일한 고객을 다루는 경쟁 업체군을 알아내고 이에 대해 기업의 브랜드는 반드시 월등한 고객 가치를 창출해야 한다.

브랜드 경쟁은 단순히 경쟁 브랜드와 동일한 고객을 공유한다는 사실보다는 브랜드가 충족하려는 니즈에 근거해 정의된다. 따라서 레드불, 타이드, 삼성은 동일한 고객을 목표로 할지라도 서로 경쟁하지 않지만, 레드불과 몬스터 에너지는 에너지 음료 시장의 고객 인지도를 위해 서로 직접 경쟁한다. 브랜드 경쟁은 동일 제품군에만 국한되지 않는다. 동일 표적 고객의 동일한 니즈를 만족시키는 것을 목표로 하는 한, 브랜드는 제품군 간의 경쟁을 할 수 있다. 예를 들어, 디지털 카메라 제조사인 캐논, 니콘, 쏘니는 고객의 동영상 촬영 니즈를 위해 모바일폰 업체인 애플, 삼성, 하웨이 등과 경쟁한다.

비록 기업이 경쟁사를 직접 고르지는 않지만, 기업의 행동이 주어진 시장에서 브랜드 경쟁의 특성을 형성할 수가 있다. 예를 들어, 코카콜라와 펩시, 애플과 삼성, AT&T와 버라이즌Verizon 등과 같은 교차 브랜드들은 표적 고객들의 마음에 직접 경쟁사들로 자리를 잡았다. 반대로, 광고에서는 각각의 오퍼링에 대해 직접적으로 포지셔닝을 않지만, BMW, 아우디, 벤츠 등은 경쟁을 좀 더 세밀하게 한다. 경쟁이 명시적 또는 암시적이든 브랜드가 동일 고객의 니즈 만족을 목표로 하는 한, 특별한 고객 니즈와 관련해 고객의 마음속에 가장 확실하게 자리 잡는 목표를 달성하기 위해 궁극적으로 서로를 대체하려고 노력한다.

● 기업 목표와 자원 정의

기업 목표와 자원은 브랜드 구축과 경영에 필수적이다. 강한 브랜드 구축을 위해 기업은 브랜드의 전략적이고 재무적인 가치를 반드시 이해해야 하고 브랜드 가치 창출 잠재성을 최대화하는 목표를 정해야 한다. 기업의 구체적 브랜드 목표는 그 브랜드가 시장 가치를 창출하는 능력에 대해 결정적인 영향력을 가질 수가 있다. 브랜드 구축을 장기적인 투자 관점보다는 분기별 비용으로 보는 기업은 강한 브랜드 구축을 할 것 같지 않다.

기업 목표 이외에 브랜드 강점은 기업의 구체적인 브랜드 자원에 의존한다. 확실히 자리 잡은 브랜드 자산을 보유한 기업, 응집력 있는 브랜드 포트폴리오, 강한 기업 명성, 경험 많은 브랜드 관리자 등을 보유한 기업은 이러한 자산들이 부족한 기업들보다는 좀 더 유리한 위치에 있다. 기업의 구체적인 브랜드 자산은 장기적인 전략적인 목표를 반영한 것이다. 즉, 브랜드를 시장 가치의 자원과 막강한 경쟁적인 이점으로 보는 기업은 지속적으로 관련된 브랜드 자원을 개발할 것이다.

강한 브랜드를 구축하는 기업의 능력은 역량competency, 신뢰credibility, 약속commitment이라는 세 가지 중요 요소를 보유한다. 이러한 세 가지 요소들은 아래의 질문들을 통해서 평가될 수 있다.

> - 기업이 바라는 브랜드 포지셔닝/이미지를 전달할 수 있는 역량을 보유하는지?
> - 기업이 브랜드를 위한 가치제안을 믿을 수 있게 전달할 수 있을지?
> - 기업이 브랜드 구축 약속에 필요한 장기적인 해결책을 보유하고 있는지?

브랜드 경영에 특히 중요한 것은 강한 브랜드 구축에 대한 기업 역량이다. 수년에 걸쳐 유니레버Unilever, 프록터 앤드 갬블Procter & Gamble, 펩시콜라PepsiCo, 네슬레Nestle, SC 존슨SC Johnson, LVMH과 같은 기업들은 강한 브랜드를 출시하고, 경영하는 방법을 개발해왔다. 이러한 노하우는 브랜딩에 대한 이해가 부족하고 브랜드 구축에 대한 경험이 적은 경쟁자들을 앞지르는 핵심 역량이다.

◉ 상황 평가

브랜드 시장을 규정하는 다른 요인으로는 고객, 협력자, 기업, 경쟁자들과 상호 작용하는 상황이다. 브랜드 상황은 그 브랜드가 운영하는 환경의 다섯 가지 측면, 즉 경제, 기술, 사회문화, 규제, 물질적인 측면으로 구성된다. 이러한 측면들과 브랜드 경영에 대한 영향은 아래와 같다.

- **경제 환경**. 고객, 협력자들, 기업 주주를 위해 가치를 창조하는 브랜드의 역량은 전체적인 경제 환경의 기능이다. 예를 들어, 부진한 경제 성장은 시장 가치를 창조하는 브랜드 역량에 부정적인 영향을 끼친다. 왜냐하면 고객은 가격에 민감해지고(따라서 낮은 브랜드 충성도) 기업은 브랜드 구축에 더 적은 투자를 하게 된다. 반대로, 경제가 호황일 때는 브랜드를 위한 기업의 투자가 촉진되고 동시에 브랜드 오퍼링에 대해 고객의 자발적인 지불 의사가 형성이 된다. 예를 들어, 신흥개발 도상국들(중국, 인도, 브라질)의 중산층 출현이 프리미엄 브랜드의 수요를 촉진했다.

- **기술 환경**. 시장 가치를 창출하는 브랜드의 역량에 여러 가지로 영향을 끼칠 수 있다. 우선, 증가된 고객 연결성과 통신 기술의 발달에 의해 사회관계망의 커져가는 영향은 브랜드 이미지를 형성하는 데 있어서 다양한 원리의 역할을 근본적으로 변화시켰으며, 개인 간 커뮤니케이션peer-to-peer communication은 갈수록 중요한 요소가 되고 있다. 더욱이 손쉽고 즉각적인 제품 정보와 후기로 인해 제품 질에 대한 투명성이 향상되고 이로 인해 브랜드로 제품품질을 가늠하는 고객 의존이 줄어들었다. 기술 개발은 새롭고 보다 효과적인 브랜드 소통 방법에 있어서 표적 고객과 상호 작용하는 기업의 역량에 기여를 했다. 기술은 기업이 보다 정확하게 표적 고객을 파악하고 그들과 최적의 소통 방법을 찾을 수 있도록 해 브랜딩 활동의 비용효율을 향상시켰다.

- **사회 문화적 환경**. 신념, 가치관, 관습, 생활방식, 패션, 종교, 정신성, 사회조직, 연령분포, 민족 배경, 언어, 가구 구성 등과 같은 요인을 포함한다. 월등한 고객 가치 창출을 위해서는 기업의 브랜딩 전략을 경쟁하는 각 시장의 문화적인 구체성에 맞추어야 한다. 예를 들어, 말보로Marlboro 담배의 상징인 홀로 말 타는 카우보이는 집단문화를 가진 많은 아시아 지역에서는 자유의 표현보다는 추방된 사람과 연관된 것으로 받아들여진다.

- **규제 환경**. 상표와 브랜드 소통에 관련된 법과 규정을 포함하며, 브랜드의 시장 성과에 영향을 미칠 수 있다. 브랜드 수식어인 이름, 로고, 표어, 캐릭터, 포장, 제품 디자인은 다양한 관습법과 연방법에 의해 보호받는다. 예를 들어, 나이키 브랜드명, 나이키 로고, 나이키 표어 "그냥 해요Just Do It"는 기업이 수 세기 동안 브랜드 투자를 회수할 수 있도록 법적으로 보호되어 있

다. 브랜드를 구축하고 지속할 수 있는 기업의 역량은 브랜드 소통을 관리하는 국가별 법률이나 규정에 의해서 영향을 받는다. 예를 들어, 일부 국가에서는 경쟁사 브랜드의 열등함을 보여줄 목적으로 노골적으로 표현하는 비교 광고는 금지하고 있다. 같은 맥락에서 담배, 술, 무기와 같은 제품 품목은 브랜드 촉진과 구축하는 광고를 할 수 있는 방법들은 여러 가지로 규제를 받고 있다.

- **물리적 환경**. 지형, 기후, 날씨와 같은 요소를 포함하며, 시장 가치를 창출하는 브랜드 역량에 대해서 지대한 영향을 미칠 수 있다. 예를 들어, 색깔에 대한 사람의 인지와 다른 색깔을 구별하는 능력은 적도로부터의 거리에 따라 상이하다. 적도에 더 근접할수록 청색과 녹색 음영 구별력이 더 낮아진다(파란색과 녹색 모두에 대해 하나의 단어를 가질 가능성이 높다). 따라서 브랜드의 시각적 모습을 정의할 때 중요한 고려사항이다.

브랜딩 노력에 대해 효과와 비용효율을 최대화하기 위해서는 기업은 상황의 다른 측면이 어떻게 시장 가치 창출 능력에 대해 영향을 미치는지 반드시 명확하게 이해를 해야 한다. 더욱이 상황의 역동적인 특성은 새로운 기회를 파악하고 임박한 위협에 대응하기 위해 기업이 지속적으로 환경을 감시하도록 요구한다.

가치제안 정의

브랜드의 주요 목적은 기업의 오퍼링을 파악하고 경쟁사와 차별화하고 오퍼링 측면의 제품과 서비스 이외의 혜택을 제공해 시장 가치를 창출하는 것이다. 이러한 맥락에서 브랜드는 기업과 협력자들에게 이익이 되는 방법으로 표적 고객을 위해 가치 창출하는 최적 가치 제안 optimal value proposition, OVP을 개발하는 기업의 노력을 촉진한다(그림 4.2).

브랜드 구축

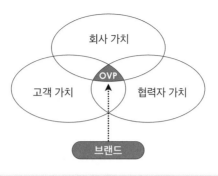

그림 4.2 브랜드 경영의 시장 가치 원칙

　　고객 가치 창출은 기업의 브랜드 전략의 핵심 요소이다. 고객 가치 제안의 개발은 표적 고객의 파악과 복잡하게 관련이 있다. 사실은 표적 고객 파악의 절차와 표적 고객에 대한 가치제안 창출은 하나의 진전으로 생각된다. 그러나 이러한 절차의 개발은 반복적이므로 가치제안 개발은 표적 고객의 선택을 결정하고 따르도록 한다. 월등한 고객 가치를 창출하는 기업 능력이 핵심 타깃팅 기준이기 때문에 가치제안 개발은 표적 고객의 파악을 결정한다. 동시에 의미 있는 가치제안은 구체적인 고객 니즈에 집중할 필요가 있기 때문에 가치제안 개발은 표적 고객 선택에 따른다.

● 경쟁적 상황에서 고객 가치 창출

월등한 시장 가치 창출을 위해서는 브랜드가 고객 가치를 창출하는 방법과 경쟁사 브랜드의 가치를 어떻게 자사 가치와 비교할 것인지를 반드시 이해를 해야 한다. 고객을 위해 브랜드가 창출하는 가치는 세 가지의 주요 요소가 있다. ① 고객 니즈, ② 자사 브랜드가 제공하는 혜택, ③ 동일한 고객 니즈를 만족시키는 대체 수단들(경쟁적인 브랜드와 비

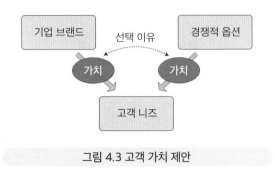

그림 4.3 고객 가치 제안

브랜드 오퍼링)이다(그림 4.3). 따라서 고객 가치 제안은 반드시 이런 질문에 답을 해야 한다. "왜 표적 고객이 대체 옵션 대신에 자사 브랜드를 선택하는지?"

의미 있는 가치제안 창출을 위해서는, 기업은 대체 옵션에 비해 월등한 혜택을 제공하는 브랜드를 기획해야 한다. 대체 옵션은 경쟁 브랜드에만 국한되지 않고 자사 브랜드와 비브랜드도 포함이 된다(시장 선두자가 기존 브랜드를 대체하기 위해 신규 브랜드를 출시하는 경우처럼). 예를 들어, 면도기 브랜드 질레트가 기존의 마하3 브랜드를 대체하기 위해 퓨전Fusion브랜드를 출시한 경우이다.

이상적으로는, 자사 브랜드가 모든 차원에서 경쟁 브랜드를 능가할 것이지만 현실적으로는 대부분의 브랜드가 경쟁 브랜드에 비해 강점과 약점을 가지고 있다. 자사 브랜드가 경쟁업체와 어떻게 비교되는가에 따라 가치제안은 우세점points of dominance, 동등점points of parity, 타협점points of compromise의 세 가지 차원으로 정의될 수 있다.

● 우세점. 자사 브랜드가 경쟁 대비 월등하다고 인식되는 측면이다. 우세점은 자사 브랜드의 경쟁 우위로 정의한다. 예를 들어, 자사 브랜드가 경쟁 브랜드보다 더 높은 신뢰성, 더 큰 편안함, 더 나은 성능을 가지는 것으로 인식된다. 가장 중요한 우세점은 브랜드의 독특한 가치제안으로 정의한다.

브랜드 구축

- **동등점**. 자사 브랜드가 경쟁 브랜드와 동등하다고 인식되는 측면이다. 이는 자사 브랜드가 시장에서 다른 브랜드와 경쟁할 수 있는 속성이다. 시장이 성숙되고 오퍼링이 성능면에서 비슷해지면, 일부 우세점은 동등점이 되는 경향이 발생한다. 예를 들어, 모바일폰 서비스 통신사가 서비스 지역 범위와 통신망 신뢰성 측면에서 동등하다고 인식될 수가 있다.

- **타협점**. 자사 브랜드가 경쟁사 대비 열등하다고 인식이 되는 측면이다. 타협점은 자사 브랜드의 경쟁 열세로 정의한다. 이는 브랜드가 제공하는 혜택들을 받기 위해 고객이 반드시 타협해야 하는 속성이다. 예들 들어, 브랜드와 연관된 더 나은 수준의 신뢰성, 편안함, 성능을 얻기 위해 가격을 타협하는 것이다.

일반적으로 동등점은 자사 브랜드 오퍼링과 경쟁하는 범주에서 제공되는 핵심 혜택을 반영한다. 예를 들어, 동일한 승용차 부문에 속하기 때문에 BMW, 볼보Volvo, 토요타Toyota는 성능, 안전, 신뢰성과 같은 다수의 공통 혜택을 제공한다. 따라서 동등점은 일반적으로 오퍼링이 경쟁하는 범주의 핵심 가치제안으로 정의한다.

경쟁 우위를 창출하는 것은 단순한 브랜드 차별화가 아닌 의미 있는 브랜드 차별하에 관한 것이다. 경쟁 우위는 월등한 고객 가치를 창출하는 브랜드의 능력에 의해 결정되므로 고객 니즈와 관련된 속성만이 경쟁 우위를 창출할 수 있다. 고객을 위해 가치를 부여하지 않는 속성에 대한 차별화는 경쟁 우위로 이어지지 않는다. 만일 관련 없는 속성이 더 좋은 혜택을 희생한다고 고객이 믿는다면 관련 없는 속성은 브랜드의 매력도를 더 감소시킬 것이다.

브랜드 포지셔닝

의미 있고 확실한 브랜드 이미지를 창출하기 위해서는 기업은 반드시 고객의 마음에 현저하게 전략적으로 중요한 브랜드 연관성을 만들어야 한다. 따라서 브랜드가 표적 고객을 위해 창출하는 금전적, 기능적, 심리적 가치를 정의하는 것 외에, 기업은 어떻게 표적 고객이 브랜드에 대해 생각해야 하는지의 관점을 반영한 명확한 포지셔닝을 개발해야 한다.

● 전략적 결정으로서의 브랜드 포지셔닝

포지셔닝은 기업의 브랜드를 디자이닝하는 과정이다. 그래서 표적 고객의 마음에 독특하게 자리를 잡는다. 그것은 고객의 마음에 의미 있고 확실한 브랜드 이미지를 창출하는 과정이다. 예를 들어, BMW는 궁극적인 운전 경험을 제공하는 브랜드로 포지셔닝하고, 볼보는 안전을 강조하고, 토요타는 신뢰성에 집중하고, 페라리Ferrari는 스피드를 우선으로 하며 롤스로이스Rolls-Royce는 고급스러움을 강조한다. 이러한 맥락에서 포지셔닝은 가치제안 개발 절차와 비슷한데, 가치제안은 브랜드의 모든 혜택과 비용을 반영하는 반면 포지셔닝은 소비자 선택을 유도하는 경향이 있는 가장 중요한 혜택에 집중하는 주요 차이점이 있다. 따라서 포지셔닝은 브랜드와 관련된 오퍼링을 선택해야 하는 강력한 이유를 가진 표적 고객에게 제공하는 방식으로 브랜드 장점을 강조한다.

브랜드 포지셔닝은 표적 고객의 마음에 의미 있고
확실한 브랜드 이미지를 창출하는 과정이다.

포지셔닝 용어는 고객의 마음에 의미 있고 확실한 이미지를 창출하는 과정과 포지셔닝 과정의 결과, 즉 기업이 고객 마음에 창출하고자 하는 정신적 이미지이다. 포지셔닝이 결과를 언급할 때는 브랜드 이미지와 비슷한데, 브랜드 포지셔닝은 기업이 고객 마음에 창출하고자 하는 브랜드 연상의 집합인 반면, 브랜드 이미지는 실제로 고객의 마음에 있는 모든 브랜드와 연관이 있다는 주요 차이점이 있다. 더욱이 고객의 마음에 있는 모든 측면의 브랜드인 브랜드 이미지와는 다르게, 브랜드 포지셔닝은 브랜드가 모든 표적 고객을 위해 창출하는 핵심 혜택을 반영한다. 이와 같은 맥락에서 브랜드 이미지는 개별 고객이 브랜드 포지셔닝을 내면화하는 방식이다.

고객 마음에 브랜드가 포지션하는 필요성은 대부분 개인들이 브랜드와 연관된 모든 혜택들을 처리하거나 기억할 수가 없다는 것이다. 회사는 브랜드의 모든 면에 대한 정보를 고객에게 제공하는 대신 가장 중요한 혜택에만 집중하기 위해 브랜드 혜택 중 일부를 강조하지 않는다. 회사는 표적 고객에게 가장 중요한 하나 이상의 주요 혜택을 제공하는 반면 이차적으로 중요한 혜택은 덜 강조한다.

포지셔닝 전략의 개발은 세 가지 중요한 결정에 관여한다. ① 얼마나 많은 혜택을 홍보하는지? ② 어떤 혜택을 홍보하는지? ③ 이런 혜택들을 어떻게 구성할 건지?

● 얼마나 많은 혜택을 홍보할 건지 결정

브랜드 포지셔닝은 브랜드 혜택을 우선화하고 기업이 고객 마음에 가장 확실하게 각인시키고자 하는 것을 선택하는 과정이다. 고객은 주요 혜택에만 의존하는 결정을 하기 때문에 포지셔닝은 다른 혜택에 집중하기 위해 어떤 혜택은 홍보하지 않는다.

홍보하는 혜택의 수와 이런 혜택들의 속성에 기초해 세 가지 일반적 포지셔닝 전략, 즉 단일 혜택 포지셔닝, 다중 혜택 포지셔닝, 전체적인 포지셔닝이 있다.

- 단일 혜택 포지셔닝. 기업이 고객에게 가장 매력적이라고 믿는 혜택을 강조한다. 단일 혜택 포지셔닝은 브랜드가 이차적 속성에 열등하다는 것을 의미하지는 않는다. 고객 마음에 확실한 브랜드 이미지를 확립시키기 위해 단일 속성의 중요성을 강조한다. 일반적으로, 주요 혜택은 가장 중요한 우세점을 반영하고, 다른 우세점과 동등점은 부수적인 혜택이다. 예를 들어, 성능, 명성, 고급스러움, 편안함, 안전등을 포함하는 다중 혜택으로 오퍼링 하지만 BMW 브랜드는 성능을 단일 혜택으로 강조한다. 같은 맥락에서 스와치 SWATCH는 시계의 자기표현 패션을 강조하고, 비자VISA는 카드의 전 세계적인 사용을 강조한다.

- 다중 혜택 포지셔닝. 브랜드의 두 가지 이상 혜택을 강조한다. 예를 들어, 두통약인 바이엘 알레브Bayer's Aleve는 다중 혜택(빠른, 길고 오래가는, 효과적이고 안전한 통증 완화)을 제공하지만, 브랜드 포지셔닝은 강하고 오래가는 효과에 집중한다. 같은 맥락으로 애플은 아이패드를 "믿을 수 없는 가격의 마법적이고 혁신적인 기구Magical and Revolutionary Device at an Unbelievable Price"로 품질과 저렴한 가격을 강조한다.

- 전체적인 포지셔닝. 개별적 혜택을 강조하지 않은 브랜드의 전체적 성능을 강조해 특별한 혜택보다는 전체적인 성능에 기초한 브랜드를 선택하도록 고객을 유도한다. 예를 들어, 면도기 질레트는 월등한 전체적인 성능 인식 창출을 목표로 "남자가 얻는 최고The Best a Man Get"로 포지셔닝, 치약 콜게이트 토탈Colgate Total은 이름에서 의미하는 대로 최고의 전체적 혜택 제공을 한다. 비슷하게 정유회사 아모코Amoco 포지셔닝은 "미국 넘버원 프리미엄 휘발유America's number one premium gasoline", 두통약 타이레놀Tylenol 포지셔닝은 "병원에서 가장 신뢰하는 브랜드The Brand most hospitals trust", 렌트카 허츠Hertz 포지셔닝은 "세계 1위 렌터카 회사#1 car rental company in the world" 등으로, 단일 월등한 전체적 성능에 대한 시장 선두임을 강조한다.

브랜드 구축

단일 혜택 포지셔닝은 가장 일반적인 전략이다. 단일 혜택 포지셔닝 논리는 세 가지이다. 우선, 사람은 정보과다에 대처하기 위해 단순화된 판단을 형성하는 경향이 있기 때문에, 단일 혜택에 집중하는 것이 기업 메시지가 광고 홍수를 타파하고 고객 마음에 의미 있는 인상을 만들게 한다. 단일 혜택 포지셔닝을 선호하는 또 다른 이유는, 중요한 차원에서 뛰어난 브랜드 선택은 선택의 타당한 이유로 여겨지고, 구매자가 다른 사람과 자기 자신에게 선택을 정당화시키는 것이다. 마지막으로, 사람들은 한 가지에만 매우 잘한다는 전문화된 브랜드를 믿는 경향이 있는 반면에 많은 것을 약속하는 브랜드는 어느 것도 뛰어나지 않는다고 믿는다.

● 홍보할 혜택 결정

얼마나 많은 혜택을 홍보할 것인지 선택 외에 포지셔닝에 어떤 혜택을 제공할 것인지를 기업은 반드시 결정을 해야 한다. 중심 혜택 영역(기능적, 심리적, 금전적)에 기초해, 기업은 다음 세 가지 포지셔닝 전략을 사용할 수 있다.

- 기능적 혜택 포지셔닝. 오퍼링의 기능성 강조를 통해 고객 가치를 창출하는 것을 목표로 한다. 예를 들어, 건전지 브랜드 에너자이저는 건전지의 오래 지속성을 강조, 세탁 세제 타이드는 세제의 세정력을 강조, BMW는 운전 체험을 강조한다. 기능적 혜택은 범위가 다양해서 특정 혜택은 다른 높은 수준 혜택보다 더 구체적이다. 치약 브랜드 암앤해머Arm & Hammer는 구체적 혜택으로 베이킹 소다를 포함한다는 사실을 강조해 세정력의 더 일반적인 혜택을 표현한다.

- 심리적 혜택 포지셔닝. 브랜드와 연관된 심리적 가치를 강조한다. 몽블랑, 롤스로이스, 돔 페리뇽Dom Perignon 샴페인 브랜드는 호화스러움, 고급스러운 느낌을 불어넣는 포지셔닝이다. 불확실성을 줄이고 마음의 평화를 주는

위험 최소화 혜택을 강조하는 포지셔닝은 보험회사 전형적인 광고 문구에서 사용하는 전략이다.

● **금전적 혜택 포지셔닝**. 브랜드와 연관된 금전적 혜택을 강조한다. 알디 Aldi, 월마트는 가치제안의 핵심 측면으로 저가를 강조한다. 금전적 혜택 포지셔닝은 가격에 대한 제품의 경쟁력을 보장하기 위해 회사가 저비용 구조를 갖추었을 때만 지속 가능하다.

위 세 가지의 브랜드 포지셔닝 전략은 항상 상호 배타적이지는 않다. 경우에 따라 다른 전략을 연결하는 포지셔닝 개발이 가능하다. 예를 들어, 폭스바겐은 신뢰성(기능적 혜택)과 저가(금전적 혜택)를 자사 브랜드와 관련시킨다. 스타벅스는 높은 품질의 커피 공급(기능적 혜택)과 고객이 집과 같은 편안함(심리적 혜택)을 느끼게 하는 두 가지 포지셔닝을 가진다. 월마트의 구호인 "돈을 절약하고, 더 나은 삶을 살다Save Money. Live Better"는 저가(기능적 혜택)와 저축을 통해 생활의 다른 측면을 향상시킬 수 있다는 만족감(심리적 혜택)이다.

브랜드 포지셔닝은 독특하고 경쟁사가 쉽게 모방할 수 없어야 한다. 이 맥락에서 가장 쉽게 따라할 수 있는 가격 기반 포지셔닝과 가장 모방하기 힘든 심리적 혜택 기반 포지셔닝을 통해 포지셔닝 전략은 지속 가능한 경쟁 우위를 창출할 수 있다(그림 4.4).

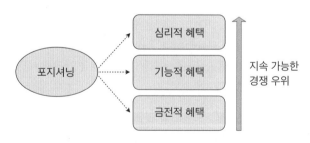

그림 4.4 지속 가능한 경쟁 우위를 창출하는 능력에 기반한 포지셔닝 전략

브랜드 구축

고객들은 보통 기능적 가치에 근거해 제품과 서비스를 구매하기 때문에, 기능 혜택 포지셔닝이 가장 일반적인 포지셔닝 종류이다. 그러나 기능 혜택 포지셔닝은 지속 가능에 대해서는 중요한 제약을 가지고 있다. 점점 더 많은 제품과 서비스가 비교적 높은 성능 수준에 도달함에 따라, 고객들은 경쟁적 오퍼링간의 변형에 덜 적응이 되고 있다. 왜냐하면 만족스러운 혜택들이 대부분의 고객들에게 제공되고 있기 때문이다. 예를 들어, 토요타의 신뢰성에 대한 포지셔닝과 볼보의 안전에 대한 포지셔닝은 현재의 대부분의 자동차들이 이 두 가지 측면에 대해 만족하는 성능을 가지고 있어서 점점 약화되고 있다.

금전적 기능적 혜택에 대해 지속 가능 경쟁 우위를 창출할 수 없어서 많은 기업들은 고객들이 브랜드를 통한 자기표현(예: 할리데이비슨, 애버크롬비 & 피치, 포르쉐), 사회 책임감에 호소하기(예: 스타벅스, 구글), 감정적 연결 구축(예: 디즈니, 홀마크, 도브)과 같은 심리적 혜택에 브랜드 차별화 방향으로 돌아서고 있다. 고객에게 기업의 오퍼링을 구매하도록 설득하는 금전적 기능적 혜택에 의존하기보다는 심리적 혜택 포지셔닝은 고객이 기업의 브랜드를 구매하도록 설득하는 것을 목표로 한다. 심리적 혜택 포지셔닝은 고객의 성격과 개성을 반영하므로 가장 모방하기 어렵다. 따라서 심리적 혜택 포지셔닝은 지속가능 경쟁 우위를 창출하는 핵심 요인이다.

● 관련 혜택 구성 방법 결정

브랜드 포지셔닝을 개발하는 중요한 요소는 어떤 표적 고객이 브랜드 혜택을 평가하는지에 대한 기준점reference point을 파악하는 것이다. 기준점 선택에 근거해, 니즈 기반, 범주 기반, 사용자 기반, 경쟁 및 제품군 구성이라는 다섯 가지 기준틀이 있다.

- **니즈 기반 구성**. 브랜드를 특별한 고객 니즈에 직접 연결한다. 예를 들어, 종합 약국 체인 월그린의 홍보 문구 "건강하고 행복한 모퉁이에At the Corner of Happy and Healthy"에 반영된 포지셔닝은 행복하고 건강한 고객 니즈에 직접적으로 호소한다. 마찬가지로 맥주 밀러 라이트의 홍보 문구 "맛이 좋아요… 덜 채워진Taste Great!... Less Filling!"에 나타난 밀러의 포지셔닝은 저열량, 깊은 맛의 맥주를 원하는 고객 니즈에 호소한다. 월마트는 제품 가성비, 볼보는 안전, 인텔은 성능 강조 등이다.

- **범주 기반 구성**. 브랜드를 기존 브랜드 범주에 연결한다. 예를 들어, 1906년에 코카콜라는 무알코올 음료 범주에 콜라 브랜드를 관련한 포지셔닝을 했고, 맥주 버드와이즈는 맥주 범주와 관련한 브랜드 포지셔닝을 했다. 브랜드를 제품 범주와 직접 연관시키는 것 외에, 기업은 제품 범주의 시제품 브랜드와 연관시킨 범주 멤버십을 전달하려고 한다(예: 시제품 경주용 자동차로서의 페라리).

- **사용자 기반 구성**. 브랜드를 특별한 사용자와 연결한다. 예를 들어, 마이클 잭슨과 티나 터너를 등장시킨 펩시의 전통적 캠페인 "신세대의 선택The Choice of a New Generation"은 펩시를 사물을 젊은 관점으로 보는 사람들을 위한 브랜드로 포지셔닝한다. 명품 브랜드 롤스로이스, 루이비통, 파텍 필립은 상류층과 연관된 고급스럽고 호화로운 이미지의 전달에 사용된다.

- **경쟁 구성**. 브랜드를 경쟁 브랜드와 노골적으로 비교한다. 예를 들어, 에너지 음료 몬스터 에너지는 레드불에 대항하는 포지셔닝이다. 특별한 경쟁자보다는 준거의 틀the frame of reference 역시 경쟁 범주가 될 수 있다. 음료수 세븐업7UP은 "언콜라Uncola" 포지셔닝, 통신사 티 모바일T-Mobile은 "언캐리어Un-carrier" 포지셔닝.

- **제품군 구성**. 브랜드를 자사 제품군의 다른 브랜드와 비교한다. 자사 브랜드를 경쟁사와 비교하기보다는 자사 브랜드 간의 경쟁을 만든다. 시장 선두자들이 자주 사용하는 전략으로서 고객이 제품 업그레이드를 하도록 유도하는 것이다. 예를 들어, 프록터 앤드 갬블은 질레트 퓨전Fusion 브랜드를 전작인 질레트 마하3보다 월등한 대체품으로 포지셔닝했다. 제품군 구성은 기술혁신이 기업들이 지속적으로 향상된 오퍼링을 하도록 압박하는 빠르게 진화하는 제품군을 운영하는 시장 선두자들에게는 일반적이다.

위의 다섯 가지 포지셔닝 전략은 좀 더 일반적인 무비교Non-comparative와 비교 구성comparative frame으로 그룹화될 수 있다. 무비교 구성은 브랜드 가치가 다른 브랜드와 노골적으로 직접 비교하지 않은 참조점과 직접 연관이 된다. 니즈 기반, 범주 기반, 사용자 기반 준거틀은 무비교 경향이 있다. 반대로 비교구성은 브랜드가 특별한 니즈와 연관되기보다는 다른 브랜드와 비교한다. 경쟁 구성과 제품군 구성이 비교 준거틀과 일반적으로 관련이 있다.

일반적으로, 비교 포지셔닝은 덜 알려진 브랜드가 시장 선두자로부터 점유율을 얻기 위해 사용한다. 비교 포지셔닝은 암시적으로 참조자 오퍼링 판촉으로 되기 때문에 시장 선두자가 아주 드물게 사용한다. 예를 들어, 구글 포지셔닝은 비교를 통해서 상대적으로 거의 얻는게 없기 때문에 다른 검색엔진 브랜드와 비교하지 않는다. 반대로, 마이크로 소프트는 시장 선두자 구글 고객을 끌기 위해 검색엔진 브랜드 빙Bing을 호의적으로 비교해 출시했다.

브랜드 만트라 정의

일관적이고 의미 있는 브랜드 이미지 개발을 위한 과정 간소화를 위해, 기업이 고객 마음에 각인시키는 브랜드의 핵심 의미를 명확하게 파악하면 도움이 될 수가 있다. 브랜드가 무엇을 의미하는지를 정의하는 브랜드의 핵심 의미를 브랜드 만트라Brand Mantra라고 한다. 브랜드 만트라를 표현하는 것은 기업과 기업의 협력자들이 브랜드 본질을 정의하는 핵심 생각을 중심으로 하는 브랜딩 활동을 구성할 수가 있다.

브랜드 만트라는 고객에 대한 브랜드의 약속이며 보통 브랜드 본질을 가장 명확하고 효과적인 방법으로 요약하는 짧은 구절이다. 예를 들어, 나이키Nike 브랜드 만트라는 "진정한 운동 성능authentic athletic performance", 디즈니Disney 브랜드 만트라는 "재미있는 가족 오락fun family entertainment", 리츠칼튼Ritz-Carlton 호텔 브랜드 만트라는 "완벽한 환대impeccable hospitality", BMW 브랜드 만트라는 "뛰어난 운전 경험 superior driving experience", 할리데이비슨Harley-Davidson 브랜드 만트라는 "개인의 자유personal freedom", 월마트Walmart 브랜드 만트라는 "매일 저렴한 가격everyday low prices"이다. 브랜드 만트라의 궁극적인 목표는 기업의 종업원과 협력자들이 브랜드가 고객의 마음에 심어주는 이미지를 정확하게 이해하고 그 이미지와 일치하는 방식으로 행동할 수 있도록 하는 것이다.

브랜드 만트라는 일반적으로 기업의 핵심 능력을 반영한다. 예를 들어, 나이키 브랜드 만트라는 운동 의류 및 용품 디자인에 대한 핵심 능력을 반영하고, 리츠칼튼 브랜드 만트라는 서비스 우수성의 핵심 능력을 반영하고, 디즈니 브랜드 만트라는 오락용품 및 체험 개발에 대한 전문 지식을 기반으로 한다. BMW 브랜드 만트라는 고급 성능 자동차 디자인 능력을 반영하며, 월마트 브랜드 만트라는 효과적이고 비용 절감 운용에 대한 핵심 역량을 반영한다.

브랜드 본질을 표현하는 것 외에, 브랜드 만트라는 브랜드 운영을 위한 방향과 범위를 설정해준다. 따라서 브랜드 만트라는 회사가 브랜드를 확장할 수 있는 정도를 암시적으로 정의하고 이와 관련되거나 관련되어서는 안되는 제품 및 서비스를 파악한다. 예를 들어, BMW 브랜드는 "궁극의 운전 경험ultimate driving experience"을 나타내기 때문에 이러한 약속을 이행하지 못하는 자동차 혹은 월등한 운전 경험과 관련이 없는 제품으로 확장하는 것은 BMW 브랜드의 본질과 부합하지 않기 때문에 반드시 피해야 한다. 그러므로 브랜드 만트라를 정의하는 중요한 측면은 브랜드가 무엇인지 아닌지를 결정하는 것이다.

브랜드 구축

브랜드 만트라는 회사의 브랜드 구축 활동을 가이드하는 내부적인 개념이다. 내부 개념으로서 브랜드 만트라는 브랜드의 표적 고객과 직접 소통하지는 않는다. 대신에 브랜드 만트라는 일반적으로 고객과 소통하는 브랜드 좌우명에서 포착이 된다. 예를 들어, 나이키 브랜드 만트라는 좌우명인 "그냥 해요Just Do It"에 반영되어 있고, 디즈니 브랜드 만트라는 브랜드 좌우명 "꿈이 이루어지는 곳Where Dreams Come True", 리츠칼튼 브랜드 만트라는 좌우명 "우리는 신사 숙녀 여러분들을 섬기는 신사 숙녀입니다.We Are Ladies and Gentlemen Serving Ladies and Gentlemen", BMW 브랜드 만트라는 좌우명인 "궁극의 운전 기계The Ultimate Driving Machine", 월마트 브랜드 만트라는 좌우명 "돈을 절약하고 더 나은 삶을 살다Save Money, Live Better"에 반영되어 있다.

브랜드 만트라 개념은 두 용어가 브랜드 본질을 반영한다는 점에서 브랜드 포지셔닝과 관련이 있다. 이 두 가지 개념의 중요 차이는 그들이 취하는 관점이다. 브랜드 포지셔닝은 고객이 브랜드를 보는 시각의 방식을 반영하는 반면, 브랜드 만트라는 회사 종업원이 브랜드를 보는 방식을 파악한다. 브랜드 만트라를 정의할 때는 관리자는 "나의 브랜드가 무엇을 의미 하는지?"라고 질문해보고, 반대로 브랜드 포지셔닝을 할 때는 "표적 고객이 나의 브랜드에 대해 어떻게 생각하기를 원하는지?"를 질문해본다.

브랜드 만트라는 브랜드 경영의 과정을 간소화하고 브랜드가 제대로 유지되는지 확인하기 위해 브랜드의 본질을 정의한다. 반면 브랜드 포지셔닝은 회사가 자사의 브랜드가 고객에게 인식이 되기를 원하는 방식을 표현한다. 결과적으로 브랜드 만트라는 경쟁업체 참조 없이 브랜드 '영혼soul'을 기술하는 반면, 브랜드 포지셔닝은 브랜드 혜택을 경쟁업체 브랜드의 혜택과 관련시킬 수 있다.

브랜드 만트라는 상대적으로 일반적인 용어로 브랜드 본질을 구현하므로 시간이 지남에 따라 변경되는 경향이 줄어든다. 반면에 브랜드 포지셔닝은 특정 시점에서 특정 시장에서 브랜드의 본질을 파악하기 때문에 좀 더 구체적이다. 따라서 포지셔닝은 같은 브랜드 만트라를 표현하면서 시간이 지남에 따라 진화할 수 있다. 그러나 브랜드 포지셔닝과 브랜드 만트라 간의 차이는 다소 미묘하므로 브랜드 만트라와 포지셔닝은 밀접하게 관련이 있으며 많은 경우 중복되는 경향이 있다는 것을 참고하는 것이 중요하다.

요약

브랜드 전략은 브랜드에 의해 창출된 시장 가치를 기술한다. 브랜드 전략은 브랜드가 운용하는 표적 시장과 브랜드가 고객, 협력자, 회사를 위해 창조하는 가치를 규정한다.

브랜드 표적 시장은 다섯 가지 요인으로 규정한다. ① 브랜드가 가치를 창출하려는 표적 고객, ② 이러한 고객들은 서비스하기 위해 회사와 협업하는 협력자, ③ 브랜드가 동일한 고객의 동일한 니즈를 충족시키는 것을 목표로 하는 경쟁사, ④ 브랜드를 담당하는 회사, ⑤ 관련된 시장 상황.

표적 고객을 파악하는 것이 브랜드 전략의 근간이며 브랜드를 기획하고 커뮤니케이션할 때 고객의 우선순위를 결정하는 데 관여한다. 표적 고객의 선택은 두 가지 중요한 원칙을 따른다. 즉, 월등한 고객 가치를 창출하는 브랜드 역량인 표적 호환성, 특정 시장 세그먼트가 브랜드에 이익을 줄 수 있는 능력을 반영하는 표적 매력도이다. 브랜드는 의미 있는 차별점을 확립할 수 있는 가장 큰 시장 세그먼트를 선택하기 위해 노력해야 한다.

브랜드의 주요 목적은 표적 고객, 회사, 협력자들을 위한 가치 창출이다. 브랜드가 고객을 위해 창출하는 가치는 이 고객들의 니즈, 브랜드가 제공하는 혜택, 경쟁 브랜드 혹은 비브랜드 오퍼링에 의해 창출된 혜택들에 의해서 결정된다. 고객 가치 제안은 왜 표적 고객들이 대체 옵션 대신에 자사 브랜드를 선택하는지에 대한 질문에 반드시 답을 해야 한다. 경쟁 우위 창출은 단지 차별화에 관한 것이 아니라 고객에게 의미 있는 차별화에 관한 것이다.

의미 있는 가치제안을 규정하는 것 외에 브랜드는 표적 고객이 브랜드에 대해서 어떻게 생각해야 하는지에 대한 회사의 관점을 반영한 명확한 포지셔닝을 반드시 개발해야 한다. 브랜드 포지셔닝은 표적 고객 마음에 브랜드의 의미 있고 뚜렷한 이미지를 창출하는 과정이다. 포지셔닝에는 다른 사람들에게 초점을 맞추기 위해 특정 혜택을 홍보하지 않기로 결정하는 상충관계가 포함된다. 포지셔닝 전략 개발에는 세 가지 결정이 포함된다. ① 얼마나 많은 혜택을 촉진하고, ② 어떤 혜택을 촉진하고, ③ 이런 혜택을 어떻게 구성할 것인지.

촉진되어야 할 혜택의 수와 이런 혜택들의 속성에 기초해, 세 가지 일반적인 포지셔닝 전략이 있다. ① 회사가 고객에게 자사 브랜드를 선택하는 설득력 있는 이유를 제공할 가능성이 높다고 생각하는 혜택을 강조하는 단일 혜택 포지셔닝, ② 브랜드의 두 가지 이상 혜택을 강조하는 다중 혜택 포지셔닝, ③ 개인의 혜택을 강조하지 않는 브랜드의 전반적인 성과를 강조하는 전체적인 포지셔닝.

혜택의 종류에 따라 회사는 세 가지 독특한 전략을 실행할 수 있다. ① 기능적 혜택 포지셔닝, ② 심리적 혜택 포지셔닝, ③ 금전적 혜택 포지셔닝. 이러한 세 가지 포지셔닝 전략은 지속 가능한 경쟁 우위 창출력 측면에서 요구될 수 있는데, 가격 기반 포지셔닝은 가장 모방하기 쉽고 심리적 혜택 포지셔닝은 가장 따라하기 힘들다.

참조점의 선택에 기초해, 브랜드를 포지션하는 다섯 가지의 독특한 방법이 있다. ① 니즈 기반 포지셔닝은 브랜드가 특별한 고객 니즈와 직접 연결하고, ② 범주 기반 포지셔닝은 브랜드가 확립된 브랜드 범주와 연결하고, ③ 사용자 기반 포지셔닝은 특별한 형태의 사용자에 연결된 브랜드를 규정한다. ④ 경쟁 포지셔닝은 경쟁 브랜드와 노골적으로 비교 경쟁하는 브랜드를 규정한다. ⑤ 제품 라인 포지셔닝은 자사의 제품 라인에 있는 다른 브랜드와 비교하는 브랜드를 규정한다. 다섯 가지 전략은 두 가지 이상의 일반적인 범주로 그룹화될 수있다.

브랜드 만트라는 고객에 대한 브랜드의 약속이며 브랜드의 본질을 명확하고 가장 효과적인 방법으로 표현하는 짧은 문구이다. 일반적으로 브랜드 만트라는 회사의 핵심 역량을 반영하고 자사의 브랜드 구축 활동을 가이드한다. 브랜드 만트라는 내부적 개념으로 브랜드의 고객에게 직접적으로 보이지는 않으며, 일반적으로 고객과 커뮤니케이션하는 브랜드 좌우명에서 발견된다.

BRANDING INSIGHT 명분 브랜딩

명분 브랜딩은 회사가 만든 사회적 가치를 브랜드 포지셔닝에 통합하는 실천을 말한다. 명분 브랜딩의 기초가 되는 친사회적 활동의 대부분은 세 가지 형태 중 하나를 택한다. ① 비영리 단체와 사회적으로 책임 있는 명분에 자선 기부를 포함하는 기업의 자선, ② 사회프로그램에 적극적으로 참여하는 공동체 참여, ③ 기업의 사회적 책임을 제조 과정에 반영하는 요소인 사회적 책임 제품 및 서비스 개발에 관여하는 사회적 책임 혁신.

명분 브랜딩은 지역사회에 혜택을 목표로 하는 사회적 브랜딩과 유사하며 두 가지 중요 측면에서 사회적 브랜딩과 상이하다. 명분 브랜딩은 명분을 지원하기 위해 회사의 사업 활동을 조정하는 반면, 사회적 브랜딩은 친 사회적 원인(예: 헌혈, 환경보호, 시민권 증진)으로 나아가는 것을 목표로 한다. 더 나아가 명분 브랜딩은 수익 중심 기업에 의해 지원되는 반면, 사회적 브랜딩은 보통 비영리 조직이고 특별한 상업 활동에 직접적으로 연관되지 않는다.

명분 브랜딩은 회사에 여러 가지의 혜택을 제공함으로 최근에 인기를 얻고 있다.

- **브랜드 이미지 향상**. 회사 브랜드를 중요한 사회적인 명분과 연관시키는 것은 '후광halo' 효과에 의한 브랜드 이미지를 강화하는 경향이 있으며 사회적 대의에 대한 고객의 긍정적인 영향이 회사 브랜드로 확대된다. 따라서 대중은 사회적 책임 있는 활동에 관여하는 회사들을 더 따뜻하고, 더 인정이 많고, 더 신뢰가 가고, 더 호감이 가며, 회사의 위기 때는 덜 비난받는다.

- **인지된 제품 성능 향상**. 회사 브랜드의 이미지가 향상되는 것 외에 기업 자선 사업은 제품 성능에 대한 고객 평가를 강화시킬 수 있으며 사회적 책임 있는 활동에 관여한 회사의 제품은 높은 수준의 성능을 가지는 것으로 인식이 된다. 예를 들어, 소비자는 자선 기부를 하는 회사의 와인이 친사회적 활동에 관여하지 않는 회사에서 제조한 동일한 와인보다 더 맛이 있는 것으로 생각할 수가 있다.

- **고객의 자기 이미지 향상**. 명분 브랜딩은 고객이 회사의 제품을 구매함으로써 자신이 친 사회적 행동에 관여한다고 생각할 때 자신에 대해 더 나은 기분을 느끼도록 도울 수 있다. 이러한 맥락에서 명분 브랜딩은 고객에게 브랜드가 받아들인 사회적 명분에 기여함으로써 도덕적 만족을 얻을 수 있다.

- **회사의 문화 향상**. 종업원과 회사 가치와 관련 있는 사회적 대의 지지는 회사가 회사의 문화를 강화하는 것을 도울 수 있다. 이는 결국, 이러한 가치를 공유하는 숙련된 직원 유치를 도울 수 있고 현재 직원의 충성도와 동기를 증가시킨다.

위에서 언급한 명분 브랜딩 혜택은 회사 오퍼링에 대한 수요증대, 고객 충성도 향상, 고객의 브랜드 옹호자 동기 부여를 하는 경향이 있다. 동시에 브랜드를 특별한 사회적 대의와 연관 시키는 것은 많은 단점을 가질 수가 있다.

- **브랜드 희석화Brand dilution**. 브랜드를 여러 가지의 상관없는 사회적 대의와 연관시키는 것은 브랜드의 핵심 가치제안과 포지셔닝을 모호하게 할 수 있다. 이러한 브랜드 희석화의 영향은 지지를 받은 사회적 대의가 복합 브랜드에 의해 공유될 때 더 악화될 수가 있다. 이런 브랜드들이 다른 브랜드들과 유사하게 보이기 때문이다.

- **보상 추론Compensatory inferences**. 브랜드 의미 희석화 외에, 사회적 책임 혁신은 회사 제품의 기능적 성능에 대한 고객의 인식을 낮게 할 수가 있다. 예를 들어, 소비자는 가정용품인 세탁세제, 치약이 환경적 지속 가능성을 홍보하는 회사에서 제조될 때 기능적 열세일 것 같은 생각을 할 것이다. 이러한 추론은 두 가지 속성이 관련이 없지만 하나의 속성에 대한 옵션의 강한 성능이 다른 속성에 대한 약한 성능을 상쇄할 것이라는 사람의 믿음에서 생긴다.

- **부정적인 정보 이전Spillover of negative information**. 흔하지는 않지만, 명분 브랜딩이 부정적인 정보가 공개적으로 지지된 사회적 대의에 연관되어 역효과가 생길 수가 있다. 예를 들어, 미국의 전설적인 프로 싸이클 선수인 랜스 암스트롱의 재단과 관련된 브랜드는 설립자와 대변인과 연관된 도핑 사건에 의해 부정적인 영향을 받았다.

명분 브랜딩의 잠재적 단점들이 있음에도 불구하고, 많은 기업들이 명분 브랜딩과 회사의 핵심 마케팅 활동과 결합한다. 이런 경향은 성공적인 명분 브랜딩 주도권이 사회에 대한 혜택 뿐만이 아니라 고객 충성도 구축과 기업 문화 강화를 통해 오래 지속되는 혜택을 창출할 수가 있다는 생각에 기인한다.

BRANDING INSIGHT 브랜드 포지셔닝 지도

브랜드 포지셔닝 지도는 동일한 시장에서 다른 브랜드에 비해 특정 브랜드에 대한 고객의 인식을 반영한다. 포지셔닝 지도는 일반적으로 두 가지 차원을 수반하는데 각각 브랜드의 중요한 측면을 나타낸다. 그런 다음 이러한 속성에 대한 고객의 인식에 따라 경쟁 브랜드를 지도에 배치한다(그림 4.5). 지도에서 각각 더 가까운 브랜드들은 고객들이 비슷하다고 인식을 하므로 직접 경쟁할 가능성이 더 크다. 브랜드 포지셔닝 지도는 브랜드 성능에 대한 고객 인식에 기초를 두는바, 포지셔닝 지도는 지각 지도로 지칭한다.

예를 들어, 자동차 브랜드의 경우 포지셔닝 지도는 신뢰성, 가격과 같은 속성에 다른 브랜드의 성능을 반영할 수 있다. 더 높은 가격, 더 신뢰성 있는

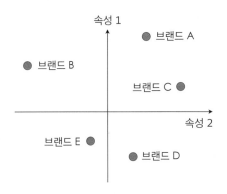

그림 4.5 브랜드 포지셔닝 지도

옵션은 오른쪽 상단에 배치되고, 덜 신뢰적이고, 더 낮은 가격 옵션은 왼쪽 하단에 위치한다. 마찬가지로 두통 치료 브랜드의 포지셔닝 지도는 효과와 지속성 면에서 상대적인 성능을 설명할 수 있다. 가장 효과적이고 오래 지속하는 약은 표의 오른쪽 상단에 위치하고 가장 효과적이지 않고 짧은 약은 왼쪽 하단에 위치 한다.

다른 브랜드의 상대적인 성능을 반영하는 것 외에, 포지셔닝 지도는 다른 고객 세그먼트의 이상적인 점(속성수준의 이상적인 조합)을 반영할 수 있다. 고객 선호도는 균일하지 않을경우 일반적으로 이것이 도움이 되므로 더 높은 수준의 성능이 더 바람직 하지만 고객에게 일관된 선호도 순서 없이 명목상 분배된다. 고객의 선호도와 브랜드 인지도를 겹침으로써, 회사는 경쟁사에 의해 충족되지 않은 고객 니즈를 밝힐 수 있고 이러한 니즈를 충족시키는 방식으로 브랜드 포지션 한다.

브랜드 포지셔닝 지도는 표적 고객에게 가장 중요한 두 가지 속성(포커스 그룹, 온라인 토의, 다른 조사 기법 등의 도움으로 확인된)의 다른 브랜드를 평가하도록 요청하는 것에서 비롯된다. 주요 포지셔닝 기준으로 사용되는 속성에는 힘, 스피드, 호환성, 신뢰성, 지속성과 같은 특정 속성, 전체적인 품질, 가격이 포함된다. 그런 다음 고객의 평가는 좌표로 사용되며 상대 위치를 나타내는 2차원 지도에 표시된다. 세 가지 이상의 속성이 고객 결정에서 중요한 역할을 할 경우에는 다중 포지셔닝 지도가 작성되고, 각각이 두 가지 속성에 대한 브랜드의 성과를 반영한다.

〈그림 4.5〉에서 보여준 두 가지 속성 구성이 대중적이지만 브랜드 포지셔닝 지도를 개발하는 유일한 방식은 아니다. 고객에게 이미 규정된 속성의 다른 브랜드에 대한 평가를 요청하는 대신, 포지셔닝 지도는 주어진 시장에서 브랜드 간의 유사성에 대한 사람들의 평가에 기초해 도출할 수 있다. 이런 경우, 브랜드를 나타내는 데 사용되는 기본 치수는 개인의 반응에 기초해 통계적으로 도출된다. 이 방법의 장점은 관리자가 어떤 속성이 고객에게 가장 문제가 되는지 파악해야 할 필요가 없다는 것이다. 동시에 유사성 기반 포지셔닝 지도는 통계적으로 도출된바, 이런 지도를 규정하는 결과치는 해석과 실행이 어렵다.

BRANDING INSIGHT 브랜드 개성

브랜드 개성 용어는 브랜드와 관련된 인간 특성의 집합을 나타낸다. 비인간적 존재에 대한 인간 특징의 귀속은 의인화라고도 하며 인간 본성의 타고난 경향이다. 소비자가 다른 사람들과 관련이 있는 것처럼, 사람들에게 인간의 특성을 부여함으로써 브랜드와 관계를 설정할 수 있다.

브랜드 개성은 사랑, 우정, 자유와 같은 개인 가치와 마찬가지로, 성실성, 외향성, 공감과 같은 다양한 심리적인 특징을 나타낼 수 있다. 소비자가 브랜드 개성을 평가하는 잘 알려진 주요 속성의 분류는 다섯 가지이다. 진실(예: 홀마크Hallmark 카드로 대표됨), 흥분(예: 에너지 음료 레드불), 역량(예: 월스트리트저널), 세련(예: 패션지 보그), 투박함(예: 리바이스 청바지).

브랜드 개성은 종종 브랜드 특성에 반영되어 브랜드의 핵심적인 인간 특성을 보여줍니다. 그러므로 조니워커 양주의 걷는 남자는 개인 발전을 구현, 맥도날드의 로날드 맥도날드는 재미, 주방 세제 프록터 앤드 갬블 미스터 클린Mr. Clean은 능숙함을 나타낸다. 심지어는 비인간 브랜드 특징인 시리얼 브랜드 켈로그 토니 타이거Tony the Tiger, 과자 브랜드 M&M 버니Bunny는 인간 특성

(재미, 격려, 낙관성, 용맹, 듬직함, 모험)을 나타내기 위해 의인화될 수 있다.

월마트는 고객이 브랜드를 인식하기를 원하는 방식을 서술하는 아래의 다섯 가지 성격특성을 파악했다.

- 배려Caring. 우리는 냉정 하지 않고 배려합니다. 우리는 고향의 따뜻함과 함께 가족을 환영하며 아무도 배척하지 않습니다. 우리는 지역사회에 관심을 갖고 지역 주민에게 열정적입니다.

- 진정성Authentic. 우리는 우리의 고객과 같이 일상적인 사람입니다. 진실하고 인간적이고 진정성을 가지고 있습니다.

- 혁신Innovative. 우리는 진취적이고 우리 고객의 쇼핑 경험 향상을 통해서 우리 고객이 더 잘 살 수 있도록 하기 위해 창의적입니다.

- 솔직Straightforward. 우리는 우리의 고객, 공급자, 동료들과 같이 앞서갑니다. 숨은 의도도, 숨은 동기도 없습니다.

- 낙관Optimistic. 단순한 유쾌함에 더해, 우리는 낙관적입니다. 우리의 낙관주의는 사람들이 더 잘 살 수 있도록 돈을 저축하려는 우리의 목적을 달성할 수 있다는 신념에 근거합니다.

비록 브랜드 개성이 브랜드 특징에 반영될 수 있지만, 브랜드 개성과 브랜드 특징은 동의어가 아니다. 브랜드 개성은 브랜드와 관련된 브랜드 특성을 반영하는 전략적인 개념이다. 반대로, 브랜드 특징은 브랜드 개성을 요약하는 구체적인 브랜딩 전술이다. 브랜드 특징 이외에, 모든 브랜드 연상과 같이, 브랜드 이름, 로고, 좌우명, 소리 표시, 제품 디자인, 포장을 포함하는 모든 다른 브랜딩 전술은 브랜드의 개성에 영향을 끼칠 수 있다.

BRANDING SPOTLIGHT 브랜드 만트라 개발 – 할리데이비슨

할리데이비슨Harley-Davidson은 충실한 추종자로 널리 알려진 전형적인 자기표현적 브랜드이다. 할리데이비슨 직원들, 대리점들, 고객들에 의해 만들어지

고 강화된 할리의 상징적인 브랜드 이미지는 최소한의 전통적인 광고로 만들어졌다. 할리데이비슨은 자사의 브랜드 만트라인 개인적 자유를 6,500명 직원, 1,500 개의 독립 대리점, 수백만 명의 소비자들한테 전하기  위해 다섯 가지 주요 개념을 파악했다. 이 개념들은 불fire, 근육muscle, 상징 icon, 유대bond, 반항rebel이다.

불은 열정, 영감, 에너지를 상징한다. 근육은 강함과 힘을 의미하고, 상징은 개인적 자유를 나타내는 할리데이비슨 브랜드의 상징적 속성을 강조한다. 유대는 고객들뿐만 아니라 고객과 브랜드 간의 관계를 나타낸다(그림 4.6). 이 네 가지 개념은 개념의 개별적 의미에 스며드는 매우 중요한 개념인 rebél(마지막 음절에 중점을 둔다. – 명사가 아닌 행동 동사이다)에 의해 고정되며, 그것은 브랜드 만트라(개인적 자유)와 좌우명("천성적으로 미국인이며, 선택에 의해 반항한다American by birth. Rebel by choice")과 연결되어 있다.

이 다섯 가지 개념(브랜드 전설로 할리데이비슨이 언급)은 브랜드 본질을 구현하고 전 세계의 모든 직원과 대리점들이 할리데이비슨 브랜드 의미를 이해하고, 고객 행사와 촉진 활동을 할 때 브랜드 일관성 결정을 할 수 있도록 보장하기 위해 개발되었다. 이 다섯 가지 개념은 브랜드 만트라를 규정하고, 할리데이비슨 브랜드를 고객들과 커뮤니케이션할 때 분위기를 설정하고, 직원과 협력자들에게 브랜드의 핵심 가치를 분명하게 표현한다.

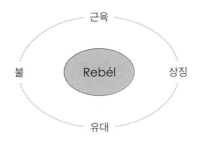

그림 4.6 할리데이비슨 브랜드 전설

브랜드 구축

5

브랜드 디자인

디자인은 단순히 보이는 것과 느끼는 것이 아니라.
어떻게 작동이 되느냐이다.
- 스티브 잡스, 애플 설립자

　　브랜드 전략을 수립이 되면 다음 단계는 전략을 구체적인 결정의 집합인 '브랜드 전술'로 바꾸어야 한다. 브랜드 전술은 전략을 현실화하고 표적 고객의 마음에 뚜렷한 브랜드 이미지를 만든다. 구체적으로, 브랜드 전술은 브랜드 디자인과 브랜드가 표적 고객과 커뮤니케이션하는 방법을 규정한다. 브랜드를 디자인화하는 핵심 측면이 본 장의 초점이며, 브랜드 커뮤니케이션의 절차는 다음 장에서 다룬다.

큰 그림: 브랜드 식별자와 브랜드 참조자

브랜드 디자인은 브랜드를 구현하는 구체적인 속성을 표현하고 본질을 규정한다. 브랜드의 디자인 측면은 두 가지 요소인 브랜드 식별자와 브랜드 참조자이다.

브랜드 식별자Identifiers는 회사가 개발하고, 관리하고, 소유하는 브랜드 속성이며 주요 기능은 독특하게 브랜드를 식별하고 경쟁으로부터 차별하는 것이다. 예를 들어, 코가콜라 이름, 로고, 빙빙 도는 병 디자인은 고객이 쉽게 회사 제품을 찾을 수 있게 해 제품 차별화에 도움이 된다. 일반적인 브랜드 식별자는 브랜드명, 로고, 좌우명, 캐릭터, 소리 표시, 포장을 포함한다.

브랜드 참조자Referents는 회사가 브랜드 이름과 연결해 활용하려는 가치가 있는 브랜드 속성이다. 브랜드 식별자와는 달리, 브랜드 참조자는 보통 회사와는 별개로 존재한다. 일반적인 브랜드 참조자는 니즈, 혜택, 경험, 행사, 장소, 사람, 아이디어, 사물, 제품과 서비스, 다른 브랜드를 포함한다. 브랜드 참조자는 브랜드를 이러한 고객과 관련된 것들과 연결시킴으로써 고객 마음에 의미 있는 연관성을 만들도록 도와준다. 식별자는 브랜드를 지정하는 반면에 참조자는 브랜드에 구체적인 의미를 부여한다.

브랜드 디자인에서 브랜드 식별자와 브랜드 참조자의 역할은 다음 예에서 설명될 수 있다. 네슬레 네스프레소Nestle's Nespresso를 규정하는 두 가지의 브랜드 요소인 검은색 배경에 흰색 글자 N이 있는 로고와 브랜드 홍보대사 조지 클루니를 고려해보자. 여기서 네스프레소 로고는 브랜드 식별자 기능을 가지고, 조지 클루니는 브랜드 참조자 역할을 한다. 네스프레소 로고는 네슬레에서 소유하지만 유명인 후원자로서의 계약의무가 없는 한 네슬레는 조지 클루니를 소유하거나 통제

브랜드 구축

를 할 수가 없다. 네스프레소 로고는 네슬레 오퍼링의 독특한 정체성을 구축하고 경쟁사와의 차별화로 브랜드에 가치를 더한다. 반면 다수의 오스카와 골든 글로브 수상자이며 타임지 선정 세계에서 가장 영향력 있는 100명의 인물 중의 한 명인 조지 클루니는 그의 이미지와 명성을 활용해 네스프레소 브랜드에 가치를 만든다. 네슬레는 조지 클루니를 "절제된 우아함과 진정성이 네스프레소를 오늘날의 모습으로 만드는 완벽한 의인화"라고 묘사한다.

브랜드 식별자와 브랜드 참조자는 네 가지 주요 차원, 즉 독특성uniqueness, 기원origin, 통제 정도degree of control, 고유의 의미inherent meaning에 따라 다르다(그림 5.1).

브랜드 식별자	브랜드 참조자
- 독특함 - 브랜딩 목적으로 만든 - 브랜드 소유주가 통제 - 본질적 의미 없음	- 다른 브랜드 공유 - 브랜드와 독립적 존재 - 브랜드 소유주가 통제하지 않음 - 본질적 의미 있음

그림 5.1 브랜드 식별자와 브랜드 참조자

브랜드 식별자가 독특하다는 의미는 브랜드 식별자는 뚜렷하게 자사의 제품과 서비스를 식별할 능력을 가지고 있다는 것이다. 예를 들어, 네스프레소 로고는 네스프레소 브랜드를 고유하게 식별한다. 반대로, 브랜드 참조자는 브랜드에 대해 고유하지 않고 다른 브랜드와 공유될 수 있다. 예를 들어, 네스프레소 브랜드와 연관되는 것 외에, 조지 클루니는 오메가 시계와도 연관이 있다. 브랜드 식별자가 독특하기 때문에, 지적 재산권 법에 따라 상표로 보호될 수 있다. 이러한 권리는 브랜드(상표) 소유주는 다른 사람이 식별자를 사용하는 것을 방지할 수 있다는 의미이므로 경쟁으로부터 자사 오퍼링을 구별할 수 있는 능력을 유지할 수 있다(9장에서 지적 재산권은 자세하게 다룬다).

브랜드 식별자는 브랜딩 목적인 브랜드를 파악하고 경쟁으로부터 차별화하기 위해 의도적으로 만들어졌다. 대조적으로 대부분의 참조자는 회사에 의해서 만들어진 마케팅 도구가 아니라 회사와는 별개로 이미 존재하는 사람, 실체, 사물이다. 예를 들어, 브랜드가 만족시키고자 하는 고객 니즈, 고객이 브랜드를 사용할 수 있는 경우, 그리고 브랜드 생성 전에 브랜드와 관련된 사물과 같은 브랜드 참조자는 회사와는 별개로 존재한다. 그에 반해 브랜드 이름, 로고, 표어와 같은 브랜드 식별자는 브랜드 정체성을 규정할 목표 때문에 존재한다.

브랜드 식별자는 브랜드 소유주에 의해서 통제된다. 즉, 브랜드 소유주는 변경, 라이선스, 심지어는 특정 브랜드 식별자를 중단하는 권한을 가진다. 예를 들어, 블루 리본 스포츠Blue Ribbon Sports는 이름을 나이키Nike로 변경했고, 저가 항공사 밸류제트ValuJet는 에어트랜AirTran이 되었고, AIG는 이름을 차티스Chartis로 변경한 후 수년이 지나고 다시 AIG로 돌아갔다(8장에서 추가적인 예제 참조).

그에 반해 브랜드 참조자는 브랜드 소유주에 의해서 통제받지 않지만 다른 실체(예들 들어, 조지 클루니)에 의해 통제받을 수 있으며 특별한 실체가 이런 개념을 사용할 권리 소유가 없기에 공공에게 속한다는 의미인 공공영역의 개념일 수 있다.

표적 고객을 위해 잘 정의된 의미를 가진 브랜드 참조자와는 달리, 브랜드 식별자는 보통 본질적으로 의미가 없다(비록 시간이 지남에 따라 의미를 얻을지도 모르지만). 예를 들어, 나이키 로고와 코카콜라 병 모양은 처음에 대중에게 소개가 되었을 때 본질적인 의미가 없다가 시간이 지나고 나서 현재 의미를 얻게 되었다. 브랜드 식별자가 본질적 의미를 가진다고 해도(예: 브랜드 좌우명과 캐릭터의 경우), 브랜드 참조자의 본질적 의미는 고객의 마음에 더 중요하다.

브랜드 식별자와 브랜드 참조자 간의 올바른 균형 선택은 회사가 브랜드 속성에 대한 통제력과 이러한 속성이 브랜드를 위해 창출하는 본질적인 가치에 대해 상쇄하는 것을 포함한다. 따라서 회사는 좀 더 일반적인 개념인 니즈, 경험, 사용 상황, 제품군과 연결하지 않고 브랜드 의미를 성립하기 어려울 수 있으며 독특한 속성이 없이는 브랜드는 핵심 기능 중의 하나인 회사의 오퍼링을 파악하고 경쟁으로부터 차별화할 수가 없다.

브랜드 식별자

브랜드 식별자는 브랜드 파악과 경쟁으로부터 차별화하는 주요 목적을 위한 회사에 의해 만들어지고 관리되고 소유된 브랜드 속성이다. 일반적인 브랜드 식별자는 이름, 로고, 좌우명, 캐릭터, 소리 표시, 제품 디자인, 포장을 포함한다. 브랜드명은 다른 식별자가 연결된 브랜드의 주요 식별자의 역할을 한다. 전략적 목표에 따라, 브랜드는 한 개 혹은 그 이상의 식별자를 사용할 수 있다. 대부분의 브랜드는 최소 두 개의

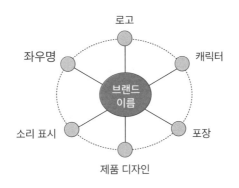

그림 5.2 주요 브랜드 식별자

식별자(브랜드명과 브랜드 로고)를 사용하는 경향이 있다. 일반적으로, 많은 수의 식별자를 사용하는 식별자는 회사의 브랜드를 경쟁으로부터 더 구별될 수 있게 한다(그림 5.2).

● 브랜드명

브랜드명은 모든 다른 브랜드 요소를 연결하는 주요 브랜드 요소이다. 브랜드명은 표적 고객의 마음에 브랜드가 자리 잡도록 도와주는 정체성의 강력한 근원이다. 브랜드명의 공통 기원common origins의 일부와 브랜드명에 대한 법적 보호 수준에 대해 다음 절에서 다루어진다.

① 브랜드명의 기원

브랜드명의 공통기원은 개인 이름인데 보통 회사 창업자 이름이다. 롤스로이스(Charles Rolls and Frederick Royce), 벤틀리(Walter Bentley), 페라리(Enzo Ferrari), 질레트(King Gillette), 네슬레(Henri Nestle'), 프록터 앤드 갬블(William Procter and James Gamble), 델(Michael Dell), 엠 앤드엠(Forrest Mars and Bruce Murrie), 바니 뉴욕(barney Pressman), 디즈니(Walt Disney).

개인 이름 외에, 브랜드명은 제품군이나 브랜드와 관련된 주요 혜택에서 유래한다(예: 토이저러스Toys"R"Us, 베스트바이Best Buy). 브랜드명은 사실상 브랜드의 원하는 의미와 관련 없지만 보다 일반적인 수준에서 브랜드의 본질을 나타내는 단어 혹은 문구일 수 있다. 예를 들어, 아마존(아마존 강), 나이키(나이키, 그리스 승리의 여신), 그레이 하운드(속도), 재규어(민첩) 등이다.

브랜드명은 항상 본질적 의미를 가지지는 않는다. 따라서 회사는 어떤 특별한 의미가 없는 브랜드명을 사용할 수도 있다. 예를 들어, 통신사 버라이즌Verizon, 컨설팅 액센츄어Accenture 등은 본질적 의미가 없는 만들어진 브랜드명이다. 일부 이름은 어떤 의미를 가지지만(예: 액센츄어는 *accent*와 *future*에서 유래하고, 버라이즌은 *veritas*, 라틴어의 진실과 지평선에서 유래한다), 대부분의 고객한테 쉽게 명료하지 않다.

② 브랜드명에 대한 법적 보호 수준

브랜드명 결정의 가장 중요한 쟁점 중의 하나는 경쟁사의 침해로부터 회사가 어느 수준까지 법적 보호를 할 수 있을지이다. 브랜드명은 주요 브랜드 식별자이기 때문에, 브랜드명이 독특하고 경쟁사에 의해 사용이 될 수 없다는 것을 보장하는 회사의 능력이 다른 무엇보다도 중요하다.

법적 보호를 받는 정도에 따라, 다섯 가지 범주의 브랜드명이 있다. 이는 상표 상태 및 보호 수준에 대한 자격을 반영하며, 이 범주들은 가공적fanciful, 임의적arbitrary, 암시적suggestive, 서술적descriptive, 포괄적generic 명으로 구성된다.

- 가공명. 어떤 특별한 의미를 가지지 않은 단어를 포함하고 브랜드명으로서만 역할을 하도록 고안되었다. 예를 들어, 구글, 코닥, 제록스, 정유회사 엑슨Exxon, 통신사 버라이즌Verizon, 아이스크림 하겐다즈, 컨설팅 엑센츄어.

- 임의명. 회사의 사업과 관계 없는 일반적으로 사용되는 단어를 포함하므로 회사 제품과 서비스의 중요한 성분, 품질 혹은 특징을 제시하거나 서술하지 않는다. 임의명의 예는 애플 컴퓨터, 카멜 담배, 버진 항공사, 디젤 청바지.

- 암시명. 브랜드와 관련된 제품과 서비스의 속성을 결정하는 상상 혹은 생각을 요구한다. 예를 들어, 타이드Tide 세탁세제, 코퍼 톤Coppertone 썬크림, 나이키 운동용품.

- 서술명. 제품 범주 및 또는 회사 제품과 서비스와 관련된 주요 혜택을 묘사한다. 서술명의 예는, 홀 푸드Whole Foods, 피자헛을 포함한다. 서술명은 일반적인 단어의 음성 철자를 특징으로 한다. 예를 들어 자포스Zappos(zapato

는 스페인어 신발), 브랜드와 관련된 상품을 결정하기 위해 어떤 상상의 수준이 필요한 암시명과는 다르게, 서술명은 브랜드로 대표되는 제품과 서비스에 훨씬 더 직접적으로 언급된다.

- **포괄명**. 염화나트륨에 관해 사용할 때 소금처럼, 일반적인 이름이 관련된 제품이나 서비스를 언급할 때 사용된다. 포괄명은 다른 실체와 회사의 제품이나 서비스를 구별하지 않기 때문에 법적 보호를 제공하지 않기 때문이다. 엄격히 말해 포괄명은 기원을 파악하기보다 실제 제품이나 서비스를 묘사하기 때문에 브랜드가 아니다. 사실 브랜드명이 더 이상 제품의 기원을 파악하는 역할을 하지 않고, 대신에 제품 자체를 설명하는 데(예: 제록스 복사기, 롤러블레이드 이너스케이트) 사용된다면, 회사는 그 이름의 독점적인 사용 권한을 잃어버리게 된다(일반화로 언급되는 절차). 예를 들면, 에스컬레이터(오티스Otis), 보온병(써모스Thermos), 세탁기(웨스팅하우스Westinghouse), 아스피린(바이엘Bayer) 등은 대중적인 사용과 제품의 특별한 형태를 언급하는 일반적인 용어가 되어서 상표 보호 지위를 잃어버린 이전의 상표이다.

브랜드명의 이런 형태 간의 차이는 다음과 같은 예로 설명된다. 비누의 막대기 모양인 "Soap"은 포괄명, "Lavender Handmade Soap"은 서술명, "Ivory Soap"은 암시명, "Rainbow"는 임의명, "Camay"는 가공명.

브랜드명에 부여된 상표 보호 수준은 독특함의 기능이다. 가공명은 가장 독특하다고 여겨지기 때문에 가장 높은 수준의 법적 보호를 받으며, 다음으로 임의명과 암시명이다. 반면 서술명은 본질적으로 독특하지 않으므로 가장 보호하기 어렵다. 포괄명은 공공영역으로 간주되므로 상표로서 보호될 수가 없다. 법적 보호를 얻기 위해, 서술명은 반드시 이차적 의미를 획득함으로서 상품 자체보다는 상품의 생산자를 나타낸다. 예를 들어, DSWDesigner Shoe Warehouse는 단순하게 디자이너 신발 판매 창고보다는 특별한 신발 소매상을 나타낸다. 브랜드명의 독특함과 법적 보호의 상응하는 수준은 9장에서 더 자세하게 다룬다.

브랜드 구축

브랜드명 선택은 브랜드의 본질을 전달하는 용이성과 브랜드가 법적 보호를 받는 정도 사이의 상쇄를 포함한다. 서술명은 브랜드와 관련된 오퍼링 형태와 쉽게 의사소통을 하므로 고객 마음에 의미 있는 브랜드 이미지를 수립하기 위해 많지 않은 자원(시간, 돈, 노력)이 필요하다. 그러나 법적인 관점에서는 서술명은 보호하기 가장 어렵다. 반대로 가공명은 가장 큰 법적 보호 정도의 혜택을 받지만 본질적 의미가 없기 때문에, 이 경우 의미 있는 브랜드 이미지를 생성하면 막대한 자원을 소비해야 한다.

● 브랜드 로고

브랜드 로고는 시각적으로 브랜드를 확인하는 글자, 폰트fonts, 형태 shapes, 색깔 및 또는 심볼symbol의 독특한 조합을 포함하는 싸인sign이다. 로고는 독특하게 브랜드를 식별하는 능력과 경쟁으로부터 구별하는 측면에서 브랜드명 다음으로 대단히 강력한 식별 요소이다. 로고는 대중이 브랜드를 빠르게 알아볼 수 있도록 하는 시각적 요소를 첨가해 브랜드명을 보완한다.

로고는 포함된 정보 유형과 이 정보를 보여주는 방법에 따라 다양하다. 구체적으로 단어 표시wordmark, 서체 표시letterform mark, 화보 표시pictorial mark, 추상적 표시abstract mark, 엠블럼emblem의 다섯 가지 주요 유형으로 구별할 수 있으며 다른 유형의 로고는 다음과 같다.

- 단어 표시wordmark. 회사 로고는 브랜드의 독특한 텍스트전 용 타이포그래피typography 표현과 관련될 수 있다. 단어 표시 브랜드 로고의 예로는 코카콜라Coca-Cola, 비자Visa, CNN, IBM, 이베이 eBay, 구글Google, 페덱스FedEx, 서브웨이Subway, AIG, 제록스Xerox, 캐논 Canon, 레이밴Ray-Ban, 마이크로소프트Microsoft, 삼성Samsung 등이 있다.

- 서체 표시|letterform mark. 브랜드 로고는 독특한 활자처리typo-graphical treatment를 가진 한 가지 글자(대개 회사의 첫 글자)와 관련될 수 있으며, 예로는 샤넬Channel, 힐튼Hilton, 맥도날드McDonald's, 페이스북Facebook, 혼다Honda, 야후Yahoo 등이 있다.

- 화보 표시|pictorial mark. 브랜드 로고는 브랜드의 회화적 표현과 관련될 수 있다. 예로는 셸Shell의 조개껍데기, 트위터의 새, 네슬레의 둥지, 스타벅스의 사이렌siren 등이 있다.

- 추상적 표시|abstract mark. 브랜드 로고는 본질적인 의미가 없는 추상적 이미지와 관련될 수 있다. 예로는 메르세데스, 나이키, 아디다스, 아우디, 마이크로소프트 등이 있다.

- 앰블럼emblem. 브랜드 로고는 다른 요소를 포함하는 좀 더 복잡한 묘사와 관련될 수 있는데, 대개 브랜드명을 보여준다. 예로는 페라리, 할리데이비슨, 캐딜락, 버버리, 프라다 등이 있다.

브랜드 로고를 디자인할 때는 회사는 반드시 로고가 브랜드 식별자로서의 기능을 충족할 수 있도록 해야 한다. 즉, 고객이 경쟁사 브랜드와 혼동하지 않고 쉽게 알 수 있도록 해야 한다. 오퍼링을 식별하는 것 외에, 브랜드 본질 포착에 의해 로고는 브랜드의 포지셔닝을 전달할 수 있다. 예를 들어, 둥지와 어미 새가 먹이를 주는 두 마리 어린 새를 보여주는 네슬레 로고는 영양, 건강 및 웰빙 회사로서의 네슬레 브랜드 포지셔닝을 효과적으로 포착한다. 브랜드 로고 디자이닝의 주요 측면의 일부는 구체적으로, 타이포그래피의 역할, 심볼, 로고 디자인 색깔은 본 장의 마지막에서 다룬다.

● 브랜드 좌우명

브랜드 좌우명은 표적 고객에 대한 브랜드 약속을 분명히 표현해 브랜드를 식별하는 문구이다. 브랜드 로고와 비슷하게, 좌우명은 일반적으로 브랜드명과 같이 사용하는 핵심 브랜드 식별자이다. 브랜드를 시각적으로 나타내고 본질적 의미를 가질 필요가 없는(예: 나이키 로고) 브랜드 로고와 다르게, 브랜드 좌우명은 브랜드를 명시적으로 표현함으로써 브랜드를 구두로 정의한다.

브랜드 좌우명은 브랜드 본질을 포착한다는 점에서 브랜드 포지셔닝과 유사하지만, 브랜드 정의에 있어서는 매우 다른 역할을 한다. 브랜드 포지셔닝은 브랜드 전략의 요소이고 고객이 브랜드에 대해 어떻게 생각하는지에 대한 회사의 관점을 반영한다. 반면 브랜드 좌우명은 표적 고객에 원하는 포지셔닝을 전달하도록 설계된 구체적인 전술이다. 브랜드 포지셔닝은 고객이 직접 볼 수 없는 내부적인 회사 선언문이다. 반대로, 브랜드 좌우명은 회사의 고객을 위해 명시적으로 작성되어 있다. 따라서 브랜드 좌우명은 고객의 관심을 끌기 위해 주의를 눈에 띄고 기억에 남는 문구를 사용하는 반면, 브랜드 포지셔닝은 표현의 형태보다는 논리에 집중하는 직설적인 방식으로 작성된다.

브랜드 좌우명은 기본 메시지의 성격과 메시지 표현 방식에 따라 다르다. 일반적으로 명령imperative, 설명descriptive, 선언declarative, 최상superlative, 도발provocative, 약속 근거promise-based의 여섯 가지 좌우명 유형이 있다.

● 명령 좌우명. 행동을 요구한다. 명령 표어의 예로는, 나이키의 "그냥 해요 Just Do It", 유튜브의 "자신을 방송하세요 Broadcast Yourself", 포드 자동차의 "더 나아가세요 Go Further", 유나이티드항공의 "친절한 하늘을 날으세요 Fly the Friendly Skies", 아메리칸 익스프레스의 "그것 없이 집을 떠나지 마세요

Don't Leave Home Without It", 코닥의 "순간을 공유하고 삶을 공유하고 Share Moments, Share Life", 코카콜라의 "뚜껑을 돌려서 상쾌하게 Twist the Cap to Refreshment", 샌드위치 서브웨이의 "신선하게 드세요 Eat Fresh", 이베이의 "사세요. 파세요. 참 좋아요 Buy It. Sell It. Love It", 통신사 보다폰의 "지금을 최대한 활용하세요 Make the Most of Now" 등이 있다.

● 설명 좌우명. 브랜드와 관련된 제품과 서비스의 주요 혜택을 묘사한다. 예로는 과자 M&M의 "입안에서 녹아요. 당신 손에는 없어요 Melts in Your Mouth, Not in Your Hands", 인텔의 "인텔 인사이드 Intel Inside", IBM의 "작은 행성을 위한 해법 Soultions for a Small Planet", 경제지 포춘의 "변화를 책임지는 남자들을 위해 For the Men in Charge of Change" 등이 있다.

● 선언 좌우명. 보통 구체적인 브랜드 약속을 포함하지 않는 일반적인 서술을 포함한다. 예로는 코카콜라의 "항상 코카콜라 Always Coca-Cola", LG의 "인생은 좋다 Life's Good", 캘빈클라인의 "사랑과 광기 사이의 집착 Between Love and Madness Lies Obsession", 청바지 리바이스의 "품질은 결코 유행에 뒤떨어지지 않는다 Quality Never Goes Out of Style", 시계 테크호이어의 "성공, 그것은 마인드 게임입니다 Success, It's a Mind Game" 등이 있다.

● 최상 좌우명. 중요한 차원에 대한 카테고리 리더십을 주장한다. 예로는 버드와이즈의 "맥주의 왕 The King of Beers", BMW의 "궁극의 운전 머신 The Ultimate Driving Machine", 포르쉐의 "대용이 없다 There is No Substitute", 질레트의 "남자가 얻을 수 있는 최고 The Best a Man Can Get", 피자헛의 "한 지붕 아래 최고의 피자 The Best Pizzas Under One Roof" 등이 있다.

● 도발 좌우명. 어떤 관습에 도전하는 주장을 포함한다. 예로는 애플의 "다르게 생각하세요 Think Different", 아디다스의 "불가능한 것은 아무것도 아니다 Impossible Is Nothing", 폭스바겐의 "운전자 구함 Drivers Wanted", 마이크로소프트의 "오늘은 어디를 가고 싶으세요? Where Do You Want to Go Today?", 맥도날드의 "누가 맥도날드라고 했나요? Did Somebody Say McDonald's?" 등이 있다.

● 약속 근거 좌우명. 브랜드가 고객에게 한 약속을 분명히 한다. 예로는 네슬레의 "좋은 음식, 좋은 인생 Good Food, Good Life", 월마트의 "돈을 절약하

고, 더 잘 사세요Save Money. Live Better", 버거킹의 "마음대로 하세요Have It Your Way" 등이 있다.

브랜드 좌우명의 선택은 고객에 대한 브랜드 본질과 직접 연결이 되므로 중요하다. 효과적이기 위해, 좌우명은 브랜드를 식별하고, 경쟁 업체와 차별화하고, 독특한 고객 가치를 창출하는 방식으로 표적 고객을 위한 브랜드 포지셔닝을 분명히 해야 한다. 구체적인 좌우명 여섯 가지 유형 선택은 브랜드의 전반적인 포지셔닝과 고객의 마음에 정립하고자 하는 이미지에 의해서 결정된다.

● 브랜드 캐릭터

브랜드 캐릭터는 브랜드 본질을 구현하는 일반적으로 가상의 성격이다. 잘 알려진 브랜드 캐릭터로는 미쉘린 맨Michelin man(1898, 타이어), 조니 워커Johnnie walker(1908, 위스키), 미스터 피넛Mr. Peanut(1917, 땅콩), 토니 더 타이거Tony the Tiger(1951, 시리얼), 로날드 맥도날드Ronald McDonald(1963), 네스퀵 버니Nesquik Bunny(1973, 초콜릿 음료) 등이 있다.

브랜드 캐릭터는 시각적 표현이 고객이 쉽게 브랜드를 인식하도록 도와줄 수 있는 브랜드 로고와 유사하다. 브랜드 캐릭터는 미쉘린, 조니워커처럼 브랜드 로고의 일부가 될 수도 있고, 로날드 맥도날드처럼 단독으로 브랜드 식별자가 될 수도 있으며 브랜드 의미와 브랜드 약속에 의존하는 브랜드 좌우명과 유사하다. 언어적 표현 수단에 의존하는 브랜드 좌우명과 다르게, 브랜드 캐릭터는 일반적으로 눈에 띄는 시각적 구성 요소를 가진다(그림 5.3).

캐릭터는 브랜드 식별자로서 사용되며, 회사 브랜드 식별과 경쟁 업체와 차별화하는 추가적인 수단이다. 이러한 혜택은 경쟁적 시장 오

미쉐린 맨   조니 워커   미스터 피넛   토니 더 타이거   로날드 맥도날드   네스퀵 버니

그림 5.3 브랜드 식별자로서 브랜드 캐릭터

퍼링 간의 실제 차이에는 잘 알려져 있지 않거나 쉽게 관찰할 수 없는 상품화된 오퍼링에 특히 중요하다. 잘 알려진 브랜드 캐릭터는 상품화 제품을 차별화하기 위해 사용되며 예로서는, 미쉐린 맨, 그린 자이언트the Green Giant(가공 야채), 토니 더 타이거, 에너자이저 버니the Energizer Bunny(건전지). 캐릭터의 성격 또한 브랜드에 깊은 의미를 부가할 수 있고 단어와 그래픽으로 소통할 수 있는 것보다 더 복잡한 가치, 아이디어 및 감정을 간결하게 표현한다. 브랜드 캐릭터의 인기는 특히, 브랜드 캐릭터가 의인화되고 독특한 성격을 가질 때 고객(특히 어린이)이 브랜드 캐릭터와의 의미 있는 연결을 쉽게 설정한다는 사실에서 비롯된다. 예를 들어, 토니 더 타이거, 로날드 맥도날드는 회사 오퍼링을 인간화하고 브랜드와 표적 고객 사이에 감정적 연결을 수립해 가치를 창출한다.

캐릭터의 여러 장점들이 있지만, 캐릭터 사용은 몇 가지 단점이 있다. 브랜드 캐릭터는 상품화 오퍼링 차별화를 돕는 반면, 고유한 특성을 가진 제품과 서비스의 경우 특성이 브랜드에 도움이 되지 않을 수 있고 오히려 브랜드의 독특한 측면에서 고객을 산만하게 할 수 있다. 예를 들어, 자동차는 드물게 브랜드 캐릭터를 사용한다. 캐릭터의 독특한 디자인이 브랜드 캐릭터를 불필요하게 만들기 때문이다. 더욱이 브랜드 캐릭터가 구체적인 가치, 아이디어, 감정의 집합이기 때문

브랜드 구축

에 모든 표적 고객에 호소하지 않는다. 일부 고객은 브랜드 캐릭터가 브랜드의 전반적 가치를 상승시키기보다 하락으로 끝날 수가 있다. 결과적으로 회사는 반드시 브랜드 캐릭터를 다양한 시나리오와 상황에 적용되는 범용 브랜딩 도구보다는 문제별 도구로 봐야 하며 효과는 구체적 시장 상황에 달려있다.

● 브랜드 소리 표시

브랜드 소리 표시는 특정한 브랜드 파악을 위해 소리를 사용한다. 소리 표시는 브랜드 인식을 높이고, 브랜드와 감정 연결을 설정하고, 브랜드 의미를 향상하고, 브랜드 참여 촉진을 하는 점에서 브랜드 로고, 좌우명, 캐릭터와 유사하다. 브랜드를 차별화하고 그 의미를 전달하는 언어 및 시각적 도구에 의존하는 다른 브랜드 식별자와는 다르게, 소리 표시는 청각 의사소통에 의존한다. 소리 상표는 언어적 구성 요소가 없는 순수한 소리를 포함하거나 의미적 구성 요소(징글처럼)를 포함할 수 있다.

복잡성과 언어적 구성 요소 포함 여부에 기초해 곡조tune, 음악 music, 징글jingle, 음이 아닌 소리non-melodic sounds의 네 가지 소리 표시 종류가 있다

- **곡조**. 간단하고 쉽게 기억되는 멜로디를 포함한다. 인텔 튠tune, 방송사 NBC 차임chime, 마이크로소프트 딩ding, 영화사 20세기 폭스 팡파르 fanfare, 삼성 링톤ringtone 등은 소리 상표로 사용되는 다양한 곡조의 전형적인 예이다.

- **음악**. 브랜드 정체성을 보완하도록 디자인된 소리 없는 멜로디를 포함한다. 음악은 영화에 사용이 되었고 스타워즈, 제임스본드, 인디아나 존스와 같은

영화 프랜차이즈를 수십억 달러 라이선싱 사업으로 변형하는 데 도움을 주었다.

- **징글**. 단어와 음성으로 구성된 멜로디를 포함한다. 징글은 소비자 제품 및 서비스에 사용된 가장 일반적인 소리 상표 유형이다. 잘 알려진 징글 예는 "I'm Lovin' It"(맥도날드)이다.

- **음이 아닌 소리**. 다양한 불협화음, 언어적 표현 및 소음을 포함한다. 예를 들면, MGM 사자의 포효, 할리데이비슨의 독특한 엔진 굉음, 스타워즈 영화 다스 베이더Darth Vader's 호흡 등이다. 이들 소리 상표는 브랜드 식별에 중요한 역할을 하며, 많은 소리 표시들이 표시로서 성공적으로 등록되었다.

소리 표시의 인기 증가는 회사가 오퍼링을 식별할 수 있고, 경쟁사와 차별화하고, 독특한 시장 가치를 만든다는 것이다. 관련성 있고 기억에 남는 브랜드를 만드는 소리 표시의 중요성은 전반적인 브랜드 이미지를 강화하기 위해 서로 다른 감각 양식(예: 소리 및 시각)이 함께 작동하는 경향이 있다는 사실에 의해 높아진다. 이와 관련해 브랜드 정체성을 표현하고 강화하는 또 다른 방식으로 소리를 사용하면 다른 브랜드 정체성의 영향을 증가시킬 수 있다.

● 제품 디자인

제품 디자인은 오퍼링의 원천을 나타내는 브랜드 식별자 역할을 할 수 있는 다른 속성이다.

일반적으로 브랜드 식별자의 역할을 하는 제품 디자인은 형태, 색깔, 맛, 질감, 향기 및 소리를 포함한다. 개인적 제품 디자인 요소는 브랜드 식별자로서 독특할 필요는 없다. 그러나 요소의 조합(모양과 느낌)은 반드시 고객이 브랜드를 식별할 수 있어야 한다.

브랜드 식별자로서 제품 디자인 예는 에르메스 버킨 백 디자인,

푹스바겐 비틀Beetle 형태, 연푸른색 및 다이아몬드 형태의 파이자 제약 비아그라, 샤넬 넘버5 향수 등이다. 법적 상황에서 브랜드 식별 기능을 제공하는 제품 디자인(포장도 마찬가지로)을 상품외장trade dress이라고 한다(세부 내용은 9장 참조).

제품 디자인은 미적, 자기표현 기능이 있는 제품에 특히 중요하다. 예를 들어, 고급차량, 디자이너 가구, 패션 의류. 제품 디자인은 상품화 제품군에도 매우 중요하다. 애플은 심미적으로 기쁘고 소비자가 그들의 정체성을 표현할 수 있도록 컴퓨터 디자이닝을 해 개인 컴퓨터 산업에 혁명을 일으켰다. 테슬라는 눈에 띄는 자동차 디자인으로 고객이 즉시 알아볼 수 있다. 혁신적 디자인을 통해 이런 회사들은 경쟁적인 시장에서 돋보이는 제품을 만들고, 고객이 이런 브랜드를 식별할 뿐만 아니라 정서적 수준에서 브랜드를 연결하는 것을 도와준다.

● 포장

포장은 여러 목적으로 사용된다. 운송 중 제품 보호 및 보관, 작은 품목을 큰 포장으로 합치기, 소비하는 동안 편리함 제공, 제품 관련 정보 제공, 잠재 구매자에 대한 제품 촉진 등이다.

포장은 기업의 오퍼링을 지정하고 경쟁 제품과 차별화해 브랜드 식별자로서의 중요한 역할을 하며, 시각적 영향 때문에 브랜드 식별의 효과적인 수단이 될 수 있다. 따라서 다중 선택권에 직면해 시간 압박을 느끼는 쇼핑객은 포장을 오퍼링 관련한 주요 정보 원천으로 사용한다. 오퍼링 평가에서 중요한 참고로 포장에 대한 구매자의 의존은 많은 회사들이 브랜딩 도구로 포장을 사용하고, 단순히 포장을 보고 쇼핑객이 찾는 브랜드 식별을 쉽게 만드는 사실에 의해 더욱 높아진다.

일반적으로 브랜드 식별자로 역할을 하는 포장 요소는 형태, 색깔, 그래픽 및 텍스트를 포함한다. 제품 디자인의 경우와 같이, 개별 포장 요소는 브랜드 식별자로 독특할 필요는 없지만 포장 요소의 조합(전체적인 모양과 느낌)은 제품 근원 및 다른 제품과 구별할 수 있어야 한다.

브랜드 식별자로서 제품 디자인 사례는, 코카콜라 병 모양, 케첩 하인즈 8각 병, 파란색과 은색 사다리꼴 사이 중앙에 배치된 빨간색 전면 에너지 음료 레드불의 "Red Bull" 단어 포장, 흰 리본으로 싸인 로빈의 달걀 파란색 상자 티파니 포장. 브랜드 식별자 기능 역할을 하는 제품 포장을 상품외장trade dress이라고 한다(세부 내용은 9장 참조).

브랜드 식별자로서 포장 역할은 제품에만 국한되지 않고 서비스가 제공되는 상황이 브랜드 식별 기능을 수행할 수 있는 서비스에서도 중요한 역할을 할 수 있다. 예를 들어, 맥도날드, TGI 프라이데이, 스타벅스 및 던킨과 같은 많은 패스트푸드 체인, 식당 및 커피 체인점은 고객 마음에 브랜드를 식별하고 강화하기 위해 매장 디자인 및 분위기를 활용한다.

같은 맥락에서 박리다매 소매상mass merchandiser 및 전문 소매상specialized retailer, 월마트, 이키아, 애플, 나이키는 브랜드 포지셔닝을 전하고 경쟁사로부터 차별화를 위해 매장 디자인을 사용한다. 마찬가지로 많은 고급 패션 소매상들, 루이비통, 프라다, 에르메스 및 디올은 브랜드 본질을 의사소통하는 방법으로 유명한 건축가의 전문 지식을 활용해 매장을 디자인했다.

● 브랜드 식별자 디자인화 주요 원칙

브랜드 식별자의 디자인은 회사 및 브랜드에 따라 다르다. 즉, 브랜드 구축 활동은 회사뿐만 아니라 특정 회사 내의 브랜드에 따라 다를 수 있다. 동시에 다른 브랜드와 제품군에 적용되는 몇 가지 중요한 원칙이 있다. 이 원칙은 브랜드 식별자가 효과적이기 위해서는 전략적인 strategic, 독특하고unique, 보호 가능한protectable, 기억하기 쉽고memorable, 커뮤니케이션할 수 있어야communicable 한다.

- 전략적인. 브랜드 식별자가 암시하는 의미가 브랜드 본질과 일치하도록 브랜드 식별자를 중요한 브랜드 전략과 연계해야 한다. 예를 들어, 프록터 앤드 갬블은 이름 오일 오브 올레이Oil of Olay(원래 'lanolin' 단어에서 유래 – 주요 성분)를 다른 국가와 언어에서 사용 표준화, 많은 제품과 가치제안(기름기 없는 느낌)과 일치, 브랜드를 더 넓은 범위의 제품으로 확장 등을 위해 올레이Olay로 변경했다. 같은 맥락에서 스타벅스는 커피를 넘어서서 가벼운 식사와 주류를 제공하는 전략과 일치하는 변화를 위해 로고에서 'coffee'라는 단어를 제외했다.

- 독특한. 브랜드 식별자의 다른 중요한 기능은 회사 오퍼링을 경쟁과 차별화시키는 것이다. 회사와 회사 오퍼링을 뚜렷이 다르게 하기 위해서는 브랜드 식별자가 독특해야 한다. 예를 들어, 편의점 체인 브랜드명인 '7-Eleven, Maverik, Shop and Shop, Grab and Go, One Stop Shop'을 비교해보자. 처음 두 개 브랜드는 눈에 띄고 나머지 세 개는 일반적이다. 브랜드 식별자의 독특한 측면은 고객이 이름, 로고, 좌우명 혹은 브랜드 캐릭터와 관련된 브랜드에 대해 혼동하지 않는다는 것을 의미한다.

- 보호 가능한. 회사 오퍼링을 효과적으로 식별하고 경쟁업체와 차별화할 수 있도록, 브랜드 식별자는 법적 주장 및 무단 사용에 대해서 반드시 방어적이어야 한다. 법적 보호 없이, 브랜드 식별자는 브랜드별 기능을 더 이상 수행할 수가 없다. 예를 들면, 지퍼Zipper(미국 타이어 제조사 BF 굿리치BF Goodrich), 헤로인Heroin(제약회사 바이엘Bayer), 셀로판Cellophane(화학회사 뒤퐁DuPont) 등은 대중적인 사용으로 인해 보호받는 지위를 상실한 이전 상표명이었고 특정 유형의 제품을 지칭하는 일반적인 용어가 되었다.

- 기억하기 쉬운. 브랜드의 주요 기능 중 하나가 표적 고객이 브랜드 오퍼링을 찾도록 도와주는 것이기 때문에 브랜드 식별자는 쉽게 알아보고 상기할 수 있어야 한다. 예를 들어, 라스베이거스 5성급 호텔인 베네티안Vanetian과

브다라Vdara의 브랜드명을 비교해보자. 베네티안 브랜드는 기억하기 쉽고 의미가 있지만 브다라 브랜드는 훨씬 덜하다. 매년 새로운 브랜드 수가 증가하므로, 브랜드 식별자의 기억력이 중요해지고 있다.

● **커뮤니케이션할 수 있는**. 브랜드 식별자는 매체의 다른 종류와 호환이 가능해야 한다. 온라인 커뮤니케이션이 발전함에 따라 웹 브라우저에 쉽게 입력할 수 없는 특수 구두점을 사용할 수 없음을 포함해 스마트 기기에서 브랜드 로고가 앱으로 명확하게 표시되도록 하는 등 복잡한 그래픽 식별자를 제시하는 데 많은 제약이 있었다. 예를 들어, 영국 도서 소매상 워터스톤즈 Waterstone's는 온라인 및 서점의 일관적인 브랜드 정체성을 위해 브랜드명의 부호를 없애고 'Waterstones'로 간소화했다.

브랜드 식별자를 디자인화할 때, 관리자는 각각의 브랜드 식별자가 원칙을 지키도록 하는 것이 어렵다는 것을 알 수 있다. 예를 들어, 독특한 식별자는 덜 기억에 남을 수가 있고, 쉽게 의사소통할 수 있는 식별자는 덜 독특하고 지키기가 더 어려울 수 있다. 따라서 이런 원칙들은 각 개인 브랜드 요소뿐만 아니라 전체로서 모든 브랜드 식별자에도 적용이 되어야 한다. 관리자는 협업하고, 전략적인, 독특하고, 보호 가능한, 기억하기 쉽고, 소통할 수 있는 브랜드 디자인을 만드는 브랜드 식별자가 되게 해야 한다.

브랜드 참조자

브랜드 참조자는 회사가 브랜드명과 관련해 활용하려는 가치가 있는 브랜드 속성이다. 회사에 의해 만들어지고, 관리되고, 소유된 브랜드 식별자와는 다르게, 브랜드 참조자는 일반적으로 회사와는 별개로 존재한다. 브랜드 참조자의 궁극적 목표는 브랜드를 고객에게 의미가 있

는 것과 관련시켜서 고객 마음에 의미 있는 연상을 만드는 것이다. 브랜드 디자인에서 브랜드 참조자의 역할, 브랜드 참조자의 일반적 유형, 브랜드 포지셔닝 수단으로 브랜드 참조자의 역할등에 대해서는 아래에서 다룬다.

● 브랜드 디자인 요소로서 브랜드 참조자

브랜드 참조자는 회사가 브랜드명과 관련해 활용하려는 가치가 있는 브랜드 요소이다. 예를 들어, 'BMW' 브랜드 연상은 성능, 운전 경험, 고급스러움, 정밀 엔지니어링 모험 및 독일, '스타벅스' 브랜드 연상은 커피, 에스프레소, 맞춤식 음료, 좋은 맛, 친절한 서비스 및 사회적 영향, '애플' 브랜드 연상은 혁신, 스타일, 독창성, 기능성 및 사용 편이성 이다.

　브랜드 참조자는 사람 마음에 있는 의미 있는 연상을 만드는 점에 있어서 브랜드 식별자와 유사하다. 그러나 회사가 소유하고 관리하는 브랜드 식별자와는 다르게, 브랜드 참조자는 회사와 별개로 존재한다. 더욱이 주요 기능이 회사 오퍼링을 식별하는 브랜드 식별자와는 다르게, 브랜드 참조자는 일반적으로 회사 오퍼링을 고유하게 식별하지 않는다. 예를 들어, 커피는 스타벅스와 관계있는 브랜드이지만, 다른 커피 체인점도 사용한다. 회사 제품 및 서비스를 고유하게 식별하기보다는, 브랜드 참조자의 주요 기능은 참조자와 관련된 의미를 빌려 브랜드 가치를 올리는 것이다. 따라서 관련된 브랜드 참조자 사용은 회사가 고객 마음에 브랜드 이미지를 구체화할 수 있게 한다.

　예를 들어, BMW 브랜드 의미는 표적 고객에게 탁월한 운전 경험 a superior driving experience이라는 브랜드 만트라를 반영한 일련의 식별자 및 참조자를 통해 전달된다. BMW의 브랜드 식별자(BMW 소유 및 BMW

오퍼링을 고유하게 식별)는 ① 바이에른 모터회사(Bayerische Motoren Werke 혹은 Bavarian Motor Works)의 머리글자를 딴 BMW라는 '이름', ② 바이에른 지역 색상인 흰색과 파랑색으로 이루어진 '로고', ③ "궁극의 운전 머신The Ultimate Driving Machine"이라는 '좌우명', ④ 독특한 자동차 그릴(kidney-shaped grille)을 포함한 제품 '디자인'이다. 반면 BMW 브랜드 참조자는 브랜드의 의미를 풍부하게 하고 표적 고객과 관련시키기 위해 브랜드와 관련된 개념들인 운전 경험, 성능, 정밀 엔지니어링, 운전하는 재미, 모험, 지위 및 명성 등을 포함한다. 비록 BMW가 이러한 개념들을 엄밀히 독점적 사용 권한을 소유하지 않지만, 브랜드 디자인 및 커뮤니케이션의 주요 요소로 만들고 회사는 브랜드와 연결 시켜서 소비자가 BMW를 생각하면 그것을 즉시 탁월한 운전 경험과 같은 개념과 연관시킨다.

같은 맥락으로 네슬레 브랜드는 네슬레 이름 및 어미 새가 어린 새 먹이를 주는 둥지를 표현하는 사진으로 브랜드 식별자의 직접 의미보다 더 풍부한 의미를 전달한다. 네슬레 브랜드는 네슬레 제품을 다양한 소비자 니즈, 믿음, 경험 및 행동과 연결시키는 소비자 마음속에 복잡한 일련의 연상을 떠올려 준다. 따라서 네슬레 브랜드 참조자는 사람 마음에 의미 있는 연상을 촉진해 브랜드 의미를 풍부하게 한다.

● 브랜드 참조자의 일반적 유형

브랜드 참조자는 창출하려는 연상의 유형에 따라 다르다. 브랜드 참조자의 다양성에도 불구하고, 회사가 브랜드 의미를 다듬고 풍부하게 하기 위해 사용하는 몇 가지 일반적인 참조자 유형이 있다. 일반적인 브랜드 참조자는 니즈, 혜택, 경험, 장소, 사람, 아이디어, 제품 및 서비스, 다른 브랜드, 행사, 활동, 사물 등이 있다.

- **니즈**. 브랜드는 고객 가치를 창출하려는 것이기 때문에, 회사는 특별한 고객 니즈 및 자체 브랜드를 직접 연관시킬 수 있다. 이것을 달성하기 위해, 니즈를 충족할 수단으로 회사는 고객 니즈와 브랜드 연계를 도모할 것이다. 예를 들어, 스프라이트는 갈증과 연관이 있고("당신의 갈증에 순응하라Obey your thirst"), 스니커즈는 배고픔("당신이 배고플 때 당신은 당신이 아니다You're not you when you're hungry"), 할리데이비슨은 자기 표현 요구에 집중해왔다("살기 위해 달리고, 달리기 위해 살고Live to ride, ride to live").

- **혜택**. 표적 고객의 특별한 니즈 언급보다는, 회사는 이런 니즈를 충족시킬 수단으로 브랜드를 오퍼링의 특별한 혜택을 브랜드와 연결시킬 것이다. 예를 들어, 건전지 에너자이저Energizer는 내구성을 강조한다("계속 가고 계속 가고Keeps going and going and going"), 세탁세제 타이드Tide는 세척력에 집중하며("깨끗해야 한다면 타이드가 되어야 한다If it's got to be clean, it's got to be Tide"), 코카콜라는 상쾌함("새로워지는 잠깐 멈춤The pause that refreshes"), 펩시는 맛("신세대의 맛The taste of a new generation"), 월마트는 저가를 강조한다("돈을 절약하고 더 잘살고 더 많은 것을 기대하고 덜 지불하세요Save money. Live better and Expect more. Pay less").

- **경험**. 회사는 브랜드를 느낌, 감정 및 감각 등과 같은 다른 경험들과 연관시킬 것이다. 예를 들어, 치킨 KFC는 맛("손가락을 핥는 좋은Finger lickin' good"), 디즈니랜드는 재미와 행복("지구상에서 가장 행복한 곳The happiest place on earth"), 적십자는 동정심("가장 큰 비극은 무관심이다The greast tragedy is indifference"), 자동차 토요타는 특별한 운전 경험과 연관시킨다("느낌을 얻으세요Get the feeling").

- **행사**. 많은 구매 및 사용 결정이 행사 기반이기 때문에 회사는 자사 브랜드를 고객의 생활에서 특별한 행사 및 상황에 연결시킨다. 예를 들어, 코로나 맥주는 열대 해변에서 휴가와 연관을 시키며, 코닥은 특별한 행사, 보석 드비어스DeBeers는 브랜드를 약혼과 기념일과 연관시킨다.

- **활동**. 브랜드는 또한 표적 고객이 일반적으로 수행하는 참조자 특정 활동일 수 있다. 예를 들어, 나이키는 스포츠 활동, 구글은 온라인 검색, 제록스는 복사 및 인쇄, P&G의 세제 미스터 클린Mr. Clean은 가정 세척제, 페이스북은 SNS 등으로 연관된다.

- **장소**. 브랜드는 정체성 확립을 위해 다양한 지리적 위치, 국가, 도시들을 나타낸다. 예를 들어, 할리데이비슨은 미국 전통을 강조하며("천성적으로 미국인이며, 선택에 의해 반항한다American by birth. Rebel by choice"), 백화점 삭스 피프스 에비뉴Saks Fifth Avenue는 뉴욕시의 상징적 거리 5번가와 연관시킨다. 참조자 장소는 브랜드와 접할 수 있는 상황을 나타내는 더 관념적일 수 있다. 따라서 명품 브랜드는 상류 유통 채널과 연관되고, 편의점은 근접성을 홍보하고("세븐일레븐 – 바로 모퉁이에 있습니다7-Eleven - It's just around the corner"), 신용카드는 어디에나 있음을 강조한다("비자 – 당신이 원하는 모든 곳에 있습니다VISA - It's everywhere you want to be").

- **사람**. 고객은 쉽게 다른 사람과 연결되므로, 회사는 자사 브랜드를 개인과 연결 시킨다. 예를 들어, 스위스 시계업체 테그 호이어는 브랜드를 브래드 피트, 타이거 우즈와 같은 다양한 저명인사들과 연결시켰다. 애플은 브랜드를 알버트 슈타인, 파블로 피카소, 마틴 루터 킹, 마하트마 간디 및 존 레논 등과 연관시켰다. 브랜드는 특별한 개인보다 사회계층 혹은 생활방식을 나타내는 한 무리의 사람들과 연관시킬 수 있다. 예를 들어, 포춘지는 경제, 정치 지도자들과 연관시킨다("변화를 책임지는 남자들을 위해For the men in charge of change"). 브랜드는 또한 포지셔닝을 전하기 위해 종업원에게 의존할 수 있다. 예를 들면, 리츠칼튼 호텔은 종업원의 세련됨과 신중함을 강조한다("신사 숙녀 여러분을 섬기는 신사 숙녀Ladies and gentlemen serving ladies and gentlemen").

- **아이디어**. 브랜드는 좀 더 관념적인 아이디어, 관념 및 명분을 나타낼 수 있다. 예를 들어, 영국 고급 스포츠카 제조업체 애스턴 마틴은 '아름다움과 영혼soul'의 관념, 캘빈 클라인은 '사랑, 광기와 집착'의 아이디어, 애플은 '발상의 전환' 관념, 폭스바겐은 '작은 생각'의 아이디어, 3M은 '혁신', HP는 '발명', 비누업체 도브Dove는 '자연적 아름다움'의 아이디어를 홍보한다.

- **사물**. 브랜드는 고객 마음속에 만들고자 하는 특별한 이미지의 측면을 나타내는 사물과 관련될 수 있다. 예를 들어, IBM은 행성planet을 참조자로 사용하고("스마트한 행성을 위한 해법Solutions for a smart planet"), 자동차 쉐볼레 트럭은 바위rock와 관련("바위처럼Like a rock")되어 있다.

- **제품 및 서비스**. 브랜드는 브랜드에 대한 생각이 브랜드 이름을 불러일으킬 수 있도록 특정 제품이나 서비스를 참조해 포지션할 수 있다. 강한 제품군 연상 브랜드는 퀘이커Quaker(오트밀), 치키타Chiquita(바나나), 돌Dole(파인 애플), 드비어슨DeBeers(다이아몬드). 같은 맥락으로 특별한 서비스와 강한 연상을 가진 브랜드는 아마존(온라인 몰), 페덱스FedEx 및 DHL(익일 배달), 이베이(온라인 경매) 등이 있다.

- **브랜드**. 회사는 다른 브랜드를 다른 이유로 참조자로 사용한다. 우선, 회사는 가치 활용을 위해 자사 브랜드(공동브랜드)와 다른 브랜드(자체 브랜드 혹은 협력자 브랜드)를 관련시킬 수 있다. 예를 들어, 아이폰은 모 브랜드인 애플과 공동브랜드, 코트야드courtyard 호텔은 모 브랜드 매리엇과 공동브랜드, 델Dell 컴퓨터는 인텔과 공동 브랜드. 대안으로, 회사는 자사 브랜드와 대조하기 위해 경쟁사 브랜드를 참조로 사용할 수 있다. 예를 들어, 혜택 강조를 위해, 통신사 티 모바일T-Mobile은 무선 통신 서비스를 경쟁사인 버라이즌Verizon과 비교, 애플은 컴퓨터를 마이크로소프트와 비교, 삼성은 모바일폰을 아이폰과 비교한다.

브랜드 참조자 선택은 중요하다. 왜냐하면 고객이 브랜드명을 표적 고객에게 의미 있는 중요한 정신 구조인 니즈, 혜택, 경험, 행사, 활동, 장소, 사람, 아이디어, 사물, 제품과 서비스 및 다른 브랜드와 연결해 브랜드 연상을 형성하는 것을 도울 수 있기 때문이다. 고객 마음 속에 깊이 자사 브랜드를 새기고 이 브랜드를 더 관련되게 하기 위해, 복합 참조자를 사용하며 각 참조자는 특별하고 의미 있는 브랜드 연상 창출을 위해 디자인한다.

● 브랜드 포지셔닝 도구로서 브랜드 참조자

브랜드 참조자는 브랜드 포지셔닝 전략 개발과 고객 마음에 일관적인 브랜드 이미지 창출에 중요한 역할을 한다. 브랜드 참조자의 중요성은 브랜드 참조자 의미가 풍부해 브랜드 본질을 전달할 수 있고 표적 고객과 관련된 정신적 구성 구조와 관련이 있다는 사실이다. 따라서 브랜드를 고객에게 의미 있는 것들과 연결시킴으로써, 브랜드 참조자가 브랜드에 대한 회사의 전략적 비전과 일치하는 사람들의 마음속에 브랜드를 자리 잡는 데 도움이 된다.

브랜드 참조자는 고객 마음속에 주어진 브랜드의 원하는 이미지를 묘사하는 연관 네트워크로서 생각될 수 있다. 예를 들면, 〈그림 5.4〉에 묘사된 가상의 네스프레소 브랜드 연상 지도를 살펴보면, 다른 마디들nodes은 네슬레가 고객 마음속에 네스프레소 브랜드 포지셔닝 방식을 규정하고 싶어 하는 브랜드와 연관된 주요 개념을 나타낸다. 브랜드명과 더 가까운 마디는 참조가 더 가깝게 브랜드와 연관임을 나타내고, 더 멀수록 참조자가 브랜드 포지셔닝에서 다소 덜 중요한 역할을 한다는 것을 나타낸다.

〈그림 5.4〉에서 묘사된 네스프레소 지도에, '에너지', '제멋대로 하기' 및 '다양성'은 회사가 만족시키기 위해 추구하는 니즈 및 고객이

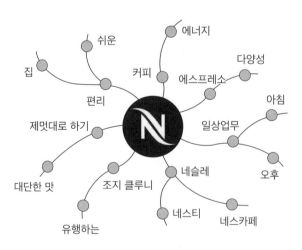

그림 5.4 네스프레소 브랜드 연상 지도

브랜드 구축

브랜드로부터 받기를 기대하는 혜택을, '유행하는', '쉬운' 및 '대단한 맛'은 브랜드별 경험을 나타낸다, '일상업무', '아침' 및 '오후'는 일반적으로 브랜드와 관련된 사용 기회를 규정하며, '집'은 브랜드가 보통 소비되는 장소를 반영한다. '조지 클루니'는 브랜드 홍보 역할을 하는 사람이다. '커피' 및 '에스프레소'는 관련된 제품을 규정하고, '네스레' 및 '네스티'는 관련된 브랜드이다.

　브랜드 참조자는 회사가 자사 브랜드를 고객 마음속에 포지션하고자 하는 방식을 반영하지만, 그것이 반드시 각 고객 마음속에 실제 존재하는 브랜드 이미지를 나타내지는 않는다. 브랜드 이미지가 시간이 지남에 따라 축적된 고객 개인의 니즈, 가치 및 경험을 반영하기 때문에, 동일 브랜드는 고객 간에 다른 브랜드 이미지를 떠오르게 한다. 예를 들어, 네슬레 브랜드의 일부 고객들은 마음에 스위스를 떠올리고, 다른 고객들은 다양한 맛과 편리함, 일부는 네슬레 브랜드 홍보대사 조지클루니와 연결시킬 것이며, 또 다른 고객은 주요 경쟁 브랜드인 스타벅스, 라바짜Lavazza, 일리illy, 세가프레도Segafredo 등과 관련시킬 것이다.

　고객 마음속에 실제로 존재하는 브랜드 이미지가 원하는 브랜드 포지셔닝을 반영한다는 것을 확실히 하기 위해, 반드시 핵심 가치제안을 명확하게 표현하고 표적 고객에게 의미 있는 방식으로 이러한 가치제안을 전달하는 브랜드 참조자를 식별해야 한다. 이를 위해, 회사는 반드시 표적 고객 사고방식의 심층적 이해를 가져야 하고, 쉽게 이러한 사고방식에 통합되는 브랜드 참조자를 식별해야 한다. 브랜드 식별자와 함께 브랜드 참조자는 호의적인 브랜드 이미지 창출을 위해 사용하는 주요 수단이므로, 개별 브랜드 속성은 일관적이고 의미 있는 가치제안 및 포지셔닝을 이끄는 방식으로 해야 한다.

요약

브랜드 디자인은 브랜드를 포함하고 브랜드 본질을 규정하는 요소를 분명히 표현한다. 브랜드 디자인은 두 가지 요소인 브랜드 식별자와 브랜드 참조자에 관여한다.

브랜드 식별자는 개발되고, 관리되고, 회사에 소유된 브랜드 요소이다. 브랜드 식별자의 주요 기능은 회사 오퍼링을 고유하게 식별하고 경쟁으로부터 차별하는 것이다. 일반적인 브랜드 식별자는 브랜드명, 로고, 좌우명, 캐릭터, 소리 표시, 제품 디자인 및 포장 등을 포함한다.

브랜드명은 일반적으로 다른 참조와 연계된 브랜드의 주요 참조 역할을 한다. 브랜드명의 주요 측면 중의 한 가지는 상표 보호를 받는 정도이다. 그들이 제공하는 법적 보호의 정도에 따라 내림차순으로 배열해, 브랜드명은 가상적, 임의적, 암시적, 서술적 및 포괄적이 될 수 있다. 서술적 브랜드명은 가장 쉽게 의사소통이 되지만 일반적으로 가장 보호하기 어렵다. 본질적으로 의미가 없는 가상적 브랜드명은 의미 규정을 위해 많은 자원을 필요로 한다. 반면 법적 보호 정도가 가장 큰 혜택을 받는다.

브랜드 로고는 브랜드를 시각적으로 식별하도록 고유의 조합으로 구성된 편지, 폰트, 형태, 색깔 및 또는 심볼로 구성된 표시이다. 로고는 대중이 빠르게 브랜드를 알아볼 수 있도록 시각적 요소를 첨가해 브랜드명을 보완한다. 브랜드 좌우명은 표적 고객에 대한 브랜드 약속을 구두로 명확하게 표현해 브랜드를 식별하는 구절이다. 브랜드 좌우명은 고객의 주의를 끌도록 디자인된 눈에 띄고 기억에 남는 구절을 사용하고 브랜드 본질을 간결하게 정의한다.

브랜드 캐릭터는 브랜드 본질을 포함하는 가상적 성격이다. 브랜드 캐릭터는 단어 및 그래픽으로 의사소통될 수 있는 것보다 더 복잡한 가치, 아이디어 및 감정을 간결하게 표현 한다. 브랜드 캐릭터는 경쟁 시장 오퍼링 간의 실제 차이가 명확하지 않거나 쉽게 관찰할 수

브랜드 구축

없는 상품화된 산업에서 사용된다. 브랜드 소리 표시는 브랜드를 고유하게 식별하기 위해 소리를 사용한다. 소리 표시는 순수한 소리를 포함할 수 있거나, 그렇지 않으면 언어 요소로 합칠 수 있다.

제품 디자인은 제품의 기원으로 나타나고 다른 사람이 제공한 제품과 구별될 때 브랜드 식별자의 역할을 할 수 있다. 브랜드 식별자 역할을 하는 제품 디자인 요소는 형태, 색깔, 맛, 질감, 향기 및 소리를 포함한다. 포장은 시각적 영향 때문에 브랜드를 식별하는 효과적인 도구가 될 수 있다. 브랜드 식별자 역할을 하는 포장 요소는 형태, 색깔, 그래픽 및 글을 포함한다. 개별 포장과 제품 디자인 요소는 브랜드 식별자 역할로서 독특할 필요는 없지만 개별 요소의 조합(전체적인 모양과 느낌)은 반드시 고객이 브랜드를 식별할 수 있어야 한다.

브랜드 식별자를 디자인화할 때는, 관리자의 궁극적 목표는 브랜드 식별자가 기억할 수 있고, 독특하고, 보호할 수 있고, 전략적이고 의사소통할 수 있는 브랜드 디자인을 반드시 만들어 낼 수 있도록 해야 한다.

브랜드 참조자는 회사가 브랜드 이름과 연결해 활용하려는 가치가 있는 브랜드 속성이다. 브랜드 식별자와는 다르게, 브랜드 참조자는 회사가 창출하고, 관리하고, 소유하지 않는다. 일반적 브랜드 참조자는 필요, 혜택, 경험, 행사, 활동, 장소, 사람, 아이디어, 사물, 제품 및 서비스, 다른 브랜드를 포함하며 고객 마음속에 일관적 브랜드 창출을 도와준다. 브랜드를 고객에게 의미 있는 것과 연결해, 브랜드 참조자는 브랜드에 대한 회사의 전략적 비전과 일치하는 사람들의 마음속에 브랜드를 배치하는 데 도움이 된다.

브랜드 식별자와 브랜드 참조자는 호의적인 브랜드 이미지 창출을 위해 사용하는 주요 수단이므로, 개별 브랜드 요소는 일관적이고 의미 있는 가치제안 및 포지셔닝을 이끄는 방식으로 반드시 수렴해야 한다.

BRANDING INSIGHT 브랜드 로고 디자인

브랜드 로고의 주요 목적은 쉽게 브랜드를 식별하는 것이다. 이를 위해, 회사는 고유의 브랜드 정체성을 위해 타이포그래피 및 색깔을 포함한 다양한 시각적 도구를 사용한다. 많은 회사들은 단일 문자로도 브랜드를 식별하기에 충분할 정도로 고유한 로고를 디자인하는 데 큰 성공을 거두었다.

브랜드 로고는 디자인이 다양하다. 나이키 로고처럼 단순한 것도 있는 반면, 유니레버 로고처럼 훨씬 더 복잡한 것도 있다. 브랜드 로고의 복잡성은 로고의 전략적 목적 수행을 위해 다양한 디자인 요소의 사용과 관련이 있다. 세 가지의 가장 일반적인 로고 디자인 요소는 타이포그래피, 색깔, 심볼이다.

- 타이포그래피. 로고에 타이포그래피를 디자인하려면 개별 문자의 크기와 간격뿐만 아니라 서체(글꼴)를 선택해야 한다. 로고 차별화를 위해, 회사는 자사 상표 등록된 글꼴을 창출하거나 기존 글꼴 사용을 위해 독특한 방식을 찾는다. 예를 들어, 코카콜라, 디즈니, 애플, 맥도날드, 야후 등은 자사 브랜드 정체성 확립을 위해 독특한 타이포그래피를 사용한다. 브랜드 로고 디자인에서 타이포그래피의 역할은 〈그림 5.5〉에서 사례를 든다- 디즈니에서 디즈니 영화의 특별한 정신을 사로잡기 위해 디즈니 회사가 사용한 다양한 타이포그래피를 나타낸다.

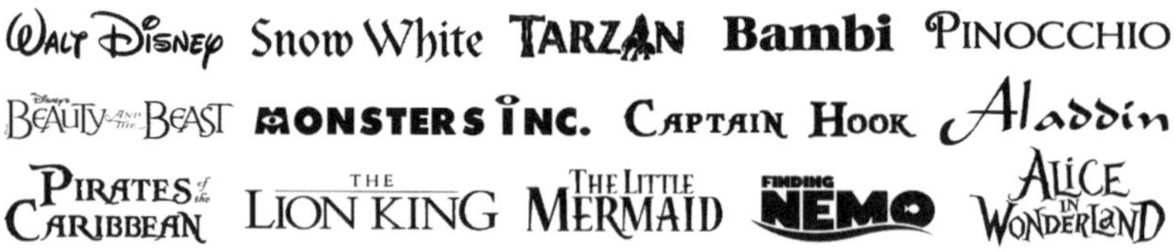

그림 5.5 브랜드 로고에 사용된 타이포그래피

- **색깔**. 색깔은 사람이 제일 먼저 사물을 알아채는 것 중의 하나이므로, 색깔은 로고 디자인에서 중요하다. 따라서 많은 회사들이 자사 브랜드를 특별한 색깔(어떤 경우는 상표등록된)과 관련시킨다.

  색상 정의가 있는 브랜드는, UPS(갈색), 코카콜라(빨간색), 타파니(연청색), 야후(보라색). 로고는 또한 색상 조합으로 정의될 수 있다. 예로는, 페덱스(보라색 및 오렌지), 맥도날드(빨강 및 노랑), 구글(청색, 빨강, 노랑, 녹색). 브랜드 로고에 뚜렷한 색 사용은 제품 디자인, 제품 포장, 물리적인 공간(예: 기업 사무실 및 소매상 환경), 다양한 의사소통 도구(예: 웹사이트, 출력물, 판촉물) 등을 포함하는 브랜드의 다른 측면까지 확장된다.

- **심볼**. 심볼은 시각적으로 브랜드명의 특별한 측면을 나타낸다. 예를 들어, 정유사 쉘 로고는 조개껍질, 버거킹 로고는 두 개 햄버거 빵, 스타벅스 로고는 인어, 디즈니 로고는 신데렐라 성, 트위트는 산 파랑새, 도미노 피자 로고는 도미노 타일을 특징으로 한다(그림 5.6).

  로고 요소의 선택은 중요하다. 브랜드 차별화 외에 특별한 의미 전달을 도울 수가 있기 때문에 코카콜라의 빨간색은 UPS 로고 평온한 갈색과 비교해 더욱 활기찬 것으로 인식될 것이다. 비슷하게 디즈니가 다른 영화 프랜차이즈에 사용한 글꼴은 더 놀이적인 반면 페덱스나 UPS, DHL이 사용한 글꼴은 더 심각하게 인식된다. 같은 맥락으로 보험회사 퓨르덴셜 로고 지브롤터의 바위는 금융 안정성을 상징하고, 생명보험사 ING 로고의 사자는 금융 견고성을 전달하고, 시계 롤렉스 로고 왕관은 명망과 성취를 상징한다.

그림 5.6 브랜드 로고에 사용된 심볼

- **숨은 뜻이 있는 로고**. 브랜드 로고는 브랜드를 식별하고 경쟁으로부터 차별할 뿐만 아니라, 브랜드 본질을 반영하는 구체적인 의미를 지닐 수 있다. 브랜드 로고가 지닌 의미는 쉽게 알 수 있거나(퓨르덴셜 로고 지브롤터의 바위Rock of Gibraltar in Prudential's logo) 눈에 띄지 않을 수 있으며 미묘한 방식으로 브랜드 의미의 핵심 측면을 표현한다. 몇 가지 미묘한 로고 예시는 〈그림 5.7〉과 같다.

그림 5.7 숨은 뜻이 있는 로고

소비재 회사 유니레버Unilever 로고는 숨은 뜻을 가진 가장 복잡한 로고 중의 하나이다. 유니레버 로고는 유니레버의 가치, 능력, 과정을 나타내는 25개 아이콘으로 구성된다. 로고에 포함된 아이콘은 태양(빛과 재생 에너지), 벌(공동체 정신), 손(세심함, 보살핌, 필요), 식물(자연 세계), DNA(삶의 청사진), 머리털(아름다움, 좋아 보임, 자신감), 야자수(숲, 성장, 환경), 소용돌이(훌륭한 풍미와 미각에 대한 열정), 그릇(양질의 재료와 건강식에 대한 약속), 숟가락(영양과 요리), 고추(신선 식자재), 생선(신선 음식, 바다, 자연 자원), 불꽃(변화의 기폭제), 비둘기 (자유, 권한, 자아), 꽃(세심함, 보살핌, 아름다움), 입술(의사소통, 열림과 투명성), 아이스크림(대접, 기쁨과 즐거움, 기분전환, 후식과 재미), 재활용(폐기물 감소), 입자(과학), 변신(긍정적 변화), 컨테이너(고객 경험에 대한 헌신), 가슴(사랑, 보살핌과 건강), 옷(신선한 세탁, 좋아 보임과 자신감), 물결(청결, 상쾌, 활력).

유니레버 로고와 비교해, 숨을 뜻을 가진 대부분의 다른 로고는 더 단순한 디자인을 가지고 있다. 로고의 뜻이 회사 종업원과 주주에 더 관련이 있도록 내부적으로 중점을 둔 유니레버 로고와 다르게, 대부분의 다른 로고는 숨은 뜻이 자사 고객 가치 제안과 더 직접 연결된 디자인이다. 타이어 콘티넨탈 로고의 첫 번째 두 글자는 회사의 핵심 제품인 자동차 타이어의 상징이다. 아마존 브랜드명 화살표 밑줄은 회사가 모든 것을 취급한다는 것을 나타낸다. 핀터레스트 로고의 글자 P는 자사 브랜드명을 강화하는 'pin'을 더 배가시키며 아이스크림 배스킨로빈슨 로고 BR의 일부인 맛의 숫자로 잘 알려진 31을 더 배가시킨다.

국제 싸이클 대회 투르 드 프랑스Tour de France 로고의 R은 싸이클 선수를 나타내고, 둥근 오렌지는 싸이클의 앞 타이어를 나타낸다. 미국 방송사 NBC 로고는 6개의 화려한 깃털을 가진 하얀 공작을 특징으로 한다. 각각의 깃털은 로고 디자인 당시의 NBC의 한 부서를 나타낸다. 국제 자동차 경주 경기 Formula 1 로고의 중간 여백은 넘버 1을 만든다. 페덱스 로고 E와 x 사이 여백의 오른쪽 화살표는 방향과 속도를 나타낸다.

BRANDING SPOTLIGHT 브랜드 식별자 디자이닝 – 맥도날드

맥도날드는 세계적 선도 글로벌 음식 서비스 소매 점이다. 100여 개 이상의 나라에서 3만 6천 개 이상 식당을 운영하고 190만 이상의 종업원과 5천여 개의 독립 프랜차이즈를 가지고 있다. 맥도날드는 수백만 명 이상의 고객을 대접하고, 연간 1조 개 이상의 햄버거를 판매한다. 각각의 고객 마음속에 의미 있고 일관적인 브랜드 이미지를 창출하기 위해, 맥도날드는 아래와 같은 특별한 브랜드 식별자 조합을 개발했다.

- 브랜드명. 맥도날드 이름은 덕Dick 맥도날드와 맥Mac 맥도날드 형제가 캘리포니아 버나디노Bernardino에 패스트푸드 식당을 브랜드하기 위해 자신들의 성을 사용했던 1948년으로 거슬러 올라간다. 사업가 베이 크록Bay Kroc이 미국 일리노이주에 설립한 맥도날드 회사는 1961년에 멕도날드 이름 독점 사용권을 획득했다.

- 로고. 회사 마스트 브랜드 로고는 2개의 금색 아치형 구조물로 글자표시는 '맥도날드'를 묘사한다. 로고는 노랑(팬텀 123)과 빨강(팬텀 485) 두 가지 주요 색이 특징이다. 글자표시는 활자체는 헬베티카 블랙Helvetica Black. 맥도날드 브랜드의 어디에나 존재하는 편재성 및 소비자와 비즈니스가

브랜드를 경험하는 다양한 상황 때문에, 맥도날드는 브랜드 영향을 최대화하기 위해 상황에 맞는 로고의 다양성을 활용한다. 각 로고는 특정 용도로 사용되며 디자인된 매체에만 사용된다.

- 좌우명. 2003년에 소개된 맥도날드 좌우명 "I'm Lovin' It"은 맥도날드의 가장 오래 진행 중인 마케팅 캠페인의 핵심이다.

- 캐릭터. 1963년에 소개된 로날드 맥도날드는 맥도날드랜드라고 불리는 환상 세계에서 다른 캐릭터들인 맥치즈 시장Mayor McCheese, 햄버글러the Hamburglar, 그리미스Grimace, 버디 얼리버드Birdie the Early Bird, 프라이 키즈The Fry Kids들과 원래 살았던 광대 캐릭터이다. 2003년에 회사는 단일 캠페인"I'm Lovin' It"에 집중하기로 결정해 모든 2차적인 캐릭터들 은퇴와 맥도날드랜드를 종료를 했다. 2016년에, 전국의 수많은 무서운 광대 목격에서 비롯된 광대에 대한 대중의 걱정으로 인해 맥도날드는 일시적으로 로날드 맥도날드 사용 중단하기로 결정했다.

- 소리 표시. 아주 흔하게 들을 수 있는 "I'm Lovin' It" 노래는 2003년에 만들어졌다.

- 포장. 맥도날드 브랜딩은 구체적인 해피밀Happy Meal 포장 같은 포장까지 확장한다. 추가로, 맥도날드 브랜드의 중요한 측면은 식당 디자인, 모양과 느낌, 맥도날드가 만드는 분위기 등이다.

BRANDING SPOTLIGHT 독특한 브랜드 포장 만들기 – 티파니

보석류 판매기업 티파니는 뉴욕에 문구 잡화 매장을 개업한 찰스 루이스 티파니Charles Lewis Tiffany와 존 영John B. Young에 의해 1837년에 설립되었다. 매장은 당시 지배적인 유럽 디자인 미학과 달리 자연 세계와 단순, 조화, 명료성 패턴에 영감을 받은 새롭게 떠오르는 미국 스타일의 패션 상품을 취급했다.

TIFFANY & CO.
NEW YORK SINCE 1837

1867년 파리 국제 박람회에서, 티파니는 은공예 대상을 수상했는데 최초로 이 상이 미국 디자인 하우스에 수여됐다. 1870년에 티파니는 보석과 시

계의 미국 선두 업체가 되었고 은 스튜디오는 최초의 미국 디자인 학교였다. 국제 박람회에서 받은 전례 없는 많은 상으로 티파니는 유럽의 왕족에게 왕의 보석상 등으로 임명되었다. 링컨, 루즈벨트 대통령을 포함한 미국 사회에서 많은 저명한 인사들이 티파니 고객이었다.

티파니 브랜드의 가장 특별한 측면들 중의 하나는 우아함, 독점성, 완벽한 장인 정신의 유산을 대표하는 유명한 푸른 상자이다. 티파니 푸른색 상자는 1878년에 처음 소개가 되었고 브랜드 식별자로서 푸른색 선택은, 티파니가 정교하게 손수 만든 보석의 연간 컬렉션을 실은 최초의 블루 북Blue Book 카탈로그를 출간한 1845년으로 거슬러 올라간다. 티파니 박스는 바스커빌Baskerville Old Face 글꼴로 엠보싱 처리된 티파니 이름을 담고 있다. 각 상자에는 카운터에서 손으로 묶인 흰색 새틴 리본이 달려 있다(명절 동안, 티파니는 빨간 리본을 사용한다). 일반적으로 티파니 블루, 로빈의 에그 블루 또는 잊어버린 블루라고 불리는 상자의 색상은 19세기 터키석 원석의 인기 때문에 선택된 것 같다. 티파니의 창립 년도를 대표하는 팬톤 컬러 차트의 1837 티파니 블루 색상은 티파니 브랜드를 대표하며 마케팅에서 가장 보호되는 색상으로 여겨지고 있다.

호화롭고 독점성 상징의 우상으로 티파니 블루 박스의 독특한 역할을 유지하기 위해 회사는 1906년 신문사 『더 뉴욕 선The New York Sun』에 묘사된 창업자의 비전에 충실했다.

[찰스 루이스Charles Lewis] 티파니는 당신이 제공할 수 있는 만큼의 돈을 주고 그를 살 수 없는 재고가 있습니다. 그는 당신에게만 줄 것입니다. 그리고 그것은 그의 상자 중 하나입니다. 설립의 규칙은 철칙으로, 그들이 판 물건과 그들이 책임지고 있는 물건 외에는 절대로 회사의 이름이 적힌 상자를 건물 밖으로 빼내도록 허락하지 않습니다.

6

브랜드 커뮤니케이션

커뮤니케이션의 가장 큰 문제는
그것이 일어났다는 환상이다.

- 조지 버나드 쇼, 극작가 및 영국 런던 경제학교 공동 설립자

브랜드 커뮤니케이션은 표적 고객 마음에 의미 있는 브랜드 이미지를 구축하기 위해 브랜드 디자인(식별자와 참조자)을 표적 고객과 연관시킨다. 브랜드 디자인과 유사하게, 브랜드 커뮤니케이션은 브랜드 전술의 요소이므로, 가장 중요한 브랜드 전략과 일치해야 한다. 브랜드 커뮤니케이션 캠페인 개발의 주요 측면이 본 장의 초점이다.

브랜드 커뮤니케이션 관리: 큰 그림

브랜드 커뮤니케이션은 사람 마음속에 특별하고 의미 있는 이미지 창출을 위해 브랜드의 주요 측면에 대해 표적 청중에게 알리는 것을 목표로 한다. 브랜드 커뮤니케이션 관리 절차는 커뮤니케이션의 브랜드 구축 측면에 중점을 둔 주요 차이점과 함께 더 일반적인 마케팅 커뮤니케이션 관리 과정과 유사하다. 브랜드 커뮤니케이션의 본질과 경영에 대한 체계적 접근은 아래에서 설명한다.

● 뚜렷한 유형의 마케팅 커뮤니케이션으로서의 브랜드 커뮤니케이션

모든 마케팅 커뮤니케이션이 브랜드 구축을 목표로 하지는 않는다. 목표에 따라 회사는 오퍼링의 다양한 측면을 홍보하도록 선택할 수 있다. 따라서 커뮤니케이션은 자사 오퍼링인 제품, 서비스, 브랜드, 가격, 인센티브 및 유통을 규정하는 한 가지 이상의 다른 속성에 참여할 수 있다. 이러한 다양한 유형의 마케팅 커뮤니케이션은 〈그림 6.1〉에 설명하고 자세한 개요는 다음과 같다.

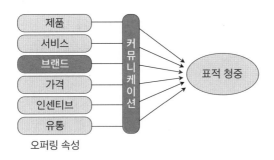

그림 6.1 마케팅 커뮤니케이션의 독특한 유형으로서의 브랜드 커뮤니케이션

- **오퍼링의 제품 및 서비스 측면 커뮤니케이션**. 표적 청중에게 회사 제품 및 서비스의 특성에 대해 알리고 성능, 안정성, 내구성 및 사용 용이성과 같은 주요 혜택을 자세히 설명한다.

- **브랜드 커뮤니케이션**. 고객 마음속에 특별하고 좋은 이미지를 창출하기 위해 청중에게 회사 브랜드 정체성과 의미에 대해 알린다.

- **가격 커뮤니케이션**. 표적 청중에게 회사 오퍼링의 금전적 비용을 알린다. 즉, 가격과 선적, 정비, 설치 및 처분비용을 포함하는 총소유 비용이다.

- **인센티브 커뮤니케이션**. 표적 청중에게 오퍼링과 관련된 일시적 가격 인하, 물량 할인, 리베이트, 쿠폰, 프리미움과 같은 다른 판촉에 대해 알린다.

- **유통 커뮤니케이션**. 표적 청중에게 오퍼링의 가용성과 오퍼링 확보 방법을 알린다.

테슬라가 커뮤니케이션 캠페인을 디자인할 수 있는 다양한 방법을 고려해보자. 우선, 차량의 기능적 혜택에 중점을 두어 디자인, 성능 및 인체 공학을 강조할 수 있으며 서비스의 다른 측면을 커뮤니케이션할 수도 있다. 예를 들어, 지원 및 빠른 수리 서비스뿐만 아니라, 무선 소프트웨어 업데이트, 원격진단, 자동차 및 관련 서비스의 구체적인 사항에 집중하기보다는, 테슬라는 최고의 전기 차량 제조업체, 혁신 선도의 명성, 친환경, 성능 및 명망 이미지로서의 시장 포지션을 강조하는 브랜드 구축 커뮤니케이션에 집중할지 모른다. 또한 일부 모델의 경제성을 강조하기 위해 차량 판매 가격에 대한 커뮤니케이션을 선택할지 모른다. 테슬라가 추구할지 모르는 또 다른 커뮤니케이션 목표는 표적 고객에게 가격 인하, 세금 혜택 및 특별 금융과 같은 인센티브를 알리는 것이다. 마지막으로, 표적 고객에게 신모델의 출시 일자 및 대리점 위치를 알려줌으로써 회사 오퍼링의 가용성에 대해 알릴 수가 있다.

브랜드 구축

브랜드 구축 커뮤니케이션은 브랜드 정체성을 확보하고 사람 마음속에 관련 브랜드의 연관을 형성하는 특별한 형태의 커뮤니케이션이다. 오퍼링의 다른 측면 홍보에 집중하는 다른 형태의 마케팅 커뮤니케이션과는 다르게, 브랜드 커뮤니케이션은 대중 마음속에 브랜드의 의미 있는 이미지를 구축하는 데 집중한다. 이러한 목표를 달성하기 위해 회사가 브랜드 커뮤니케이션을 관리하는 방법은 아래에서 자세하게 다룬다.

◉ 브랜드 커뮤니케이션 관리의 틀

브랜드의 본질을 전달하는 것은 브랜드 전술의 필수 요소다. 브랜드 커뮤니케이션의 궁극적 목적은 고객 마음에 의미 있는 브랜드 이미지를 만들어 강한 브랜드를 구축하는 과정을 촉진하는 것이다.

브랜드 커뮤니케이션은 회사의 중요한 브랜드 관리 전략에 의해 가이드 되고 브랜드 표적 시장과 이 시장에 대한 가치제안 선택에 의해 정의된다(세부 내용은 4장). 구조적 관점에서, 브랜드 커뮤니케이션 캠페인은 G-STIC 체계를 따르며(세부 내용은 2장), 다섯 가지 특별 요소 즉 목표, 전략, 전술, 집행, 통제에 관여한다. 브랜드 커뮤니케이션의 다섯 가지 측면, 측면들 간의 관계 및 주요 요소들은 〈그림 6.2〉와 같다.

브랜드 커뮤니케이션 캠페인은 커뮤니케이션 캠페인의 성공을 위한 핵심 기준을 강조하고 커뮤니케이션 목표를 달성하기 위한 정량적 및 시간적 기준을 설명하는 성능 기준을 설정하는 목표로부터 시작한다. 커뮤니케이션 목표는 궁극적인 성과 지표를 정의해 관리자에게 원하는 결과와 해당 결과에 도달하는 기간을 알려준다.

목표를 명확하게 설명하는 것은 브랜드 커뮤니케이션 전략 개발이며, 구체적으로, 목표 청중 식별과 이 청중과 소통하는 메시지 창출

그림 6.2 브랜드 커뮤니케이션 관리의 G-STIC 체계

이다. 표적 청중의 선택과 브랜드 관련 커뮤니케이션 내용은 설정된 목표에 따라 결정되며, 결과적으로 커뮤니케이션 캠페인의 전술적 측면 개발에 대한 지침을 제공한다.

브랜드 커뮤니케이션 전략은 전술로 바뀌는데, 여기에는 메시지를 전달할 특정 매체와 선택한 매체 형식으로 메시지를 표현하는 창의적인 실행을 결정하는 것이 포함된다. 브랜드 커뮤니케이션의 전술적 요소는 메시지를 표적 고객에게 전달하는 데 사용된 구체적인 통로와 메시지가 표적 고객에게 표현된 방법을 기술한다.

브랜드 커뮤니케이션 전략과 전술의 개발은 커뮤니케이션 계획을 현실화하는 캠페인의 실질적인 실행을 포함하는 집행이다. 브랜드 커뮤니케이션 시행은 커뮤니케이션 계획 실행에 필요한 자원 개발과 표적 고객에게 정보를 전달하는 캠페인 전개를 포함한다.

마지막으로, 통제는 커뮤니케이션이 이루어지는 상황의 변화를 관찰하면서 캠페인의 성과를 측정한다. 브랜드 관리 통제는 회사가 브랜드 구축 목표를 달성하고 필요한 경우 캠페인 과정을 수정하기 위해

브랜드 구축

올바른 방향으로 가고 있도록 확실히 하는 것을 목표로 한다. 통제는 기회를 활용하고 임박한 위협에 대응하기 위해 커뮤니케이션 환경의 변화를 찾는 것을 목표로 한다.

브랜드 커뮤니케이션 캠페인 개발의 주요 요소는 커뮤니케이션 목표 설정, 표적 청중 식별, 메시지 개발, 매체선정, 창조적 실행 디자인 및 커뮤니케이션 효율 평가 등이다.

커뮤니케이션 목표 설정

커뮤니케이션 목표는 회사가 특정 기간 동안 커뮤니케이션 캠페인을 통해 달성하고자 하는 특정 결과를 명확하게 보여준다. 커뮤니케이션 목표 설정에는 ① 회사 활동의 초점 파악, ② 달성할 성능 기준의 정의라는 두 가지 중요 결정이 포함된다. 이러한 두 가지 결정에서 비롯된 목표는 목표 달성에 필요한 예산을 결정하는 것이며 커뮤니케이션 목표 설정은 아래에서 다룬다.

● 커뮤니케이션 캠페인의 초점 정의

초점은 커뮤니케이션 캠페인 성공을 위한 주요 기준을 식별한다. 브랜드 커뮤니케이션 활동의 원하는 결과를 정의하는 지표이다. 초점에 따라, 인지도 창출creating awareness, 선호도 구축building preferences, 선동 행동 inciting action이라는 세 가지 커뮤니케이션 목표가 있다.

- 브랜드 인지도 창출. 캠페인은 표적 청중에게 브랜드를 알리는 것을 목표로 할 수 있다. 인지도는 브랜드 선호도가 구축되는 초석이다. 인지도 없이는

선호도를 형성하는 것은 어렵다. 인지도 창출은 기존 브랜드를 새로운 시장에 소개하는 것과 마찬가지로 새롭게 출시하는 브랜드 공통의 목표이다. 기존 브랜드 역시 최상의 브랜드가 되기 위해 인지도 창출 목표를 가질 수가 있다. 최상의 브랜드는 고객이 제품을 매우 유사하다고 인식하는 범주와 여러 브랜드가 혼잡한 시장에서 참여도가 낮은 의사 결정이 특징인 상황에서 특히 중요하다.

● **브랜드 선호도 구축**. 커뮤니케이션 캠페인은 제품의 선호도를 향상시켜 브랜드에 대한 고객 선호도를 창출하고 강화하는 것을 목표로 한다. 선호도 구축은 표적 잠재 청중에게 브랜드 인지도를 창출하는 것 이상의 가치를 전달한다. 가치는 비교 광고의 경우와 같이 다른 브랜드에 대한 우월성 측면으로 표현될 수 있으며, 비 비교 광고의 경우처럼 다른 오퍼링과 비교할 필요 없이 고객 니즈를 충족시킬 수 있는 브랜드 역량에 집중하는 것으로 표현될 수 있다.

● **브랜드 관련 선동 행동**. 커뮤니케이션 캠페인은 고객이 브랜드에 참여하도록 동기를 부여하고 브랜드에 대한 추가 정보를 얻거나 브랜드를 보유한 매장을 방문하고, 제품을 구매하고, 경험을 다른 사람과 공유하고, 브랜드를 보증하는 등의 조치를 취하는 것을 목표로 한다. 예를 들어, 제약회사가 고객이 특별한 약에 대한 더 많은 정보를 얻도록 의사에게 연락하도록 독려하거나, 자동차 제조회사가 구매자가 대리점을 방문하도록 독려하거나, 전자 제조회사가 쇼핑객이 자사의 최신 제품을 구매하도록 독려하거나, 소프트웨어 개발자가 사용자에게 신규 앱을 평가하도록 독려할 것이다.

이러한 세 가지 목표는 상호의존적이므로 일부는 다른 사람들을 위한 전제 조건으로 볼 수 있다. 따라서 선호도 구축은 표적 고객은 이미 브랜드 관련 정보를 받았음을 의미한다. 마찬가지로 행동 요구는 일반적으로 고객이 이미 브랜드를 알고 있으며 원하는 브랜드임을 알 수 있다. 그러므로 커뮤니케이션 캠페인 집중을 결정할 때는, 관리자는 회사 브랜드에 대한 고객의 인식과 신념을 인식하고 달성하려는 목표의 결과를 우선시하며 이러한 결과가 전반적인 브랜드 구축 목표와 일치하도록 해야 한다.

● 성능 기준 정의

성능 기준은 커뮤니케이션 목표 달성을 위한 정량적 및 시간적 기준을 서술한다. 결과적으로 회사의 커뮤니케이션 목표를 달성하는 두 가지 유형의 성능 기준이 있다.

- 정량적 기준. 커뮤니케이션 목표와 관련해 브랜드가 달성해야 할 구체적인 일정표를 정의한다. 예를 들어, 회사는 목표 고객의 80% 사이에서 새로운 브랜드에 대한 인지도를 창출하고 주요 경쟁업체보다 브랜드를 선호하는 구매자의 수를 25% 증가시키거나 백만 명 방문자가 브랜드 웹사이트에 대한 방문횟수를 증가시키는 것을 목표로 할 수 있다. 정량적 기준은 상대 조건(예: 인지도 25% 증가) 혹은 절대 조건(예: 백만 명 방문자 발생)으로 표현될 수 있다.

- 시간적 기준. 특정 일정표를 달성하기 위한 기간을 식별한다. 이러한 목표를 달성하기 위해 채택된 커뮤니케이션 캠페인은 시간대에 좌우되기 때문에 목표 달성을 위한 기간을 설정하는 것이 중요한 전략적 결정이다. 단기간에 특별한 결과 달성을 목표로 하는 공격적인 커뮤니케이션 목표는 장기간에 걸친 동일한 결과를 달성하는 목표보다 다른 캠페인을 필요로 한다. 시간적 기준은 목표 집중에 따라 달라진다. 인지도 관련 목표는 일반적으로 고객 마음속에 의미 있는 브랜드별 연관성 형성을 필요로 하는 선호도 구축에 비해 단기간이다.

실행 가능하기 위해서는, 커뮤니케이션 목표는 캠페인의 집중과 정량적 시간적 기준을 명확하게 표현해야 한다. 커뮤니케이션 캠페인 집중과 기준을 선택할 때의 주요 원칙은 반드시 전반적 브랜드 구축 전략과 일관적이어야 하고 회사가 표적 고객을 대상으로 브랜드 정체성과 의미를 전달할 수 있도록 해야 한다.

● 커뮤니케이션 예산 결정

커뮤니케이션 캠페인 전개하는 데 중요한 측면은 정해진 커뮤니케이션 목표를 달성하기 위해 필요한 최적의 지출 수준 결정이다. 일반적으로 말하면, 커뮤니케이션 비용은 ① 콘텐츠 개발 비용과 ② 커뮤니케이션 채널 확보에 관련된 매체 비용으로 구분된다. 예를 들어, 방송시간, 잡지 지면 및 옥외 광고판 비용 등이다. 일반적으로 매체 비용이 크리에이티브 개발 관련된 비용보다 훨씬 상회한다.

브랜드 커뮤니케이션에 지출하는 금액은 회사마다 다르다. 매출 비율로 볼 때, 산업 장비 회사들은 화장품, 음식, 음료의 소비재 회사들보다 커뮤니케이션에 더 적은 돈을 쓰는 경향이 있다. 프록터 앤드 갬블, 제너럴 모터스, 버라이즌Verizon, 아메리칸 익스프레스 와 같은 미국 최고의 광고주들은 브랜드에 대한 최초 인지도를 만들고, 혜택을 홍보하며, 표적 고객들에게 행동을 취하도록 유도하기 위해 매년 수십억 달러를 지출한다.

모든 회사와 모든 상황에서 적용되는 일반적인 예산 배분 방법은 없다. 오히려 회사는 최적의 커뮤니케이션 예산 결정을 위해 ① 커뮤니케이션 목표, ② 목표 달성 비용, ③ 가용 자원의 세 가지 중요 요소를 반드시 고려해야 한다.

● 커뮤니케이션 목표. 회사 목표의 본질은 이러한 목표를 달성하기 위해 필요한 비용에 지대한 영향을 가질 수가 있다. 목표 본질은 도달해야 할 청중 규모 측면에서 의욕의 정도, 고객 달성을 위한 기간 및 원하는 결과 등이다.

● 커뮤니케이션 목표 달성 비용. 브랜드 커뮤니케이션 달성 비용은 커뮤니케이션 메시지의 복잡성, 경쟁사 대비 브랜드 차별화 정도, 경쟁사의 커뮤니케이션 지출 수준, 표적 고객 내의 현재 인지도 수준 및 브랜드 수용도, 효과적이고 비용 효율적인 방식으로 회사의 커뮤니케이션 캠페인 전개역량 등과 같은 다양한 요인에 달려있다.

브랜드 구축

- 가용 자원. 커뮤니케이션 지출의 전반적 수준은 회사 자원에 달려있다. 한 정된 자금을 가진 소규모 회사는 대규모 기업 혹은 자금이 좋은 창업 기업 보다 커뮤니케이션 비용 지출이 적을 것이다. 가용 자원은 일반적으로 목표 설정 기준이 아니라 제약 조건이다. 상당한 커뮤니케이션 자원을 사용할 수 있다고 해서 반드시 회사가 시장 가치를 창출하는 대체 수단보다는 커뮤 니케이션에 이러한 자원을 소비함으로써 이익을 얻을 수 있는 것은 아니다.

목표 달성 비용과 회사가 커뮤니케이션 캠페인에 할당할 수 있는 자원을 고려하면서 커뮤니케이션 목표가 설정되도록 위의 세 가지 요 소가 서로 관련되어 있다. 실제로 회사가 목표를 달성할 수 있는 자원 을 보유하고 있는지 고려하지 않고 커뮤니케이션 목표를 표현하는 것 은 비생산적일 수 있으며 캠페인을 집행할 때 중단될 수가 있다. 캠페 인 달성의 궁극적 목표를 고려하지 않고 커뮤니케이션 캠페인(예: 매출 의 비율) 운영에 할당된 자원을 기준으로 커뮤니케이션 예산을 설정하 면 캠페인 자금 부족 또는 과잉 투자가 발생할 수 있다.

표적 청중 식별

표적 청중은 회사 커뮤니케이션의 의도된 수신자이다. 표적 청중 선택 은 둘 다 기업의 활동의 초점인 실체를 식별한다는 점에서 표적 고객 의 선택과 관련이 있다. 동시에 이 두 결정은 실질적으로 다르다. 표적 고객의 선택은 회사가 브랜드를 디자인하는 주체(고객과 사업)를 식별하 는 것을 목적으로 하는 전략적인 결정이다. 반면 표적 청중 선택은 회 사가 브랜드에 대해 알리는 실체를 파악하는 것을 목적으로 하는 전술 적인 결정이다. 커뮤니케이션은 브랜드 전술의 일면이기 때문에 커뮤 니케이션 목표 청중의 식별은 그 브랜드에 대한 표적 고객의 전략적 선택으로부터 따른다.

브랜드의 표적 고객과 브랜드의 커뮤니케이션을 위한 표적 청중이 완전히 겹치지만, 항상 그런 것은 아니다. 예를 들어, 아이들을 위해 음식과 의류를 구매하는 부모는 최종 소비자는 아니지만, 브랜드 커뮤니케이션 캠페인의 표적 청중이다. 같은 맥락으로, 기업용 소프트웨어 앱을 판매하는 회사는 소프트웨어를 실제로 사용하지는 않지만, 최종적으로 구매를 승인하는 고위 임원진을 대상으로 커뮤니케이션 캠페인을 기획할 것이다. 따라서 표적 청중은 브랜드의 표적 고객보다 넓을 수 있고 개시인initiators, 영향력자, 문지기gatekeepers, 의사 결정자 및 브랜드 선별, 구매, 사용에 관여하는 구매자를 포함한다.

표적 청중을 올바르게 식별하기 위해 회사는 표적 고객이 의사 결정을 내리는 방법을 이해하고, 의사 결정 및 구매 과정에 관여하는 주체를 식별하고, 브랜드 관련 정보를 받을 때 어떤 주체가 이익을 얻을 수 있는지 결정해야 한다. 사람의 마음속에 있는 브랜드 이미지는 다양한 요인으로부터 유래하기 때문에 그중 다수는 대인 커뮤니케이션을 포함하며 회사는 브랜드 채택을 촉진할 수 있지만, 브랜드 고객이 아닌 주체로 브랜드를 홍보할 수 있다. 예를 들어, 브랜드 커뮤니케이션은 고객은 아니지만, 브랜드와 관련이 있고 의미가 있는 다른 사람들에게 브랜드를 홍보하는 데 도움을 줄 수 있는 소셜 미디어 영향력자를 대상으로 할 수 있다.

타깃팅은 회사가 고객에게 어필하기 위해 브랜드 커뮤니케이션 내용물을 조정할 수 있게 할 뿐만 아니라 커뮤니케이션 메시지 전달이 효과적이고 비용 효율적으로 할 수 있게 하기 때문에 중요하다. 회사 브랜드와 관련 없는 수신자를 포함하는 지나치게 광범위한 타깃팅은 비용 효율적이지 않다. 브랜드에 대해 호의적 반응을 나타내지 않는 개인에게 도달하는 것은 자원의 낭비이기 때문이다. 반면 브랜드를

브랜드 구축

위해 전략적으로 중요한 청중을 간과할지도 모르기 때문에 너무 좁은 타깃팅은 비효율적이다. 따라서 전술적 타깃팅은 두 가지 중요 원칙, 즉 커뮤니케이션을 통해 원하는 모든 수신자에게 도달할 수 있는 브랜드의 능력을 나타내는 효과성effectiveness, 브랜드의 커뮤니케이션 노력이 표적 고객에게만 도달하는 방식으로 배치되는 정도를 나타내는 비용 효율성efficiency에 따른다.

회사가 가장 효과적이고 비용 효율적인 방식으로 표적 청중에게 도달하기 위해 타깃팅은 세 가지 주요한 질문인 잠재 고객에게 도달할 수 있는 최적의 기회는 언제 어디서 누구에게 도달해야 하는지를 다루어야 한다. 인구 통계, 지리적 위치, 행동 및 심리적 자료를 결합하면 회사는 브랜드 커뮤니케이션의 효율성을 크게 높일 수 있다. 이런 자료는 시간이 지남에 따라 사람들의 행동에 대한 통찰력을 제공하고 의사 결정 과정에서 자신의 요구와 단계에 대한 완전한 그림을 그릴 수 있다. 회사가 보유한 다양한 출처의 정보가 많을수록, 자료를 의미 있게 해석할 수 있는 능력이 향상될수록, 회사는 적절한 메시지를 적시에 올바른 고객에게 전달하고 고객 마음속에 의미 있는 브랜드 이미지를 구축할 수 있는 가능성이 커진다.

커뮤니케이션 메시지 개발

표적 청중 식별 후 청중에게 전달할 메시지를 개발한다. 메시지는 회사가 표적 청중과 공유하고자 하는 브랜드 관련 정보이다. 여기서 관리자는 커뮤니케이션 캠페인에 중점을 두는 브랜드의 특정 측면을 결정해야 한다. 이러한 결정의 두 가지 주요한 측면은 메시지 내용 및 메시지 복잡성이다.

① 메시지 내용 디자인

전달할 메시지의 선택을 이끄는 핵심 원칙은 그것이 중요한 브랜드 포지셔닝과 일치해야 한다는 것이다. 예를 들어, 만일 회사가 브랜드를 기능적인 혜택으로 포지션이 목표이면 메시지는 성능, 신뢰성 및 내구성과 같은 속성에 집중해야 한다. 만일 목표가 브랜드를 심리적인 혜택으로 포지션이면, 메시지는 브랜드와 관련된 감정적, 자기 표현적 또는 사회적 혜택을 강조해야 한다. 비슷하게, 만일 브랜드가 금전적 혜택을 중심으로 포지션한다면, 메시지는 브랜드를 고객의 재정적 웰빙과 연관시켜야 한다.

커뮤니케이션 메시지 개발은 홍보할 혜택의 수 결정이며 많은 것이 항상 좋은 것은 아니다. 비록 브랜드의 모든 관련 측면을 홍보한다는 개념이 호소력 있게 들릴지는 모르지만, 단일 커뮤니케이션 캠페인에 수많은 혜택을 주입하는 것은 이러한 혜택이 사람들의 마음에 인식될 가능성이 줄어든다. 그러므로 관리자는 서로 다른 혜택 홍보의 찬반을 신중히 고려하고 이러한 혜택의 우선순위를 정하고 목표 고객에게 가장 바람직한 영향을 미칠 가능성이 높은 고객에 초점을 맞춘다.

메시지 내용 개발은 표적 청중이 브랜드의 혜택을 평가할 기준점을 정의하는 것이 포함된다. 기준점은 브랜드가 달성하고자 하는 특별한 고객 니즈, 전형적인 브랜드 사용자, 경쟁력 있는 브랜드 또는 회사 브랜드 포트폴리오의 다른 브랜드를 포함할 수 있다.

② 메시지 복잡성 관리

커뮤니케이션 메시지는 복잡하게 다르다. 어떤 것들은 비교적 직선적인 메시지를 가지고 있고 다른 것들은 더 복잡한 다면적인 메시지를 포함한다. 예를 들어, 어떤 메시지는 브랜드를 선전하는 일방적 주장을 나타내고, 반면에 다른 것들은 브랜드의 장단점을 나타내는 양면적인 메시지가 포함된다.

최적의 메시지 복잡성을 결정하는 주요 요인은 표적 청중의 관여 정도인데, 구체적으로, 수신자가 인지 자원cognitive resources을 확장해 메시지를 처리하고 내용을 정교하게 만드는 정도이다. 그러므로 더 복잡한 메시지는 비교적 관련이 없는 청중에게 적당하지 않을 수 있다. 왜냐하면 이러한 고객들은 브랜드에 대해 신경 쓰지 않고, 제품이 브랜드간에 약간의 차이가 있는 상품이라고 생각하거나, 메시지 내용에 대해 산만하고 주의를 기울이지 않기 때문이다. 예를 들어, 많은 소비자는 서로 다른 브랜드의 종이 티슈 간의 차이점을 배우는 데 별로 신경을 쓰지 않을 수 있으며, 결과적으로 메시지에 포함된 정보를 제멋대로 처리할 수 있다. 동시에 전문적인 장비 구매와 같은 상황에서는 세부적인 제품 사양 제공이 회사 오퍼링이 우수한 고객 가치를 창출하는 방식을 명확하게 설명하는 데 이로울 수가 있다.

메시지 복잡성과 이 메시지를 진행하기 위한 고객의향 및 능력 사이에 적합을 확실히 하는 것이 중요하다. 부적합은 역효과를 초래하기 때문이다. 예를 들어, 한 브랜드의 혜택을 다른 브랜드와 비교해서 강조하는 비교 광교는 사람들이 주의를 기울이지 않을 때 이들 브랜드가 서로 유사하다는 잘못된 인상은 브랜드 혜택을 대조하기보다는 연관시키는 결과를 초래한다. 메시지 수신에 덜 관여하는 사람은 브랜드의 장단점을 특징으로 하는 양면 메시지의 본질을 파악하지 못하고 브랜드의 장점이 단점보다 중요한 이유에 대한 주장을 고려하지 않고 명시된 장단점으로만 판단한다.

메시지의 복잡성과 표적 청중 관여 정도 사이에 불일치는 창의적인 실행에서 가장 일반적인 문제 중의 하나이다. 이러한 불일치는 메시지를 디자인하는 브랜드 관리자와 크리에이티브 팀의 참여 수준과 메시지를 받는 사람의 참여 수준의 차이에서 비롯된다. 매일 수백 통의 메시지와 판촉 오퍼링의 쇄도로 소비자들은 각자의 개인 메시지에 갈수록 신경을 덜 쓰므로 결과적으로 주어진 메시지를 완전히 이해하는 데 필요한 복잡한 추론을 하는 데 필요한 인지 자원을 할당할 가능성이 적다. 반면 관리자와 크리에이티브팀은 브랜드 및 유익하고 기억에 남는 메시지 개발에 깊이 관여한다. 지나치게 관여된 마케팅 담당자와 관련이 없는 고객 간의 불일치로 인해 회사 메시지가 수신자에 의해 무시되거나 더 나쁜 경우 의도한 것과 반대되는 의미로 잘못 해석되는 경우 역 효과적인 결과를 초래할 수 있다.

매체 선택

매체는 회사가 메시지를 표적 청중에게 전달하는 데 사용하는 특정 수단이다. 커뮤니케이션을 시작하는 실체에 따라 매체는 아웃바운드outbound와 인바운드inbound의 두 가지 유형으로 나눌 수 있다.

● 아웃바운드 매체

아웃바운드 매체는 회사에 의해 시작된 커뮤니케이션 채널을 포함한다. 소유권 및 비용 유형에 따라, 아웃바운드 매체는 유료paid, 자사owned, 평가earned의 세 가지로 구분된다.

① 유료 매체

유료 매체는 회사가 제3자가 소유한 매체를 사용해 메시지를 전달하고 방송 및 인쇄면 비용 같은 매체 비용의 대부분 또는 전부를 흡수하는 마케팅 커뮤니케이션이다. 유로 매체의 주요 장점은 범위와 회사가 메시지 내용의 대부분 통제할 수 있다는 것이다. 예를 들어, 회사는 슈퍼볼 광고를 통해 수천만 명의 사람들에게 도달할 수 있다. 유료 매체의 단점은 회사는 매체가 도달한 청중에게 접근하기 위해 비용을 지불해야 하며 해당 메시지가 포함된 상황(예: 매체 가까이에 표시되는 정보)에 대한 통제가 거의 또는 없다는 것이다.

유료 매체의 일반적인 형식은 매체 광고, 직접 광고, 개인 판매, 이벤트 스폰서십, 브랜드 광고Brand Placement를 포함한다.

- **매체 광고**. 브랜드 메시지를 전달하기 위한 제3자 유료 매체 사용이다. 매체 광고의 가장 일반적인 형식은 시청각(전통적인 광고, 온라인 비디오, 해설식 광고), 라디오, 인쇄(판매 인쇄물 및 신문, 잡지 포함 광고), 온라인, 옥외(포스터 및 광고판), 판매 시점 광고자료(point-of-sales materials - 가게 앞, 통로 끝, 그리고 브랜드 오퍼링과 가까운 곳에 표시되는 표지판들).

- **직접 광고**. 회사의 메시지가 매체 광고의 경우처럼 제3자 포함보다는 독립된 정보로서 특정 수신인에게 직접 전달되는 커뮤니케이션의 형식이다. 직접 광고의 일반적인 수단은 카탈로그, 전단지, 이메일, 문자 메시지 및 맞춤 온라인 광고를 포함한다. 직접 광고는 판촉 이메일 수신인의 구매와 같은 즉각적인 반응을 이끌어내는 것을 목표로 하기 때문에, 이런 커뮤니케이션 형식은 직접 반응 광고라고 한다.

- **개인 판매**. 구매자와 판매자 간의 상호작용에 의존해 회사 오퍼링을 고객에게 알리고, 오퍼링 혜택을 납득해, 궁극적으로는 구매하도록 설득하는 브랜드 커뮤니케이션의 형식이다. 개인 판매는 비즈니스와 소비자 브랜드 구축하는 데 중요한 역할을 할 수가 있다.

- **이벤트 스폰서십**. 브랜드의 표적 고객에게 이벤트 및 관심있는 활동을 지원하는 것이다. 광고처럼 회사에서 설계한 메시지를 직접적으로 전달하기보다는 이벤트 스폰서십은 회사 브랜드를 이벤트 본질과 결부해 대중이 좀 더 개인적인 차원에서 브랜드와 연결이 되도록 한다. 예를 들어, 국가 올림픽 팀을 후원해, 회사는 브랜드를 경기의 정신에 연관시키고 그들을 기억할 만

한 경험에 연결시킴으로써 브랜드의 의미를 풍부하게 하는 것을 목표로 한다. 이벤트 스폰서십은 음악회, 미술 전시회와 같은 이벤트 지원에 참여할수가 있고, 기금 확보와 특정 사회적 사안에 대한 인식을 높이기 위한 목표로 추진한다. 이벤트 후원 외에, 인기 있는 행사가 열리는 경기장, 공연장및 운동장과 같은 장소를 후원하기 위해 회사 이름을 사용한다.

- **브랜드 광고**. 스포츠 이벤트, TV 쇼, 혹은 영화와 같은 특정한 형태의 오락물에 브랜드 배치를 포함한다. 예를 들어, 007 제임스 본드 영화 프랜차이즈는 영화 줄거리에 애스톤 마틴 자동차, 오메가 시계 등을 배치해 다양한브랜드를 홍보하는 장소로서의 역할을 해왔다. 이벤트 스폰서십과 유사하게, 브랜드 배치는 관련된 상황에서 회사 브랜드를 배치하지만, 이벤트 스폰서십과 다르게, 브랜드를 특징으로 하는 오퍼링의 사용을 특징으로 한다.회사는 브랜드를 다른 형태의 오락물에 배치해 홍보하기 때문에, 이 커뮤니케이션 형태는 브랜드 엔터테인먼트라고 불린다.

전체 형식을 확인하는 것 외에도, 매체 결정은 또한 각각의 매체형태 내에서 구체적인 커뮤니케이션 채널을 결정하는 것을 포함한다.예를 들어, TV 광고 영역에서는, 매체 채널 결정은 브랜드 메시지가표적 고객에 도달하고 영향을 줄 수 있는 최상의 위치가 될 특정 프로그램 및 시간 간격 선택을 포함한다. 맥주 브랜드는 주로 남성 청중들과 함께 인기 있는 스포츠 경기(예: 슈퍼볼) 동안 광고를 선택하는 반면,화장품 브랜드는 주로 여성 청중들을 목표로 하는 TV 프로그램 방송동안 광고를 선택한다.

적절한 매체 선택과 서로 다른 유형의 매체에 대한 자원 할당은서로 다른 매체가 브랜드 메시지를 전달할 수 있는 효과와 비용 효율성의 기능이다. 예를 들어, 광고와 개인 판매는 일반적으로 좀 더 직접적인 방법으로 청중들의 선호와 행동에 영향을 미치려는 광고주의 노력을 충분히 알고 있는 청중에게 브랜드의 메시지를 제시한다. 반면이벤트 스폰서십과 브랜드 광고는 브랜드 또는 브랜드를 사용하는 개

브랜드 구축

인과 파트너 관계를 맺은 조직에 대한 청중의 호의를 활용함으로써 표적 고객에게 미묘한 영향을 미친다. 게다가 장소 및 시간 구체적인 경향이 있는 이벤트 스폰서십과 제품 광고와 비교해, 광고는 다른 지역에서 쉽게 확장 가능하고, 최대한의 영향을 미치기 위해 필요에 따라 반복할 수 있다.

② 자사 매체

자사 매체는 회사가 자체 매체 경로를 사용해 메시지를 전달하는 마케팅 커뮤니케이션이다. 회사 소유 매체 사용의 주요 이점은 제3자에게 매체 비용 지불이 없고 회사는 매체의 독점 사용과 통제를 가진다. 소유 매체의 불리한 점은 한정된 범위이다. 즉, 회사는 자체 매체 경로로 유입traffic을 유도하기 위해 추가 비용이 발생할 수 있다.

일반적인 자사 매체 형식은 회사의 물리적 가상적 공간, 제품 포장, 체험 행사, 직접 메일, 개인 판매 및 샘플 등을 포함한다.

- 물리적 가상적 공간. 회사에 의해 통제되며, 회사의 커뮤니케이션을 위한 중요한 장소로 역할을 할 수 있다. 회사의 물리적 매장 위치, 쇼룸, 사무실 및 웹사이트에 의해 만들어진 분위기는 상업 광고 혹은 인쇄 광고보다 회사 브랜드의 본질을 더 잘 전달할 수 있다. 물리적 가상적 공간은 회사가 대중에게 자사 브랜드에 대해 알린다. 회사는 종업원과 주주에 대한 내부 커뮤니케이션 외에, 고객과 대중을 대상으로 하는 외부 커뮤니케이션에 소유 매체를 사용할 수 있다.

- 제품 포장. 라벨, 표지 및 브랜드 관련 정보 삽입물을 포함하며, 구매자가 선택을 위해 오퍼링을 평가할 때 구매 시점과 특히 관련이 있다. 더 중요하게, 포장의 모양과 느낌은 스타일, 독점성 및 호화로움 같은 브랜드의 어떤 면을 전달하는 것을 도울 수가 있다. 제품 포장은 또한 구매자가 회사 오퍼링으로 부터 받을 수 있는 가치를 최대화할 수 있도록 기획된 사용 관련 정보를 포함할 수 있다.

- **체험 행사**. 회사가 주관하는 홍보 행사이므로 제3자가 주관하는 행사 후원 보다는 회사가 그 브랜드를 중심으로 자체 행사를 주관한다. 이 경우 회사 가 행사를 주관하기 때문에, 매체를 소유하므로 원하는 메시지를 반영할 수 있는 상황이 된다. 결과적으로 회사 브랜드에 직접적으로 집중하지 않는 후 원 행사와는 다르게, 회사 주관 행사는 일반적으로 행사는 표적 청중에게 회사 오퍼링에 대해 알리기 위한 목적으로만 설계되었고, 표적 청중의 브랜 드 선호를 강화하고, 궁극적으로는 브랜드를 구매하도록 설득하는 것이다. 예를 들어, 할리데이비슨은 할리 소유주들 오토바이 타기를 주관하고, 허쉬 는 초콜릿 제조 과정 견학을 제공하고, 독일 주방용품 업체인 밀레는 유명 요리사가 등장하는 요리 행사를 주관한다.

- **직접 메일**. 문자, 이메일, 정기 우편 및 카탈로그와 같은 회사가 개발한 자 료를 표적 청중에게 직접 보낸다. 직접 메일은 표적 청중이 회사의 브랜드 를 인식하고, 브랜드 선호를 강화하고, 추가 정보 혹은 오퍼링 구매를 위해 회사를 접촉하는 것과 같은 행동 반응을 이끌어내는 데 사용될 것이다. 직 접 메일은 회사 직원 및 주주와 정보를 공유하기 위한 내부 목적뿐만 아니라 회사 협력자에게도 사용된다.

- **개인 판매**. 일반적으로 회사 담당자 또는 영업 담당자와의 일대일 직접 상 호작용이다. 개인 판매는 영업 담당자라면 대면 상호작용을 포함할 수 있으 며, 통신마케팅이라면 전화 혹은 온라인으로 할 수 있다. 개인 판매와 대부 분 다른 형태의 커뮤니케이션 종류와 주요 차이는 판매원과 표적 고객 사이 에 직접적인 양방향 커뮤니케이션이 있다는 것이다. 개인 판매는 판매원이 회사에 의해 채용이 될 때는 소유 매체로 간주 될 수 있다. 그러나 판매 담당 자가 여러 회사에서 수수료만으로 일을 할 때는, 개인 판매는 소유 매체라 기보다는 유료 매체와 유사하다.

- **샘플**. 제품 샘플과 구매자가 브랜드 제품을 직접 경험할 수 있는 무료 서비 스 체험이다. 샘플과 무상 체험은 신제품 소개와 관련해 사용되어 고객에게 오퍼링을 습득하고 채택하도록 권장한다. 고객이 직접 회사의 제품과 서비 스를 경험하게 함으로서 샘플과 무상 체험은 고객에게 오퍼링의 브랜드를 소개하는 데 도움을 준다. 샘플은 소비재 포장 상품의 경우 우편으로, 디지 털 신문, 음악 샘플 및 영화 예고편의 경우는 온라인으로, 혹은 매점이나 다 른 물리적 장소에서 배포 가능하다.

유료 매체의 경우와 마찬가지로, 특정 형태의 회사 소유 커뮤니케이션 경로 선택은 경로의 효과 및 비용 효율성에 달려있다. 회사의 소유 물리적 및 가상 부동산, 제품 포장, 직접 이메일 및 무료 디지털 제품 및 서비스 체험과 같은 가상 샘플 사용은 가장 비용이 적게 드는 경향이 있는 반면, 개인 판매, 체험 행사 및 실지 샘플 배포는 높은 비용이 든다. 그러나 다른 경로의 효과는 항상 직접 비용과 연관되어 있지 않다는 것을 유의해야 한다. 즉, 덜 비싼 매체 경로는 더 비싼 경로보다 항상 덜 효과적이지 않다는 것이다. 이러한 맥락에서 최적의 매체 믹스를 선택할 때, 회사 목표는 최소한의 비용으로 표적 청중을 참여시키고 알릴 가능성이 가장 높은 채널을 식별하는 것이다.

③ 평가 매체

평가 매체에는 브랜드 커뮤니케이션이 포함되어 있으며 회사 메시지는 제3사가 소유한 매체를 사용해 회사에 무료로 전달한다. 세 가지 대중적인 형태의 평가 매체는 언론 보도, 소셜 미디어, 입소문이다. 이 세 가지 종류의 매체는 매체 출처나 메시지의 내용이 회사에 의해 소유되거나 직접적으로 통제되지 않는다는 점에서 유사하다. 동시에 언론 보도는 일반적으로 전문적으로 관리되는 언론 매체에 의존하는 반면, 소셜 미디어와 입소문은 주로 대인관계의 의사소통을 수반한다는 점에서 다르다.

● 언론 보도. 신문, 저널, 잡지 및 라디오와 같은 전문적으로 관리되는 언론 매체의 커뮤니케이션 활동을 포괄한다. 광고와 다른 형태의 유료 매체와는 달리, 언론 보도와 함께, 회사 는 메시지를 전달하는 매체인 신문 지면 혹은 라디오 쇼 방송 시간에 대해 지불하지 않는다. 언론 보도 확보를 위해, 회사 는 대중의 믿음, 태도 및 행동을 바꾸기 위해 영향력을 행사하는 리포터, 로비스트 및 오피니언 리더와 같은 다른 단체들과 함께 작업할 수 있을 것이

다. 비록 회사는 실지 매체에 지불을 하지는 않지만, 언론 보도는 원하는 홍보를 확보하는 데 상당한 비용이 소요될 수 있다. 예를 들어, 회사 브랜드의 적절한 언론 보도를 보장하는 업무를 담당하는 홍보 대행사의 서비스 비용 지불을 한다.

● 소셜 미디어. 트위터, 페이스북, 인스타그램, 링크드인, 스냅챗, 위챗, 핀트레스트 및 유튜브와 같은 다양한 디지털 커뮤니케이션 플랫폼을 사용하는 개인 커뮤니케이션의 형태이다. 소셜 미디어는 또한 온라인 토론, 블로그, 팟캐스트, 논평 및 평점, 이메일 등을 포함할 수 있다. 전문적인 매체 조직에서 관리하는 언론 보도와는 달리, 소셜 미디어는 주로 P2Ppeer-to-peer 커뮤니케이션을 포함한다. 시간이 지남에 따라, 유명인사와 오피니언리더들이 사용하는 것과 같은 소수의 소셜 미디어는 많은 청중들을 확보하고 사실상 전문 매체가 된다.

● 입소문. 소셜 미디어 경우인 디지털 플랫폼을 통하지 않고 직접 수행하는 P2P 커뮤니케이션을 포함한다. 입소문은 소셜 미디어 출현 이전에는 널리 보급된 형식의 개인 커뮤니케이션이었다. 입소문은 궁극적인 영향은 메시지의 출처와 내용에 의해 결정되지만, 물리적 공간에서 발생하므로, 소셜 미디어보다 좀 더 개인적이고 영향력이 강하다. 입소문 커뮤니케이션은 소셜 미디어 커뮤니케이션에 영향을 미칠 수 있고, 그 반대의 경우도 마찬가지다. 예를 들어, 소문을 듣고 나서, 개인은 트윗을 통해 온라인으로 공유할 수 있다. 이 트윗은 오프라인 토론을 생성해 온라인에서 실제 세계로 메시지를 전달할 수 있다.

평가 매체의 주요 장점은 회사가 신문 지면, 라디오 쇼 방송 시간, 혹은 옥외 광고판에 매체 비용을 지불할 필요가 없다는 것이다. 평가 매체의 다른 중요한 장점은 일반적으로 회사 브랜드에 대한 관심이 없는 제3자로 부터 나오는 메시지이므로, 회사가 직접 후원하는 메시지 보다는 더 믿을 만한 것으로 간주 된다. 평가 매체의 중요 단점은 회사가 매체 비용을 지불 하지 않기 때문에, 메시지를 통제하지 않으므로 전달된 메시지가 브랜드 전략 목표와 일치하는지 확인할 수 없다.

◉ 인바운드 매체

인바운드 매체는 회사보다는 고객, 협력자, 회사 종업원 및 주주, 일반 대중과 같은 다른 실체에 의해 시작된 커뮤니케이션이다. 예를 들어, 소비자들은 회사의 광고를 수동적으로만 보지 않을 수도 있다. 소비자들은 온라인 검색, 회사 웹사이트 방문 혹은 판매원과 상담을 통해서 정보를 적극적으로 찾아낼 수 있다. 이 경우 회사는 관심을 끌기 위해 표적 고객에게 다가가려 노력하고 관련 정보를 제공하기보다는, 회사의 오퍼링에 대해 이미 관심을 보인 개인들의 문의에 보다 더 집중할 필요가 있다.

인바운드 매체 형식은 발생하는 커뮤니케이션 채널의 특성에 따라 다르다. 일반적인 인바운드 매체 형태는 온라인 검색, 개인적인 상호소통, 전화, 온라인 포럼, 우편, 이메일을 포함한다.

● **온라인 검색**. 다양한 형식의 브랜드 관련 정보를 적극적으로 찾는 고객을 포함한다. 온라인 검색의 성장은 제품 정보를 고객에게 제공하는 구글, 유튜브, 아마존 등과 같은 인기 있는 플랫폼의 효과에 기인한다. 온라인 검색의 인기는 검색엔진 최적화, 검색엔진 마케팅과 같은 검색 마케팅 도구 개발을 이끌었다.

● **전화 커뮤니케이션**. 고객이 관련 정보를 얻기 위해 회사와 소통할 수 있게 하고 회사와 제품에 관련된 구체적인 쟁점을 다룬다. 대면으로 시행되지 않는 것을 제외하고는 개인적인 상호 소통과 비슷하다.

● **온라인 포럼**. 온라인 실시간 채팅과 같은 온라인 포럼은 회사가 웹사이트 방문자에 접속할 수 있도록 하고, 방문자의 필요와 목적을 이해하며, 원하는 정보를 제공한다. 이런 유형의 매체 장점은 웹사이트를 떠나지 않고 고객이 회사와 즉석에서 소통하는 기회를 제공하며 회사의 관점에서 자동화에 적합하기 때문에 매우 비용 효율적일 수 있다(예: 인공 지능을 사용해 고객 문의에 응답).

● **우편**과 **이메일**. 인바운드 매체의 대체 형식으로, 나중에 참조할 수 있도록 상호작용의 세부사항을 보존하는 형식으로 커뮤니케이션을 선호하는 고객에게 이익을 주는 인바운드 매체이다.

지난 10년 동안 온라인 검색이 주요 매체가 되면서 인바운드 매체의 중요성이 급격히 증가했다. 온라인 검색의 인기에도 불구하고 대화식 구성 요소를 검색 과정에 추가한 다른 형태의 인바운드 매체 또한 회사 커뮤니케이션에서 중요한 역할을 한다. 인바운드 매체를 관리하는 핵심은 고객이 브랜드를 배우고, 고려하고, 구매하고, 사용하는 방법을 이해하고 브랜드에서 도출되는 가치를 높이기 위해 회사와 연결할 수 있는 장소를 제공하는 것이다.

창의적 실행 디자인

창의적 실행은 브랜드 메시지의 구체적인 시행을 나타내며 회사의 커뮤니케이션 전략을 표적 고객에게 정보를 가장 잘 전달할 수 있는 구체적인 매체 유형에 맞게 조정된 메시지로 바꾼다. 브랜드 커뮤니케이션의 창의적인 측면은 표적 고객과 공감하고 참여할 수 있는 방식으로 브랜드 가치제안을 표현하는 것을 목표로 한다. 따라서 브랜드의 다른 측면을 단순히 열거하기보다는, 창의적인 해결책은 브랜드 본질을 의미 있고 매력적인 이야기로 바꿔야 한다.

창의적인 해결책은 매체마다 다르다. 인쇄 광고는 카피(제목과 본문의 문구), 시각적 요소(그림, 사진, 그래픽, 로고), 형식(크기 및 색 구성), 레이아웃(광고의 다른 부분들의 배열)에 관한 결정이 포함된다. 라디오 광고는 글(대화와 화법의 표현), 오디오(음악, 대화, 효과음), 기간(시간)을 다룬다. TV 광고는 시각적 요소(이미지), 문서(대화의 문구, 음성 해설, 인쇄본), 오디오(음악,

브랜드 구축

대화, 효과음), 기간(광고 시간)이 포함된다.

커뮤니케이션 메시지 전달을 위한 창의적 해결책 개발은 두 가지 기본적 요소인 메시지 출처 및 메시지 어필을 포함한다.

● 메시지 출처

커뮤니케이션 전략을 흥미진진한 이야기로 변환하는 중요한 측면은 회사 메시지의 출처를 결정하는 것이다. 즉, 누가 이야기를 할 것인가 이다. 예를 들어, 회사 브랜드 홍보 광고 경우처럼, 메시지 출처는 회사가 될 수도 있다. 또는 직원이 브랜드 이점에 대해 논의하거나 회사 CEO가 브랜드 관련 문제에 대한 응답으로 발표하는 경우와 같이, 회사 직원 혹은 회사를 대표하는 이해 관계자로부터 메시지가 나올 수 있다.

메시지는 회사 혹은 종업원으로부터 나올 필요는 없다. 일반 사용자가 자신의 경험을 공유할 때와 같이 대중으로부터 나올 수 있으며 특정한 의약품을 홍보하는 의료 전문인과 같은 브랜드를 논의하고 보증하는 독립적인 전문가들로 부터 나올 수 있다. 마지막으로 메시지 출처는 영화배우, 슈퍼모델 혹은 많은 소셜 미디어를 팔로우하는 사교계 명사와 같이 금전적 보상(유료 보증인) 혹은 브랜드에 대한 진정한 고마움(브랜드 전도사)으로 인해 브랜드를 보증하는 유명인이 될 수 있다.

메시지의 궁극적인 영향에 대한 출처의 영향력은 출처의 전문성, 호감도 및 신뢰성에 달려 있다. 따라서 출처에 대한 전문 지식이 많을수록 출처가 전하는 메시지의 잠재적 영향이 커지며 바람직하고 매력적이고 호감 가고 재치 있고 전반적으로 호의적으로 여겨지는 출처의 메시지가 더 영향력이 있는 경향이 있다. 출처의 신뢰성을 반영하는 출처 신뢰도는 메시지를 더욱 증폭시키고 브랜드 커뮤니케이션의 궁극적인 영향을 강화할 수 있다.

● 메시지 어필

메시지 어필은 회사 메시지를 전달하는 데 사용된 접근 방식을 반영한다. 대부분의 창의적 해결책은 정보기반이나 감정기반의 어필 중 하나를 포함한다.

- 정보기반 어필. 일반적으로 사실 발표(관련 정보의 간단한 발표), 시연(단계적 환경에서 제공되는 주요 이점의 설명), 문제 해결 예(문제의 식별 및 문제를 근절할 수 있는 오퍼링의 제시), 제품 비교(오퍼링 A가 오퍼링 B보다 좋은 이유 설명), 단편적인 생활 이야기(일상생활에서 오퍼링의 주요 혜택 예시), 증언(일반 사용자 또는 유명인에 의한 오퍼링 보증) 등과 같은 방법에 의존한다. 정보기반 어필은 수신자 측의 합리적인 처리를 가정한다.

- 감정기반 어필. 일반적으로 사람의 감정을 이용한다. 대체로, 두 가지 유형의 감정 기반이 있다. 사랑, 로맨스, 기쁨 중심인 긍정적인 어필과 두려움, 죄책감 및 수치심을 불러일으키는 부정적인 어필이다. 긍정적인 어필은 개인이 기대하고 성취하려는 감정적인 상태에 집중하는 반면, 부정적인 어필은 피하고자 하는 감정적인 상태에 집중한다. 예를 들어, 소비자는 애인에게 좀 더 매력을 느끼거나(긍정적인 어필) 충치를 방지하기 위해 특정 치약 브랜드를 구매하도록 권장 받을 수 있다. 어필의 두 종류는 홍보 중인 오퍼링과 같은 요인(소비자의 믿음, 필요 및 선호) 혹은 경쟁적인 상황에 따라서 모두 효과적일 수 있다.

  정보기반 어필은 가전제품, 전자제품, 사무용 기기 및 상업 장비를 선택할 때 기능성이 주요한 고려사항일 경우 더 효과적이며, 소비자의 선택이 미용 제품, 휴가 및 의류와 같이 느낌과 욕구에 의해 주도될 때, 감정 기반 어필은 보다 효과적이다.

  정보기반 어필은 소비자가 메시지 내용을 제대로 이해하기 위해 메시지에 주의를 기울이고 생각할 가능성이 높을 때 더 효과적이다. 반면 감정 기반 어필은 소비자가 덜 관여하고, 메시지에 아주 세심한 주의를 기울이지 않더라도 효과적일 수 있다. 이러한 맥락에서 메시지 어필의 선택은 회사의 커뮤니케이션을 결정할 때 수신자의 참여 수준을 신중하게 고려해야 한다.

● 창의적 실행 관리의 주요 원칙

다양한 커뮤니케이션 도구를 활용하고 효과적으로 커뮤니케이션 캠페인을 관리하기 위해서는 관리자는 모든 창의적인 결정이 브랜드의 중요한 전략과 일치하고, 서로 일관되며, 그들 사이에 존재하는 시너지를 활용한다는 것이다. 창의적 실행 관리의 주요 원칙 세 가지는 전략적인 집중, 일관성, 시너지이다.

- 전략적 집중. 창의적인 실행은 브랜드의 전략적인 목표 달성을 위해 반드시 오락물보다 전략을 우선으로 정해야 한다. 구매자의 주위를 끌기위한 점점 심해지는 경쟁 때문에, 기업들은 경쟁 메시지의 혼란을 극복하기 위해 지나치게 창의적인 캠페인을 개발하고 싶어한다. 창의성 자체가 미덕이지만 비즈니스 커뮤니케이션의 창의성에는 마케팅 컨텐츠를 희생 하면서 까지 달성해서는 안된다.

- 일관성. 창의적 실행은 혼선을 최소화하고 표적 고객의 마음속에 브랜드의 일관된 이미지를 만들기 위해 반드시 다른 매체 형식으로 정렬되어야 한다. 일관된 브랜드 이미지를 만드는 회사의 능력은 다른 매체 형식이 다른 역량을 요구한다는 사실에 의해 방해를 받고, 회사가 광고, 대외홍보, 소셜 미디어, 제품 광고 및 검색 최적화에 중점을 둔 여러 대행사 및 크리에이티브 팀을 고용하도록 한다. 메시지와 창의적 실행의 일관성 달성을 위해서는 회사는 브랜드의 커뮤니케이션을 위해 일하는 모든 매체와 크리에이티브 팀이 반드시 긴밀한 협력을 하도록 해야 한다.

- **시너지**. 창의적 실행은 다양한 매체 채널에서 개별 메시지의 공동 영향을 반드시 극대화해 그 영향을 더욱 강화해야 한다. 다른 상황에서 브랜드 메시지를 경험하는 것은 고객의 마음에보다 광범위한 브랜드 연결 네트워크를 만들 가능성이 높기 때문에 서로 다른 매체를 통해 브랜드 메시지를 전달하고 동일한 메시지를 동일한 매체 채널에서 여러 번 재생하는 것보다 창의적인 실행을 변화시키는 것이 더 효과적일 수 있다.

이러한 주요 원칙을 따르는 것은 성공적인 브랜드 커뮤니케이션 캠페인을 만들기 위해 필수적이다. 브랜드 커뮤니케이션의 목표는 브랜드 이미지를 전달하고 향상시키는 것이기 때문에, 커뮤니케이션 전술인 브랜드 매체와 창의적 해결책은 전반적인 전략을 반영해야 하고, 내부적으로 일관되어야 하고, 다른 메시지와 매체 형식에 걸쳐 시너지를 극대화해야 한다.

커뮤니케이션 효과 평가

회사의 목적에 따라서 커뮤니케이션은 다른 결과물 달성을 목표로 하므로 커뮤니케이션 효과 평가를 위한 의미 있는 접근은 특별한 성과 지표를 중요한 의사소통 목표와 연결하는 것이다. 이에 따라 커뮤니케이션 효과는 인지도를 높이고, 선호도를 형성하고, 행동을 불러 일으키는 능력을 바탕으로 평가될 수 있다.

● 인지도 측정

인지도 측정은 표적 청중이 브랜드 메시지에 노출되었는지, 메시지를 이해했는지, 메시지를 회상할 수 있는지를 평가하는 것이다.

노출 측정은 회사의 커뮤니케이션이 의도된 청중에 도달했는지 여부를 확인하는 것을 목표로 한다. 이를 위해 특정 TV 프로그램을 시청하고, 신문을 읽고, 웹사이트를 방문하고 혹은 앱을 사용하는 회사의 인원수에 대한 평가는 브랜드 메시지에 노출된 인원수의 결정 근거가 될 수가 있다. 노출 측정 외에, 커뮤니케이션 효과는 목표 청중이 메시지를 이해했는지의 정도를 반영한 이해 측정하는 것을 포함할 수 있다. 예를 들어, 회사는 목표 청중이 의도된 메시지를 이해하는지 여부를 확인하기 위해 포커스 그룹을 시행할 수 있다.

다른 커뮤니케이션 효과 측정은 회상 측정, 표적 청중이 회사의 커뮤니케이션을 기억하는 정도, 그리고 더 중요한 것은 커뮤니케이션 메시지의 세부사항이다. 회상의 두 가지 종류인 보조와 비 보조는 측정될 수 있다. 보조 회상이란 특정 커뮤니케이션 및/또는 커뮤니케이션 메시지에 대한 노골적인 질문에 노출되었는지 여부를 기억할 수 있는 개인의 능력을 말한다. 보조 회상 측정을 위해, 응답자들은 광고물 발표 후에 브랜드명 목록이 제공되며 주어진 기간 내(예: 지난주 동안)에 이런 브랜드를 보았는지 여부를 회상하도록 질문받는다. 반대로, 비 보조 회상은, 광고를 직접 홍보하지 않고 자발적으로 회상하는 능력을 말한다. 비보조 회상 측정을 위해 응답자들은 일반적으로 주어진 기간 동안 광고된 모든 브랜드를 회상하도록 요청받는다.

브랜드 인지도 측정은 브랜드 인지도에 대한 커뮤니케이션 캠페인 영향이 쉽게 관측 될수 있다는 사실에 의해 촉진된다. 이것은 대부분의 경우 표적 청중이 회사 커뮤니케이션에 노출되는 시간과 노출이 브랜드 인지도에 영향을 미치는 노출 사이의 시간 지연이 거의 없기 때문이다. 브랜드 인지도에 대한 커뮤니케이션의 근접한 영향은 다른 관련 없는 요소의 영향에서 커뮤니케이션 캠페인의 영향을 분석하는 데 도움이 된다.

● 선호도 측정

선호도 측정은 회사의 커뮤니케이션이 브랜드에 대한 고객의 믿음을 형성하고, 강화하고, 변화시킬 수 있는 정도를 평가하는 것이다. 선호도 측정의 일반적인 접근 방법은 고객이 회사의 커뮤니케이션에 노출된 전후에 고객의 브랜드에 대한 구체적인 믿음을 평가하는 것이다.

가장 큰 광고주 중 하나인 기존 브랜드에 대한 선호는 단일 커뮤니케이션으로 변경하기가 어렵기 때문에, 표적 청중이 광고를 좋아하면 이런 태도는 브랜드를 좋아하게 될 것이라는 전제하에, 회사들은 브랜드에 대한 태도보다는 광고에 대한 태도를 측정한다. 이 방법이 장점이 없는 것은 아니지만, 고객이 광고를 좋아하는 것과 광고 브랜드에 대한 고객의 태도 간의 연결은 검증되지 않았다. 따라서 청중이 회사의 커뮤니케이션을 좋아한다는 단순한 사실이 브랜드에 대한 태도를 변화했다는 것을 의미하는 것은 아니다.

선호도 측정의 대안적 접근 방법은 회사 커뮤니케이션 노출 전후에 표적 청중이 다른 브랜드들 중에서 선택을 하도록 하는 것이다. 커뮤니케이션에 따른 브랜드의 상대적 선택 점유율이 클수록 커뮤니케이션이 더 효과적이다. 브랜드 선호도는 트위트, 블로그, 포스팅, 사진 및 동영상과 같은 소셜 미디어 활동을 관찰해 브랜드를 포착할 수도 있다. 이 경우 브랜드 선호도는 보통은 대화의 넓은 상황에 포함되어 있기 때문에, 관리자는 개인의 선호도를 유추하기 위해 다양한 자연어 처리 방법을 사용한다.

인지도 측정 경우와는 다르게, 선호도 측정은 선호도 구축이 시간이 지남에 따라 발생하고 결과적으로 다른 요인에 의해 영향을 받을 수 있기 때문에 복잡하다. 예를 들어, 브랜드 선호도는 고객의 회사 제품 및 서비스에 대한 이전 경험, 다른 고객들과의 상호작용, 경쟁사 광고, 평가대상 캠페인에 포함되지 않는 회사 자체의 커뮤니케이션 활동 등에 의해 영향을 받을 수도 있다. 결과적으로 의미가 있으려면 특정 커뮤니케이션 캠페인이 브랜드 선호도에 미치는 영향의 평가는 캠페인 중에 발생한 다양한 외부 요인의 영향을 통제해야 한다.

● 행동 측정

행동 측정에는 특정 브랜드와 연관된 오퍼링의 구매, 오퍼링 관련 문의를 위한 회사 접촉, 회사 매장, 전시장 혹은 웹사이트 방문, 회사 온라인 배너 클릭하기 등과 같은 회사의 커뮤니케이션으로 인한 고객 행동 평가가 포함된다.

직감적으로, 영업이 커뮤니케이션 효과의 최고 측정으로 보이지만 항상 그런 것은 아니다. 효과 측정으로서 영업에 의존하는 것의 문제는 브랜드 구축 커뮤니케이션 영향이 즉각적이지 않다는 것이다. 결과적으로 커뮤니케이션 영향은 판매량의 관측된 변화에 기여하는 다른 요인들과 브랜드 커뮤니케이션의 고유한 기여의 분리를 어렵게 하는 가격 변동, 인센티브, 경쟁적 활동 및 구매 주기 등과 같이 관련이 없는 다양한 요인들과 혼동되어 있다.

커뮤니케이션 캠페인의 효과를 유추하기 위해 행동을 측정할 수 있는 가능성은 사용된 매체 종류에 달려있다. 매체가 직접마케팅, 개인 판매 및 온라인 검색 같은 성능 측정에 직접 연결되어있는 경우, 실제 행동은 커뮤니케이션 캠페인 효과 평가를 위해 사용될 수 있다.

그러나 이런 방식으로 매체를 성능에 연결하면 기여 편향attribution bias이 생겨 직접 측정 가능한 결과를 생성하는 커뮤니케이션 형식이 커뮤니케이션 캠페인 결과에 독점적으로 적용된다.

즉각적이고 측정 가능한 영향을 미치는 매체 채널에 대한 신뢰는 대외홍보, 소셜 미디어 및 행사 후원과 같은 다른 채널을 희생해 발생하며, 이는 비록 직접적으로 그들의 영향이 측정될 수는 없지만 시장가치를 창출한다. 그러므로 비록 클릭 연결 및 온라인 검색으로 직접적으로 측정 가능한 결과를 도출하지만, 이 결과들은 인지도를 높이고 관심을 유발하며 브랜드 선호도를 구축하기 위해 온라인과 오프라인 모두에서 회사의 공동 노력의 결과이다. 회사의 브랜드 커뮤니케이션 효과를 정확하게 평가하기 위해, 관리자는 반드시 캠페인의 다른 요소들이 서로 상호작용하는 방법을 고려하고 적절한 커뮤니케이션 수단을 사용해 각 커뮤니케이션 활동의 기여도를 평가해야 한다.

요약

브랜드 커뮤니케이션은 브랜드 디자인을 식별자 및 참조자와 연관시키며, 이를 통해 표적 고객의 마음속에 원하는 브랜드 이미지를 구축한다. 브랜드 커뮤니케이션 개발은 다섯 개의 주요 결정에 의해 진행된다: 커뮤니케이션 목적 설정, 커뮤니케이션 전략 구체화(목표 청중 식별 및 메시지 개발), 커뮤니케이션 전술 기획(매체선정 및 창의적 해결책 개발), 커뮤니케이션 캠페인 시현, 캠페인 결과 통제(평가).

커뮤니케이션 목표를 설정하려면 집중해야 할 활동을 파악하고 달성할 성과 기준을 정의해야 한다. 커뮤니케이션 캠페인의 집중은 브랜드 인지도를 만들고, 브랜드 선호를 구축하고, 브랜드 관련된 행동에 호기심을 가지게 한다. 성과 기준은 커뮤니케이션 목표 달성을 위한 정량적 및 시간적 기준을 간략하게 나타낸다. 커뮤니케이션 목표 설정은 구체적인 커뮤니케이션 목표, 목표 달성 비용 및 기용한 자원에 의해 결정되는 커뮤니케이션 예산 규정과 관련이 있다.

표적 청중은 회사 커뮤니케이션의 지정된 수신자이다. 커뮤니케이션은 브랜드 전술의 일면이기 때문에, 표적 청중의 식별은 브랜드에 대한 고객의 전략적 선택에 따른다. 회사가 표적 청중을 가장 효과적이고 비용 효율적인 방법으로 달성하기 위해서는 표적은 세 가지 중요한 질문을 다루어야 한다. 청중에게 도달할 수 있는 최적의 기회는 언제 어디서 누구에게 도달해야 하는지이다.

커뮤니케이션 메시지는 회사가 표적 청중과 공유하고자 하는 브랜드 관련된 정보이다. 메시지 개발의 두 가지 중요한 면은 메시지의 내용과 복잡성이다. 메시지 내용 선택을 가이드하는 핵심 규칙은 메시지 내용이 가장 중요한 브랜드 포지셔닝과 일치해야 한다. 메시지의 복잡성을 결정하는 핵심 요인은 표적 청중의 참여 수준이다. 지나치게 복잡한 메시지는 브랜드와 연관되지 않은 청중, 제품과 브랜드가 비슷한 것으로 인식하는 청중, 메시지 내용에 주의를 기울이지 않을 것 같은 청중에게는 적당하지 않다.

매체는 표적 청중에게 메시지를 전달하기 위해 회사가 사용하는 수단이다. 커뮤니케이션을 시작한 실체를 기반으로, 매체 형태는 두 가지가 있다. 회사가 시작한 커뮤니케이션과 관련하는 아웃바운드 매체, 대중이 시작한 커뮤니케이션과 관련하는 인바운드 매체이다. 아웃바운드 매체는 유료, 자사, 평가의 세 가지 주요 유형으로 나누며, 매체를 선택할 때, 최소한의 비용으로 브랜드 메시지를 표적 청중에게 효과적으로 전달할 수 있는 커뮤니케이션 채널을 식별하기 위해 노력해야 한다.

창의적인 해결책에는 메시지를 선택한 매체 형식의 언어로 변경하는 것이 포함된다. 커뮤니케이션 메시지 전달을 위한 독창적 해결책을 개발하려면 메시지 원천과 메시지 호소라는 두 가지 주요 결정이 필요하다. 창의적 실행 관리는 세 가지 핵심 원칙, 즉 ① 브랜드 전략 요소와 브랜드 커뮤니케이션의 엔터테인먼트 요소의 균형을 맞추기 위한 전략적 집중, ② 서로 다른 매체에서 브랜드 메시지를 정렬하는 것을 목표로 하는 일관성, ③ 다른 언론 매체에서 개별 메시지의 공동 영향을 최대화하는 목표인 시너지 효과에 의해 결정된다.

커뮤니케이션 효과를 평가하는 의미 있는 접근법은 커뮤니케이션 목표와 결합하는 것이다. 이에 따라 커뮤니케이션 효과는 인지도를 만드는 능력(예: 표적 청중이 브랜드 메시지에 노출이 되었는지, 표적 청중이 메시지를 이해했는지, 표적 청중이 메시지를 회상하는지), 선호도 구축 능력(예: 커뮤니케이션이 브랜드에 대한 고객의 믿음을 형성하고, 강화하고, 바꿀 수 있는지), 조치를 취하는 능력(예: 커뮤니케이션이 표적 고객의 브랜드별 행동을 가져왔는지)으로 평가될 수 있다.

BRANDING INSIGHT 브랜드 커뮤니케이션 관리의 주요 동향

커뮤니케이션은 다른 마케팅 전략보다 더 많은 변화를 겪었다. 지난 10년 동안 회사의 현재 및 잠재 고객과 커뮤니케이션하는 방식이 크게 발전했다. 마케팅 커뮤니케이션에서의 주요 개발 중 일부는 아래와 같다.

● 마이크로 타깃팅micro-branding. 커뮤니케이션은 TV 및 인쇄와 같은 대중 매체 형식에서 개인화된 일대일 커뮤니케이션으로 진화했다. 회사는 이제 고객들의 필요를 더 잘 식별할 수 있을 뿐만 아니라 적절한 장소와 시간에 맞춤형 메시지를 전달해 개별 고객을 타깃팅할 수가 있다. 마이크로 타깃팅은 회사의 커뮤니케이션을 자동으로 관리해야 하며, 이는 고객 행동 및 인구 통계에서 파생된 알고리즘에 따라 결정된다.

● 인바운드 커뮤니케이션. 다른 중요한 발전은 회사 주도 커뮤니케이션에서 고객이 단지 회사 메시지의 수신인이 아니라 적극적으로 회사의 정보와 오퍼링을 검색하는 고객 주도 상호작용이다. 광고, 이벤트 후원 및 직접 마케팅과 같은 순전히 아웃바운드 커뮤니케이션으로부터 문자, 비디오 및 오디오 검색을 사용하는 인바운드 커뮤니케이션을 포함하는 하이브리드 형식으로 전환은 회사가 고객들과 상호작용하는 방식에 혁명을 가져왔다. 결과적으로 대부분의 커뮤니케이션 캠페인은 회사 오퍼링을 더 잘 촉진하기 위해 인바운드와 아웃바운드 활동을 합친다.

- **개인 간 커뮤니케이션**peer-to-peer communication. 커뮤니케이션 환경을 변화시키고 있는 다른 중요한 발전은 P2P 커뮤니케이션의 성장이며, 이것은 가끔 회사 자체의 커뮤니케이션을 빛을 발하게 한다. 점점 더 많은 고객들이 제품 후기 및 소셜 미디어를 통해 다른 고객이 제공하는 혜택에 관한 정보를 받음에 따라, 고객 선호도를 직접 형성할 수 있는 회사 능력은 점차 감소하고 있다. 고객 경험의 이런 투명성이 회사가 월등한 제품과 서비스를 개발하는 데 투자하도록 만들고 회사의 커뮤니케이션이 혜택에 의해 만들어진 가치와 일치하는지 확인하도록 한다.

- **지리적 위치**Geolocation. 전화기, 테블렛 및 특정 사용자에게 고유하게 연결되고 거의 항상 켜져 있는 웨어러블 기술과 같은 대화형 모바일 장치의 보편성은 회사들이 거의 어디에서나 언제든지 고객들의 지리적 위치를 파악할 수 있으므로 현재 고객이 충족하고자 하는 니즈인 적극적인 니즈에 근거한 고객의 니즈를 파악하는 점점 더 중요한 역할을 한다. 예를 들어, 식당 메뉴와 진행 중인 판촉을 근처에 있는 사람에게 알리기는 멀리 떨어져 있을 때 알리기보다는 훨씬 더 효과적이다.

- **자동화**Automation. 표적 고객에게 효과적으로 도달하기 위해, 점점 더 많은 회사들이 고객 니즈의 파악를 위해 예측 분석을 사용하고 맞춤형 메시지를 개발한다. 이런 회사들 대부분이 고객 위치를 예측하기 위해 예측 분석과 지리적 위치를 결합하고 고객이 행선지에 도착하기 전에 표적화된 오퍼링을 보내고 자동화된(프로그램적인) 커뮤니케이션을 사용해 고객 니즈에 맞게 메시지를 작성하고 이러한 메시지가 가장 영향력이 있고 원하는 고객 응답을 이끌어낼 수 있는 시간과 장소에서 고객에게 도달하고 있다.

- **측정 가능성**. 개인 모바일 기기 제공의 보편성과 합쳐진 온라인 커뮤니케이션 확산은 커뮤니케이션 캠페인 효과를 측정하는 능력을 극적으로 개선시켰다. 특정 커뮤니케이션이 개별 소비자에게 미치는 영향을 더 잘 추적할 수 있는 기능을 통해 기업은 메시지와 창의적인 실행을 보다 효과적으로 측정하고 가장 효과적인 매체 채널을 선택하며 궁극적으로 최적의 커뮤니케이션 지출 수준을 결정할 수 있다.

브랜드가 고객과 상호 작용하는 방식에 있어 위의 대부분의 변화와 회사가 강력한 브랜드를 구축할 수 있는 도구는 본질적으로 전술이다. 마케팅 담당자가 잠재 고객을 더 잘 식별하고 도달하고 참여하도록 하는 수단의 확산에도 불구하고 시장 가치 창출에 초점을 둔 기본 전략은 그대로 남아 있다. 따라서 이러한 변화에 따른 기회를 이용하려면 회사는 브랜드가 시장 가치를 창출할 수 있는 방법에 대한 명확한 전략적 비전을 가지고 있어야 한다.

BRANDING INSIGHT 주요 브랜드 커뮤니케이션 개념

- ATF 커뮤니케이션. 간행물에 광고의 세부적인 위치에 따라, 두 가지 종류의 배치가 있다. 중요한 뉴스 기사가 위치하는 신문 첫 페이지의 상단을 가리키는 ATF(above-the-fold), 신문의 첫 페이지 하단을 가리키는 BTF(below-the-fold). 온라인 커뮤니케이션에서는, ATF는 처음 배치될 때 웹 페이지에서 볼 수 있는 공간을 나타내는 반면, BTF는 아래로 스크롤 하지 않으면 볼 수 없는 웹 페이지 부분을 가리킨다.

- ATL 커뮤니케이션. 매체 형태에 따라, 커뮤니케이션은 두 종류로 나누어진다. ATL(above-the-line) 커뮤니케이션은 TV 광고, 라디오 및 인쇄 광고와 같은 대중 매체 광고를 포함한다. BTL(below-the-line) 커뮤니케이션은 홍보, 행사 후원, 개인 판매 및 직접 메일을 포함한다. 오래전부터 ATL 용어는 광고 대행사가 수수료를 대중 매체에 게재하기 위해 수수료를 부과한 커뮤니케이션에 사용되었다. 반면 BTL 용어는 수수료보다는 표준 요금이 부과된 커뮤니케이션에 사용되었다. 현재는 ATL과 BTL은 대중 매체(ATL) 대 개인 간 커뮤니케이션 및 고객 및 거래 장려금(BTL)를 강조하기 위해 느슨하게 사용된다.

- 광고 탄력Advertising Elasticity. 광고 변경으로 인해 대상 고객의 인식, 선호도 또는 행동이 변경되는 정도이다. 광고 탄력성이 높을수록 광고 비용을 늘리면 인지도 향상, 선호도 강화 및 행동 선동 등의 유리한 결과를 얻을 수 있다.

- 경쟁기준예산 편성Competitive Parity Budgeting. 경쟁사의 절대 지출 수준 또는 시장 점유율 당 비율에 따른 예산 할당 방법이다.

브랜드 구축

- **창작 브리핑Creative Brief**. 창작 개발을 가이드하도록 디자인한 커뮤니케이션 캠페인 주요 개요이다. 창작 브리핑은 일반적으로 커뮤니케이션 목표, 표적 고객, 소통할 메시지 및 매체 선택을 포함한다.

- **기관 광고Institutional Advertising**. 구체적인 소비자 브랜드 촉진보다는 친선이나 조직 이미지 도모를 하기 위한 광고 전략이다.

- **홍보PR**. 기업과 사회의 관계를 전반적으로 관리하는 구체적인 커뮤니케이션 활동의 형태이며 세 가지 측면이 있다. 첫째, 홍보는 기업의 고객, 협력자 및 주주 뿐만 아니라 대중을 대상으로 한다. 둘째, 홍보는 단지 특별한 오퍼링에 대한 정보 제공보다는 기업 전체의 명성에 관한 쟁점을 다루는 제도적 의사소통의 한 형태이다. 셋째, 홍보는 회사 위기의 시기, 회사의 사업 모델의 중대한 변화 혹은 회사의 대내외 정책의 일대 전환에 가장 두드러진다. 홍보는 광고, 행사 후원, 직접 메일, 언론 보도, 소셜 미디어 및 구전을 포함하는 다른 형태의 커뮤니케이션과 동일한 종류의 매체와 관련될 수 있다.

- **검색엔진 마케팅Search Engine Marketing**. 검색엔진에서 반환된 유료 결과 목록에서 순위를 높여 회사 오퍼링을 홍보하는 과정이다. 웹사이트 순위를 유기적으로 높이는 것을 목표로 하는 검색엔진 최적화Search Engine Optimization와는 다르게, SEM은 클릭당(유료) 목록 및 광고와 같은 유료검색을 사용해 더 많은 방문자를 유치하는 것을 목표로 한다.

- **검색엔진 최적화Search Engine Optimization**. 검색엔진에서 반환된 결과 목록에서 사이트가 높게 표시되도록 해 회사 웹사이트를 최적화해 방문자 수를 늘리는 과정이다. 예를 들어, 여행 대행사는 웹사이트에 주요 검색어를 포함 시키고, 웹사이트 내용을 효율화하고, 고객이 브라우저에 단어 '여행'을 입력할 때 처음 표시될 수 있는 방식으로 외부 컨텐츠에 링크함으로써 웹사이트를 최적화할 수 있다.

3부

브랜드 성장

진정한 브랜드는
마케팅이나 광고 대행사에서 나오는 것이 아니라,
회사가 하는 모든 일에서 나온다.

- 하워드 슐츠, 스타벅스 설립자

강한 브랜드는 역동적이며 시장 동향을 따르고 끊임없이 변화하는 고객 니즈와 선호를 충족시키는 능력을 배양하기 위해 끊임없이 진화한다. 브랜드가 성장함에 따라 새로운 시장으로의 범위를 확장하고 회사 포트폴리오의 더 많은 오퍼링과 연결된다. 경쟁 우위를 확보하기 위해 브랜드는 다른 브랜드와 협력해 시너지 효과를 얻으며, 브랜드가 성장함에 따라 가장 큰 자산 중 하나인 이름, 로고, 좌우명, 캐릭터와 같은 주요 브랜드 식별자에 대한 지적 재산권도 보호해야 한다.

브랜드를 성장시키려는 관리자가 직면한 수많은 도전 과제는 개별 브랜드 간의 관계, 브랜드 의미의 변화로 이어지는 시장 역학, 고유한 속성을 보호하는 브랜드의 능력을 이해하는 것이다. 이러한 문제는 이 책의 3부에서 다룬다.

7장에서는 브랜드 아키텍처에 대한 주제를 다루고 특정 브랜드를 회사의 제품 및 서비스에 할당하고 브랜드를 관리해 전체 가치를 극대화하는 것과 관련된 문제를 검토한다. 특히, 이 장에서는 브랜드 포트폴리오 관리에 대한 세 가지 접근 방식인 단일 브랜드 전략, 다중 브랜드 전략 및 공동 브랜드 전략을 설명한다. 이러한 각 전략은 관리자가 제품 포트폴리오를 디자인할 때 정보에 입각한 결정을 내릴 수 있도록 하는 장단점 관점에서 논의된다. 이 장에서는 자체 라벨 및 개인 라벨 포트폴리오 관리 문제에 대해 더 자세히 설명한다.

8장에서는 시간에 따른 브랜드 의미의 변화를 살펴본다. 특히, 이전에 연관되지 않은 제품 범주 및 가격 계층으로 브랜드 의미를 확장하는 것과 관련된 브랜드 확장의 개념을 다루며, 회사 목표와 브랜드 목표 시장의 변화에 따른 브랜드 재배치repositioning 및 브랜드 재정렬

realignment의 문제에 대해 더 논의한다. 마지막으로, 브랜드 라이선싱이라는 주제를 다루며 기존 브랜드를 다른 기업에 대여할 때의 장단점을 설명한다.

9장에서는 브랜딩의 주요 법적 측면과 기업이 브랜드와 관련된 지적 재산권을 보호하는 방법에 대해 논의한다. 특히, 기업의 브랜드 보호 수단으로서의 상표 본질과 다른 유형의 지적 재산권과 비교해 상표가 수행하는 고유한 역할에 대해 살펴본다. 이 장에서는 상표, 서비스 표시, 단체 표시, 인증 표시, 지리적 표시, 원산지 명칭 및 상품 외장 trade dress을 포함한 다양한 유형의 식별 표시에 대해 논의한다.

이 세 장에서 제시되는 내용은 관리자가 회사 브랜드의 장기 성장 전략을 수립할 때 고려해야 하는 핵심 요소를 설명한다.

브랜드 아키텍처 만들기

브랜딩은 약속을 요구한다.
지속적인 재창조에 대한 약속, 사람들의 감정을 자극하기 위한
감동적인 화음 및 상상력에 대한 약속.
- 리처드 브랜슨, 버진그룹 설립자

회사가 성장할수록, 더 광범위한 고객들에게 호소하기 위해 회사 오퍼링을 확장한다. 오퍼링 포트폴리오가 확장됨에 따라 회사는 제공하는 다양한 제품 및 서비스를 식별하는 데 사용할 브랜드 수와 사용할 브랜드를 결정해야 한다. 또한 여러 브랜드를 사용하는 경우, 회사는 이러한 브랜드가 관련되어야 하는지 여부와 방법을 결정해야 한다. 브랜드를 제품 및 서비스와 연결을 어떻게 할지와 다른 브랜드 간의 관계를 어떻게 관리할지가 브랜드 아키텍처의 핵심 질문이다. 브랜드 아키텍처 만들기에 관여된 주요 결정들이 본 장의 초점이다.

브랜드 포트폴리오 전략 설계

브랜드 포트폴리오 전략에는 구체적인 브랜드를 회사 제품 및 서비스에 할당하고 이러한 브랜드를 관리해 개별적으로 전체적으로 가치를 극대화하는 것이다. 예를 들어, 세계최대 스낵 제조회사 중의 하나인 몬덜리즈Mondelez는 캐드버리Cadbury, 칩스 아호이Chips Ahoy!, 호올스 Halls, 락타Lacta, 밀카Milka, 나비스코Nabisco, 뉴톤스Newtons, 오레오Oreo, 필라델피아Philadelphia, 리츠Ritz, 토블레로네Toblerone, 트리스킷Triscuit, 트라이던트Trident와 같은 다양한 브랜드 포트폴리오를 관리한다. 이러한 브랜드들을 관리할 때, 몬덜리즈Mondelez는 각 브랜드가 포트폴리오의 다른 브랜드가 제품에 대해 생성하는 가치를 손상시키지 않고 관련 제품의 가치를 향상시키는 것을 목표로 한다. 마케팅 관리에서 브랜드 포트폴리오의 역할과 브랜드 관리와 관련된 주요 문제는 다음 장에서 세부적으로 다룬다.

● 마케팅 관리에서 브랜드 포트폴리오의 역할

시장이 더욱 세분화됨에 따라 점점 더 많은 기업이 소규모 고객층을 대상으로 오퍼링을 개발하고 있다. 특정 대상 시장을 겨냥한 단일 오퍼링으로 시작하는 회사조차도 시간이 지남에 따라 더 많은 고객 확보를 달성했다. 고객 기반이 더욱 다양해짐에 따라, 회사들은 단일 오퍼링에서 서비스를 제공하는 다양한 고객의 니즈에 맞는 제품 구성으로 전환한다. 이러한 전환을 위해서는 회사가 추구하고자 하는 새로운 고객군 니즈에 맞는 새로운 브랜드 도입과 포괄적 브랜드 포트폴리오 전략 수립이 필요하다.

　　브랜드 관리는 회사의 전반적인 마케팅 전략에 의해 이루어지기 때문에, 브랜드 포트폴리오 기획과 관리는 가치 창출 모델의 광범위한 상황에서 고려되어야 한다. 따라서 브랜드 포트폴리오 전략은 표적 고객과 이러한 고객에 대한 가치 제안에 의해 정의된 전반적인 마케팅 전략의 필수적인 부분으로 고려되어야 한다. 이러한 맥락에서 브랜드 포트폴리오 전략은 각 고객 세그먼트에 대한 제품 가치를 최적화하기 위해 개별적 브랜드를 관리하는 것을 목표로 한다.

오퍼링 포트폴리오를 관리하는 브랜드의 역할은 〈그림 7.1〉에 설명되어 있다. 〈그림 7.1〉은 두 고객 세그먼트를 대상으로 하는 두 가지 오퍼링으로 구성된 포트폴리오를 보여준다. 각 세그먼트는 고유한 표적 고객과 이러한 고객에 대한 가치 제안에 의해 정의된 자체 전략이 있다. 다른 세그먼트 고객들은 다른 근본적 니즈가 있기 때문에 가치 제안은 세그먼트별로 다르다. 각 세그먼트별로 가치 창출을 위해, 각 세그먼트별로 독특한 오퍼링을 개발할 필요가 있다. 이러한 오퍼링의 각각은 일곱 가지 주요 속성인 제품, 서비스, 브랜드, 가격, 인센티브, 커뮤니케이션 및 유통에 의해 정의된다. 따라서 다른 마케팅 전술과 함께 브랜드는 각 표적 세그먼트를 위한 가치 창출을 할 수 있게 한다.

다양한 고객 세그먼트를 대상으로 하는 오퍼링이 모든 차원에서 다를 필요는 없다. 일부는 다르지만 모든 마케팅 전술에 해당되지는

그림 7.1 여러 세그먼트를 대상으로하는 브랜드의 역할

않는다. 이는 동일한 브랜드가 서로 다른 회사의 제품과 서비스에서 사용될 수 있고, 서로 다른 가격대로 제공되고, 서로 다른 인센티브와 결합되고, 서로 다른 방식으로 커뮤니케이션되고, 서로 다른 채널을 통해 배포될 수 있음을 의미한다. 따라서 브랜드 포트폴리오를 관리하려면 여러 회사 제품에서 동일한 브랜드를 사용할지 여부를 결정하고 가능한 경우 일부 표적 고객의 요구를 더 잘 충족할 수 있는 새로운 브랜드를 도입해야 한다.

〈그림 7.2〉에서 A부터 E까지로 표시된 5개의 서로 다른 고객 세그먼트를 대상으로하는 토요타의 제품 포트폴리오를 고려해보자. 토요타는 이러한 각 부문의 니즈에 맞는 고유한 가치제안과 해당 서비스를 제공한다. 고객 니즈에 따라 토요타는 컴팩트 차량(A), 승용차(B), 화물차(C), SUV(D), 고급 승용차(E)를 포함하는 다양한 차량을 제공한다. 높은 수준의 서비스를 제공하는 자체 대리점을 보유한 고급승용차를 제외하고는 고객에게 제공되는 서비스 수준과 차량 판매 유통망은 모든 고객 세그먼트에 동일하다. 토요타 차량은 가격이 가장 저렴한 세그먼트 A, 가격이 가장 비싼 세그먼트 E, 세그먼트 B, C, D는 이러한 가격대 사이에 해당되는 다른 가격대로 판매된다. 추가로, 모든 다섯

표적고객	세그먼트 A	세그먼트 B	세그먼트 C	세그먼트 D	세그먼트 E	
가치제안	실용적이고 저렴한	일상 교통수단	상업 교통수단	실용주의적 교통수단	럭셔리한 경험	
제품						
서비스	스탠더드	스탠더드	스탠더드	스탠더드	프리미엄	
브랜드	사이언	토요타	토요타	토요타	렉서스	⇐ 브랜드 포트폴리오
가격	$	$$	$$	$$	$$$	
유통	토요타대리점	토요타 대리점	토요타 대리점	토요타 대리점	고급 대리점	

그림 7.2 토요타 브랜드 포트폴리오 전략 기획

브랜드 성장

가지 토요타 오퍼링은 자체 인센티브와 커뮤니케이션 캠페인을 가지고 있다.

브랜드 포트폴리오 전략을 수립할 때 중요한 결정은 회사 오퍼링이 동일한 브랜드를 공유해야 하는지 아니면 자체 브랜드를 가져야 하는지 여부이다. 토요타의 경우, 다섯 가지 오퍼링이 세 가지 다른 브랜드와 관련이 있다. 승용차, 화물차, SUV는 전통적으로 신뢰성과 관련되어온 토요타 이름을 가진다. 1989년에 미국에 출시된 고급 차량(E)은 우아함을 상징하고 고급스러운 경험을 약속하는 렉서스라는 브랜드이다. 마지막으로, 좀 더 저렴한 차를 원하는 고객을 위해 토요타는 2004년 젊은 도시 소비자를 겨냥한 최신 유행 이미지를 가진 브랜드인 후손이나 후계자를 뜻하는 새로운 브랜드 사이언Scion을 출시했다.

핵심브랜드를 사용하는 대신에 두 개의 새로운 브랜드를 출시한 토요타 결정은 표적 고객의 다른 니즈와 선호도에 의한 것이다. 토요타의 두 개의 새로운 브랜드인 렉서스와 사이언은 관련된 오퍼링의 다른 혜택을 반영한다. 렉서스의 고급 이미지는 프리미엄 제품, 높은 서비스, 전담 대리점망, 세련된 커뮤니케이션 캠페인, 높은 가격, 한정된 금전적 인센티브 등에 의해 지원된다. 반대로, 보급형 사이언은 공격적으로 가격이 책정되고, 기본적인 차량과 표준 수준의 서비스를 제공하고, 최신 유행 커뮤니케이션 캠페인으로 홍보되고, 주요 대리점망을 통해 공급된다.

● 브랜드 및 제품 포트폴리오 관리

서로 다른 고객 세그먼트를 대상으로 하는 브랜드 역할은 서로 다른 두 명의 의사 결정자의 관점에서 고려할 때 더 잘 이해할 수 있다. 표적 고객 마음에 의미 있는 브랜드 이미지를 심어주는 것이 주요 목표인 브랜드 관리자와 이러한 고객들에게 우수한 제품 및 서비스를 개발하는 것이 주요 목표인 제품 및 서비스 관리자이다. 포트폴리오 관리의 두 가지 측면은 아래와 같다.

① 브랜드 포트폴리오 관리: 브랜드 관리자의 관점

브랜드는 회사의 오퍼링을 정의하는 속성 중 하나이므로 다른 마케팅 전술과 협력해 오퍼링의 표적 고객을 위한 가치를 창출하는 방식으로 기획되어야 한다. 각각 다른 고객 세그먼트를 대상으로 하는 여러 오퍼링을 제공하는 경우 포트폴리오의 모든 제품 및 서비스에 대해 동일한 브랜드를 사용할지 또는 이러한 제품 및 서비스의 일부(또는 전체)에 대해 신규 브랜드를 만들지 결정해야 한다. 이러한 결정은 각 브랜드가 오퍼링이 표적으로 하는 고객을 위한 가치를 창출할 뿐만 아니라 브랜드가 고객의 마음속에 존재하는 각 브랜드 이미지와 일치하는 방식으로 서로 다른 제품 및 서비스에 할당되도록 해야 하는 브랜드 관리자 의무 중의 하나이다.

브랜드별 결정과 오퍼링 관리와 관련된 결정 간의 관계는 매트릭스로 표현될 수 있으며, 열은 서로 다른 시장 세그먼트와 세그먼트별 오퍼링을 표시하고 행은 세그먼트별 마케팅 결정을 표시한다(그림 7.3). 여기서 전략(표준 고객 선택 및 이러한 고객을 위한 가치제안 개발)은 각 대상 세그먼트의 니즈에 맞는 제품 개발을 가이드한다. 이 오퍼링은 차례로 일곱 개 마케팅 전술인 제품, 서비스, 브랜드, 가격, 인센티브, 커뮤니케이션, 유통에 의해 정의된다. 시장 가치 창출을 위해 브랜딩을 포함한 모든 마케팅 전술은 회사의 전반적인 표적 전략과 일치해야 한다.

각 시장 세그먼트에 대한 오퍼링 가치를 설명하는 중요한 마케팅 전략과 브랜드를 일치시키는 것 외에도, 다른 브랜드들이 서로 간섭하기보다는 상호 보완하는 의미 있는 브랜드 포트폴리오를 만들기 위

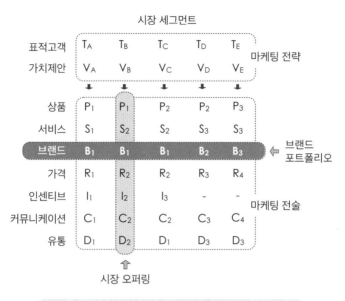

그림 7.3 브랜드-시장 매트릭스

해 서로 다른 오퍼링에 걸쳐 브랜딩 활동을 정렬해야 한다. 브랜드 포트폴리오 결정은 표적 고객 마음에 브랜드 일관성을 보장하기 위해 다양한 시장 오퍼링에 걸쳐 적용된다. 여기에서 브랜드 관리자는 회사가 제공하는 혜택과 이미 관련이 있는 기존 브랜드를 사용하거나, 브랜드와 관련이 없는 혜택을 포함하도록 브랜드 의미를 확장하거나, 새로운 브랜드를 개발하는 결정을 해야 한다. 다른 오퍼링 간에 동일한 브랜드 이름을 사용하는 것에 대한 찬반양론은 이 장의 뒷부분에 설명되어 있다. 현재 브랜드 의미를 확장하는 것과 새로운 브랜드를 출시하는 것의 장단점은 다음 장에서 다룬다.

② 브랜드 포트폴리오 관리: 제품관리자의 관점
브랜드 포트폴리오 관리와 관련해 관리자가 내리는 결정은 관리

자의 기능 영역에 따라 다르므로 서로 다른 고객 세그먼트를 대상으로 하는 서로 다른 시장 오퍼링에서 회사 브랜드를 기획하고 관리하는 데 관심이 있다. 반면 제품관리자는 이런 오퍼링의 제품 구성 요소를 기획하고 관리하는 데 관심이 있다. 브랜드 관리자가 포트폴리오에서 다른 제품 간 최적의 브랜드 할당을 결정하기 위해 제품 포트폴리오를 평가하는 것과 마찬가지로 제품관리자도 모든 제품이 동일한 브랜드를 포함할지, 아닐 경우 어떤 제품과 연관된 어떤 브랜드를 할지를 결정하기 위해 브랜드 포트폴리오를 평가한다. 브랜드 관리자들이 포트폴리오에서 서로 다른 제품에 걸쳐 최적의 브랜드 할당을 결정하기 위해 제품 포트폴리오를 평가하는 것과 마찬가지로, 제품관리자들은 브랜드 포트폴리오를 평가해 모든 제품이 동일한 브랜드를 가지고 있어야 하는지, 아니면 어떤 브랜드와 어떤 제품과 연결할지를 결정한다. 브랜드는 제품군에 걸쳐 있을 수 있기 때문에, 브랜드 관리자는 다른 제품관리자가 운영하는 여러 제품군에 관련된 결정을 내린다.

제품과 브랜드의 관계는 간단하지 않다. 브랜드는 여러 제품을 포함할 수 있으며 동일한 제품이 다른 브랜드와 연관될 수 있다. 여러 제품과 제품군에 동일한 브랜드 사용은 일반적인 마케팅 관행이다. 예를 들어, 스타벅스는 커피, 아이스크림, 주류에 자사 브랜드를 사용하고, 하인즈Heinz는 케첩, 식초, 소스에 사용하고, 페덱스FedEx는 급행, 지상 및 화물 서비스에 사용한다. 또는, 빈도는 낮지만 다른 시장에서 자주 판매되는 동일한 제품이 다른 브랜드와 연관될 수 있다. 예를 들어, 미국 유니레버Unilever는 동부지역 및 중서부지역 주에서 마요네즈를 '헬멘스Hellmann's'로 브랜드화하고, 서부지역에서는 '베스트 푸드 Best Foods'로 한다. 네슬레는 동부와 중서부에서는 아이스크림을 '에디스Edy's'로 브랜드화하고 서부에서는 '드라이어스Dreyer's'로 한다.

자사 브랜드와 제품 관계는 브랜드를 식별하는 열과 제품을 설명

	브랜드 A	브랜드 B	브랜드 C	브랜드 D
제품 1	오퍼링 A1	–	–	오퍼링 D1
제품 2	–	오퍼링 B2	–	–
제품 3	–	오퍼링 B3	–	–
제품 4	–	오퍼링 B4	–	–
제품 5	–	–	오퍼링 C5	–
제품 6	–	–	오퍼링 C6	–

그림 7.4 제품과 브랜드 매트릭스

하는 행(그림 7.4)으로 표현될 수 있다. 각각의 열은 특정 브랜드와 연관된 오퍼링과 제품을 나타내고, 각각의 행은 특정 제품과 연관된 오퍼링과 브랜드를 나타낸다. 여기서 주요 결정 사항은 서로 다른 제품에 걸쳐 동일하거나 다른 브랜드를 사용해야 하는지 여부와 기본 제품의 주요 이점을 반영하는 방식으로 브랜드 의미를 정의해야 하는지 여부이다.

다른 제품에 동일한 브랜드를 사용할지 제품별 브랜드를 개발할지의 여부는 신규 브랜드 구축의 혜택과 비용을 분석하는 데서 비롯된다. 그러한 결정의 핵심 요인은 포트폴리오 제품의 유사성이다. 일반적으로, 동일한 브랜드 사용은 기능성과 표적 시장의 측면에서 아주 유사한 제품에 더 적합하다. 반대로, 신규 브랜드 구축은 범주 및 고객 세그먼트에 해당되는 제품에 더 적합하다. 여러 제품이 있는 단일 브랜드와 연관된 주요 단점은 브랜드 의미의 잠재적 희석이다. 반면 많은 제품별 브랜드 출시의 주요 단점은 브랜드 구축 비용과 고객 마음에 의미 있는 브랜드를 창출하는 데 소요되는 시간이다. 다양한 제품별 브랜딩 옵션 및 근거는 다음 절에서 논의된다.

브랜드 포트폴리오 전략

회사가 다양한 제품 및 서비스를 관리하는 데 중요한 결정은 오퍼링들이 동일 브랜드와 연관되어야 하는지 아니면 다른 브랜드를 사용해야 하는지이다. 이런 맥락에서 브랜드 포트폴리오를 관리하는 세 가지 방식이 있다. 단일 브랜드 전략, 다중 브랜드 전략, 공동 브랜딩전략.

● 단일 브랜드 포트폴리오 전략

우산 브랜딩Umbrella branding 혹은 판매자 브랜드branded house로 알려진 단일 브랜드 전략은 다양한 오퍼링에 동일 브랜드를 사용한다(그림 7.5). 예를 들어, 테슬라, 리바이스, 하인츠, GE, 페덱스는 거의 모든 제품과 서비스에 단일 브랜드를 사용한다.

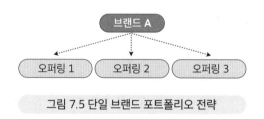

그림 7.5 단일 브랜드 포트폴리오 전략

단일 브랜드 전략을 사용하는 회사들은 브랜드보다는 포괄적 지정자generic designators를 사용해 개별적 오퍼링을 차별화한다. 예를 들어, 벤츠, BMW, 애플, 버진Virgin그룹은 제품과 서비스를 구분하기 위해 대표 브랜드로서 회사 브랜드를 사용한다. 벤츠는 글자, BMW는 숫자, 애플은 자사의 브랜드와 시계, 카드, TV, 음악, 책과 같은 일반적인 단어를 결합해 포트폴리오의 개별 제품을 참조한다. 버진그룹은 레코드회사(Virgin Records), 비행사(Virgin Atlantic), 음료(Virgin Cola), 통신(Virgin

Mobile), 우주여행(Virgin Galactic), 에너지(Virgin Fuels), 엔터테인먼트(Virgin Animation)를 포함해 다양한 사업 포트폴리오를 식별하는 단일 브랜드를 사용한다.

동일한 브랜드 이름을 그대로 사용하는 것 외에도 단일 브랜드 전략의 다른 형태는 동일한 출처 이름을 사용해 개별 브랜드의 공통성을 강조하는 것이다. 예를 들어, 네슬레는 제품군에서 다양한 오퍼링을 구분하기 위해 이름에서 파생된 독특한 브랜드인 네스카페Nescafé, 네스퀵Nesquik, 네스티Nestea, 네스프레소Nespresso를 사용한다.

단일 브랜드 전략은 비용효율, 속도, 기존 브랜드와 시너지를 포함하는 여러 가지 중요한 이점을 제공한다.

- 비용효율. 단일 브랜드 전략은 기존 브랜드의 힘을 활용해 신규 브랜드 구축과 연관된 비용을 피하면서 브랜드의 즉각적인 인식을 얻는다.

- 속도. 이미 있는 기존의 브랜드에 의존하기 때문에 단일 브랜드 전략을 통해 고객이 쉽게 인지하고 가치를 인정하는 브랜드 오퍼링을 즉시 출시할 수 있다.

- 시너지. 단일 브랜드 사용은 제품 범주 및 구매기회에 대한 가시성 향상에 의해 브랜드를 강화할 수 있다. 따라서 다른 상황에서 브랜드를 자주 접하는 고객은 이 브랜드를 가장 먼저 인식하고 의미 있는 브랜드 이미지를 형성할 가능성이 높다.

비용효율, 속도, 기존 브랜드와의 시너지에도 불구하고 단일 브랜드 전략은 브랜드 희석brand dilution, 부정적 후광negative halo, 기회비용opportunity cost을 포함하는 몇 가지 문제점이 있다.

- 브랜드 희석. 기존 제품 및 서비스와 복잡하게 연결되어 있기 때문에, 단일 브랜드 전략은 다양한 제품 범주 및 구매기회에 걸쳐 의미 있는 브랜드 이미

지를 확립하기가 어렵다. 뿐만 아니라 다른 종류의 혜택과 연관된 신규 브랜드 출시는 핵심브랜드 의미를 희석시킬 수 있다.

- 부정적 후광. 단일 브랜드 사용은 오퍼링 전반에 걸쳐 부정적인 정보(부정적 후광)가 유출될 위험이 있으며, 이로 인해 브랜드 포트폴리오에 있는 모든 제품의 성능 저하로 인해 전체 브랜드의 명성이 손상될 수 있다.

- 기회비용. 단일 브랜드를 사용하는 것은 새로운 브랜드를 구축할 수 있는 기회를 활용하지 못하므로 회사의 가치를 높일 수 있는 분리 가능한 회사 자산을 창출할 수 있다.

단일 브랜드 포트폴리오 전략의 여러 가지 장단점을 고려할 때, 관리자는 최적의 행동 방침을 결정하기 위해 다중브랜드 및 공동브랜딩 전략과 비교해 전략의 실행 가능성을 평가해야 한다. 이러한 맥락에서 모든 제품에 단일 브랜드를 사용할지 결정은 회사의 관점에서 효과적이고 비용 효율적인 방식으로 오퍼링이 표적으로 하는 고객을 위한 가치를 창출하는 브랜드 능력에 의해 결정된다.

● 다중 브랜드 포트폴리오 전략

다중 브랜드 전략(혹은 house of brands)은 다양한 오퍼링에 별도 브랜드를 사용한다. 이 경우 모든 오퍼링에 걸쳐서 단일 브랜드 사용을 활용하기보다는 회사는 서로 다른 제품이 표면적으로는 관련이 없는 서로 다른 브랜드로 식별되도록 브랜드 포트폴리오를 구축한다(그림 7.6).

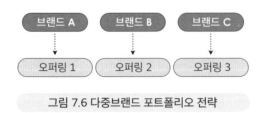

그림 7.6 다중브랜드 포트폴리오 전략

예를 들어, 타이드Tide, 치어Cheer, 볼드Bold, 에라Era는 P&G가 관리하는 세탁 세제 개별 브랜드이며, P&G는 차밍Charmin, 브라운Braun, 바운티Bounty, 올드스파이스Old Spice, 팸퍼스Pampers, 루브스Luvs, 헤드앤숄더Head & Shoulders, 허벌 에센스Herbal Essences, 질레트Gillette, 크레스트Crest, 팬틴Pantene을 포함한 다양한 제품군에 걸쳐 여러 가지 브랜드를 보유한다. 유니레버Unilever 브랜드 포트폴리오는 액스Axe, 도브Dove, 립톤Lipton, 지프Jif, 수아브Suave, 퍼실Persil, 클론다이크Klondike, 렉소나Rexona를 포함한다. 캠벨Campbell 수프 회사는 수프에는 캠벨 브랜드, 구운 식품에는 페퍼리지 팜Pepperidge Farm, 주스는 V8를 사용한다. 디아지오Diageo는 스미노프Smirnoff, 탱커레이Tanqueray, 조니 워커Johnnie Walker, 호세 쿠엘보Jose Cuervo, 베일리스Baileys, 헤네시Hennessy, 기네스Guinness, 돔 페리뇽Dom Perignon, 모엣 샹동Moet & Chandon를 포함한 수십 개의 브랜드를 관리한다. 얌Yum! 브랜드는 KFC, 피자헛Pizza Hut, 타코벨Taco Bell을 소유한다. 크래프트Kraft는 오스카 마이어Oscar Mayer, 그레이 푸폰Grey Poupon, 크리스탈 라이트Crystal Light, 미라클 윕Miracle Whip, 젤로Jell-O, 쿨에이드Kool-Aid, 플랜터스Planters, 벨비타Velveeta, 맥스웰 하우스Maxwell House, 치즈 위즈Cheez Whiz를 포함한 브랜드 포트폴리오를 보유하고 있다.

다중 브랜드 전략은 회사에 확실한 브랜드 이미지, 부정적 후광의 제한적인 가능성, 분리 가능 회사 자산 개발 기회를 창출하는 능력을 포함한 몇 가지 중요한 이점을 제공한다.

● 확실한 브랜드 이미지. 다중브랜드 사용은 다양한 제품 범주와 구매 기회를 식별하기위한 독특한 브랜드 정체성을 확립하며 이 전략은 다른 제품 범주에 걸친 다양한 고객 세그먼트를 표적으로 할 때 특히 중요하다.

● 부정적 후광의 제한적인 가능성. 다중브랜드 사용은 특정 브랜드에 대한 부

정적인 정보가 회사 포트폴리오의 다른 브랜드로 유출될 가능성을 제한한다. 고객이 브랜드가 관련이 없다고 인식하는 한, 하나의 브랜드와 연관된 제품 성능 저하는 다른 브랜드에 영향을 주지 않는다.

● 분리 가능 회사 자산. 각 브랜드는 고유한 가치가 있고 필요시 매각 가능한 고유 회사 자산을 나타내기 때문에 독특한 브랜드 포트폴리오는 더 큰 시장 가치를 갖는 경향이 있다. 모든 것이 동등한 경우, 다중브랜드를 보유한 포트폴리오 회사는 단일 브랜드 회사보다 더 높은 시장 가치를 가질 것이다.

독특한 브랜드 이미지 창출 능력, 부정적인 정보의 유출 제한, 분리 가능한 회사 자산 개발에도 불구하고 다중 브랜드 전략은 몇 가지 단점이 있다. 이 단점들은 상당한 재원 투자, 상당한 기간, 미활용 브랜드 포트폴리오 시너지를 포함한다.

● 상당한 재원 투자. 각 브랜드는 자신만의 정체성을 가지고 있고 표적 고객에 대한 독특한 가치 창출을 하도록 되어있으므로 독특한 브랜드 포트폴리오 창출은 재무적이고 경영적인 자원이 필요하다.

● 상당한 기간. 브랜드 구축은 시간이 걸린다. 브랜드가 고객 마음속에 의미 있는 이미지를 만들기 위해서는 고객에 의해 내면화되어야 하고 니즈, 가치, 구매기회와 관련되어 수년 혹은 수십 년이 걸리는 과정이다.

● 미활용 브랜드 포트폴리오 시너지. 다중 브랜드 전략은 브랜드 가시성과 영향력을 향상시키기 위해 광범위한 오퍼링 포트폴리오를 활용하지 않는다. 브랜드는 서로 관련이 없기 때문에 포트폴리오 범위로부터 잠재적인 시너지(예: 다양한 제품 범주와 구매기회에 대한 브랜드 가시성 향상)를 이용하지 않는다.

다중브랜드 전략 장점은 단일 브랜드 전략 단점과 직접 관련이 있고 다중브랜드 전략 단점은 단일 브랜드 전략 장점과 일치 한다. 왜냐하면 이 두 가지 전략이 브랜딩 옵션 범위의 반대쪽 끝을 나타내기 때

브랜드 성장

문이다. 단일 브랜드와 다중 브랜드 전략의 장단점 균형을 맞추기 위한 대안 전략은 다음 절에서 논의되는 공동브랜드 전략이다.

● 공동브랜딩 포트폴리오 전략

공동브랜딩 포트폴리오 전략에는 두 개 혹은 더 많은 브랜드를 사용하는 것이 포함되며 브랜드 중 하나는 일반적으로 우산 브랜드(그림 7.7)로 사용된다. 예를 들어, 필라델피아 크림치즈Philadelphia cream cheese 브랜드는 밀카 초콜릿Milka chocolate 브랜드도 포함하며, 두 브랜드는 몬델리즈 인터내셔널Mondelez International이 소유하고 있다. 같은 맥락에서 킷캣Kit Kat, 카네이션Carnation, 톨 하우스Toll House, 드럼스틱 Drumstick, 크런치Crunch, 커피메이트Coffee-mate는 모회사 네슬레의 로고를 특징으로 하는 독립 브랜드이다. 숫자, 글자, 일반적인 단어와 같은 포괄적인 지정자generic designators를 사용해 개별 오퍼링을 식별하는 단일 브랜드 포트폴리오 전략과 달리 공동 브랜딩 전략은 브랜드를 사용해 포트폴리오에서 개별 오퍼링을 식별한다.

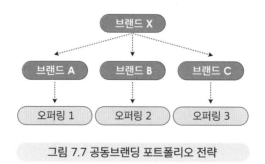

그림 7.7 공동브랜딩 포트폴리오 전략

포트폴리오 공동브랜딩은 단일 브랜드와 다중 브랜드 전략의 혼합으로 생각할 수 있다. 따라서 공동브랜딩은 개별 오퍼링이 포괄적인 지정자가 아니라 고유한 브랜드로 차별화되는 단일 브랜드 전략의 변형으로 볼 수 있다. 공동브랜딩은 개별 브랜드가 모 브랜드와 연관된 공동브랜드된 다중브랜드의 변형으로도 볼 수 있다.

모 브랜드가 다른 브랜드와 관련된 정도에 따라 포트폴리오 공동브랜딩은 하위 브랜딩과 보증 브랜딩 두 전략 중 하나를 포함할 수 있다.

- **하위 브랜딩sub-branding**. 모 브랜드를 강조하는 방식으로 모 브랜드와 하위 브랜드를 결합한다. 하위브랜딩은 자동차 제조사에서는 매우 흔하다. 예를 들어, 지프 체로키Jeep Cherokee, 지프 컴패스Jeep Compass, 지프 글래디에이터Jeep Gladiator, 지프 레니게이드Jeep Renegade, 지프 랭글러Jeep Wrangler는 앵커 브랜드anchor brand의 역할을 하는 지프Jeep의 서브 브랜드sub-brand들이다. 같은 맥락에서 닷지Dodge의 서브 브랜드인 닷지 챌린저Dodge Challenger, 닷지 차저Dodge Charger, 닷지 저니Dodge Journey, 닷지 듀랑고Dodge Durango, 닷지 SRTDodge SRT는 모 브랜드를 강조한다. 포르쉐도 유사한 전략을 따른다. 카레라Carrera, 박스터Boxter, 카이엔Cayenne, 카이맨Cayman, 파나메라Panamera, 마칸Macan, 타이칸Taycan과 같은 브랜드는 포르쉐 대표 브랜드의 하위 브랜드로 포지션한다.

- **보증 브랜딩Endorsement branding**. 우산 브랜드가 부차적인 역할을 하는 하위 브랜드를 강조하는 방식으로 우산 브랜드와 결합한다. 예를 들어, 코트야드 바이 메리어트Courtyard by Marriott, 타운플레이스 스위트 메리어트TownPlace Suites by Marriott, 레지던스 인 바이 메리어트Residence Inn by Marriott, 페어필드 인 바이 메리어트Fairfield Inn by Marriott, 페어필드 인 스위트 바이 메리어트Fairfield Inn Suites by Marriott, 스프링힐 스위트 바이 메리어트SpringHill Suites by Marriott은 초점 브랜드를 지원하기 위해 우산 브랜드인 메리어트Marriott와 같이 개별 브랜드가 사용되는 것을 보여준다. 마찬가지로 오레오Oreo, 리츠Ritz, 위트 신스Wheat Thins, 닐라Nilla, 트리스킷Triscuit, 칩스 아호이Chips Ahoy!, 피그 뉴턴Fig Newtons는 우산 브랜드로 부차적인 역할을 하는 나비스코Nabisco와 공동 브랜드를 하는 개별 브랜드이며, 모든 브랜드는 소비재 브랜딩에는 사용하지 않는 회사 브랜드인 몬델레즈Mondelex가 소유한다.

브랜드 성장

내부 공동브랜딩의 두 가지 종류의 브랜드 아키텍처는 〈그림 7.8〉과 같다. 중요한 차이점은 도브 맨 케어Dove Men+Care 브랜드는, 도브Dove 모 브랜드를 강조하는 반면, 오레오Oreo's 브랜드는 나비스코Nabisco 모 브랜드로부터 비교적 독립적이다. 도브 맨 케어와 오레오 브랜드 모두 일반적으로 독립형 브랜드가 아니라 회사 브랜드와 관련해서만 고유한 의미를 갖는 단어, 숫자, 혹은 문자인 제품 식별자에 의해 추가 자격이 부여된다. 제품 식별자 사용은 회사가 광범위한 브랜드 포트폴리오 기획을 위해 자원을 투자하지 않고 제품 포트폴리오의 다양성을 해결할 수 있게 한다. 이 논리를 따라, BMW, 벤츠, 볼보는 제품 포트폴리오에서 다양한 모델을 지정하기 위해 문자와 숫자의 조합을 사용하며 강력한 모 브랜드 구축을 위해 마케팅 노력에 집중을 하면서 고객의 마음속에 고유한 이미지를 창출한다.

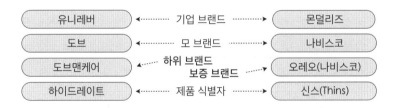

그림 7.8 하위 브랜딩, 보증 브랜딩 포트폴리오 전략

포트폴리오 공동브랜딩은 개별 브랜드에 더 많은 노출과 더 넓은 범위를 제공한다. 그것은 단일 브랜드와 다중브랜드 포트폴리오 전략 사이의 중간지점으로 여겨지며 이 두 가지 전략의 일부 장점을 합친다. 즉, 완전 신규 브랜드 구축의 단일브랜딩의 비용 절감과 신속한 브랜드 채택, 제품 범주와 구매기회에 걸쳐 모 브랜드의 향상된 가시성, 다양한 고객 세그먼트에 맞는 고유한 브랜드 정체성을 만드는 다중 브랜딩의 능력이다.

장점에도 불구하고 포트폴리오 공동브랜딩은 몇 가지 단점이 있다. 단일 브랜드 전략과 비교해 공동브랜딩은 재무 및 경영자원 측면에서 더 많은 비용이 드는 개별 브랜드를 구축한다. 다중 브랜드 전략과 비교해 동일한 모 브랜드를 공유하므로 한 가지 브랜드와 관련된 부정적 정보가 다른 브랜드로 확산될 수 있다는 점에서, 공동브랜딩은 브랜드 전반에 걸쳐 부정적인 정보의 유출을 촉진할 가능성이 더 높다. 동일한 모 브랜드와 연관되어 있으면 회사 포트폴리오의 개별 브랜드가 고유한 정체성을 확립하는 것이 더 어려워질 수 있다.

● 최적의 포트폴리오 브랜딩 전략 기획

앞에서 논의한 세 가지 포트폴리오 브랜딩 전략의 다양한 특성을 고려할 때, 특별한 상황에 맞는 최적의 전략을 결정하기 위해, 회사는 장단점을 직접 평가해 혜택을 얻을 수 있다. 따라서 브랜드 포트폴리오 기획을 위한 다양한 방식은 제품 포트폴리오에서 오퍼링하는 제품이 동일한 브랜드를 공유하는 정도에 따라 서로 다른 전략들인 단일 브랜드, 보증 신규 브랜드, 독립 신규 브랜드 등이 배열되는 연속체로 볼 수 있다(그림 7.9). 여기서 두 공동브랜딩 전략인 하위브랜딩과 보증 브랜딩은 결점을 최소화하면서 단일 브랜드와 다중브랜드 포트폴리오 전략의 혜택을 합친다.

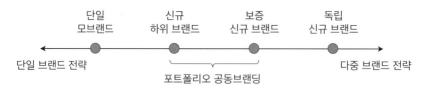

그림 7.9 단일 브랜드, 포트폴리오 공동브랜딩, 다중브랜드 포트폴리오 전략

브랜드 성장

각 브랜드 포트폴리오 전략이 장단점이 있기 때문에 구체적 브랜딩 전략 선택은 회사가 자사 제품, 서비스, 브랜드로 달성하고자 하는 중요 목표에 의해 결정된다. 따라서 단일 브랜드 전략은 단일 사업을 운영하는 회사에게 더 일반적이므로 독특한 정체성과 의미를 가진 브랜드로부터 혜택받을 가능성은 적다. 반대로, 다양한 범주에 걸친 제품과 서비스를 가진 회사는 각 브랜드가 구체적 고객 니즈에 맞게 조정된 다중브랜드를 보유함으로써 더 많은 혜택을 받을 가능성이 높다.

단일 브랜드 전략은 브랜드 구축보다는 기술 개발과 제품 기획과 같은 영역에서 전문성을 가진 회사에서 사용할 가능성이 더 높다. 반대로, 다중브랜드 전략은 브랜드 가치 창출을 이해하고 효과적이고 비용 효율적인 방법으로 신규 브랜드를 구축하는 자원을 가진 브랜드 구축 전문성을 가진 회사에게 더 일반적이다. 다중 브랜드 전략은 또한 다양한 고객 세그먼트를 수용하는 소비재 회사에게 더 일반적이며 오퍼링을 차별화하기 위해 단일 브랜드를 사용하는 산업재 회사는 덜 일반적이다. 공동브랜딩 전략은 처음부터 신규 브랜드 구축을 위한 시간, 돈, 노력을 투자해야 하는 것과 단일 브랜드에 포함된 의미에 의해 제한되는 한계 사이의 절충안을 제시한다. 결과적으로 많은 회사들이 기존 브랜드의 강점을 구축하는 동시에 제품과 서비스를 차별화하는 고유한 식별자와 의미를 개발할 수 있는 공동브랜딩(하위 브랜딩 혹은 보증 브랜딩)을 사용한다.

외부 공동브랜딩

외부 공동브랜딩에는 관련 없는 브랜드 간의 제휴가 포함된다. 포트폴리오 공동브랜딩의 경우처럼, 외부 공동브랜딩의 주요 목표는 제휴브랜드 의미를 활용하는 것이다. 여기서 브랜드는 포트폴리오 공동브랜딩의 경우처럼, 브랜드 중 하나에 상위 기능을 할당하지 않고 동일한 기반에 놓이는 방식으로 결합된다. 더 나아가, 일반적으로 동일한 실체에 의해 소유되고 운영되는 브랜드를 포함하는 포트폴리오 공동브랜딩과는 다르게, 일반적인 외부 공동브랜딩은 공동소유권이 없는 브랜드를 포함한다. 일반적인 외부 공동브랜딩 유형, 장단점, 공동브랜딩 전략 개발의 주요 고려사항 등은 다음 절에서 논의한다.

● 일반적인 외부 공동브랜딩 유형

관련된 협력 실체의 유형에 따라, 네 가지 일반적인 외부 공동브랜딩 유형이 있다. 제품 및 서비스 공동브랜딩, 성분 브랜딩, 인증 브랜딩, 사회적 대의 공동브랜딩.

① 제품 및 서비스 공동브랜딩

제품 및 서비스 공동브랜딩은 기본 오퍼링의 다른 측면을 나타내는 둘 이상의 브랜드를 포함한다. 예를 들어, 애플은 활동추적 장치인 나이키＋아이팟 스포츠 키트Nike＋iPod Sport Kit 출시를 위해 나이키와 제휴를 했다. 시간이 지남에 따라 애플-나이키 협업은 아이팟iPod을 넘어 '애플 워치 나이키Apple Watch Nike＋'로 공동 브랜드화된 시계를 포함하도록 확장되었다. 애플은 또한 '애플 워치 에르메스Apple Watch Hermes' 공동 브랜드화된 시계 출시를 위해 프랑스 명품회사 에르메스와 제휴했다.

제품 및 서비스 공동브랜딩의 예는 많다. 타겟Target은 캐롤라이나 헤레라Carolina Herrera, 마크 제이콥스Marc Jacobs 등을 포함한 고급 패션 브랜드들의 휴가철 명품 컬렉션을 공동 개발, 공동 판촉을 위해 니먼 마커스Neiman Marcus와 제휴했으며, 패션 체인 H&M은 베르사체Versace, 칼 라거펠트Karl Lagerfeld, 빅터앤롤프Victor & Rolf, 지미추Jimmy Choo 등을 포함한 다수의 명품 브랜드와 제휴를 했다. 자동차 제조사들은 고급 오퍼링을 차별화하기 위해 라이프스타일 브랜드와 제휴하는데, 포드Ford, 렉서스Lexus, 마세라티Maserati는 각각 한정판 차량의 인테리어 공동 개발을 위해 에디바우어Eddie Bauer, 코치Coach, 구찌Gucci와 제휴했다. 마찬가지로 삼성은 핸드폰의 특별판 개발을 위해 조르지오 아르마니Giorgio Armani와 제휴했으며, 아수스Asus는 람보르기니와 공동 브랜드화된 노트북 컴퓨터 개발, 앱솔루트Absolut 보드카는 특별판 앱솔루트 글리머 스와로브스키 엘레멘츠Absolut Glimmer Swarovski Elements를 만들기 위해 스와로브스키Swarovski와 제휴했다.

공동브랜딩 제휴는 길이와 범위가 다양하다. 타겟Target과 니만 마커스Neiman Marcus 협업, 삼성의 아르마니 제휴, 앱솔루트의 스와로브스키와의 연합 등은 다소 단기간, 단일 시즌 지속 혹은 단일판 한정이다. 푸마Puma의 페라리Ferrari 협업, 애플의 나이키 협업, 아메리칸 익스프레스의 델타 항공과의 협업 등은 제품 범주에 걸친 장기간 제휴이다. 공동브랜딩은 또한 제휴 관계의 수에 따라 다르다. 공동브랜딩의 가장 일반적인 형태는 두 개의 실체를 포함하는 반면에 공동브랜딩 제휴는 더 많은 실체를 포함한다. 예를 들어, 신용카드 공동브랜드 출시를 위해 JP모건 체이스JPMorgan Chase는 비자Visa와 유나이티드 항공 United Airlines, 시티은행Citibank은 마스터 카드Master Card와 아메리칸 항공American Airlines와 제휴했다.

외부 공동브랜딩이 공동 소유를 하지 않는 기업에게 일반적이지만, 동일한 기업에 소유되고 관리되는 브랜드 중에도 존재한다. 따라서 다중 브랜드 전략을 구사하는 기업은 브랜드 간의 시너지 이용을 위해 일부 브랜드를 결합하는 것을 고려해볼 수 있다. 예를 들어, 프록터 앤드 갬블Procter & Gamble은 크레스트 컴플리트 화이트닝 스코프 Crest Complete Whitening+Scope를 만들기 위해 인기 있는 구강 청결 브랜드인 크레스트Crest와 스코프Scope 두 브랜드를 페어링했다. 또한 타이드 플러스 페브리즈Tide Plus Febreze와 타이드 플러스 다우니Tide Plus Downy를 만들기 위해 대표적인 세탁 세제 브랜드인 타이드Tide를 페브리즈Febreze와 다우니Downy를 페어링했다. 던킨 브랜드는 많은 매장 공동브랜딩으로 던킨Dunkin′(예전의 Dunkin′Donuts)과 베스킨 로빈슨 사이의 시너지를 활용했으며, 크래프트Kraft는 필라델피아Philadelphia 크림치즈를 밀카Milka 초콜릿과 공동브랜드화했다.

계층적 브랜드 관계를 특징으로 하는 하위브랜딩과 보증 브랜딩 포트폴리오 전략과 달리, 외부 공동브랜딩은 브랜드 중 하나가 모 브랜드로 작동하지 않고 참여 브랜드를 파트너와 동등한 위치에 자리 잡는다. 더 나아가서, 제휴브랜드가 동일한 기업에 의해 관리된다는 사실은 일반적으로 사람의 마음속에 확실하지 않고, 오히려 소비자들은 이 브랜드들이 서로 독립적이라고 생각한다.

② 성분 브랜딩

성분 브랜딩은 다른 오퍼링의 구성요소인 브랜딩 제품 혹은 서비스와 관련된 주요 차이점인 제품 및 서비스 공동브랜딩의 특별한 사례이다. 두드러진 예는, 델Dell, 레노버Lenovo, HP와 공동 브랜딩한 엔비디아 그래픽 프로세싱 칩Nvidia graphic processing chips가 있고, 파타고니아Patagonia, 엘엘빈L.L.Bean, 오클리Oakley, 마모트Marmot, 아크테릭스Arc′teryx, 노스페이스The North Face와 공동 브랜딩한 고어텍스 코팅 테크놀로지Gore-Tex coating technologies가 있으며, 버튼Burton, 머렐Merrell, 뉴발란스New Balance, 던롭Dunlop과 공동 브랜딩한 비브람 러버 아웃솔Vibram rubber outsoles 외에 헤드HEAD 테니스라켓과 공동 브랜딩한 테프론Teflon, 파타고니아Patagonia와 공동브랜딩한 폴라텟Polartec, 펩시Pepsi와 코카콜라Coca-Cola와 공동 브랜딩한 감미료 스플렌다Splenda가 있다.

가장 잘 알려진 성분 브랜딩 사례의 하나는 대부분의 구매자가 보거나 만져 본적이 없는 제품에 대한 고객 충성도 구축을 한 인텔의 인텔 인사이드Intel Inside 공동브랜딩 캠페인이다. 인텔의 방식은 성분 브랜딩의 첫 번째 사례가 아니다. 몬산토Monsanto의 뉴트라 스위트NutraSweet, 듀폰의 테프론Teflon과 라이크라Lycra, 돌비 래버러토리스Dolby Laboratories의 돌비Dolby, YKK의 지퍼와 같은 다른 성공적인 성분 브랜딩 전략을 모델로 했다. 인텔의 인텔 인사이드 캠페인의 명백한 성공에 따라, 고객 마음속에 확실한 브랜드 이미지를 심기 위해 많은 B2B 회사들이 소비자에게 직접 접촉해 경쟁 우위를 확보하려고 했다.

성분 브랜딩은 브랜드 요소가 공동브랜드 오퍼링의 필수 부분이며 일반적으로 독립형 제품으로 사용할 수 없다는 점에서 다른 형태의 공동브랜딩과 두드러진다. 주목할 만한 예외는 스플렌다Splenda, 뉴트라 스위트NutraSweet, 스테비아Stevia, 트루비아Truvia들은 다양한 음식과 음료의 성분이 될 뿐만 아니라 소비자에게 소매로 판매된다.

성분 브랜딩은 일반적으로 제품 혹은 서비스 브랜드와 성분브랜드 간의 공동브랜딩 제휴를 포함하지만, 다른 한편으로는 성분 브랜딩이 반드시 공동브랜딩을 포함하지는 않으므로 브랜드화된 성분은 성분브랜드가 오퍼링을 차별화하는 유일한 브랜드인 경우인 포괄적generic 오퍼링의 일부일지도 모른다. 예를 들어, 인텔, 고텍스, 테프론은 기존 성분브랜드에 의존해 포괄적 브랜드 경쟁업체와 차별화하고 동일한 성분브랜드를 특징으로 하는 브랜드 오퍼링에 더 가까운 위치에 포지션하는 포괄적 오퍼링에 사용할 수 있다.

③ 인증 브랜딩

인증 브랜딩은 기본 오퍼링에 의해 제기된 주장의 진위를 인증하는 기관을 포함하는 브랜드 협업의 한 형태이다. 인증 브랜딩은 회사가 인증브랜드의 소유주인 제3자에 의존해 고객에게 제품의 특정 측면을 알릴 수 있다. 인증 브랜딩은 원산지, 재료, 생산기술, 성능, 품질, 정확도 등을 포함한 다양한 주장을 다룰 수 있다.

예를 들어, UL Underwriters Laboratories은 제품이 특정한 안전규격을 충족한다는 것을 인증하고 에너지 스타Energy Star는 에너지 효율을 인증, USDA 오가닉USDA Organic은 식품과 농산물의 유기농 원산지 인증, 하트 헬시Heart Healthy는 심장에 건강하다는 미국 심장 협회에서 결정하는 식품을 인증하며 페어 트레이드Fair Trade는 관련된 제품이 특정한 환경, 근로, 개발 기준을 충족한다는 것을 인증, 워터 센스Water Sense는 물 효율 제안을 인증, 울 마크Woolmark는 상품이 100% 순수한 새로운 양모로 만들어진 것을 인증, 그린 실Green Seal은 공동브랜드화된 제품들이 특정 성능, 건강, 지속가능 기준을 충족한다는 것을 인증한다.

인증 브랜딩의 특별한 형태에는 상품의 지역 원산지 문서화이다. 지리적 인증은 일반적으로 농산물, 식료품, 와인과 주류, 수공예품, 산업재 등에 사용된다. 예를 들어, 코냑은 프랑스 남서쪽에 위치한 코냑 지역의 6개 다른 테루아르terrior 중의 한 개인 흰 포도로 제조된 브랜디를 인증하는 브랜드이다. 샴페인은 프랑스 북동쪽의 샴페인으로부터 오고 전통적인 스파클링 와인 제조 방법을 사용해 제조된 스파클링 와인을 인증하는 브랜드이며 아시아고Asiago는 이태리 북쪽의 아시아고 고원Asiago Plateau의 알파인 지역 근처에서 제조된 치즈 인증 브랜드이다. 지리적 인증의 세부적인 논의는 9장에서 다루어진다.

인증 브랜딩은 일반적으로 인증브랜드를 보증인으로 지정한다. 주요 브랜드에 비해 눈에 띄지 않는 특징이 있으며, 주요 목적은 다른 핵심브랜드에 대한 신뢰성을 제공하는 것이다. 그러나 포트폴리오 공동브랜딩 형태이며 브랜드 소유권 전달하는 보증 브랜딩과 달리, 인증 브랜딩은 고객들에게 어떠한 브랜드 소유권도 암시하지 않고 회사 오퍼링의 어떤 측면에 대해 보장하는 외부 공동브랜딩의 형태이다.

인증 브랜딩은 또한 인증브랜드 소유주로부터 공동브랜딩 동의를 요구하지 않는 공동브랜딩의 다른 유형과는 다르다. 인증브랜드는 관련된 오퍼링이 특정 표준을 충족한다는 것을 문서화할 수 있는 누구나에 의해 사용될 수 있으며, 회사의 제품 및 서비스가 인증기관의 기준을 충족하는 한 인증브랜드를 사용할 권리가 있다.

④ 사회적 대의 공동브랜딩

사회적 대의 공동브랜딩은 제품제조사 혹은 서비스 제공사와 특정 사회적 명분을 촉진하는 단체 간의 협업에 관여한  다. 예를 들어, 세계에서 가장 큰 비영리 건축사 중의 하나인 해비타트 Habitat for Humanity는 저소득층 주택을 짓기 위해 델타 항공, 제이크루 J.Crew, 닛산Nissan, 네스트Nest, 웨이페어Wayfair 등과 제휴를 맺었다. 아프리카에서 HIV/AIDS 퇴치를 위한 경각심 고조와 자금 모금을 목적으로 하는 조직인 레드RED는 나이키, 애플, 코카콜라, 스타벅스, 갭, 아르마니, 홀마크, SAP 등과 제휴를 맺었다. 유방암 예방과 치료 목적으로 하는 미국 최대의 조직 중의 하나인 수잔 코멘Susan G. Komen 은 아메리칸 항공, 베이커 휴즈Baker Hughes, 뱅크 오브 아메리카Bank of America, 캐터필러Caterpillar, 포드, 제너럴 밀General Mill, HP, KFC, 월그린Walgreen, 요플레Yoplait와 제휴를 맺었다.

사회적 대의 공동브랜딩은 회사 오퍼링이 특정 표준을 준수함을 나타내거나 회사가 보유한 가장 많은 가치를 반영하기 때문에 두 경우 모두 회사가 브랜드를 다른 브랜드와 연결해 이익을 얻는다는 점에서 인증 브랜딩과 유사하다. 그러나 인증브랜드가 기능적으로 보증 제품과 관련이 있는 인증 브랜딩과는 달리 사회적 대의 공동브랜딩은 일반적으로 기능적으로 관련이 없는 제품에 대한 브랜드와 관련이 있다. 대신에 브랜드는 제휴브랜드(일반적으로 비영리)에 의해 요약되어 있고 회사 브랜드가 보증하는 사회적 대의로 연결된다.

사회적 대의 공동브랜딩에서 브랜드 진위는 무엇보다도 중요하다. 점점 더 많은 회사들이 각종 사회적 대의들과 제휴함에 따라 고객들은 회사의 행동이 호의적이기보다는 이기적일 수 있다고 의심하기 때문에 고객들은 사회적 대의에 대한 회사의 참여의 근본적인 동기에 대해 점점 회의적이다. 따라서 사회적 대의 공동브랜딩은 회사들이 동일한 가치를 공유하고 동일한 행동 규범을 준수하도록 요구한다.

사회적 대의 공동브랜딩의 경우 브랜드 진위의 중요성과 사회적으로 책임있는 기업 행동은 유방암 경각심을 일으키기 위한 KFC의 수잔 코멘 치료재단Susan G. Komen for the Cure Foundation과의 제휴에서 설명할 수 있다. 캠페인 일환으로 KFC는 유방암 연구 자금을 지원하기 위한 단일 최대 기업 기부에 해당하는 850만 달러 이상을 모금하기 위해 공동브랜드 분홍색 닭 통마다 50센트를 기부하기로 약속했다. 불행히도 캠페인은 빵 대신에 두 조각의 튀긴 닭과 가운데 치즈와 베이컨으로 된 튀김 샌드위치인 KFC의 더블 다운Double Down 출시 후에 일어났다. 결과적으로 KFC는 여성의 건강에 해롭고 비만 확산에 기여할 뿐만 아니라 유방암 위험을 증가시킬 수 있는 제품을 홍보함으로써 위선적이라는 비판을 받았다.

● 외부 공동브랜딩의 장단점

외부 공동브랜딩의 인기는 이 전략이 두 당사자 모두에게 가져다주는 여러 혜택에서 비롯된다. 제휴 브랜드 간의 시너지 효과에서 파생되는 주요 혜택에는 가시성visibility, 신뢰성credibility, 가치 이전value transfer 등이 있다.

- 가시성. 공동브랜딩은 제휴브랜드의 가시성을 높일 수 있다. 예를 들어, 공동브랜드화된 활동추적장치 개발을 위한 애플과 나이키 협업은 최초 상기인지도top-of-mind awareness를 증가시킨다. 의미 있는 브랜드 제휴는 고객의 마음속에 있는 브랜드 네트워크(브랜드 집합이라고도 함)를 통해 도움이 될 수 있으며, 한 브랜드의 정신적 활성화는 제휴 브랜드에 대한 생각을 활성화한다(예: 나이키를 생각하면 고객이 또한 애플을 생각하는 가능성을 높인다).

- 신뢰성. 공동브랜딩은 두 브랜드가 보증했다는 것 때문에 오퍼링의 신뢰성을 높이는 데 도움이 될 수 있다. 예를 들어, 활동 추적기가 나이키와 애플 브랜드라는 사실이 오퍼링이 홍보된 혜택을 제공할 것이라는 고객 믿음을 강하게 한다. 신뢰성은 특히 인증브랜드가 인증된 제품 및 서비스 브랜드에 신뢰감을 줄 수가 있는 인증 브랜딩에서 중요하다.

- 가치 이전. 관련된 오퍼링을 보증하는 것 외에, 공동브랜딩은 브랜드 자체 간의 상대적으로 강력한 연관성을 조성해 일부 브랜드별 연관성을 이전한다. 예를 들어, 애플과 나이키 제휴는 애플은 라이프스타일 브랜드로 나이키는 기술 브랜드로 포지션하는 데 도움이 된다. 가치 이전은 영리기업의 브랜드 이미지에 친사회적 요소를 추가하고 비영리기업의 브랜드 이미지에 전문적 요소를 강화해 사회적 대의 공동브랜딩에서도 매우 두드러진다.

중요한 이점에도 불구하고 외부 공동브랜딩은 브랜드 희석brand dilution과 부정적 후광negative halo 가능성을 포함한 몇 가지 중요한 단점이 있다.

- **브랜드 희석**. 대부분의 브랜드가 고유한 의미를 가지기 때문에, 두 개 혹은 더 많은 브랜드를 합치면 어떤 차원에서 의미를 풍부하게 할 수 있지만 다른 차원에서는 의미를 희석시킬 수 있다. 예를 들어, 다른 가격대 브랜드를 포함하는 공동브랜딩은 신규시장에 진출해 높은 가격대 브랜드로 확장을 할 수 있지만, 브랜드 이미지를 약화 시킬 가능성도 있는데, 타겟Target과 마크 제이콥스Marc Jacobs, H&M과 베르사체Versace, 피아트Fiat와 구찌Gucci 등 이다. 같은 맥락으로 논리적으로 연결되지 않은 브랜드를 연결하면 이러한 브랜드의 의미가 희석될 수 있다. 예를 들어, 제임스 본드 프랜차이즈와 포드 자동차 회사의 공동브랜딩 제휴는 평소의 애스틴 마틴 로터스 대신에 포드 5 도어door 가족용 차량이나 BMW 고급 스포츠 자동차에 갑자기 등장했을 때 피해를 본 제임스 본드 브랜드 이미지에 잘 어울리지 않았다. 사회적 명분 공동브랜딩 또한 고객의 관심을 핵심 역량에서 사회적 관점에서 중요하지만 브랜드와 관련된 기능적 이점과 관련이 없는 문제로 회사 브랜드 이미지를 희석시킬 가능성이 있다.

- **부정적 후광**. 포트폴리오 공동브랜딩의 경우처럼, 외부 공동브랜딩은 브랜드간의 부정적인 정보 이전으로 이어질 수 있다. 예를 들어, 레고Lego와 쉘Shell은 쉘의 유통을 통해 취급 가능하게 한 레고 디자인 쉘 브랜드 주유소, 트럭, 경주 차량의 공동브랜딩 제휴를 맺었다. 그러나 쉘은 북극에서 시추를 시도하면서 잠재적인 환경 재난과 관련될 가능성에 노출되어 공동브랜딩 제휴가 무산되었다. 공동브랜드 역할을 하는 유명인 보증인이 그들의 대중적인 이미지를 손상하는 행동을 할 때 부정적인 유출 가능성이 나타난다. 이러한 제휴의 예로서, 랜스 람스트롱Lance Armstrong(나이키, 앤하이저부시Anheuser-Busch, 오클리, 트렉Trek 보증), 빌 코스비Bill Cosby(젤로Jell-O, 코카콜라, 코닥 보증), O. J. 심슨O. J. Simpson(쉐보레Chevrolet, ABC, 헤르츠Hertz 보증), 마이클 펠프스Michael Phelps(켈로그 시리얼, 서브웨이 샌드위치, 오메가 시계 보증) 등이 있다.

공동브랜딩의 장단점을 고려할 때, 관리자는 브랜드 제휴 형성의 장기적인 영향을 고려해야 한다. 이것은 공동브랜딩의 많은 혜택들(가시성, 신뢰성, 가치이전)이 두 브랜드의 가치를 즉각적으로 창출할 수 있기 때문이다. 반대로, 부정적 정보의 유출과 같은 일부 단점은 향후 어느 시점에 발생할 수 있는 요인들이다. 따라서 공동브랜딩의 단기적·장기적 영향을 모두 고려하면 건전한 브랜드 제휴를 개발하는 데 도움이 될 수 있다.

● 실행 가능 공동브랜드 전략 수립

공동브랜딩의 다양한 장단점은 브랜드 제휴가 시장 가치를 창출할 수 있는지 여부와 시기에 대한 의문을 제기한다. 이 의문에 대한 답은 브랜드 호환성에 달려있다. 공동브랜딩이 성공하기 위해서는 공동브랜드가 호환성이 있어야 하고 공유된 의미를 가져야 한다. 이것이 브랜드가 고객 마음속에 정확한 동일한 이미지를 가져야 한다는 의미는 아니지만, 오히려 핵심 가치와 브랜드 연관성이 겹쳐야 한다(그림 7.10).

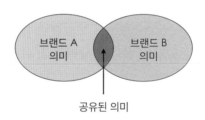

그림 7.10 공동브랜딩의 원동력으로서 브랜드 의미 공유

공동브랜드화 여부를 결정하는 데 특히 관련된 개념은 브랜드 핵심 의미를 설명하고 브랜드가 무엇을 상징하는지 정의하는 브랜드 만트라이다(4장 참조). 브랜드의 본질을 표현하는 것 외에, 브랜드 만트라는 공동브랜드의 방향을 제시하고 경계를 설정한다. 구체적으로, 회사가 자사 브랜드를 얼마만큼 '확장'할 수 있을지를 제안하고 연관되어야 하는 브랜드와 연관되지 않아야 하는 브랜드를 식별하는 데 도움이 된다. 따라서 다른 브랜드와 제휴를 결정할 때는 회사는 반드시 공동

브랜딩이 고객에 대한 브랜드의 약속을 훼손하지 않도록 해야 한다.

레드불Red Bull과 고프로GoPro의 공동브랜딩 제휴를 살펴보자. 이 브랜드들이 서로 다른 산업에서 운영되고 공동기술을 공유하지 않는 제품을 가지고 있지만 많은 공통점이 있다. 두 브랜드는 소비자들이 자신들의 정체성을 나타내는 데 사용하는 라이프스타일 브랜드로서 포지션했다. 더 중요한 것은 소비자가 이러한 브랜드를 애용함으로써 표현하고자 하는 정체성은 모험, 행동 중심, 대담함, 극단적인 것과 같은 동일한 가치의 집합으로 정의된다는 것이다. 이러한 공유된 가치의 집합은 자연적으로 액션 스포츠를 중심으로 공동브랜드 캠페인 개발로 이어졌다. 이러한 협업의 가장 잘 알려진 예는 스카이 다이버 펠릭스 바움가르트너Felix Baumgartner가 지구 표면에서 24마일 높이에 있는 성층권의 헬륨 풍선에서 지구로 낙하한 후 자유 낙하 시 음속 장벽을 깨는 최초의 사람이 된 높은 고도 다이빙 프로젝트이다.

공유된 가치 외에, 공동브랜딩의 궁극적인 성공은 각 브랜드가 이 파트너십에 제공하는 고유한 차원에 달려있다. 대부분의 경우 제휴 브랜드 의미는 완전히 겹치지 않기 때문에, 공동브랜딩은 각 브랜드의 의미를 의도치 않게 확장시켜 일부 브랜드와 연관되게 한다. 공동브랜딩이 성공하기 위해서는, 브랜드 의미의 이러한 확장은 브랜드 만트라와 브랜드의 회사 장기비전과 일관성이 있어야 한다. 요약하면, 공동브랜딩은 반드시 각 브랜드의 의미를 풍부하게 하기 위해 차이점을 사용하면서 브랜드 공통성을 구축해야 한다.

고급 개인 및 임원용 제트기 시장을 위한 항공기 객실 설계에 협업한 벤츠와 독일 최대 항공사인 루프트란자와의 제휴를 고려해보자. 이두 회사가 동일한 업계에 종사하지는 않지만, 비즈니스 출장자인 동일한 고객 세그먼트를 제공한다. 더군다나, 두 브랜드는 고급 자동차와 개인 제트기 업계의 선두주자이며 기술혁신, 디자인, 장인 정신 등의 오래된 역사를 지니고 있다. 이러한 공통성을 바탕으로, 각 브랜드는 제휴에 각자의 고유한 관점을 추가한다. 즉, 벤츠는 현대적인 디자인과 최첨단 고급스러움에 대한 명성을 가져 왔고, 루프탄자는 항공기 객실을 꾸미고 항공 여행을 맞춤화하는 것으로 명성을 얻었다. 여기서 공동브랜딩은 디자인과 고급스러움에 대한 루프탄자 명성을 구축하는 동시에 벤츠가 고급스러움 및 임원 항공 여행 시장에서 브랜드 매력을 넓힐 수 있도록 도와준다.

성공적인 협업의 다른 예는, BMW와 제임스 본드이다. 언뜻 보기에 두 브랜드는 거의 공통점이 없다. BMW는 기술과 엔지니어링으로 알려진 독일차이고, 제임스 본드는 영국 첩보기관의 장교인 가상의 인물이다. 그러나 더 깊은 수준에서 두 브랜드는 개척정신, 활동적인 생활방식, 정서적 호소와 같은 많은 공통성을 공유한다. 더 나아가 두 브랜드는 제휴를 통해 각각 혜택을 얻는다. 즉, 제임스 본드는 정교함, 세련미, 미스터리를 BMW 브랜드에 가져오고, 대신 BMW는 정밀, 속도, 최첨단 기술과 같은 측면에 제임스 본드 이미지를 강화시킨다.

개인 상표 브랜드 아키텍처

개인 상표(혹은 매장 브랜드)는 소매상이 소유하고 관리하는 브랜드이다. 개인 상표의 기획과 브랜드 구조는 제조업체 브랜드와 유사하다. 동시에 주목할 만한 여러 가지 중요한 차이점이 있다. 개인 상표 브랜딩의 본질, 개인 상표 사용의 장단점, 개인 상표 포트폴리오 관리상의 중요한 사안 등은 다음 절에서 논의된다.

● 개인 상표 브랜딩의 본질

개인 상표 브랜드는 몇 가지 주요한 측면에서 제조업체 브랜드와 차이가 있다. 우선 소매상에 의해 소유되고 관리되기 때문에 대부분의 개인 상표는 소매상에 따라서 다르고 여러 유통 채널에서 사용할 수 없다. 더 나아가 소매업체의 자체 브랜드 홍보 능력 때문에 개인 상표는 보통 특정 소매유통의 외부로 광고를 하지 않는다. 또한 낮은 브랜드 구축 및 홍보 비용 때문에 제조업체 브랜드보다 동등하거나 낮게 가격을 책정한다. 예를 들어, 제조업체 브랜드인 바이엘Bayer 아스피린은 다양한 유통 채널에서 사용되고 다양한 커뮤니케이션 채널을 통해 홍보를 하는 반면, 개인 상표인 CVS 아스피린은 CVS를 통해서만 사용되고 CVS 외부로는 홍보되지 않는다.

개인 상표 용어는 브랜딩 기능이 소매상에 의해 수행되는 것을 단지 나타내는 것이라는 것을 주목해야 한다. 관련된 제품이 소매상에 의해 제조가 된다는 것을 의미하는 것은 아니다. 개인 상표 제품은 동일한 제품의 제조업체 자체 브랜드를 제조하는 제조업체에 의해 제조될 수도 있고 제조를 전문으로 하고 브랜딩을 취급하지 않는 제3자에 의해 제조될 수도 있다. 예를 들어, 듀라셀Duracell은 코스트코Costco 자체 브랜드인 커클랜드 시그니처Kirkland Signature 배터리를 만들고, 스타벅스는 커클랜드 시그니처 커피의 다양한 원두를 볶고, 그레이 구스Grey Goose는 커클랜드 시그니처 브랜드 프렌치French 보드카를 만든다.

처음에 낮은 가격, 낮은 품질 오퍼링으로 포지셔닝한 개인 상표는 광범위한 고객 수용을 얻었다. 소비자들이 개인 상표 오퍼링이 높은 가격의 제조업체 브랜드와 비슷할 수 있다는 것을 알게 됨으로써 더 이상 개인 상표를 피하지 않고 쇼핑 목록의 중요한 일부로 취급한다. 또한 개인 상표 구매는 구매자가 제품을 회사 홍보 영향이 아닌 성능에 기반해서 선택하는 것에 자부심을 느낌으로서 가끔 현명한 쇼핑으로 간주되었다.

개인 상표의 성장은 고객 충성도가 제조업체에서 소매상으로 옮기는 것을 반영한다. 이러한 변화는 고객이 구매 결정을 내리는 방식에 반영된다. 과거에는 고객의 첫 번째 결정은 브랜드를 보유한 소매업체를 방문 후에 어떤 브랜드를 구매할지 하는 것이었다. 시간이 지남에 따라 이러한 결정 과정은 변했다. 이제는 많은 고객들이 쇼핑할 소매상을 우선 결정을 하고 나서 소매상이 취급하는 제품 구색에서 특정 브랜드를 결정한다. 그 결과 소매상은 이제 구매자가 구매를 위해 적극적으로 고려할 선택권the set of options을 형성하고 자신의 브랜드를 고려 대안consideration set에 포함할 수 있게 되었다.

● 개인 상표의 장단점

개인 상표는 소매 업체에게 다양한 혜택을 제공해 경쟁의 급속한 성장을 촉진했다. 개인 상표 혜택은 차별화, 가격에 민감한 고객 공략, 더 큰 유통 영향력, 더 큰 통제, 더 낮은 브랜드 구축 비용 등이다.

- 차별화. 개인 상표는 소매상이 경쟁으로부터 오퍼링을 차별화할 수 있게 한다. 만일 실제로 경쟁 소매상이 동일한 제품을 취급하면, 소매상들은 고객을 유치하기 위해 가격으로 경쟁을 해야 한다. 특정 소매상만이 취급하는 제품의 가용성은 소매상이 고객을 위한 가치제안을 차별화는 방법이다.

- 가격에 민감한 고객 공략. 개인 상표는 소매상이 가격에 민감한 고객을 공략할 수 있게 한다. 개인 상표는 주요 브랜드보다 가격이 낮을 뿐만 아니라 낮은 가격을 낮은 제품 품질보다 광고 부족으로 간주하는 고객에게 가치를 알려준다.

- **유통 영향력**. 개인 상표는 브랜드 제품 제조업체에 대한 소매상들의 포지션 강화를 통해서 소매상을 위한 가치를 창출한다. 개인 상표는 소매상에게 브랜드 제품 제조업체와 협상할 때 상당한 영향력을 발휘할 수 있게 한다. 소매상은 기능적으로 유사하지만 제조업체가 브랜드화한 제품과 경쟁할 수 있는 저렴한 제품을 보유하고 있기 때문이다.

- **통제**. 제조업체 브랜드 제품과 비교해 소매상은 매장에서 개인 상표를 전시할 위치를 더 잘 통제할 수 있다. 따라서 소매상은 개인 상표를 주요 브랜드와 대조하고 장점을 강조하는 방식으로 전시함으로써 자사 브랜드를 배치할 수 있다.

- **낮은 브랜드 구축 비용**. 브랜드 제품의 제조업체가 하는 광고 비용을 부담하기보다는, 소매상은 개인 상표를 촉진하기 위해 고객과의 관계에 영향력을 활용한다. 개인 상표 출시의 비교적 낮은 비용(전통적인 브랜드와 비교해)과 고객과의 직접적인 커뮤니케이션 능력은 소매상이 개인 상표를 기획하고 관리하는 데 좀 더 효과적이고 비용 효율적으로 할 수 있게 한다.

소매상을 위해 개인 상표가 다양한 혜택을 창출함에도 불구하고, 개인 상표는 브랜드 구축을 위한 전문성 필요, 제조업체 인센티브 부족, 제한된 범위 등의 단점이 있다.

- **브랜드 구축 전문성 필요**. 개인 상표 기획과 관리는 많은 소매상이 부족한 브랜드 구축 능력을 필요로 한다. 오랫동안 소매상들은 이미 브랜드화된 제품의 유통에 집중해왔기 때문에 대부분의 소매상들은 성공적으로 개인 상표를 관리하는 데 필요한 내부 브랜드 구축 전문성을 가지고 있지 않다.

- **제조업체 인센티브 부족**. 소매상은 개인 상표 관리와 관련된 비용을 부담해야 한다. 비록 소매상들이 일반적으로 제조업체 브랜드 제품보다 개인 상표에 더 높은 매출 총이익을 실현할 수 있지만, 소매상들은 자사 개인 상표를 판매할 때 없는 제조업체 브랜드에 대한 다양한 인센티브(예: 입점비slotting, 재고비stocking, 진열수당display allowance)를 받는다. 이러한 선행 인센티브 forgone incentives는 개인 상표의 총이익을 현저하게 감소시킨다.

- **제한된 범위**. 개인 상표는 다른 소매상으로부터 소매상 오퍼링을 차별화하기 위해 사용했기 때문에 개인 상표는 일반적으로 특정 유통 채널 내에서만 가능했다. 결과적으로 개인 상표의 표적 시장과 성장 잠재력은 소매상의 고객 기반에 의해 제한된다.

소매상에 제공하는 개인 상표의 다양한 혜택이 최근에 급증하는 여러 가지 이유 중의 하나이다. 더 많은 소매상이 자체 브랜드를 만들기 위해 노력하고 있으며 기존 개인 상표를 보유한 소매상은 브랜드 범위를 넓히고 브랜드 포트폴리오를 확장하고 있다. 소매상들이 지속적으로 그들의 시장 영향력을 통합해감에 따라, 개인 상표 영향은 증가할 것이고 소매상이 시장 가치를 창출하는 중요한 방법 중의 하나가 될 것이다.

● 개인 상표 포트폴리오 관리

제조업체가 자사 브랜드를 관리하는 것과 유사하게, 소매상은 개인 상표 포트폴리오에 관련된 결정을 해야 한다. 일반적인 세 가지 브랜드 포트폴리오 전략은 단일 브랜드, 다중브랜드, 공동브랜딩이 소매상에서도 마찬가지로 공통적이다.

단일 브랜드 전략은 소매상의 개인 상표가 소매상 이름을 가지는지 아니면 별개 이름을 가지는지에 따라 두 가지 방식으로 표현된다. 예를 들어, 이케아IKEA, 카르푸Carrefour, 트레이더 조Trader Joe는 개인 상표 브랜드를 위해 자체 이름을 사용하는 반면에 코스트코Costco는 자체 이름인 커클랜드 시그니처와 구별되는 단일 브랜드를 사용한다.

다중브랜드 포트폴리오를 가진 소매상은 보유하고 있는 개인 상표의 수가 크게 다르다. 예를 들어, 홀푸드Whole Foods는 3개의 개인 상표 포트폴리오를 가지고 있다. 365 에브리데이 밸류365 Everyday Value,

홀푸드 마켓Whole Foods Market, 엔진2 플랜트-스트롱Engine 2 Plant-Strong. 반대로, 타겟Target은 아처 팜스Archer Farms(프리미엄 식료품), 마켓 팬트리Market Pantry(염가 식료품), 헤이데이Heyday(전자), 프로젝트 62Project 62(디자이너 가정용 가구), 룸 에센셜스Room Essentials(염가 가정용 가구), 오리지널 유즈Original Use(남성용 의류), 프롤로그Prologue(여성용 의류), 업앤업Up&Up(가정용 품목), 서튼 앤 닷지Sutton & Dodge(앵거스 소고기), 스프리츠Spritz(파티용품), 스미스 앤 호켄Smith & Hawken(야외용 가구 및 액세서리) 등을 포함한 40개 이상의 다양한 개인 상표가 있다.

월마트는 대부분의 다른 소매상들을 훨씬 능가하는 다양한 개인 상표의 최대 포트폴리오 중의 하나를 보유하고 있다. 인기 있는 월마트 개인 상표 중의 일부는 샘스 초이스Sam's Choice(프리미엄 식료품), 그레이트 밸류Great Value(염가 식료품), 이퀘이트Equate(건강 미용), 메인스테이스Mainstays(가정용 장식), 프로젝트 62Project 62(가구), 올 로이Ol' Roy(개 사료), 스페셜 키티Special Kitty(고양이 사료), 패런츠 초이스Parent's Choice(유아용품), 플레이 데이Play Day(장난감), 펜 기어Pen + Gear(사무용품), 조지George(남성용 의류), 타임 앤 트루Time and Tru(여성 의류), 노 바운더리즈No boundaries(젊은 성인 의류), 애슬레틱 웍스Athletic Works(활동복), 브라마Brahma(작업용 장화), 원더 네이션Wonder Nation(어린이용 의류) 등이다.

아마도 월마트의 수많은 개인 상표들과 경쟁할 수 있는 유일한 회사는 아마존 베이직Amazon Basics(염가 상품), 아마존 에센셜Amazon Essential(염가 의류), 아마존 엘레멘츠Amazon Elements(비타민 및 보조제), 리벳Rivet(가구), 스톤 앤 빔Stone & Beam(가정용 가구), 라벤나 홈Ravenna Home(가정용 가구), 핀존Pinzon(침구류), 굿스레드Goodthreads(남성 의류), 메이Mae(여성 의류 및 잠옷), P2N(활력 영양제), 206 콜렉티브206 Collective(신발), 스포티드 지브라Spotted Zebra(어린이 의류), 마마 베어Mama Bear(염가 유아용 제품), 어메이징 베이비Amazing Baby(유아용품), 네이처스 원더Nature's

Wonder(영양제), 리블리Revly(비타민, 영양보조제), 베이직 케어Basic Care(일반약) 등의 브랜드를 포함하는 포트폴리오를 보유한 아마존일 것이다.

　　개인 상표의 공동브랜드 사용은 개인 상표가 이미 판매되는 소매점과 직접적으로 관련되어 있다는 점에서 제조업체 브랜드의 사용과 다르다. 결과적으로 개인 상표는 암묵적으로 소매상 브랜드와 공동브랜드화된다. 고객들은 일반적으로 이런 브랜드들이 특정 소매상에 의해서만 제공된다는 것을 알고 있기 때문이다. 예를 들어, 많은 고객들은 365 에브리데이 밸류와 홀푸드 마켓이 홀푸드의 자체 제품을 식별한다는 것을 알고 있다. 이런 암묵적 공동브랜딩은 매장 브랜드를 우산혹은 후원브랜드(예: 커클랜드 시그니처 by 코스트코)로 사용하는 명백한 공동브랜딩이 개인 상표에서 흔하지 않은 이유 중 하나이다.

　　개인 상표 포트폴리오 관리에서 중요한 쟁점은 구매자가 고려 중인 브랜드가 실제로 매장 브랜드라는 것을 알고 있는지 여부이다. 이것은 고객이 소매상이 제공하는 모든 브랜드를 잘 인식하지 못하는 광범위한 개인 상표 포트폴리오를 가진 소매상과 특히 연관이 있다. 예를 들어, 고객들은 스미스 앤 호켄, 스페셜 키티, 스포티드 지브라들이 각각 타깃, 월마트, 아마존들의 개인 상표라는 것을 알지 못하고 제조업체 브랜드로 생각할 것이다. 이러한 매장 브랜드의 인식 부족은 단일 개인 상표인 커클랜드 시그니처를 사용하는 코스트코와 같은 소매상에게는 거의 발생하지 않을 것이다. 다양한 제품 범주에서 동일한 브랜드를 사용하는 것을 관찰한 후에 고객은 그것이 매장 브랜드라는 것을 인식할 것이기 때문이다. 동일한 논리가 제한된 수의 개인 상표를 가진 다중브랜드 포트폴리오에도 적용된다. 일부는 홀푸드의 경우처럼 소매상 자체 이름으로부터 파생된 것이다.

　　브랜드 포트폴리오 관리에 적용된 일반원칙은 개인 상표를 구성하는 포트폴리오 관리에도 적용이 된다. 따라서 각 개인 상표는 반드시 특정 목적에 부합해야 한다. 그것은 구체적인 오퍼링 구성, 경쟁으로부터 차별화와 이러한 오퍼링의 제품 및 서비스 측면에서 창출한 가치 이상의 가치를 창출한다. 이것은 각 개인 상표가 구체적인 니즈에 의해 정의된 분명한 고객 세그먼트를 대상으로 해야 하고 회사가 이 세그먼트에 월등한 가치를 전달하는 것을 도와야 한다는 것을 의미한다. 표적 고객과 이러한 고객들을 위한 가치제안을 식별하는 명확한 전략이 없는 개인 상표 출시는 역효과를 낳을 수가 있고, 회사 자원의 손실과 고객 혼선을 초래한다.

요약

브랜드 아키텍처는 두 가지의 중요한 사안을 다룬다. 다양한 제품 및 서비스를 가진 회사 브랜드와 관련된 브랜드 포트폴리오 관리와 다른 브랜드를 가진 회사 브랜드와 관련된 공동브랜딩 관리.

브랜드 포트폴리오 전략에는 구체적인 브랜드를 제품 및 서비스에 할당하고 이러한 브랜드를 관리해 전체적으로 가치를 극대화하는 것이 포함된다. 브랜드 포트폴리오 기획은 반드시 표적 고객 마음속에 의미 있는 브랜드 이미지 창출을 주된 목표로 하는 브랜드 관리자와 이러한 고객들에게 월등한 제품(서비스)를 개발하는 것이 주된 목표인 제품(서비스) 관리자의 관점에서 고려되어야 한다.

단일 브랜드 전략(또는 우산 브랜닝 혹은 판매사 브랜드)은 다양한 오퍼링에 걸쳐서 동일 브랜드를 사용한다. 이 전략의 주요한 이점은 기존 브랜드를 활용하는 동시에 제품군과 구매기회에 걸쳐 브랜드 가시성을 높인다. 단일 브랜드 사용의 주요한 단점은 광범위한 제품 범주와 구매기회에 걸쳐 뚜렷한 브랜드 이미지를 확고히하는 데 어려움이 있다.

브랜드 성장

다중브랜드 전략(또는 house of brands)은 다른 제품과 제품 라인에 별도의 브랜드를 사용한다. 이 전략의 주요한 이점은 회사가 다른 제품군과 구매기회를 위한 고유한 브랜드 정체성을 확보할 수 있게 하는 동시에 분리 가능한 회사 자산 생성을 한다. 다중브랜드 사용의 주요한 단점은 개별 브랜드 구축 및 관리에 연관된 방대한 재원이다.

포트폴리오 공동브랜딩 전략에는 두 개 이상의 회사 브랜드를 사용하는 것이 포함되며 브랜드 중 하나는 일반적으로 우산브랜드로 사용된다. 포트폴리오 공동브랜딩은 두 가지 핵심 전략 중 하나를 포함할 수 있다. 하위 브랜딩(우산브랜드를 강조한 하위 브랜드와 결합 된 우산브랜드)과 보증 브랜딩(우산브랜드가 부차적인 역할을 하는 개별 브랜드 강조)이 있다. 포트폴리오 공동브랜딩은 단일 브랜드와 다중브랜드 포트폴리오 전략의 중간지점으로 간주된다.

외부 공동브랜딩은 브랜드의 계층적 순서를 의미하지 않는 제휴를 포함한다. 일반적으로 동일한 실체가 소유하고 관리하는 것을 포함하는 포트폴리오 공동브랜딩과는 다르게, 외부 공동브랜딩은 공동소유권을 공유하지 않는 브랜드이다. 제휴 관계의 유형에 따라, 네 가지 외부 공동브랜딩 일반적 유형이 있다. 제품 및 서비스 공동브랜딩, 성분 브랜딩, 인증 브랜딩, 사회적 대의 브랜딩 등이다.

공동브랜딩의 주요 혜택은 더 많은 브랜드 노출 제공과 회사 포트폴리오의 모든 브랜드에 도달할 뿐만 아니라 개별 브랜드의 의미 향상 가능성이다. 주요한 단점은 공동브랜딩은 개별 브랜드 이미지를 희석시킬 수 있고 브랜드에 걸쳐 부정적 정보 유출을 촉진할 수 있다. 공동브랜딩이 성공하기 위해, 제휴브랜드는 공유된 의미를 가져야 하고 공동브랜딩이 고객에 대한 각 브랜드의 약속을 풍부하게 할 것이고 브랜드의 회사 장기비전과 일치한다는 것을 보장해야 한다.

개인 상표(혹은 매장 상표)는 소매상이 소유하고 관리하는 브랜드이다. 대부분의 개인 상표는 다른 유통 채널에서는 사용할 수 없고 특정 소매업체 외부에서 홍보하지 않고 일반적으로 제조업체 브랜드와 동일 하거나 낮게 가격을 책정한다. 개인 상표는 소매상에게 복합적인 혜택을 제공한다. 개인 상표는 소매상들이 경쟁으로부터 차별화가 될 수 있게 하고 홍보된 브랜드의 제조업체로부터 더 좋은 조건을 얻고 가격에 민감한 고객에게 도달하고 자사 브랜드 가격과 배치에 더 큰 통제력을 가지고 잠재적으로 낮은 브랜드 구축 비용으로 높은 이익을 낼 수가 있다. 주요한 단점은 개인 상표 창출과 관리가 전문적인 브랜드 구축 자원을 필요로 하는 동시에 제조업체 브랜드가 제공하는 판매촉진 인센티브를 포기한다.

BRANDING INSIGHT 럭셔리 브랜딩

경제학에서 럭셔리luxury는 소비자 소득 변화와 특정 물품의 수요 간의 관계를 기반으로 정의된다. 이런 맥락에서 럭셔리는 소득의 변화에 비례해 수요가 더 많이 증가하는 제품 및 서비스로 정의된다. 예를 들어, 10%의 소득증가는 사치품 수요를 20% 증가로 이어질지 모른다. 럭셔리에 대한 이러한 견해는 경제학에서는 인기가 있지만 실제로는 럭셔리의 본질을 정의하는 요점을 놓치기 때문에 그다지 의미가 없다.

럭셔리는 가격에 관한 것이 아니라 브랜드에 관한 것이다. 럭셔리가 금전적 측면이 있는 것은 사실이지만 럭셔리에 대한 소비자들의 지불 의향은 단지 브랜드에 의해 만들어진 가치의 결과일 뿐이다. 럭셔리는 무엇보다도 브랜드 사업이며, 이러한 브랜드를 획득하기 위해 재량 소득의 일부를 기꺼이 사용하게 되는 고객의 마음속에 의미 있는 브랜드 이미지를 만드는 것이다.

럭셔리 상품luxury goods은 럭셔리의 '5E'로 불리는 다섯 가지 주요 특성에 의해 정의된다. 따라서 럭셔리 브랜드는 사치스럽고extravagant, 정교하고 exquisite, 독점적exclusive이고, 비싸고expensive, 표현력이 풍부expressive하다.

● 사치스러운Extravagant. 럭셔리는 방종indulgent이다. 반드시 필요한 것은 아니다. 럭셔리의 이런 측면은 정의적이고 필요의 반대이며, 주요 기능은

쾌락적이며 실용적인 기능은 부차적이다. 루이비통 핸드백은 잘 만들어진 비브랜드화된 핸드백과 동일한 기능성을 가지고, 크리스찬 루부탱Christian Louboutin 구두는 맞춤 구두보다 편하지 않으며, 18캐럿 골드 애플 시계는 일반 애플 시계와 아주 동일한 특성을 가진다.

- 정교한Exquisite. 럭셔리는 최고 품질이다. 해당 범주에서 최고 중 최고이다. 존 롭 부트메이커John Lobb Bootmaker(1866년 설립, 현재는 에르메스에서 소유)는 최고의 맞춤형 남성 신발을 전통 방식으로 제작하며, 각 쌍의 생산에 190단계와 몇 주가 소요된다. 세계에서 가장 오래된 시계 제조사 중의 하나인 파텍 필립Patek Philippe은 자신들의 장인 정신을 다음과 같이 정의한다. "파텍 필립 시계의 왕관에 있는 보석은 케이스와 다이얼부터 뛰는 심장까지, 숙련된 전문가가 수작업으로 완성했으며, 기술이 대대로 전해졌다는 사실이다."

- 독점적인Exclusive. 럭셔리는 귀하다. 공급이 제한되고 대량 생산되지 않는다. 에르메스는 세상에서 가장 알려진 럭셔리 핸드백인 버킨Birkin 백을 홍보하지 않는다. 더군다나, 에르메스는 한 해에 일정 수의 핸드백만 만들기 때문에, 고객이 매장에서 현장 구매하는 것을 극도로 어렵게 만든다. 의도적인 공급 제한 외에 독점은 제한된 유통에서 비롯된다. 루이비통보다 1년 먼저인 1853년에 설립된 프랑스 럭셔리 브랜드 고야드Goyard는 소매상들이 제품 취급하는 것을 제한함으로서 독점을 유지한다(예: 미국에서는 버그도프 굿맨Bergdorf Goodman과 니먼 마커스 백화점)

- 비싼Expensive. 럭셔리는 해당 범주의 대부분의 제품보다 훨씬 높은 가격으로 운영한다. 샤토 라피트 로쉴드Chateau Lafite Rothschild는 병당 평균가격이 1,000달러에 달하는 세계에서 가장 비싼 와인 중의 하나이다. 럭셔리 남성의류 매장인 하우스 오브 비잔House of Bijan은 스웨트 셔츠를 3만 달러에 판매한다. 영국 런던 소재 로열 랭커스트Royal Lancaster, 스위스 제네바 소재 프레지던트 윌슨 호텔President Wilson, 두바이 소재 버즈 알 아랍 쥬메이라Burj Al Arab 등의 스위트 룸은 하룻밤 숙박이 10만 달러 수준에 달한다. 프랑스 럭셔리 자동차업체인 부가티Bugatti 자동차는 150만 달러에서 300만 달러이며, 한정품목인 디보Divo 하이퍼카는 600만 달러에 육박한다.

● **표현력이 풍부한Expressive**. 럭셔리는 구매자가 자신의 사회적 지위와 부를 보여줄 수 있게 하며, 부 또는 사회적 지위의 증가는 명품의 눈에 띄는 소비로 이어진다. 롤스로이스, 롤렉스 등은 소유자가 부유하고 성공했다는 것을 세상에 보여주기 위해 고안된 궁극적인 지위 상징의 일부이다. 럭셔리는 새로운 신분, 소득, 부를 나타내는 럭셔리 브랜드를 소유한 특히 벼락부자들 사이에서 인기가 있다.

럭셔리 브랜드는, 소매점(르 본 마르셰Le Bon Marche, 니만 마커스Neiman Marcus, 셀프리지Selfridges, 하비 니콜스Harvey Nichols, 데이비드 존스David Jones, Harrods), 호스피탤리티hospitality(부르즈 알 아랍Burj Al Arab, 포시즌스Four Seasons, 만다린 오리엔탈Mandarin Oriental, 세인트 레지스St. Regis, 리츠칼튼The Ritz-Carlton), 패션(루이비통, 구찌, 보테가 베네타Bottega Veneta, 프라다, 에르메스), 보석(부첼라티Buccellati, 불가리, 까르띠에, 그라프Graff, 해리 윈스턴Harry Winston, 피아제Piaget, 티파니앤코Tiffany & Co., 반클리프 아펠Van Cleef & Arpels), 시계(오드마흐 삐게Audemars Piguet, 블랑팡Blancpain, 브레게Breguet, 프랭크 뮬러Franck Muller, 파르미지아니 플러리에Parmigiani Fleurier, 파텍 필립Patek Philippe, 바쉐론 콘스탄틴Vacheron Constantin), 화장품(샤넬, 겔랑Guerlain, 헬레나 루빈스타인Helena Rubinstein, 랑콤, 지방시, 디오르), 주류(샤또 페트뤼스Chateau Petrus, 샤또 라피트 로칠드Chateau Lafite Rothschild, 돔 페리뇽Dom Perignon, 루이 뢰더러 크리스탈Louis Roederer Cristal, 볼랭저Bollinger, 구 드 디아망Gout de Diamants), 자동차(롤스로이스, 벤틀리, 페라리, 애스톤마틴, 람보기니, 부가티) 등을 포함하는 산업 및 제품군에 걸쳐 있다.

개인 브랜드를 럭셔리로 분류하는 것은 다소 주관적이다. 럭셔리 개념이 보편적이지만, 럭셔리를 구성하는 요소와 럭셔리 이미지를 전달하는 브랜드에 대한 궁극적인 결정은 시장에 따라 다르다. 결과적으로 럭셔리 브랜드와 비 럭셔리 브랜드와의 차이는 명확하지가 않다. 사실, 접근 가능한 럭셔리로 지칭되는 일반제품과 럭셔리 제품 차이를 연결하는 전체 브랜드 범주가 있으며 더 넓은 범위의 쇼핑객에게 럭셔리를 제공하는 것을 목표로 한다. 어떤 의미에서는 접근 가능한 럭셔리는 모순어법이다. 정의상 진정한 럭셔리는 독점적이기 때문에 쉽게 접근할 수 없다. 마이클 코어스Michael Kors, 케이트 스페이드Kate Spade, 코치Coach, 토리 버치Tory Burch, 랄프 로렌Ralph Lauren 등과 같은 접근 가능한 럭셔리 브랜드를 실행 가능하게 만드는 것은 중산층 소비자가 소득 수준에 비해 엄청나게 높지 않은 가격으로 럭셔리를 경험할 수 있는 기회를 제공한다는 것이다.

많은 럭셔리 브랜드들이 매출을 늘리기 위해 접근 가능한 럭셔리 범주에 도전함에 따라, 자사 브랜드 이미지의 잠재적인 평가절하에 대응하기 위한 전략을 개발한다. 럭셔리 브랜드가 자사의 지위 유지를 돕는 한 가지 방법은 브랜드의 가장 원형인 주력 오퍼링에 투자하는 것이다. 예를 들어, 포르쉐 911 스포츠카, 샤넬 N5 향수, 에르메스 버킨 핸드백, 몽블랑 만년필 등이다. 자사의 주력 오퍼링 구축 외에, 럭셔리 브랜드는 슈퍼 럭셔리 브랜드 확장 개발에 투자한다. 포르쉐는 35만 달러 가격의 GT2가 있고, 샤넬은 한 온스에 4,200 달러 가격의 N5 그랜드 엔스트레Grand Extrait, 에르메스는 일본인 디자이너 긴자 타나카Ginza Tanaka가 디자인한 190만 달러 플레티넘 버킨Birkin 핸드백, 몽블랑은 반클리프 아펠Van Cleef & Arpels 보석과 개발한 75만 달러 가격의 미스터리 마스터피스Mystery Masterpiece가 있다.

BRANDING SPOTLIGHT 브랜드 포트폴리오 관리 – 홈 데포

홈 데포The Home Depot는 전 세계 2,200개 이상의 매장이 있는 세계 최대 규모의 주택개조 소매상이다. 매장에서 35,000개 이상의 제품과 온라인에서 백 만개 이상의 제품을 취급한다. 홈 데포는 다양한 상품을 경쟁력 있는 가격으 로 제공하는 슈퍼 스토어와 제품을 판매할 수 있을 뿐만 아니라 대부분의 주택수리 또는 개선 과정을 고객에게 안내할 수 있는 직원이 되는 비전을 가지고 미국 애틀랜타에 1979년에 설립되었다.

홈 데포는 3개의 주요 범주로 나누어진 방대한 브랜드 포트폴리오를 취급한다. 전국적 브랜드national brands, 독점 브랜드exclusive brands, 등록 상표

proprietary brands 등이다.

- **전국적 브랜드**National Brands. 대표주택 개조 브랜드들은 홈 데포 포트폴리오 오퍼링의 핵심이고 회사 사업의 80% 이상에 해당한다. 스탠리 블랙 앤 데커Stanley Black & Decker(전동공구), 디월트DeWalt(전문가급 공구), 존디어John Deere(야외 전동장비), 웨버Weber(그릴 및 그릴 액세서리), GE(가정용 기기), USG(건축자재), 러버메이드Rubbermaid(가정용 수납제품), 퀵레트Quikrete(시멘트 및 콘크리트 제품), 레인 버드Rain Bird(관개), 헌터Hunter(냉난방 환기 제품), 콜러Kohler(주방 및 화장실 배관 설비), Dap(코팅, 실란트, 접착제) 등을 포함한다.

- **독점 브랜드**Exclusive Brands. 전국적인 브랜드 취급 외에, 홈 데포는 베어Behr (페인트), 토마스빌Thomasville(캐비넷), 홈라이트Homelite(파워 장비), 료비Ryobi(파워 공구), 캠드라이Chem-Dry(카페트 클리닝), GAF(지붕 공사) 등과 같은 다양한 주요 브랜드 소매유통 독점 권리를 소유하고 있다.

- **등록 상표**Private Labels. 홈 데포는 또한 허스키Husky(공구통), HDX(예산에 민감한 소비자를 위한 수공구), 글레이셔 베이Glacier Bay(수도꼭지, 싱크대, 욕실 세면대), 상업용 전기(오목한 조명, 상업 조명, 전기 도구), 가정용 장식 컬렉션(홈 데코 상품 직판), 비고로Vigoro(정원 꽃, 식물, 식물 관리) 등과 같은 다양한 자사 브랜드를 보유하고 있다.

개인 상표는 홈 데포에서 가장 빠르게 성장하고 있는 부문이다. 개인 상표는 회사의 시장 지위를 강화하고 자사의 재무적인 성과를 개선하면서 고객을 위한 가치를 창출하는 시장 지배력을 활용할 수 있다. 개인 상표(혹은 독점 브랜드 계약 체결) 출시 여부를 결정하기 위해 홈 데포는 네 가지 요인을 고려한다. ① 강력한 브랜드가 없는 범주는 개인 상표가 될 가능성이 있는 해당 범주 내에서 전국적인 브랜드의 강점, ② 정체된 범주가 개인 상표 도입으로 이어질 가능성이 높은 혁신 정도, ③ 품질 문제 혹은 월등한 성능의 제품 출시 기회, ④ 더 나은 재무적 수익률 기회 등이다.

인텔의 성분 브랜딩 전략과 '인텔 인사이드Intel Inside' 좌우 명은 필요에 의해 탄생되었다. 1991년 이전에는 인텔 칩은 숫자로 식별되었으며, 286(80286의 마지막 3자리), 386, 486 모델로 구성된 인텔의 가장 성공적인 프로세서 라인인 1978년에 출시된 8086 모델이다. 숫자 기준 브랜딩은 연방판사가 '386'은 포괄적 용어이고 인텔은 자사의 386 프로세서 이름이 등록 상표 보호를 받을 권리가 없다는 판결을 내린 1991년 초에 끝났다. 숫자 이름 체계에 대한 상표 보호를 받을 수 없는 인텔은 자사의 브랜딩 전략의 근본적인 변화 결과를 가져왔다.

1993년에 출시된 차세대 인텔 칩은 '다섯'(이것은 486칩의 다음 세대를 암시하는)을 의미하는 그리스어에서 파생된 펜티엄Pentium으로 브랜드화되었다. 더 나아가서, 고객에게 최신 프로세서 업그레이드를 요청하는 데 집중하지 않고 인텔은 모델 번호보다는 급격하게 성장하는 경쟁으로부터 자사의 칩을 더욱 명확하게 구별하기 위한 시도로 브랜드명을 더 강조하기 시작했다. 또 다른, 아마도 가장 중요한, 인텔의 새로운 브랜딩 접근 방법 측면은 성분 브랜딩 캠페인 '인텔 인사이드'였다.

1991년에 시작한 '인텔 인사이드' 브랜딩 성공은 아래의 네 가지 특성을 가졌다.

- 브랜드 디자인. 인텔 브랜드 재배치는 프로세서 아키텍처를 반영한 제품 수준 x86 명명법보다는 중요한 인텔 브랜드를 강조했다는 것이다. 컴퓨터 제조업체 자체 브랜드를 보완하기 위해 기획된 새로 발행된 브랜드 좌우명 '인텔 인사이드'는 소비자의 컴퓨터가 인텔 프로세서를 장착했다는 것을 알리고, 컴퓨터 프로세서의 성능, 신뢰성, 호환성을 재확인하는 것을 목표로 했다. 따라서 인텔은 22년 된 로고를 좀 더 소비자 친근감 로고인 스워시swoosh로 둘러진 'Intel Inside'로 대체했다. 브랜드를 더욱 차별화하기 위해 1995년에 인텔은 로고에 오디오 차원을 부여하기 위해 기억에 남는 다섯 가지 톤 소리 표시를 추가했다.

- **브랜드 전시**. 인텔 인사이드 캠페인의 중요한 측면은 컴퓨터 제조업체가 제품에 인텔 로고를 부착하고 눈에 띄는 방식으로 부착하도록 하는 것이었다. 인텔 로고의 눈에 띄는 방식은 인텔 브랜드의 소비자 인식을 만들 뿐 아니라 컴퓨터 제조업체에 의해 주어진 중요성을 나타냈다.

- **직접 소비자 광고**. 인텔 인사이드 캠페인의 목적은 소비자에게 마이크로프로세서의 중요성을 교육시키고 시장의 프로세서들 간의 차이에 대한 인지도를 만들고 인텔 프로세서의 장점을 명료하게 하는 것이었다. 인텔의 소비자에게 직접 접근 방식은 결실을 맺었다. 캠페인 시작 2년 후에 가정용 컴퓨터 구매자들의 인텔 프로세서 인지도가 22% 수준에서 80% 이상 증가한 것으로 추정되었다.

- **협력 커뮤니케이션 캠페인**. 협력 커뮤니케이션은 제조업체와 소매상과 같은 두 개 이상의 회사들, 혹은 인텔의 경우처럼 두 제조업체 사이에서 촉진 비용을 분담하는 것이다. 프로그램에 참여하기 위해 IBM, HP, 델과 같은 컴퓨터 제조업체들은 광고에 인텔 인사이드 브랜딩 세그먼트를 소개해야 했다. 대신 인텔은 매체(TV, 라디오, 인쇄) 비용의 일부를 부담했는데, 대부분의 경우 구매한 매체 물량 때문에 유리한 요금률을 얻을 수 있었다. 1991년과 1997년 사이에 인텔과 인텔의 공동브랜딩 파트너는 인텔 인사이드 로고를 나타내는 광고에 30억 4천 달러를 사용했고, 이 중에서 거의 20억 달러는 인텔이 부담했다.

인델 인사이드 성분 브랜딩 전략은 관련 시장 주체인 고객, 협력자, 회사들을 위한 가치를 창출했기 때문에 성공했다. 인델 인사이드 브랜드는 고객들이 인텔 칩이 장착된 컴퓨터를 식별할 수 있게 하고 컴퓨터의 신뢰성, 호환성, 성능 보장을 통해서 고객 가치를 창출했다. 인델 인사이드 브랜드는 컴퓨터가 최신 기술을 사용하고 소프트웨어 호환성이 가능한 품질 요인으로 제작되었다는 것을 인증하고, 협력 프로그램을 통해 협력자의 커뮤니케이션 캠페인 비용을 절감하고, 협력자들의 컴퓨터가 인텔 프로세서가 장착되었다는 것 때문에 높은 가격을 받을 수가 있다는 것 등으로 협력자 가치를 창출했다. 마지막으로, 인델 인사이드 브랜드는 소비자 인지도를 높이고 고객 충성도 구축, 다양한 컴퓨터 제조업체와의 제휴 육성, 인텔의 이익률 향상능력, 인텔의 광고 비용효율 향상, 브랜드 자산의 향상들을 통해 인텔 가치를 창출했다.

8

브랜드 역동성 관리

모든 것은 유동적이다.
아무것도 가만히 있지 않는다.
- 헤라클레이토스, 철학자

브랜드는 일단 만들어지면 정체되지 않으며 시장 변화에 따라 시간이 지남에 따라 진화한다. 고객 관련성을 유지하기 위해서는 경쟁사보다 앞서야 하고 회사와 협력자가 목표를 달성할 수 있도록 도와야 하고 브랜드는 반드시 월등한 시장 가치 창출하는 방법을 지속적으로 찾아야 한다. 회사가 시간이 지남에 따라 브랜드를 수정할 수 있는 여러 가지 방법이 있다. 브랜드와 관련된 일련의 오퍼링을 확대해 브랜드 확장, 브랜드 정체성과 의미를 변경해 브랜드 재배치, 재배치 없이 약간의 전술적인 변경을 통해 브랜드 전략 및 전술의 재정렬, 브랜드 사용권을 다른 기업에 부여하는 라이선스 등이다. 본 장에서는 브랜드 역동성 관리의 다양한 방법들을 주로 다룬다.

브랜드 확장

브랜드 확장은 과거에 브랜드와 관련이 없었던 제품 혹은 서비스 유형과 연관시켜 브랜드 의미를 확장하는 것이다. 마케팅 전략으로서 브랜드 확장의 본질, 수직 및 수평 브랜드 확장의 주요 측면, 브랜드 확장에서의 주요 고려사항 등이 다음 절에서 논의된다.

● 마케팅 전략으로서 브랜드 확장

브랜드 확장은 기존 브랜드를 다른 제품 범주 혹은 다른 가격대와 같은 다른 맥락으로 사용하는 전략이다. 예를 들어, 소형 저가 승용차 출시할 때 벤츠는 기존 브랜드를 사용해('A 클래스' 제품 지명인), 럭셔리 승용차 및 스포츠 자동차에서 덜 비싼 소형 자동차를 포함하는 브랜드 의미로 확장했다. 아이스크림 제품 계열을 출시할 때, 스타벅스는 기존 브랜드를 사용해 커피를 넘어 브랜드의 의미를 일반적인 편의점에서 판매하는 냉동 포장 상품을 포함하도록 확장했다.

    브랜드 확장은 둘 다 회사의 오퍼링 포트폴리오를 확대한다는 점에서 제품 계열 확장과 유사하다. 동시에 브랜드 및 제품 계열 확장은 포트폴리오 관리 전략의 다른 측면을 참조한다. 제품 계열 확장은 오퍼링의 제품 및 서비스 측면에 관한 것이고 회사가 이미 관리하고 있는 오퍼링에 새로운 제품 혹은 서비스를 추가하는 것이다. 그에 반해 브랜드 확장은 오퍼링의 브랜드 측면에 관한 것이며 범주에서 제품 및 서비스에 이미 존재하는 브랜드명 사용과 현재 브랜드와 연관이 없는 가격대를 포함한다. 예를 들어, 신규 커피 음료를 출시하는 스타벅스는 브랜드 확장을 포함하지 않는 제품 계열 확장의 예시인 반면, 같은 이름의 아이스크림을 출시하는 스타벅스는 제품 계열과 브랜드 확장

예시이다.

　신규 제품 혹은 서비스(제품 계열 결정)를 출시할 때, 회사는 신규 브랜드를 만들든지 혹은 이미 가지고 있는 브랜드(브랜딩 결정) 중의 하나와 연관을 시키는 선택권이 있다. 만일 회사가 신규 브랜드 도입(토요타의 렉서스 및 사이언 브랜드 창출 사례처럼)을 결정한다면, 핵심 브랜드(토요타) 의미 때문에 브랜드 확장이 아니다. 대조적으로, 만일 대부분의 사람들이 토요타를 생각할 때 상상하는 것과는 확연히 다른 제품을 출시할 때 기존 브랜드를 사용하면, 오토바이를 포함한 토요타 브랜드와 관련된 제품군을 확장하기 때문에 브랜드 확장이다. 브랜드 확장은 신규 제품을 위해 기존 브랜드의 어떠한 사용도 의미하지 않는다. 브랜드 확장으로 고려되기 위해서는, 신규 제품은 현재 브랜드와 연관이 없는 범주 혹은 가격대 내에 있어야 한다. 예를 들어, 최고급 품질의 잉크펜을 제조해 수 세기에 걸쳐 명성을 구축한 몽블랑은 시계, 썬글라스, 지갑, 서류 가방, 향수 등과 같은 품목을 포함하도록 브랜드를 확장했다. 동시에 레오나르드 다빈치, 마르코 폴로, 아이슈타인 펜과 같은 몽블랑의 한정판 만년필 출시는 이런 제품들이 몽블랑 브랜드와 이미 연관이 있는 범주 내의 제품들이기 때문에 브랜드 확장이 아니다.

　브랜드 확장은 핵심브랜드의 의미를 확장한다는 점에 있어서 공동브랜딩과 비슷하며, 브랜드 의미를 확장하는 방법에서 공동브랜딩과 다르다. 공동브랜딩은 브랜드를 다른 브랜드와 연관 시켜서 다른 브랜드 의미의 일부를 흡수한다. 반면 브랜드 확장은 다른 제품과 서비스 브랜드와 연관시키고, 결과적으로 이러한 제품과 서비스를 포함하도록 브랜드 연상 집합을 확장한다. 브랜드 확장은 일반적으로 신규 시장용 새로운 제품과 서비스를 개발해 회사의 신규시장에 도달하려는 니즈로 부터 비롯되며 공동브랜딩은 회사가 새로운 시장에 도달하는 것을 돕지만 새로운 제품 및 서비스 출시없이 브랜드 이미지를 높혀서 회사 브랜드를 강화한다.

　새롭게 추가되는 제품이 기능적 혹은 가격대가 브랜드와 현재 연관된 오퍼링과 현저하게 다른지 여부에 따라 수직적·수평적 두 가지 종류의 브랜드 확장이 있다.

● 수직적 브랜드 확장

수직적 브랜드 확장은 브랜드를 이전에 브랜드와 연관이 없었던 가격대 제품 혹은 서비스로 늘린다. 브랜드가 확장되는 방향에 따라, 두 가지 종류의 수직적 브랜드 확장이 있다. 브랜드가 더 높은 가격대의 오퍼링과 연결된 격상 확장, 브랜드가 더 낮은 가격대의 오퍼링과 연결된 격하 확장이다. 두 가지 동류의 수직적 확장은 〈그림 8.1〉에 나와 있고 자세한 내용은 다음에서 다루어진다.

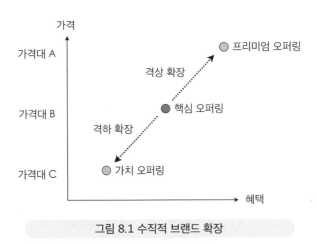

그림 8.1 수직적 브랜드 확장

브랜드 성장

① 격상 브랜드 확장

격상 브랜드 확장은 기존 브랜드를 현재 브랜드와 관련이 없는 더 높은 가격대의 오퍼링과 연결한다. 예를 들어, 애플은 만 달러 이상 가격인 애플 워치 에디션Apple Watch Edition 시리즈의 제품 계열로 확장했다. 폭스바겐은 가격이 약 7만 달러에서 시작해 10만 달러까지 확장되는 고급 자동차인 폭스바겐 페이톤Phaeton을 소개했다. 갤로 와이너리 E. & J. Gallo Winery는 주류 와인보다 훨씬 더 높은 고급 와인 소장품인 갤로 시그니처Gallo Signature 시리즈를 소개했다.

격상 브랜드 확장은 몇 가지 중요한 혜택을 제공하기 때문에 회사에게 매력적이다. 가장 명백한 이유는 기존 브랜드 사용은 신규 브랜드 구축보다 훨씬 쉽고 더 비용 효율적이다. 따라서 신규 브랜드 구축에 많은 지원을 투자하기보다는, 신규 오퍼링을 홍보하기 위해 회사는 기존 브랜드 인지도를 활용할 수가 있다. 기존 브랜드 사용은 비용이 덜 들고 훨씬 더 빠르다. 브랜드 확장은 핵심브랜드의 인기에서 비롯된 즉각적인 인지를 얻을 수 있다.

격상 브랜드 확장의 매력에 추가되는 다른 요인은 격상 확장이 핵심브랜드의 이미지 향상을 도울 수가 있다. 예를 들어, 애플의 워치 에디션 시리즈 추가는 많은 개발도상국에서 애플 브랜드 이미지의 중요한 측면인 애플의 자기표현 럭셔리 브랜드로서의 포지셔닝을 강조했다. 같은 맥락에서 페이튼 출시는 폭스바겐의 브랜드 이미지를 높이는 것에 도움이 되었고, 시그니처 시리즈 와인 추가는 갤로 와이너리가 핵심 갤로Gallo 브랜드 이미지 향상에 도움이 되었다.

이러한 혜택에도 불구하고 격상 브랜드 확장은 중요한 문제점들이 있다. 브랜드 상향 확장의 주요 단점은 기존 브랜드 연관은 격상 확장을 돕기보다는 해치는 경향이 있다. 예를 들어, 갤로 브랜드를 고급 와인에 추가하는 것은 갤로 브랜드를 좀 더 저렴한 와인으로 연관하는 소비자들에게는 덜 매력적일 수 있다. 같은 맥락으로 페이톤 광고가 실패한 주요 이유 중의 하나는 폭스바겐(독일어로 '일반인의 자동차')으로 브랜드화했다는 것이며, 소비자들은 고급 브랜드 이미지가 부족한 자동차에 높은 가격을 지불하고 싶지 않았다(본 장의 마지막에서 다룬다).

핵심브랜드의 이미지 때문에 격상 확장을 돕기보다는 해치기 때문에, 격상 브랜드 확장은 아주 일반적이지 않고, 기존 브랜드를 높은 가격대로 확장하기보다는 회사는 별도 브랜드 출시를 선택한다. 예를 들어, 토요타가 제품 구성 격상을 확장하기로 결정했을 때, 다른 방식을 선택했다. 기존 브랜드 이름이 벤츠, BMW, 아우디 등의 상위모델과 성공적으로 경쟁하기 위해 요구되는 럭셔리 이미지를 전달하지 못할 것으로 판단되어, 토요타는 기존 브랜드 확장보다는 신규 브랜드 출시를 선택했다. 비록 이것이 엄청난 자원인 시간, 노력, 자금 등이 요구됐지만, 토요타의 방식은 결실을 맺었고 고급 럭셔리 자동차 브랜드로서 렉서스를 확립하는 데 성공했다.

② 격하 브랜드 확장

격하 브랜드 확장은 브랜드가 현재 연관이 없는 더 낮은 가격대 오퍼링을 위해 기존 브랜드 사용하는 것이다. 예를 들어, 벤츠는 자사 핵심 제품 구성보다 훨씬 더 저렴한 벤츠 브랜드 A 클래스를 출시했으며 BMW는 BMW1 시리즈를 출시해 제품 계열 하향을 확장했고, 포르쉐는 보급형 포르쉐 박스터Boxter를 출시했으며, 조지오 아르마니는 아르마니 익스체인지Armani Exchange로 더 저렴한 형태의 오퍼링을 출시했다.

격하 브랜드 확장의 인기는 다수의 중요한 혜택을 제공한다는 사실이다. 격상 브랜드 확장의 경우처럼, 격하 확장은 신규 브랜드 구축을 위해 시간과 자원 투자 없이 신규 오퍼링에 회사가 브랜드 이름을 활용할 수 있게 한다. 그러나 핵심브랜드 의미가 부담인 격상 브랜드 확장과는 달리, 격하 확장의 경우는 핵심브랜드의 의미가 새로운 오퍼링에 도움이 되는 자산이다. 격하 확장은 인지도뿐만 아니라 핵심브랜드 의미를 활용하기 때문에 격하 확장은 격상 확장보다 훨씬 더 성공적인 경향이 있다.

격하 확장은 브랜드의 더 높은 오퍼링을 현재 감당할 수 없는 표적 고객을 대상으로 브랜드를 소개함으로써 회사에 더 많은 혜택을 준다. 예를 들어, 고급 소매상 니먼 마커스Neiman Marcus와 카롤리나 에레나Carolina Herrera, 마크 제이콥스Marc Jacobs 등을 포함하는 격상 패션 디자이너들은 좀 더 젊고 미래에 좀 더 높은 가격 패션의 고객이 될 수가 있는 덜 부유한 소비자들 마음을 끌기 위한 보급형 럭셔리 컬렉션 개발을 위해 타겟Target과 제휴했으며, 베르사체와 랑방Lanvin은 저가 의류군을 패스트 패션 의류 소매상 H&M을 통해 출시했다.

다수의 혜택에도 불구하고 격하 브랜드 확장은 몇 가지 중요한 문제점이 있다. 적당한 가격 혹은 서비스의 격상 브랜드와의 연관은 브랜드 품질, 독점성, 명성의 이미지를 해칠 수가 있다. 이와 같은 맥락에서 낮은 가격 오퍼링의 격상 브랜드와의 연관은 월등한 품질과 독점성을 나타내는 브랜드 능력을 약화시킬 수가 있다. 예를 들어, 재규어 브랜드 이미지는 포드 플랫폼으로 제작되고 포드의 주류 자동차의 부품을 사용한 보급형 X형 승용차 출시로 손상이 되었다.

격하 브랜드 확장은 또한 격하 오퍼링의 판매가 회사의 더 높은 가격의 오퍼링을 희생시키면서 잠식 가능성을 높힌다. 예를 들어, 고급형 벤츠, BMW, 아우디 모델을 구매하는 대신에 고객은 고급 브랜드와 연관된 혜택을 누리면서 저가 모델을 구매할 것이다. 저가 모델은 낮은 이윤을 가지는 경향이 있기 때문에 격하 브랜드 확장과 연관된 제품군 잠식은 회사 수익성에 해롭다(매출 증가가 격하 확장의 낮은 이윤에 의한 손실을 상쇄할 만큼 충분하지 않는 한).

격하 브랜드 확장의 잠재적 문제점을 약화시키기 위해, 회사는 핵심브랜드와 공동 브랜드화한 신규 브랜드를 출시한다(7장의 수직 공동브랜딩 참조). 예를 들어, 아르마니는 고급형, 기성복 조지오 아르마니 및 오트 쿠튀르the haute couture line인 아르마니 프리베Armani Prive를 저가형 오퍼링과 차별하기 위해 아르마니 진Armani Jeans, 아르마니 익스체인지, 아르마니 꼴레지오니Armani Collezioni를 사용한다. 일반적으로, 격하 확장에 포함된 가격대 간의 격차가 클수록, 핵심 브랜드 희석 가능성을 최소화하기 위해 포함된 브랜드(기존 브랜드 사용보다는 신규 브랜드를 창출)와 거리를 더 크게 할 필요가 있다. 격하 브랜드의 문제점 때문에 일부 회사들은 기존 브랜드를 확장하기보다는 완전히 새로운 브랜드를 개발한다. 예를 들어, 다우 코닝Dow Corning은 유명브랜드 프리미엄 품질 제품으로부터 저가이며 단순한 실리콘 제품을 차별하기 위해 신규 브랜드 자이아미터Xiameter를 출시했다.

● 수평적 브랜드 확장

수평적 브랜드 확장은 현재 연관되지 않은 제품 범주에서 브랜드를 사용하는 것과 관련이 있다(그림 8.2). 예를 들어, 아르마니는 의류에서부터 침구류, 수선과 같은 가정용 가구, 심지어는 호텔까지 브랜드를 확장했다. 팀버랜드Timberland는 부츠에서 외투 및 여행 장비로 브랜드 확장했고, 포르쉐는 스포츠카에서 승용차 및 SUV로 브랜드 확장했으며, 오클리는 안경에서 의류, 신발류, 가방, 시계 등으로 브랜드 확장했다.

수평적 브랜드 확장은 일반적으로 핵심브랜드와 동일한 가격대로 책정된다. 다른 가격대의 수평적 브랜드 확장은 브랜드가 확장된 전체 제품 범주가 다른 가격대로 제공될 때 발생한다. 예를 들어, 구찌, 돌

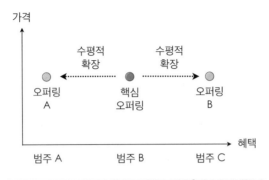

그림 8.2 수평적 브랜드 확장

체 가바나, 루이비통, 버버리와 같은 많은 럭셔리 브랜드는 제품 범주로 의류 및 핸드백보다 저렴한 향수, 화장품을 도입해 브랜드를 확대했다. 비록 그러한 시나리오는 수직적(격하) 및 수평적 브랜드 확장의 요소를 합치지만, 브랜드 의미의 주요 변경 사항은 신제품 범주(브랜드가 더 낮은 가격 등급 범주의 다른 제품에 비해 프리미엄 가격 포인트를 유지하는 경우)에 대한 확장과 관련이 있기 때문에 수평적 확장으로 간주된다. 따라서 의류 및 핸드백에 비해 낮은 가격대임에도 불구하고, 구찌 및 다른 럭셔리 디자이너들의 회장품 제품은 대부분의 다른 화장품 브랜드에 비해 프리미움 가격으로 책정됐다.

색다른 수평적 브랜드 확장은 미쉐린Michelin 식당 가이드이다. 1900년에 소개된 가이드는 여행객을 위한 지도, 주유소 위치, 타이어 교환 방법, 근처 호텔 및 식당과 같은 편리한 정보를 제공한다. 그 당시에는 프랑스에 약 3,000명 정도의 운전자들만 있었기 때문에, 미셸린은 더 많은 타이어를 판매하기 위해 운전자가 장거리 도로 여행을 할 수 있도록 도와야 한다고 결정했다. 처음에는 가이드가 1920년까지 무료로 배포되었는데, 미셸린은 만일 운전자가 가이드를 구매해야 한다면 가이드가 더 가치가 있을 것이라는 것을 깨달았다. 6년 후에, 가이드는 고급 식당에 별을 수여하기 시작했는데, 1936년에 별 3개 평점 시스템을 도입할 때까지 처음에는 별 한 개로 만들었다. 지금은, 미셸린 가이드가 3개의 대륙에 걸쳐 24개 지역 이상에서 4만 개 이상의 식당을 평가하며, 일반적으로 모든 식당 가이드의 성서라고 한다.

수평적 브랜드 확장은 다수의 중요한 혜택을 제공한다. 수직적 확장과 비슷하게, 수평적 확장은 신규 오퍼링 도입을 위해 기존 브랜드를 사용하는데, 신규 브랜드 구축하는 것보다 훨씬 비용 효율적이고 시간과 노력이 적게 드는 방식이다. 예를 들어, 크레스트Crest는 크레스트 화이트스트립스Crest Whitestrips 출시와 함께 치아미백으로 브랜드 확장을 위해 치아 관리에서의 명성을 활용했다. 팬케이크 믹스에 대한 명성을 바탕으로 언트제미마Aunt Jemima는 유명한 브랜드 팬케이크 시럽을 출시했고 랄프 로렌은 향수, 액세서리, 가정용 가구, 페인트, 식당 등을 포함한 폭넓고 다양한 라이프스타일 오퍼링 출시를 위해 의류 브랜드를 사용했다.

수평적 브랜드 확장은 또한 새롭게 출시된 오퍼링에 가치 부여를 통해 회사가 핵심브랜드의 역량을 활용할 수 있게 한다. 따라서 핵심브랜드가 격상 확장의 의미를 벗어난 격상 브랜드 확장과는 달리, 수평적 확장은 핵심브랜드와 연관을 통해서 혜택을 받는다. 더 나아가, 고객이 동일한 브랜드이면서 덜 비싼 오퍼링을 구매할 수 있게 하는 격하 확장과는 달리, 수평적 확장은 브랜드의 핵심 오퍼링을 대체하기보다는 보완할 수도 있는 다른 기능을 제공한다.

수평적 브랜드 확장은 또한 브랜드 페밀리brand family를 떠나지 않고도 고객의 다양성 추구 니즈를 실행하는 데 도와준다. 다양한 제품 범주에 존재하는 것은 다양한 사용 상황에서 브랜드의 가시성을 높이고 소매점에서 더 큰 명성을 얻을 수 있도록 한다. 예를 들어, 몽블랑, 랄프로렌, 아르마니, 오클리는 고객이 브랜드를 통해 정체성을 표현하는 많은 기회를 제공하기 때문에 교차 범주 가용성 혜택을 받았다.

장점에도 불구하고 수평적 브랜드 확장은 다수의 중요한 단점들이 있다. 수평적 브랜드 확장의 주요 관심사는 브랜드가 다양한 제품 범주로 확장될 때 발생할 수 있는 브랜드 희석이다. 예를 들어, 스타벅스 브랜드를 아이스크림, 생맥주, 와인, 소형 음식 접시와 같은 커피가 아닌 제품으로 확장을 하면 스타벅스의 커피 관련 전문성을 손상시킬 수가 있다. 마찬가지로 식품 및 와인부터 청소용품, 가정용품, 의류까지의 모든 매장 브랜드 제품들에 대해 코스트코의 단일 브랜드 커클랜드 시그니처Kirkland Signature 사용은 브랜드에 특정 의미를 부여하는 능력을 억제한다. 일반적으로 브랜드가 많은 범주로 늘어날수록 '영혼soul'을 정의하기가 더 어렵게 된다. 브랜드와 관련된 오퍼링의 다양성이 클수록 브랜드 본질을 명확하게 정의하기가 더 어렵다.

핵심 브랜드 이미지의 희석 외에, 브랜드 확장이 전략적으로 관리되지 않으면 신규 오퍼링에 가치를 더하기보다는 해가 될 것이다. 예를 들어, 감자칩으로 알려진 프리토레이Frito-Lay는 프리토레이 레모네이드Frito Lay Lemonade 출시를 위해 브랜드를 확장했고, 아이스티 음료로 알려진 애리조나AriZona는 애리조나 나초 앤 치즈 딥AriZona Nachos 'n' Cheese Dip 출시를 위해 브랜드를 확장했다. 핵심브랜드 의미가 신규 제품과 호환되지 않았기 때문에 두 가지 확장은 실패했다. 브랜드 확장은 또한 회사가 특정 고객 세그먼트를 위한 고유한 가치제안을 가진 새롭고 독특한 브랜드 기회를 막는 숨겨진 비용을 부담한다.

● 브랜드 확장 관리의 주요 고려 사항

기존 브랜드를 확장하는 주요 이유는 신규 오퍼링을 지원하기 위해 힘을 활용한다는 것이다. 신규 브랜드를 구축한다는 것은 궁극적인 성공과 관련된 위험을 수반하는 비용이 많이 들고 시간이 많이 걸리는 작업이기 때문에 회사는 신규 제품과 서비스를 기존 브랜드와 연관시킬 가능성을 고려한다. 이러한 결정은 시장기회, 회사 목표 및 자원, 범주 호환성, 의미 이전meaning spillover 요인에 의해 영향을 받는다.

- **시장기회**. 브랜드를 확장할지 신규 브랜드를 출시할지 여부에 대한 결정은 시장기회에 의해서 주도된다. 예를 들어, 뚜렷한 니즈와 선호를 가진 고객 세그먼트의 출현은 고객 마음속에 중요한 연관성을 포착하는 신규 브랜드 구축을 위해 회사에 독특한 기회를 제시할 수 있을 것이다. 기존 브랜드를 확장할 때도, 증가하는 고객 세그먼트의 마음을 사로잡기 위해 기획된 신규 브랜드 출시는 우월한 전략이 될 수 있을 것이다. 실제로 회사가 특정 고객 세그먼트 니즈에 신규 브랜드의 의미를 맞출 수가 있기 때문에, 신규 브랜드 출시는 다른 고객 세그먼트에 적합하도록 기획된 기존 브랜드 확장보다는 고객 가치 창출을 위해 더 큰 잠재력을 가진다. 예를 들어, 메가브랜드 버드와이저Budweiser, 코로나Corona, 스텔라 아르투아Stella Artois를 포함하는 포트폴리오를 가진 세계최대 맥주 제조회사인 AB 인베브AB InBev는 다른 시장 전반에 걸쳐 독특한 고객 니즈에 맞춘 200개 이상의 맥주 브랜드의 글로벌 포트폴리오를 축적했다.

- **회사 목표 및 자원**. 브랜드를 확장할지 신규 브랜드를 출시할지의 결정은 회사의 사업 모델과 전략적인 목표 및 자원에 달려있다. 강한 브랜드 관리 및 구축과 관련된 역량을 가진 프록터 앤드 갬블Procter & Gamble, 유니레버 Unilever, SC 존슨SC Johnson, 네슬레Nestle, VF 코퍼레이션VF Corporation, 디즈니Disney, PVH(반 호이젠Van Heusen의 모회사), 타미힐피거Tommy Hilfiger, 캘빈클라인Calvin Klein, 아이조드IZOD, 애로우Arrow 및 아이코닉스Iconix 브랜드 그룹(모시모Mossimo의 모회사, 리쿠퍼Lee Cooper, 엄브로Umbro, 런던 포그 London Fog) 등과 같은 회사들은 핵심 역량이 다른 곳에 있는 회사보다는 신

규 브랜드 구축하는 데 더 성공할 수 있을 것이다. 브랜드 구축 역량을 가진 회사들은 신규 브랜드 창출은 브랜드 자산 강화뿐만 아니라 신규 브랜드 출시를 통한 시장 가치 창출의 전략적인 목표에 반영된 사업 모델의 주요 측면이다.

- **범주 호환성**. 브랜드 확장은 기존 브랜드 연관이 핵심 브랜드 가치의 일부를 신규 오퍼링으로 이전에 의해 브랜드화된 오퍼링의 이미지를 강화할 때 실현 가능하다. 예를 들어, 애플의 시계 시장 진입은 오퍼링에 대한 신뢰성을 더한 애플 브랜드의 사용으로 크게 촉진되었다. 반면 기존 브랜드가 신규 오퍼링과 호환이 안 될 때는 신규 브랜드 출시가 더 좋은 대안이다. 예를 들어, 콜게이트Colgate는 비록 콜게이트 브랜드가 음식보다는 치약으로 강하게 연관이 되었음에도 불구하고 콜게이트 키친 앙트레Colgate Kitchen Entrees로 브랜드화된 오퍼링으로 성장하는 즉석 음식 시장에 진입을 시도했다. 같은 맥락에서 펜, 라이터, 면도기와 같은 일회용 제품으로 알려진 빅Bic은 브랜드 이미지와 명백히 일치하지 않는 범주인 속옷으로 브랜드 확장을 했다.

- **의미 이전**. 신규 제품 범주 혹은 다른 가격대로 브랜드 확장에서 중요한 고려사항은 핵심 브랜드에 대한 확장의 영향이다. 예를 들어, 수십 년 전에 제네럴 모터General Motors는 아주 저렴한 가격의 쉐보레Chevolet 모델과 재조립하고 많은 부품을 공유한 소형차량인 캐딜락 시마론Cadillac Cimarron을 출시했다. 시마론Cimarron 판매는 저조했고 캐딜락 브랜드에 대한 소비자 인식을 현저하게 손상했다. 따라서 브랜드 확장이 핵심브랜드에 해로운 영향을 미칠 가능성이 있으면, 신규 브랜드 도입 혹은 하위 브랜드 보증이 더 좋은 선택이다. 예를 들어, 대형 소매 시장 진입으로부터 부정적인 영향을 최소화하기 위해, 글로벌 패션 브랜드 망고Mango는 JC 페니JC Penny를 위해 독점으로 만든 신규 보증 하위 브랜드인 'MNG by Mango'를 도입했다. 다른 패션 브랜드인 조지오 아르마니, 에르메네질도 제냐Ermenegildo Zegna도 핵심브랜드에 대한 잠재적인 손상을 최소화하기 위해 신규 보증 하위 브랜드인 엠포리오 아르마니Emporio Armani 및 Z 제냐Z Zegna 도입을 통해서 유사한 전략을 구사했다.

브랜드 확장 관리의 주요 원칙은 핵심브랜드가 브랜드 확장으로 이동하는 가치와 핵심브랜드에 대한 가치 이동의 영향 사이의 균형 유지이다. 실행 가능하기 위해서는 브랜드 확장은 핵심브랜드의 혜택을 받을 뿐만 아니라 가치를 추가해야 한다. 따라서 브랜드 확장 결정은 핵심브랜드와 브랜드 확장 사이의 잠재적인 시너지에 대한 명확한 이해와 이러한 시너지가 고객, 회사, 협력자들을 위한 가치를 창출할 방식으로부터 비롯된다.

브랜드 재배치

브랜드 재배치는 브랜드와 관련된 제품 및 서비스를 근본적으로 변경 없이 표적 고객과 가치 제안의 브랜드 전략을 변경하는 것을 포함한다. 브랜드 재배치는 제품 구성에 신규 오퍼링을 추가하지 않는 점에서 브랜드 확장과 다르며 브랜드 의미를 수정하는 것이다. 브랜드 재배치의 본질과 브랜드를 재배치하는 주요 이유는 아래에서 논의한다.

● 브랜드 재배치의 본질

브랜드 재배치는 이전에 브랜드와 연관이 없는 신규 제품 혹은 서비스의 브랜드와 연관된 브랜드 확장과 구별이 된다. 그에 반해 브랜드 재배치는 신제품 혹은 서비스를 추가해 범위를 변경하지 않고 브랜드 의미를 변경한다.

브랜드 확장은 일반적으로 브랜드 의미를 지키고 더 광범위한 오퍼링으로 확장하는 것을 목표로 하는 반면, 브랜드 재배치는 브랜드 의미를 변경하는 것을 목표로 한다. 예를 들어, 통속적이고, 건강에 해로운 패스트 푸드 체인이라는 이미지를 뒤집기 위해, 맥도널드는 건강한 선택을 포함하도록 메뉴를 재설계하고 고급 커피 옵션을 도입했고, 가족과 젊은 부부들에게 어필하기 위해 야심찬 커뮤니케이션 캠페인을 개발했다. 오랫동안 저가 브랜드로 포지션했던 현대 자동차는 고급적인 브랜드로 재배치하기 위한 시도로 전략을 변경했다. 이 목표를 달성하기 위해, 현대 자동차는 자동차 스타일링을 현대화했고, 전례 없는 10년 보증을 제공했고, 고객들의 현대 자동차 브랜드 인식을 변화시키기 위해 커뮤니케이션 캠페인에 막대한 투자를 했다.

전략적 행동으로 브랜드 재배치는 브랜드의 표적 고객과 가치제안의 변화를 수반한다. 예를 들어, 여성 담배인 "메리처럼 온화한Mild as Mary"으로 1924년에 원래 도입한 필립모리스의 주력 브랜드인 말보로는 남성 흡연자와 더 관련이 있는 말보로 맨Marlboro Man의 거친 카우보이 이미지로서 1954년에 재배치됐다. 90년대에 저가 평균적인 품질 제품 판매하던 할인 소매상으로 여겨졌던 타겟Target은 브랜드를 가성비 디자이너 의류 및 상품에 집중하는 것으로 재배치했고, 월마트 다음가는 미국 제2의 소매상이 되었다. 한때 서민 맥주로 여겨졌던 팝스 블루 리본Pabs Blue Ribbon은 신규 고객 세그먼트에 어필하기 위해 재배치를 했고 힙스터, 대학생, 밀레니얼 세대가 선택한 맥주가 된다.

브랜드 전략은 상응하는 전술적 결정의 집합을 통해 전달이 되기 때문에 재배치는 브랜드 전략 변경뿐만 아니라 브랜드 전술에 상응하는 변경도 한다. 즉, 브랜드 디자인 변경과 브랜드가 표적 고객에게 소통하는 방법이다. 예를 들어, 필립모리스가 말보로Malboro를 재배치했을 때 표어와 패키지 디자인을 포함한 브랜드 식별자의 일부를 변경했고 여성스러움을 암시하는 참조자를 견고한 남성적 이미지를 전달하도록 설계된 참조자로 대체했다. 필립모리스는 남성 흡연자에 도달하는 데 더 효과적인 매체에 광고 비용을 재집중했고 일련의 전형적인 남성 캐릭터가 등장하는 카우보이 테마 캠페인 "말로보 컨트리Malboro Country"를 창출했다.

● 브랜드 재배치 이유

브랜드는 일반적으로 브랜드가 운용되는 시장 변화에 대응하기 위해 재배치한다. 다섯 가지 시장요인인 5C(표적 고객target customers, 회사 company, 협력자collaborators, 경쟁사competitors, 상황context) 변화와 관련이 있는 브랜드 재배치의 다섯 가지의 주요 이유가 있다.

● 표적 고객 변경. 브랜드 재배치를 하는 보통의 이유는 브랜드가 표적 고객의 변화하는 니즈에 확실하게 관련이 있게 지속하는 것이다. 예를 들어, 여성의 진화하는 가치와 생활방식을 반영하기 위해 제너널 밀스General Mills는 지속적으로 소비자들에게 요리 조언을 제공하는 가공의 인물 베티 크로커Betty Crocker 이미지를 개선했다. 비슷하게, 더 젊은 고객들에게 호소력을 높이기 위해 프록터 앤드 갬블Procter & Gamble은 반세기가 된 미용 브랜드 오일 오브 올레이Oil of Olay를 재배치했다. 이름을 올레이Olay로 줄이고(기름을 기름기와 같은 연관성을 피하기 위해), 로고 디자인을 간소화하고, 라벨에 있는 여성의 이미지(수녀와 닮은)를 젊은 여성의 이미지로 대체했다. 시장 점유율 하락을 반전하고 신규 고객을 확보하기 위해, 프록터 앤드 갬블은 올드 스파이스Old Spice를 안정적인 베이비 부머 브랜드에서 젊은 소비자를 위한 현대적인 남성 미용 브랜드로 재배치했다.

● 회사 목표 변경. 회사는 자사의 전략적 초점 변경을 반영하기 위해 브랜드를 재배치한다. 예를 들어, 석유 및 가스 회사에서 광범위한 에너지 회사가 되는 전략적 변화에 따라, 노르웨이 회사 스타토일Statoil은 회사 이름을 에퀴노르Equinor로 변경했다. 같은 맥락으로 도넛 판매에서 음료 위주 회사로 자사의 초점을 전환 후에 던킨 도넛은 자사 이름을 던킨으로 줄였다. 마찬가지로 제품 구성의 폭을 촉진하기 위해 캠벨은 "수프는 좋은 음식Soup is good food"에서 "음! 음! 좋아!Mmm! Mmm! Good!"로 표어를 변경

했다. 24시간 서비스를 강조하기 위해 식당 체인 데니스Denny's는 "앉아서 먹기 좋은 곳A good place to sit and eat"에서 "미국 식당은 언제나 열려있습니다America's diner is always open"로 표어를 변경했다. 고객들에게 저가 포지셔닝을 좀 더 의미 있게 만들기 위해 월마트는 "항상 저렴한 가격Always Low Prices"에서 "항상 돈을 아끼고, 더 잘살기 위해Always to Save Money, Live Better"로 표어를 변경했다. 단순 칼로리 조절 및 체중 감량에서 건강한 생활로 초점을 전환하기 위해 웨이트 워처스Weight Watchers는 회사명을 WW로 변경하고 새로운 표어인 "효과가 있는 건강Wellness That Works"을 소개했다.

- **협력자 네트워크 변화**. 회사는 협력자와 브랜드 제휴 관계에서의 변경을 반영하기 위해 브랜드를 재배치할 수 있다. 예를 들어, 협력자인 페덱스에 의해 인수됨에 따라 킨코스Kinko's 복사 및 인쇄 센터 체인은 페덱스 킨코스(나중에 페덱스 오피스FedEx Office로 변경)로 재브랜드화되었다. UPS에 의해 인수된 후에 비즈니스 센터 체인 MBEMail Boxes Etc.는 UPS 스토어The UPS Store로 재브랜드화되었다. 차터 커뮤니케이션Charter Communications에 인수된 후에 타임 워너 케이블Time Warner Cable은 스펙트럼Spectrum으로 재브랜드화되었다. 트래블러스 그룹Travelers Group과 합병된 후 시티코프Citicorp는 시티그룹Citigroup으로 재브랜드화되었고 글락소 웰컴Glaxo Wellcome은 스미스클라인 비캠SmithKline Beecham과 합병 후 글락소스미스클라인GlaxoSmithKline으로 재브랜드화되었다.

- **경쟁적인 환경 변화**. 기업은 월등한 고객 가치 창출을 위해 노력하기 때문에 경쟁사 오퍼링의 포지셔닝 변화는 회사가 경쟁 우위를 보존하고 강화하기 위해 브랜드 재배치를 유도한다. 예를 들어, 더 많은 사람들이 코크Coke보다 펩시Pepsi를 선호하는 것을 보여주는 펩시의 널리 알려진 블라인드 맛 테스트에 대한 대응으로 1985년에 코카콜라는 뉴 코크New Coke로 주력 브랜드를 재배치했다. 미국 에너자이저 버니Energizer Bunny의 인기는 듀라셀Duracell이 브랜드 마스코트인 듀라셀 버니Duracell Bunny 사용을 하지 못하도록 했다. 현재는 북미지역 외에서만 사용된다.

- **상황의 변화**. 브랜드 재배치는 경제적, 기술적, 사회문화적, 제도적, 회사가 운용하는 물리적인 상황의 변화로부터 비롯될 수도 있다. 예를 들어, 1980년 초에 나타난 AIDS(후천면역결핍 증후군) 이름의 음성 유사성 때문에 1930년도에 설립된 에이즈Ayds 다이어트 캔디 제조사는 파산했다. 저가 항

공사의 안전상의 문제를 일으킨 두 번의 비행기 추락 후에 1997년에 밸류제트ValuJet는 이름을 에어트랜AirTran(2010년에 사우스웨스트SouthWest 항공사에 의해 인수됨)으로 변경했다. 2008년 금융 위기에 책임이 있는 회사들 중의 하나로 간주된 AIG는 변색된 이미지로부터 분리하기 위해 이름을 차티스Chartis로 변경했다(2012년에 AIG로 다시 이름을 변경함). 1990년에 이름이 상표화가 된 켄터키 프라이드 치킨Kentucky Fried Chicken 이름을 켄터키주에 라이선스 수수료 지불을 피하기 위해 1991년에 KFC로 축약했다. 10년 반 후에, 2006년 켄터키주와 합의에 도달한 후 KFC는 'Kentucky Fried Chicken'으로 다시 한번 원래 이름을 재소개했고 재브랜드화했다.

브랜드 재배치의 가장 일반적이 두 가지 이유는 표적 고객과 회사 목표의 변경이며 상호 연결되어 있다. 고객 니즈와 선호가 시간이 지남에 따라서 진화하고 다른 니즈와 선호를 가진 신세대가 생겨나면서 많은 브랜드들이 연관성을 잃기 시작하면서 관련성을 유지하기 위해 브랜드를 재배치하도록 회사 홍보를 한다. 신규시장이 생기면서 회사들은 시장 지위를 확보하고 결과적으로 이런 신규시장에 더 잘 맞도록 신생 시장(턴킨도넛 사례)에서 벗어남으로써, 원래 포지션(스타트오일Statoil 사례)을 포함하는 더 넓은 시장 지위를 수용함으로써 브랜드를 재배치한다.

브랜드 재정렬

브랜드 재배치는 시장 현실과 브랜드의 의미를 더 잘 정렬하기 위한 유일한 선택이 아니다. 가치제안에 엄청난 변화를 일으키는 절차인 브랜드를 재배치하기보다는 회사는 브랜드 속성에 더 미묘한 변화를 만드는 선택을 할 수도 있을 것이다. 브랜드 재정렬이라고 하는 이러한 변화는 일반적으로 브랜드 로고 갱신, 브랜드 표어 수정, 브랜드 대변인 교체와 같은 브랜드 전술에서 상대적으로 사소한 변경을 포함한다.

브랜드 재정렬은 브랜드의 모든 전술적인 측면인 브랜드 식별자 및 브랜드 참조자가 브랜드의 가치제안을 적절하게 표현하고 브랜드가 운용하는 상황을 반영하도록 최적화되었는지를 확실하게 하는 것을 목표로 한다. 중요한 목표는 브랜드 속성이 분명하고, 기억될 수 있고, 가치제안과 브랜드 만트라에서 포착된 브랜드 전략과 일관되게 하는 것이다.

● 브랜드 재정렬의 본질

브랜드의 가치제안과 포지셔닝에서 큰 변화를 수반하는 브랜드 재배치와는 달리, 브랜드 재정렬은 핵심 가치제안을 그대로 유지하면서 브랜드의 주변적인 측면과 관련된 변화를 포함한다. 따라서 브랜드 재정렬과 관련된 변화는 재배치에 관련된 변화보다 덜 심각하며 일반적으로 브랜드 전술로 제한된다.

브랜드 재배치와 브랜드 재정렬간의 차이는 시간의 경과에 따른 스타벅스의 로고의 변화에 의해 예시된다(그림 8.3). 스타벅스는 로고에서 두 가지의 전략적인 변경을 했다. 1987년에는 커피에 초점을 맞추기 위해 로고에서 'tea'와 'spices'를 제거했고, 2011년에는 커피를 넘

| 오리지널 | 재배치 | 재정렬 | 재배치 |
| (1971) | (1987) | (1992) | (2011) |

그림 8.3 스타벅스 브랜드 재배치 및 브랜드 재정렬

어선 브랜드로 확장하기 위한 전략적 비전을 반영해 'coffee'마저 제거했다. 두 가지 변화는 특정 제품과 더 이상 연관되지 않은 브랜드 의미의 전략적인 변화로부터 비롯되기 때문에 브랜드 재배치를 한다. 추가로 1992년에 스타벅스는 인어의 이미지를 확대함으로써 스타벅스의 로고를 비교적 조금 바꾸었는데 브랜드 의미의 변경 없는 브랜드 요소의 비교적 사소한 조정이기 때문에 브랜드 재정렬이다.

브랜드가 전술 변경을 고려할 수 있는 몇 가지 일반적인 이유가 있다. 브랜드는 브랜드가 현지 사회문화적 환경에 적응하기 위해 신규 시장에 진입할 때 식별자 조정이 필요할 수 있다. 예를 들어, 프록터 앤드 갬블의 세정 제품인 미스터 클린Mr. Clean이 독일에서는 미스터 프로퍼Mr. Proper, 프랑스에서는 무슈 프로프레Monsieur Propre, 이탈리아에서는 마에스트로 린도Mastro Lindo, 스페인에서는 돈 림피오don Limpio, 멕시코에서는 림피오Limpio, 벨기에와 네덜란드에서는 메너Meneer, 폴란드에서는 팬 프로퍼Pan Proper로 소개되었다. 이러한 변경은 브랜드 의미를 바꾸지는 않고(브랜드 재배치의 경우처럼), 오히려 현지 시장에서 '깨끗한clean'의 의미를 전달하기 위한 최상의 방법이다.

브랜드 재정렬을 결정하는 다른 요인은 브랜드의 정체성을 전달하는 데 사용되는 수단의 변화이다. 따라서 많은 브랜드들이 더 깨끗한 모양과 느낌을 얻기 위해 구두점을 제거해 브랜드 이름을 간소화했을 뿐만 아니라 브랜드 이름이 다른 커뮤니케이션 형태(온라인 및 오프라인)에 걸쳐 일관성이 있게 했다. 예를 들어, 미국의 백화점 바니스Barneys와 영국의 서점 소매상 워터스톤Waterstone은 이름에서 아포스트로피apostrophe를 제거했고, 프랑스 럭셔리 브랜드 셀린느Céline는 é를 변경해 'Celine'로 했고, 월마트는 이름에서 하이픈hyphen을 삭제했다.

법적인 고려는 브랜드의 정체성을 소통하는 방법에 있어서 재정렬이 필요한 또 다른 요소이므로 만일 다른 회사의 상표를 침해한 것이 발견되면 이름, 로고, 표어, 소리 표시, 포장, 디자인과 같은 브랜드 식별자의 일부를 어쩔 수 없이 변경하게 될지도 모른다. 예를 들어, 프록터 앤드 갬블의 미스터 클린은(미스터 클린 브랜드 이름과 브랜드 캐릭터를 전혀 언급하지 않고) 미스터 클린 이름이 이미 다른 회사에 의해 사용되고 있었기 때문에 영국과 아일랜드에서 플래시Flash라는 브랜드 이름으로 판매가 되었다.

브랜드 식별자와 브랜드 참조자를 재정렬하는 주요 측면은 다음 절에서 좀 더 자세하게 다룬다.

● 브랜드 식별자 재정렬

브랜드 식별자 재정렬은 브랜드 전략과 브랜드가 운용하는 시장의 세부사항과 더 잘 정렬을 하기 위해 한 개 혹은 더 많은 브랜드를 지정하는 주요 서술어인 브랜드 이름, 표어, 로고, 캐릭터, 소리 표시, 제품 디자인, 포장 등에 대한 변경을 한다.

브랜드 이름은 주력 브랜드 식별자이다. 따라서 대부분의 브랜드 이름 변경은 브랜드의 의미 변경을 포함하므로 브랜드 재배치의 한 형태이다. 그럼에도 불구하고 브랜드 이름 변경은 전략보다는 전술적인 것을 반영할 수 있다는 시나리오가 있다. 시나리오에는 주로 문체적stylistic이며 브랜드 이름을 간소화하는 변경이 포함된다. 예를 들어, 페더럴 익스프레스Federal Express는 페덱스FedEx로 브랜드 이름을 줄였고, 휴렛팩커드Hewlett-Packard는 HP가 되었고, 제너럴 일렉트릭General Electric은 GE, 럭키 금성Lucky-Goldstar이라는 이름을 LG로 줄였으며, 미디어 회사인 오길비 앤드 매더Ogilvy & Mather는 오길비Ogilvy가 되었다.

시간이 지남에 따라, 많은 회사들이 브랜드 의미의 변경없이 좀 더 연관이 있게 하는 방법으로 회사의 로고를 변경해왔다. 이런 변경은

| 1868 | 1938 | 1966 | 1988 | 1995 |

그림 8.4 네슬레 로고의 진화

일반적으로 극적인 시각적 외관이나 브랜드 의미의 변경없이 로고의 모양과 느낌을 간소화한다. 예를 들어, 엄마 새가 어린 새에게 먹이를 주는 둥지 모양의 네슬레 로고는 새의 핵심 정체성을 유지하면서 오랫동안 진화되어 왔다(그림 8.4).

모바일 기기의 보편화로 인해 브랜드 로고를 휴대폰, 테블렛, 웨어러블 기기에서 쉽게 아이콘으로 만들 수 있도록 확장 가능한 브랜드 로고의 중요성이 높아졌다. 그 결과 많은 회사들이 다른 매체에 걸쳐서 동일한 모양을 가져가기 위해 로고를 효율화했고 모바일 기기에 사용하기 위해 더 단순하고 한 글자로 된 로고를 개발했다. 약자로 된 로고를 선호하는 추세는 뚜렷한 브랜드 정체성을 만드는 데 서체와 색상이 하는 역할을 크게 증가시켰으며, 관리자는 다양한 매체 형식을 넘을 수 있는 영향력 있고 단순한 로고를 만들도록 했다.

브랜드 재정렬은 브랜드 좌우명에 변화를 수반할 수 있다. 예를 들어, 페덱스는 좌우명을 "절대적으로, 확실히 밤 사이에 거기에 있어야 할 때When it absolutely, positively has to be there overnight"에서 "틀림이 없다Be absolutely sure"로 그리고 나중에 "안심하세요, 페덱스입니다Relax, it's FedEx"로 수정했다. 비슷하게, 맥도날드는 좌우명을 "우리는 당신이 웃는 것을 보는 것을 좋아합니다We Love to see You smile"에서 "나는 좋아I'm Lovin' It"으로 수정했고 버라이즌Verizon은 좌우명을 "우리는 당신을 위해 일하는 것을 멈추지 않습니다We never stop working for you"에서 "더 좋

브랜드 성장

은 일Better matters"로, 코카콜라는 좌우명을 "즐기자Enjoy"에서 "열린 행복Open Happiness"로 수정했다. 브랜드 좌우명의 이러한 변경은 주로 문체이며 이런 브랜드들의 가치제안과 포지셔닝을 바꾸지는 않는다.

브랜드 재정렬에는 브랜드 캐릭터도 포함될 수 있다. 예를 들어, 세상에서 가장 잘 알려진 브랜드 캐릭터 중의 하나인 조니워커의 걸어다니는 남자는 1908년에 처음 소개된 이후에 크게 발전했다. 가장 최근의 2015년 버전에서, 캐릭터는 다른 의상을 입고 더 이상 코안경을 자랑하지 않고 반대 방향으로 걸어간다. 이러한 전술적인 변화에도 불구하고 조니워커는 주요 측면과 브랜드 캐릭터의 의미를 보존했다. 같은 맥락에서 토니 더 타이거Tony the Tiger는 켈로그의 새로운 시리얼인 슈가 프로스트 플레이크Sugar Frosted Flakes를 홍보하기 위해 만들어졌을 때 1951년 이후의 외형을 변경했다. 조니워커의 걸어다니는 남자와 마찬가지로, 토니Tony는 수십 년에 걸쳐서 광범위한 외관상의 변화를 겪어왔다. 축구공 모양의 머리는 좀 더 둥글어지고 눈의 색깔은 녹색에서 금색으로 바뀌고 더 근육질인 체격을 얻었다. 그러나 이러한 변화의 대부분은 본질적으로 외관적이었으며, 토니 더 타이거가 시리얼의 표적 고객에게 나타내는 것의 본질은 보존한다(그림 8.5).

| 1908 | 2015 | 1951 | 2015 |

그림 8.5 '조니워커'와 '토니 더 타이거'의 브랜드 캐릭터 진화

브랜드 재정렬은 또한 단순한 포장 변경보다는 실제 제품의 모양과 느낌의 변경을 포함하는 제품 디자인 변화도 가져올 수 있다. 예를 들어, 포르쉐의 주력 모델인 911 디자인은 이미지와 정신 모두에서 유산에 충실하면서 자동차 디자인의 새로운 유행을 반영하도록 진화했다. 브랜드의 제품 디자인 측면은 만일 다른 회사 제품 디자인을 침해한 것이 밝혀지면 법적인 이유로 변경될 수 있고 고객들이 제품과 관련된 브랜드를 혼동하게 만들 가능성이 있다. 예를 들어, 레이몬드 웨일Raymond Weil 시계제조업체는 까르띠에의 발롱 블루Ballon Bleu와 너무 비슷했기 때문에 자사의 재스민Jasmine 시계를 재디자인해야 했고, 스노우보드 제조업체인 버튼Burton은 자사의 헬멧이 경쟁사 베른Bern이 제조한 헬멧과 너무 유사하다는 것이 밝혀져서 외관을 변경했다. 제품 디자인을 보호하는 데 관련된 법적인 문제뿐만 아니라 다른 브랜드 식별자도 9장에서 논의 된다.

브랜드 재정렬의 또 다른 차원은 제품 포장이다. 예를 들어, 내용물을 보여주는 투명하고 거의 보이지 않는 병인 유선형 디자인을 유지하고 고급스러운 단순함의 궁극적인 상징으로 이미지에 충실하면서 틀림없이 세계에서 가장 상징적인 향수인 샤넬 넘버 5의 병 모양이 수년간 진화해온 방식을 고려해보자(그림 8.6). 같은 맥락에서 코카콜라

1921   1924   1950   1970   1986   1995

그림 8.6 샤넬 넘버 5의 브랜드 포장 진화

브랜드 성장

의 상징적인 소용돌이 병의 크기와 병을 만드는 재료는 기술혁신과 병 크기의 확산으로 인해 시간이 지남에 따라 변화했다. 이러한 변화에도 불구하고 코카콜라는 브랜드 정체성의 필수 요소인 독특한 병의 모양과 느낌을 보존했다. 제품 포장의 영향과 관련된 일부 중요한 문제는 본 장의 마지막 부분에서 논의된다.

● 브랜드 참조자 재정렬

브랜드 식별자 수정 외에, 브랜드 재정렬은 브랜드 참조자 변경을 포함한다. 브랜드 참조자는 브랜드 의미와 직접적으로 연관이 되어 있기 때문에 브랜드 참조자 변경은 브랜드의 전술적인 측면에 관여된 재정렬보다는 본질적으로 전략적인 재배치를 포함한다. 이러한 맥락에서 브랜드 참조자를 재정렬하는 것은 하나의 참조자를 매우 유사한 의미를 가진 다른 참조자로 대체하는 것을 포함하며 브랜드의 핵심 의미와 고객에 대한 브랜드 약속의 중심이 아닌 참조자와 관련된다.

　　가장 일반적인 브랜드 참조자 형태의 하나는 브랜드 대변인으로서 역할을 하는 유명인의 변경이다. 예를 들어, 태그호이어TAG Heuer 시계는 할리우드 유명인인 레오나르도 디 카프리오, 브래드 피트, 카메론 디아즈, 경주 자동차 선수들인 제프 고든Jeff Gordon, 후안 파블로 몬토야Juan Pablo Montoya, 젠슨 버튼Jenson Button, 스포츠 스타들인 보리스 베이커, 타이거 우즈, 로저 패드로, 야오밍 등을 소개했다. 이런 모든 유명인들은 태그호이어가 전달하고자 하는 동일한 이미지를 나타내기 때문에 이런 변화는 본질적으로 전술적이다. 브랜드는 브랜드 이미지를 관련성 있고 최신 유행으로 유지하거나, 다른 고객 세그먼트를 공략하거나, 대변인의 평판이 나빠질 때 브랜드를 보호하기 위해서 등과 같은 다양한 이유로 대변인을 변경한다.

브랜드 디자인 변경 외에, 브랜드 재정렬은 브랜드가 표적 고객에게 전달되는 방식과 브랜드 참조자가 창의적으로 다른 매체 형태에 걸쳐 표현하는 방식 변화를 포함할 수 있다. 예를 들어, 지난 10년간 대부분의 회사들은 브랜드를 구축하는 중요한 장소로서 페이스북Facebook, 트위터Twitter, 인스타그램Instagram 등과 같은 소셜 미디어 플랫폼을 채택해왔고 매체에서 창의적으로 브랜드 본질을 커뮤니케이션하는 새로운 방식을 개발했다.

브랜드 라이선싱

브랜드 라이선싱은 브랜드 힘을 모으기 위해 브랜드 자산을 다른 당사자에게 임대하는 과정이다. 라이선싱을 통해서 브랜드 소유자는 일반적으로 금전적 보상의 대가로 다른 주체가 브랜드를 사용할 수 있도록 한다. 라이선싱 본질과 라이선서licensor와 라이선시licensee의 장단점은 아래에서 논의된다.

● 브랜드 라이선싱의 본질

브랜드 라이선싱은 회사(the licensor)가 이름, 로고, 표어, 캐릭터, 소리 표시, 제품 디자인 및 포장 등과 같은 브랜드 식별자를 해당 회사의 제품 및 서비스에 사용하기 위해 다른 회사(the licensee)에 임대하는 것이다. 예를 들어, 시계 제조사가 자사 시계가 더 젊은 고객의 일부에 연관시키기 위해 미키마우스 이미지 사용 권리를 디즈니로부터 라이선스를 받을 것이다. 같은 맥락으로 라코스테는 회사명과 녹색 악어 로고가 의류, 신발, 색안경, 가방, 화장품 등을 포함한 다양한 제품에 전 세

브랜드 성장

계에 사용되도록 허가힌다.

라이선싱은 회사가 소유한 브랜드 디자인 측면만 포함한다. 따라서 비록 브랜드 참조자가 브랜드 디자인의 필수 부분이지만 회사는 그것을 소유하지 않으므로 라이선스를 할 수가 없다. 예를 들어, 디즈니는 재미의 개념을 라이선스 할 수 없고, 페라리는 속도의 개념을 라이선스 할 수 없고, 스타벅스는 'coffee'라는 단어에 대한 권리를 부여할 수 없다. 브랜드를 라이선스하기 위해서는 회사는 반드시 브랜드의 특성을 식별하기 위한 독점적 권리를 가져야 한다.

라이선싱은 이미 브랜드와 연관된 제품 범주를 포함할 수가 있든지 혹은, 브랜드를 새로운 제품 및 서비스 범주로 확장하는 것을 포함할 수 있다. 예를 들어, 네슬레는 하겐다즈 이름의 권리를 소유한 제너럴 밀스General Mills의 라이선스 하에 미국에서 하겐다즈 아이스크림을 만든다. 여기서 하겐다즈 브랜드는 아이스크림과 함께 사용하도록 허가되었다. 이 범주는 전통적으로 브랜드와 연관이 있다. 반면 페라리, 포르쉐, 카터필러와 같은 회사들은 브랜드에 핵심 사업인 스포츠카와 산업 장비를 정의하는 제품에 대한 권리를 부여하지 않고, 대신 브랜드를 핵심 역량을 벗어나는 제품에 허가한다. 예를 들어, 카터필러는 전 세계 십만 개 이상의 매장에서 판매되는 모자, 부츠, 펜, 장갑, 축소 모형 모델 제품에 브랜드를 허가해주고 매년 20억 달러 이상의 수익을 창출했다.

라이선싱은 두 경우 모두 한 실체entity(the licensor or the franchisor)가 다른 실체entity(the licensee or the franchisee)에게 지적 재산을 사용할 권리를 제공한다는 점에서 프랜차이즈와 유사하다. 동시에 프랜차이즈는 라이선스를 넘어 행정적, 물류적 지원, 훈련, 독점자원에 대한 접근 등을 포함하는 완전한 운영 체제를 프랜차이즈에 제공한다. 이 외에 라이선싱과는 다르게, 프랜차이징은 특정한 산업 내에서 잘 정의된 사업 모델을 포함한다. 예를 들어, 맥도널드는 패스트 푸드 식당을 프랜차이즈하고, 쉐라톤은 숙박 산업을 운영하고, RE/MAX는 부동산에 집중한다. 반대로 라이선싱은 산업 및 사업 모델 전반에 걸친 정리가 포함된다. 예를 들어, 월트 디즈니는 제품 및 서비스의 방대한 범위에 걸쳐서 사용하는 미키마우스, 백설 공주, 신데렐라 등을 포함하는 캐릭터를 라이선스한다.

브랜드 라이선싱은 사업 모델로서 인기를 높이는 데 공헌한 사실을 감안하면 라이선서와 라이선시 양쪽에 모두 이로울 수 있다. 세계 최고 라이선스는 월트디즈니, NBC유니버셜, 메러디스Meredith(Better Homes and Gardens), 워너 미디어Warner Media(왕좌의 게임, 배트맨, 슈퍼맨, 원더우먼, 호빗, 고질라, 해리 포터), PVH(캘빈 클라인, 타미힐피거, 스피도Speedo, 아이조드IZOD), 어센식 브랜드Authentic Brands(스포츠 일러스트레이티드Sports Illustrated, 볼컴Volcom, 에어로포스테일Aeropostale, 쥬시 꾸뛰르Juicy Couture, 히키 프리먼Hickey Freeman, 노티카Nautica), 해즈브로Hasbro(모노폴리 트랜스포머Monopoly and Transformers), 아이코닉스 브랜드 그룹Iconix Brand Group(모시모Mossimo, 캔디스Candie's, 엄브로Umbro, 조복서Joe Boxer, 리 쿠퍼Lee Cooper, 버팔로Buffalo), 산리오Sanrio(헬로 키티), 니켈로디언Nickelodeon, 메이저 리그 베이스볼Major League Baseball 등이 있다. 상위 10개 라이선스 제공자는 약 1,400억 달러를 벌어들이며 이는 라이선스 제품의 총 소매 매출의 50%를 약간 넘는 수준이다.

● 라이선스 제공자를 위한 가치 창출 수단으로서의 라이선싱

라이선싱은 몇 가지 중요한 혜택을 라이선서(브랜드 소유주)에게 제공한다. 라이선서는 브랜드와 관련된 제품 및 서비스를 디자인하고 유통하고 촉진할 필요 없이 브랜드 가치를 수익화할 수 있다. 따라서 라이선싱은 브랜드 소유주를 위해 브랜드와 연관된 제품의 범위를 증가시켜서 부가 수익을 창출한다. 라이선스 부여는 브랜드 소유주의 최소 비용을 포함하기 때문에 많은 수의 라이선스된 제품들이 대체로 더 높은 수익으로 전환된다. 이미 브랜드와 관련된 제품의 유통 범위를 확장하는 데 동일한 원칙이 적용되며, 새로운 시장에 대한 권리를 부여하면 라이선스 제공자에게 추가 수익이 발생한다.

라이선싱은 다른 구매 및 사용 경우에 걸쳐서 가시성을 높여서 브랜드를 강화할 수 있다. 예를 들어, 라이선싱은 디즈니가 고객이 브랜드를 경험할 수 있는 사례를 늘림으로써 디즈니 브랜드 최초 인지도를 지속하는 데 도움이 된다. 다른 중요한 라이선싱 혜택은 브랜드 소유주가 제품 개발에 깊은 전문성이 필요 없이 브랜드 관리에 노력을 집중할 수 있게 하는 것이다. 따라서 브랜드를 라이선스하는 능력은 라코스테 같은 회사가 브랜드화된 의류, 신발, 안경제품, 여행용품, 화장품 등의 제조를 이러한 분야에 대한 전문 지식을 갖춘 회사에 아웃소싱하는 동안 브랜드 관리에 노력을 집중할 수 있도록 해준다.

많은 혜택에도 불구하고 브랜드 라이선싱은 라이선스 제공자에게 몇 가지 중요한 단점을 가지고 있다. 라이선싱의 단점은 의미 있고 일관된 브랜드 포지셔닝을 보장하는 능력의 감소로 인한 브랜드에 대한 직접적인 통제의 상실이다. 실제로 라이선스 제공자는 브랜드가 모든 라이선스 제품에서 정확하게 표현되고 원하는 브랜드 이미지와 일치하는 방식으로 표시되도록 항상 보장할 수 없는 상태에서 제3자에게 브랜드를 사용할 권리를 부여한다. 이 문제를 해결하고 브랜드 진실성 integrity을 보장하기 위해 많은 라이선스 제공자들은 브랜드 사용을 규제하는 엄격한 지침을 수립했다.

브랜드에 대한 직접적인 통제 상실 외에 라이선스 제공자는 브랜드 제품의 기능적인 성능에 대한 직접적인 통제가 부족하다. 예를 들어, 브랜드를 제3자에 라이선싱하면, 라이선스 제공자는 일부 라이선스 제품은 전체적인 외관, 재료의 질, 내구성 등이 낮아지는 잠재적인 위험에 직면한다. 라이선싱 계약의 수와 다양성이 클수록 라이선스 제공자가 제품의 질을 통제하는 데 더욱더 어렵게 된다.

다른 중요한 우려는 다른 제품 범주 및 소매점들에 걸친 과대 노출에 의한 라이선서 브랜드 이름의 잠재적인 희석이다. 예를 들어, 브랜드 라이선싱 선구자였던 패션 디자이너 피에르 가르뎅Pierre Cardin은 침대 매트리스에서부터 변기 커버, 프라이팬까지 800개 이상의 다른 제품들에 이름에 대한 권리를 부여해 브랜드를 과대 확장했다. 다른 제품 범주에 걸친 브랜드 확장, 단기간 회사의 수익 증대 잠재력은 브랜드에 장기적인 손상을 초래해 브랜드의 향후 라이선싱 기회를 제한할 수 있다.

● 라이선시를 위한 가치 창출 수단으로서의 라이선싱

브랜드 소유주인 라이선스 제공자를 위한 가치 창출 외에, 라이선싱은 라이선시를 위한 중요한 혜택을 제공한다. 브랜드 라이선싱은 자체브랜드 창출을 위한 시간, 돈, 다른 자원들 투자 없이 회사가 많은 브랜드 혜택을 얻을 수 있게 한다. 따라서 라이선싱을 통해 회사는 다른 회사의 브랜드 자산과 브랜드 구축 역량을 활용해 즉시 라이선스 제공자의 브랜드를 사용할 수 있고 효과적으로 브랜딩 기능을 외주화할 수 있다. 이것은 자체 브랜드 구축을 위한 자원이 부족한 제조와 유통의 확고한 전문성을 가진 라이선시에게 중요한 혜택이다. 이런 맥락에서 라이선싱은 이러한 회사들이 제품과 서비스를 경쟁사와 차별하기 위해 확고한 브랜드를 '빌려서' 사용할 수 있게 한다.

기존 브랜드 라이선싱은 제조업체가 제품과 서비스를 취급하지 않으려는 유통 채널에 접근할 수 있도록 도와준다. 만일 유통업체가 브랜드화된 오퍼링이 매장 유동 인력 및 판매 수익 창출을 한다고 믿으면 그런 오퍼링을 취급할 가능성이 더 높을 뿐만 아니라 제품에 대해 좀 더 호의적인 지위를 부여한다. 기존 브랜드와 계약을 체결하면 제조업체의 평판과 신뢰도를 높일 수 있고 사업 파트너와의 상호작용을 촉진한다.

많은 라이선시 혜택에도 불구하고, 라이선싱은 라이선시에 대한 중요한 단점들이 있다. 가장 명백한 단점은 라이선시가 브랜드 사용권에 대한 지불을 해야 하는 수수료이다. 라인센싱 수수료는 브랜드의 힘에 달려있고 인기 브랜드 체인점에 상당한 영향을 미칠 수 있다.

다른 중요한 단점은 라이선시가 자체 브랜드를 구축할 수 있는 기회 상실이다. 더 많은 제품 범주가 상품화됨에 따라, 비브랜드 제품 제조업체들이 기존 브랜드 라이선스 권리를 위해 서로 경쟁을 해야만 하는 가능성이 더 높을 것이다. 이런 맥락에서 제조업체가 제품 상품화에 대항하기 위한 실행 가능한 대안은 브랜드 관리 역량을 개발하고 자체 브랜드를 구축하는 것이다.

요약

회사는 여러 다양한 방법으로 브랜드를 변경할 수가 있다. 브랜드와 연관된 오퍼링 집합 확장에 의한 브랜드 확장, 브랜드 정체성과 의미 변화에 의한 브랜드 재배치, 브랜드 재배치 없이 사소한 전술적인 변화에 의한 브랜드 전략 및 전술 정렬, 다른 업체에게 브랜드 라이선스이다.

브랜드 확장은 브랜드가 과거에 연관되지 않은 제품 범주 혹은 가격대와 같은 다른 상황의 기존 브랜드를 사용하는 전략이다. 기존 브랜드를 확장하는 주된 이유는 새로운 오퍼링을 지원하기 위해 힘을 활용하는 것이다. 기존 브랜드 확장 여부에 대한 결정은 네 가지 주요 요인들에 의해 영향을 받는다. 시장기회, 회사 목표 및 자원, 범주 호환성, 부정적인 파급 효과 등이다. 새롭게 추가된 제품들이 현재 브랜드와 연관된 오퍼링과 기능적 혹은 가격대에서 크게 다른지 여부에 따라 수직적·수평적 브랜드 확장 두 가지 종류가 있다.

수직적 브랜드 확장은 브랜드를 다른 가격대에서 제품 혹은 서비스로 확장하는 것이다. 브랜드가 확장하는 방향에 따라 두 가지 종류의 수직적 브랜드 확장이 있다. 높은 가격대의 오퍼링과 연관이 있는 브랜드인 격상 확장, 낮은 가격대의 오퍼링과 연관이 있는 브랜드인 격하 확장이다. 수직적 브랜드 확장의 주요 단점은 기존 브랜드와의 연관성은 고급 확장을 돕는 것보다 손상을 주는 경향이 있는 반면, 격하 브랜드 확장은 핵심브랜드의 이미지를 손상시키고 제품 잠식 가능성을 높일 수 있다.

수평적 브랜드 확장은 현재와 연관성이 없고 핵심브랜드로서 일반적으로 동일한 가격대에 있는 제품 범주에 있는 브랜드 사용을 포함한다. 수평적 브랜드 확장의 주요 단점은 브랜드를 다양한 제품 범주와 연관시키면 브랜드 이미지가 희석될 수 있다.

브랜드 재배치는 브랜드와 연관된 제품 및 서비스 구성을 변경하지 않고 브랜드 전략(표적 고객과 가치제안) 변경하는 것을 포함한다. 브랜드 재배치는 제품 계열에 신규 오퍼링을 추가하지 않는 점에서 브랜드 확장과 다르며, 브랜드 의미 변경을 포함한다. 재배치를 하는 이유는 브랜드의 표적 고객 변경, 회사 목표 변경, 협력자 네트워크의 변경, 경쟁 환경 변화, 시장 상황 변화 등이다.

브랜드 재정렬은 기존의 브랜드 전략을 변경하지 않고 브랜드 전술(브랜드 디자인과 브랜드 커뮤니케이션) 변화를 포함한다. 브랜드 재정렬의 일반적인 형태는 브랜드 이름 간소화, 로고 갱신, 좌우명 채택, 브랜드 캐릭터 재작업, 제품 디자인 수정, 포장 새로 고침, 대변인 교체 등을 포함한다. 브랜드 재정렬의 중요한 목표는 브랜드 특성을 독특하고 기억에 남고, 가치제안과 브랜드 만트라에 포착된 브랜드 전략과 일관성 있게 만드는 것이다.

브랜드 라이선싱은 브랜드 힘을 얻는 목적으로 브랜드 자산을 다른 당사자에게 임대하는 과정이다. 라이선싱을 통해서 브랜드 소유자는 일반적으로 금전적 보상을 대가로 다른 주체가 브랜드를 사용할 수 있도록 한다. 브랜드 소유자를 위한 라이선싱의 주요 혜택은 브랜드와 연관된 제품 범위의 확대로 인한 증가 수익이며, 주요 단점은 브랜드의 일관된 포지셔닝을 보장하는 능력 감소로 인한 브랜드 이미지에 대한 직접적인 통제 상실이다. 라이선스 사용자를 위한 라이선싱의 주요 혜택은 자체 브랜드를 만들기 위해 자원을 투자할 필요 없이 브랜드 혜택을 얻을 수 있는 능력을 가지는 반면, 단점은 브랜드 사용 권리금과 라이선스 합의에 따른 제약이다.

BRANDING INSIGHT 브랜드 포장 변경

브랜드 포장은 시간이 지남에 따라 진화한다. 포장 재디자인의 주요 이슈는 변경의 정도, 즉 새로운 포장이 현재 포장과 유사하거나 달라야 하는 정도이다. 따라서 포장을 재디자인할 때 관리자는 반드시 두 가지 고려 사항의 균형을 가져야 한다. 한편으로는 회사 제품의 신규 특징을 전달하고, 브랜드의 새로운 포지셔닝 향상을 하고, 경쟁사 대비 회사의 오퍼링을 보다 차별화하기 위해 많은 변화를 시도하려는 욕구가 있다. 다른 한편으로는 지속성에 대한 니즈이다. 즉, 포장 재디자인은 현재 고객에게 판매를 방해하지 않도록 변화가 적어야 한다는 뜻이다. 여기서 잠재적인 문제점은 경쟁사로부터 오퍼링을 차별화하고 포장을 새로 고치기 위해 관리자들은 포장 재디자인에서 브랜드 이미지 지속성의 중요성을 간과한다.

지속성은 중요하다. 가장 성공적인 오퍼링은 기존 고객으로부터 매출과 수익이 파생되기 때문이다. 결과적으로 재디자인 포장에 유입된 신규 고객에 의해 발생된 모든 이익은 신규 포장이 덜 매력적이거나 혹은 혼란스럽다고 생각하는 충성 고객의 수익 손실을 초과해야 한다. 쇼핑객은 압도적인 많은 옵션에 직면하게 되어 자주 구매하는 상품의 경우 각 옵션을 세부적으로 검토하기 위해 추가적인 노력을 기울이지 않기 때문에 지속성의 중요성이 강조된다.

고객들은 습관적으로 구매하는 제품에 대해서는 보통 많은 시간을 사용하지 않기 때문에, 사용 가능한 정보의 깊은 평가 없이 쉽게 사용할 수 있는 시각적 단서에 초점을 맞추고 본능적 수준에서 사용 가능한 정보를 평가하는 경향이 있다. 친숙한 상표의 완전히 다른 포장에 접했을 때, 소비자는 혼란스럽고 그들이 보통 구매하는 브랜드의 모양과 느낌을 새롭게 다시 디자인된 포장에 연관을 시킬 수가 없다. 그런 혼란은 회사가 모양, 색상, 로고, 메시지, 이미지 등과 같은 포장의 다양한 측면을 동시에 변경할 때 발생한다. 혼란스러운 소비자들은 디자인된 포장이 실제로 믿고 구매에서 사용하던 브랜드와 연관된 것인지 의아해할 것이다.

급진적인 포장 재디자인은 충성 고객에게 혼란을 줄 뿐만 아니라, 충성 고객이 구매 결정을 내리는 방식을 바꿀 수 있다. 비교적 저렴하고 지나치게 복잡하지 않은 자주 구매하는 상품의 경우, 고객은 사용 가능한 선택권의 시각적 속성에 중점을 두고 참여도가 낮은 의사 결정에 참여하는 경향이 있다. 브랜드의 모양과 느낌을 극적으로 변경함으로써, 급격한 포장 변경은 습관적인 재구매 절차를 방해해 고객이 구매하려는 제품을 찾기 위해 사용 가능한 선택권에 대해보다 신중하게 평가하도록 강요할 수 있다. 결과적으로 다른 선택권을 생각할 필요 없이 간단하고 무의미하게 회사 오퍼링을 재구매하기보다는, 고객은 경쟁사의 오퍼링을 고려하고 구매할 수도 있다.

예를 들어, 트로피카나Tropicana의 대표 프리미엄 오렌지 주스의 포장 변경에 대한 트로피카나의 결정은 "브랜드와 제품 속성을 강화하고, 소비자가 미국의 가장 상징적인 오렌지 주스를 마심으로서 얻는 건강상의 혜택을 재발견하도록 돕는다"는 목표를 따랐다. 새로운 디자인은 급진적으로 포장의 색채 조합을 변경했고, 오렌지를 뚫는 빨대의 익숙한 이미지를 삭제하고, 로고를 변경하고, "No Pulp(건더기 없는)"과 같은 주요 제품 서술자를 덜 눈에 띄는 포장의 제일 위로 이동시켰다. 매출 급감과 소비자의 반발에 따라, 트로피카나는 원래

브랜드 성장

의 디자인으로 복귀했다. 이 경우 회사가 제품 혜택을 더 잘 전달하고 브랜드를 강화하기 위해 디자인이 된 제품 포장의 개선으로 간주하는 것은 고객을 혼란스럽게 하고 브랜드의 의미를 모호하게 만드는 불필요하고 바람직하지 않은 변화가 되었다.

성공적인 포장 디자인은 구매자가 찾고 있는 정보와 경쟁 오퍼링을 식별하는 데 사용하는 시각적 단서(형태, 색, 로고, 메시지, 이미지)를 식별하는 것으로 시작해야 한다. 다음으로, 회사는 이런 요소를 고객과의 관련성에 근거해 우선순위를 정하고 한 번에 여러 가지 주요 요소를 급진적으로 변경하지 않는 방법으로 점차적으로 변경해야 한다. 회사가 오퍼링을 크게 재배치하는 것을 목표로 하지 않는 한, 포장 재디자인은 특히 습관적으로 제품을 구매하는 고객이 어떻게 새로운 포장에 반응할지를 고려하는 방법으로 시행되어야 한다.

▌ BRANDING SPOTLIGHT 상향 브랜드 확장 – 폭스바겐 페이톤

폭스바겐은 독일 정부가 독일 사람들이 살 수 있는 자동차를 설계하는 회사를 설립한 1937년으로 거슬러 올라간다('Volkswagen'은 말 그대로 국민의 차를 의미한다). 폭스바겐은 창립자인 오스트리아 자동차 엔지니어 페르디난트 포르쉐 Ferdinand Porsche에 의해 디자인이 되었고, 자동차는 소형 엔진과 공지 저항을 최소화하기 위해 독특한 공기 역학의 '비틀beetle(딱정벌레)' 형태를 가졌다. 수년에 걸쳐, 폭스바겐은 신뢰성과 실용성의 명성을 얻었다. 1949년 미국에 처음 출시가 되면서, 그 당시 도로의 대부분을 차지한 미국 대형차에 대조되는 것으로 본 소비자들에게 관심을 끌었다. 많은사람들이 자동차의 독특한 형태를 정체성과 개인성을 표현하는 수단으로 보았고, 별명이었던 폭스바겐 '버그 bug(작은 곤충)'은 미국의 문화적 구조의 일부가 되었고 반문화와 히피 운동의 자동차가 되었다.

폭스바겐 비틀의 인기는 자동차의 단순함과 미니멀리즘을 강조한 널리 인기있는 "작게 생각하자Think Small" 캠페인에 의해 1960년 초에 크게 인기가 높아졌으며, 많은사람들은 20세기의 최고의 광고 캠페인으로 간주한다. 수년에 걸쳐, 폭스바겐 비틀은 미국에서 가장 많이 팔리는 수입 자동차가 되었으며, 포드 모델 T의 기록적인 판매량을 능가하는 역사상 가장 많이 생산된 자동차 제조사라는 특별함을 달성했다. 판매가 저조해짐에 따라 비틀은 1979년 대부분의 나라에서 중단되었으며, 50년 만인 1998년에 대대적으로 재디자인된 복고풍 테마로 다시 돌아오게 되었다. 비틀 브랜드는 자동차를 65년 이상 생산하고 2,100만 대 이상 판매한 후 2003년 결국 은퇴했다.

비틀의 성공을 기반으로, 폭스바겐은 주류 브랜드인 폭스바겐, 세아트 SEAT, 스코다Skoda부터 프리미엄 럭셔리 브랜드인 아우디, 포르쉐, 벤틀리, 부가티, 람보르기니, 두카티Ducati 등과 같은 광범위한 브랜드 포트폴리오를 제공하는 세계에서 가장 큰 자동차 제조업체 중의 하나가 되었다. 폭스바겐 브랜드가 새겨진 보급형 골프Golf, 더 상향된 제타Jetta, 파사트Passat, 투아렉 Touareg SUV을 포함한 폭스바겐 하위 브랜드의 시리즈를 제공하는 자동차 포트폴리오도 확대가 되었다. 이런 넓은 오퍼링의 포트폴리오에도 불구하고, 페르디난드 포르쉐Ferdinand Porsche의 손자이자 회사의 회장인 페르디난드 피에히Ferdinand Piech는 폭스바겐 자체 럭셔리 브랜드를 가져야 한다고 생각했다.

자체 럭셔리 자동차 창출 비전에 따라, 2002년에 폭스바겐은 그리스 태양의 신 헬리오스의 아들인 페이톤Phaeton 이름을 딴 풀사이즈 세단을 출시했다. 전설에 따르면, 그의 조상을 친구에게 증명하기 위해 페이톤은 아버지를 설득해 하루 동안 태양의 전차를 운전하게 했다. 전차에 탑승한 후, 페이톤은 말들을 통제할 수가 없게 되었고, 전차는 지구를 향해 방향을 틀어 태우기 시작했고, 제우스는 지구의 파괴를 피하기 위해 벼락으로 페이톤을 치도록 강요했다. 전차 재앙과 관련된 이름을 선택하는 것은 아마도 가장 직관적인 선택은 아니었지만 더 논쟁의 여지가 있는 선택은 페이톤을 독립 브랜드가 아닌 폭스바겐 브랜드의 확장으로 포지셔닝하는 결정이었다.

문제는 많은 소비자들 마음속에 폭스바겐은 국민의 차, 히피, 작게 생각하기와 같은 브랜드 참조자와 관련이 있었다는 것이다. 비록 페이톤이 치밀하게 디자인되었지만, 폭스바겐은 눈에 띄는 VW 로고의 7만 달러 이상의 럭셔리 자동차를 판매하기 위해 힘든 싸움에 직면했다. 폭스바겐 페이톤이 폭스바

브랜드 성장

겐의 다른 모델(재디자인한 비틀 포함) 옆에 있는 전시장에서 판매됐지만 상황에 도움이 되지는 않았다. 4년간의 판매 부진 끝에, 폭스바겐은 미국 시장에서 자동차 철수를 결정했다. 흥미롭게도, 페이톤의 최대 시장은 결국 많은 소비자들이 독일, 정밀 엔지니어링, 럭셔리의 브랜드와 관련된 폭스바겐의 문화유산에 익숙하지 않은 중국이었다.

BRANDING SPOTLIGHT 수평적 브랜드 확장 – 알카셀처

알카셀처는 위통증과 산 치료제로서 1931년에 마일스Miles 연구소에 의해 출시 되었다. 회사는 장기간 라디오 후원에 투자를 하면서 신약을 크게 홍보했고 상위 20개 라디오 광고주 중 하나가 되었다. 1950년대 초반에는 빠른 산성 완화의 구현으로 기획된 빠른 알카셀처Speedy Alka-Seltzer인 자체 브랜드 캐릭터를 탄생시켰다. 머리에 모자 모양의 알약, 몸통을 형성하는 또 다른 알약, 손에 발포성 지팡이가 있는 스피디Speedy가 1964년에 없어질 때까지 여러 TV 광고와 인쇄 광고에 등장했다.

1960년대에, 알카셀처 광고 캠페인은 포장의 지시 사항과 이전의 모든 광고 캠페인이 하나의 알약만 복용하도록 권고했지만 두 개 알약 용량을 묘사하는 광고를 게재하기 시작했다. 매출을 두 배로 늘릴 수 있는 잠재력 외에도, 고객에게 한 개가 아닌 두 개의 알약을 복용하도록 유도하는 것은 주요 성분인 아스피린 섭취를 보다 효과적인 수준으로 증가시키는 것으로 믿어졌다. 그 결과, 회사는 두 개 알약 복용을 적극적으로 홍보하는 것 외에 회사는 두 개 세트로 알약을 포장하기 시작했다.

수년 동안 알카셀처는 주로 두 가지 이점을 기반으로 홍보되었다. 즉, 위산을 중성화하는 능력과 탄산음료 형태를 위해 물에 빠르게 용해하는 두 개의 발포성 알약이다. 이 포지셔닝은 유명한 1975년 슬로건에 잘 묘사되었다. "Plop, plop, fizz, fizz… 오, 정말 후련하다Oh, what a relief it is." 광고 캠페인은 배탈과 소화 불량에 대한 두 개의 알약 발포성 치료제로 알카셀처 이미지를 공고히했다.

더 큰 시장에 어필해 브랜드의 인기를 활용하기 위해, 알카셀처는 씹을 수 있는 알약과 고무gummy를 포함한 다른 형태를 소개하기 시작했다. 또한 숙취와 관련된 두통과 피로를 치료하기 위해 기획된 발포성 알약인 알카셀처 모닝 릴리프Morning Relief를 출시했다. 알카셀처 브랜드 확장 외에, 회사는 열, 오한, 독감, 기침, 알레르기를 치료하기 위해 기획된 약국용 발포성 알약 시리즈인 알카셀처 플러스를 출시했다. 알카셀처 플러스 제품은 발포성 알약, 캡슐, 용해 가능한 분말로 액체 및 팩을 제공했다.

이런 브랜드 확장은 알카셀처가 표적 시장을 크게 확대할 수 있게 했다. 그 과정에서 전통적으로 브랜드와 연관된 두 가지 확실한 혜택인 산성 완화 및 두 개의 발포성 알약을 포기해야 했다. 브랜드의 고유한 의미가 희석된 것은 브랜드를 더 광범위한 기본 제품 구성을 포함하도록 확장한 불가피한 결과였다.

BRANDING SPOTLIGHT 브랜드 재배치 – 팹스트 블루리본, 미쉐린

팹스트 브루잉 컴퍼니Pabst Brewing Company는 미국 위스컨신 밀워키에서 1844년에 설립이 되었고, 1872년에는 미국에서 두 번째로 큰 맥주 공장이 되었다. 미국 및 국제 대회에서 여러 차례 상을 받은 후 1982년에 팹스트는 최고의 선택 맥주병의 목에 파란색 실크 리본을 손으로 묶어 일등 우승자로 식별하기 시작했다. 단골 고객들이 바텐더에게 '파란색 리본 맥주'를 요청하기 시작한 후, "파란색 리본Blue Ribbon" 문구는 1895년에 라벨에 최고의 이름이 붙혀졌다. 3년 후에 맥주 이름은 공식적으로 팹스트 블루 리본Pabst Blue Ribbon으로 변경되었다. 팹스트 블루 리본의 각 병에 파란색 실크 리본을 손으로 묶는 관행은 세계적인 실크 부족으로 인해 1916년에 끝났지만, 금주법 시대의 마지막인 1933년에 재개되었고 라벨에 영구적인 자리를 차지하는 블루 리본 문구와 함께 공식적으로 1950년에 종료되었다.

시상과 브랜드 이름 인지에도 불구하고 일반적으로 PBR로 불리는 팹스트 블루 리본 판매는 1970년도에 꾸준히 감소하기 시작했다. 맥주 공장은 1985년에 팔렸고 새로운 경영진은 일련의 비용 절감 조치로 밀워키에 있는 대표 맥주 공장을 폐쇄하고 모든 광고를 중단했다. PBR의 시장 점유율은 2002년까지 계속해서 하락하다가 매출이 예상치 못한 상승세를 보이기 시작했다. PBR에 대한 예상치 못한 새로운 관심의 출처는 도시의 힙스터, 대학생, 밀레니얼, 그리고 맥주의 희소성, 광고 부족, 비주류적 태도를 자신의 개성을 표현하는 수단으로 본 기타 젊은이들로 구성되었다. 흥미롭게도, 팹스트는 이런 사람들을 표적으로 하지 않았다. 그들은 단지 브랜드를 수용하고 자신만의 브랜드로 만든 사람들의 그룹이었다.

새로운 고객들이 흥미를 가지게 하기 위해 PBR을 재배치하기보다는 처음에 이러한 신규 고객을 끌어들인 진정성을 보존하기 위해 회사는 현재의 브랜드 정체성을 유지하기로 결정함에 따라, PBR은 "고객이 브랜드를 이끌도록"을 선택하고 풀뿌리 접근 방식grassroots approach을 사용해 고객 이벤트를 후원하고 소셜 미디어를 사용해 브랜드와의 고객 상호작용을 장려함으로써 브랜드 커뮤니티를 만들었다.

국내의 성장에 뒤이어, 맥주보다 브랜디처럼 보이는 특수 제작된 적갈색의 진한 에일 출시를 통해 PBR은 중국시장에 진출하기로 결정했다. 브랜드의 전통과 진정성을 강조하기 위해 "블루 리본 1844"로 브랜드화된 맥주는 회사가 설립된 연

도에 경의를 표하며 럭셔리 맥주로 포지션하고 가격은 44달러로 책정되었다. 광고 캠페인은 휘황찬란한 모양의 블루 리본 1884 병 옆에 플루트 모양의 샴페인 잔을 선보였고, 에일을 스카치 위스키, 프랑스 브랜디, 보르도Bordeaux 와인과 비교했다. 따라서 한때는 노동자 맥주로 일컬어졌던 PBR이, 미국에서 힙스터 맥주, 중국에서는 럭셔리 정신으로 재탄생했다.

미쉐린은 앙드레 미쉐린Andre Michelin과 에두아르 미쉐린Edouard Michelin 형제에 의해 프랑스 클레르 몽페랑Clemont-Ferrand에서 1889년에 설립이 되었다. 2년 후에, 미쉐린은 최초

로 탈착 가능한 자전거 타이어를 개발했고 1896년에는 공기주입 타이어를 장착한 자동차 경주 대회에 참가한 세계 최초의 자동차인 이클레어L'Eclair를 소개했다. 수년에 걸쳐 미쉐린은 혁신의 전통을 지속해 1934년에는 최초로 런플랫run-flat 타이어를 소개했고, 1946년에는 래디얼radial 타이어 기술 개발해 결국에는 세계에서 두 번째로 큰 타이어 제조회사가 되었다. 타이어의 품질과는 별개로, 미쉐린은 타이어 더미로 만든 브랜드 캐릭터로 일반적으로 미쉐린 맨Michelin Man 혹은 비벤덤Bibendum으로 가장 잘 알려져 있다.

　　미쉐린 맨은 그의 경쟁자들을 위해 건배하기 위해 잔을 드는 것을 묘사한 1898년 포스터에 소개되었다. 슬로건 "지금이 마실 시간이다(라틴어)"는 미쉐린 캐릭터 위에 놓여있고 캐릭터 이름의 출처가 되었다. 포스터 아래의 프랑스어로 "건강을 위해, 미쉐린 타이어는 장애물을 극복한다"의 단어는 말굽, 못, 그리고 그 당시에 프랑스 도로를 덮은 각종 날카로운 물건과 같은 도로의 위험을 극복하는 미쉐린의 능력을 언급한다. 그에 따라 미쉐린 맨은 공기가 가득하고 금속 조각으로 가득 찬 잔을 들어 올리고 당시 콘티넨탈Continental과 던롭Dunlop의 우두머리를 닮은 희화화된caricatured 얼굴을 가진 두 명의 연약한 경쟁자들에 둘러싸여 있다. 미쉐린 캐릭터는 1912년 이전에는 타이어에 검정색 외관을 주는 카본의 첨가 없는 고무에 의해 주로 만들어졌기 때문에 흰색이다.

　　수년에 걸쳐, 미쉐린 캐릭터는 진화했고, 이러한 변화는 미쉐린의 캐릭터를 더 친근하고, 더 사랑스럽고, 덜 위협적으로 만들었다. 모든 이런 변화는 고객 인구 통계 변화의 반영이다. 미쉐린의 원래의 이미지는 그 당시 자전거 타기와 운전은 부자 남성의 여가 활동이었기 때문에 상류층에게 관심을 끌기 위해 디자인했다. 반면 오늘날의 미쉐린 맨은 평등주의적이며 다양한 요구, 가치, 생활방식을 가진 광범위한 고객에게 어필한다.

모턴솔트Morton Salt가 신제품인 특허받은 주둥이가 있는 둥근 파란색 포장의 자유롭게 흐르는 소금을 홍보하기 위해 고안된 최초의 전국 소비자 광고 캠페인으로 모턴솔트 우산 소녀는 1911년에 일상적인 광고 프레젠테이션에서 등장했다. 그해 초, 회사는 식염에 흡수제로 탄산마그네슘을 첨가해 자유롭게 부을 수 있도록 하기 시작했고, 모턴솔트는 이제 그 발명품을 대중과 공유하기를 원했다.

《굿 하우스키핑Good Housekeeping》잡지에 게재되는 광고 중 하나에는 빗물을 막기 위해 한 손에 우산을 들고 있는 어린 소녀가, 다른 한편으로는 포장 주둥이가 열려 있고 소금이 부족한 상태에서 팔 아래로 기울어진 소금 한 꾸러미가 있다. 이미지는 모턴의 혁신의 본질을 포착했으며, 이는 당시의 경쟁 우위이기도 했다. 즉, 습한 날씨에 흐르는 소금. 초기 문구인 "비가 오는 날씨에도 자유롭게 흐른다Even in rainy weather, it flows freely"는 현재 유명한 슬로건인 "비가 오면 쏟아진다When it rains it pours"로 발전했다.

모턴솔트 우산 소녀와 슬로건은 1914년에 식탁 소금의 파란색 포장에 처음으로 등장했으며, 수년 동안 우산 소녀는 시대에 맞추기 위해 그녀의 옷과 머리 모양을 바꿨다. 이미지는 1921년, 1933년, 1941년, 1956년, 1968년, 그리고 브랜드의 얼굴로서 100주년 기념으로 2014년에 갱신되었다. 그러나 이러한 모든 변화는 로고의 원래 의미와 모턴솔트 브랜드의 포지셔닝을 보존하면서 본질적으로 스타일 이었다. 다른 두 가지 두드러진 특징인 진한 파란색 라벨과 소금을 쏟는 주둥이를 여전히 포함하고 있지만 모턴 식탁 소금 포장 또한 수년에 걸쳐서 갱신이 되었다.

베티 크로커Betty Crocker는 제빵에 대한 소비자 질문에 대한 답변을 개인화하기 위해 제분 회사이자 제너럴 밀스General Mills의 전신인 워시번 크로즈비 Washburn-Crosby Company에 의해 설립되었다. 크로커Crocker는 잘 알려진 최근

퇴직한 회사 이사 윌리엄 크로커William Crocker를 기리기 위해 선택되었고, 베티Betty는 단순히 친근하게 들리는 이름으로 선택되었다. 베티 크로커의 서명은 회사 종업원 중 한 사람에 의해서 디자인되었다. 베티 크로커 빨간 스푼은 1954년에 포장에 등장했고, 이제는 베티 크로커 제품의 가장 눈에 띄는 심볼이며 다양한 요리책, 잡지, 200개 베이킹 및 요리 믹스, 햄버거 헬퍼Hamburger Helper 및 비스퀵Bisquick에 전시되어 있다. 1936년에 베티 크로커 이름의 15주년 기념일을 축하하기 위해 제너럴 밀은 거의 20년 동안 베티 크로커의 공식적인 모습으로 남아 있는 초상화를 의뢰했다. 1955년 베티 크로커의 해석은 원래 이미지의 부드럽고 웃는 형태였다. 1965년 초상화는 이전의 두 개 형태와의 극적인 차이로 좀 더 현대적으로 보이는 베티Betty이다. 1972년 초상화는 가정 밖에서 여성의 새로운 중요한 역할을 상징하는 좀 더 사업적인 모습을 묘사했으며, 1986년 초상화는 회의실과 부엌에서 친근한 전문직 여성으로서의 베티 크로커가 등장했다.

베티 크로커의 75주년 기념일을 맞아 전국적으로 검색한 결과 다양한 배경과 연령대의 베티 크로커 특성을 구현한 75명의 여성을 찾았다. 1986년 브랜드 초상화와 함께 75명의 여성을 컴퓨터화한 합성 이미지는 요리와 제빵을 즐기는 사람으 로서 베티 크로커의 정신을 구성하는 특성을 포착하기 위한 이미지의 기반이 되었으며, 가족과 친구들에게 헌신하고, 일상적인 일을 처리하는 데 있어 수완이 풍부하고 창의적이며 지역사회에 참여한다.

BRANDING SPOTLIGHT 브랜드 라이선싱 - 스타워즈

월트디즈니는 루카스필름Lucasfilm, 마블Marvel, ABC, ESPN, 픽사Pixar, 월트디즈니 스튜디오를 포함하는 세계 유수의 라이선스 제공자이다. 회사는  2018년에 가장 가까운 경쟁사의 3배에 해당하는 거의 550억 달러 가치의 라이선스 상품을 판매했다. 디즈니 라이선싱 수익의 흐름에 주요 기여자는 역대

의 가장 성공적인 라이선싱 프랜차이즈인 스타워즈이다.

1977년 5월에 초연한 스타워즈는 깜짝 히트작이 되었다. 사실, 업계는 기대가 너무 낮아서 영화는 처음에 42개 영화관에서만 상영되었다. 궁극적으로 당시 최고 수익을 올린 영화가 되었으며, 6개 부문의 아카데미 수상작이 되었다. 필름의 시장 잠재력을 본 몇 않되는 사람들 중의 한 사람이 상품화 권리를 대가로 스타워즈 감독에 대한 급여 일부를 포기하는 데 동의 한 조지 루카스였다(루카스는 그의 회사 루카스필름을 2012년 디즈니에 40억 달러에 팔았다). 스타워즈가 문화적 현상이 되자, 상품 수익이 영화표 수익을 넘어섰다.

원작영화의 도입 후 몇 년 동안, 루카스필름은 진행 중인 몇 편의 추가 영화와 함께 많은 추가적인 스타워즈 영화를 개봉했다. 스타워즈의 가장 큰 인가받은 기업 중의 하나는 장난감과 보드게임 업체인 하스브로Hasbro이며, 액션 피규어action figures와 수집 품목, 광선 검, 블래스터blaster, 스타 워즈 테마 게임 및 퍼즐 등을 판매한다(하스브로는 디즈니 마블용 장난감을 만든다). 지난 20년 동안 하스브로는 루카스필름에 7억 달러 이상의 최소 보증과 20%의 로열티를 지불하기로 합의했으며, 루카스필름은 하스브로가 만든 모든 스타워즈 관련 항목에 대한 지적 재산권을 확보했다.

스타워즈의 글로벌 상품 제휴는 액션 피규어와 다른 수집 품목에서 의류 및 액세서리, 비디오 게임 및 장난감, 책, 식품 등이다. 추가로, 디즈니는 스타워즈를 질레트, 듀라셀, 피아트Fiat, 크라이슬러Chrysler, 닷지Dodge, 서브웨이Subway, 버라이즌Verizon, 일본 ANA(All Nippon Airways) 등을 포함한 여러 대형 브랜드와 같이하는 홍보 제휴를 맺었다.

스타워즈 브랜드의 매력이 아주 강해서 디즈니가 스타워즈 이름과 관련된 지적 재산에 대한 라이선싱에 더 높은율을 적용했다(업계 평균의 두 배, 세배인 약 6~7%). 전체적으로, 스타워즈 제품 판매로 발생한 연간 매출은 약 50억 달러로 추정되며, 디즈니는 라이선스 계약을 통해 5억 달러에서 10억 달러 사이의 매출을 올릴 수 있다.

9

브랜드 보호

다른 사람의 광고를 모방해
브랜드를 구축한 사람은 아무도 없다.
- 데이비드 오길비, *Ogilvy & Mather* 광고 대행사의 설립자

강한 브랜드 구축은 성공적인 사업 모델 기획에 중요하다. 그러나 일단 구축이 되면 브랜드는 반드시 보호되어야 한다. 성공적으로 브랜드를 보호하기 위해, 관리자는 브랜드가 운영되는 법적 상황, 특히 브랜드가 시장에서 작용하는 방식을 관장하는 법적인 원칙을 이해해야 한다. 이 장에서는 브랜드 관리와 관련된 주요 법적 개념에 대한 개요를 다룬다.

지적 재산의 개념

지적 재산은 표현된 형태의 아이디어 또는 기타 무형의 주제에 첨부된 법적 권한이다. 간단히 말해, 지적 재산권은 고유한 창작물에 대해 개인에게 부여되는 독점적 권리이다. 지적 재산권은 표현의 형태인 단어, 숫자, 점수, 그림, 혹은 대체 유형 형식이며 기본 아이디어, 절차, 과정, 시스템, 작동 방법, 개념, 원리, 발견으로 확장되지 않는다.

관련된 창작물 종류에 따라 지적 재산권은 저작권, 특허, 영업 비밀, 상표의 네 가지로 나누어진다. 비록 네 가지 중에서 상표는 브랜드 관리와 직접적인 관련성이 있지만, 상표에 부여된 법적 보호는 다른 유형의 지적 재산과 관련해 더 잘 이해할 수 있다. 다음 절에서는 지적 재산권의 다른 종류를 논의한다.

⦿ 저작권

저작권은 모든 종류의 표현 매체를 사용하는 원본 작품 창작자에게 저작물을 기반으로 복제, 배포, 공연, 전시, 라이선스 부여 및 파생 작품 제작에 대한 독점적 권리를 부여한다. 따라서 저작권은 원본 작품을 만든 사람이 작품을 대중에게 제공하는 방법을 선택할 수 있도록 허용한다. 저자에게 부여된 독점적 권한은 '공정 사용' 원칙에 따라 제한되며, 비판, 댓글, 뉴스 보도, 교육 또는 연구 목적으로 저작물을 사용할 수 있다.

저작권의 주요 목표는 새로운 저작물을 만들고 이러한 저작물을 대중에게 공개하고 독점 재산권을 부여해 저작자 노력에 보상하고 권리를 보호함으로써, 저작권법은 창작물의 개발과 보급을 촉진해 일반 대중을 풍요롭게 하는 것이다.

저작권은 자동적으로 원본 작품 저자에게 부여되며 저작권 보호를 받기 위해 저자가 저작물을 등록하거나 저작물에 저작권 표시를 할 필요가 없다. 저작권이 적용되는 저작물에는 소설, 시, 연극, 참고 작, 신문 등의 문학 작품, 소프트웨어 프로그램, 데이터베이스, 영화, 음악 작곡, 안무 및 회화, 그림, 사진, 조각 등의 예술 작품, 건축물, 광고, 지도 및 기술 도면 등이 포함된다.

작품이 저작권으로 보호받기 위해서는 세 가지 조건을 충족해야 한다. 첫째, 반드시 원본이어야 한다. 즉, 다른 곳에서 복사한 것이 아닌 독립적으로 만들어져야 한다는 것을 의미한다. 둘째, 반드시 창의적이어야 한다. 즉, 작품의 형성에는 최소한 어느 정도의 독창성이 있어야 한다는 것을 의미한다. 셋째, 고정적이어야 한다. 즉, 작품이 유형의 표현 매체에 나타나야 하고 (일시적인 기간보다는) 충분히 영구적이어야 한다는 것을 의미한다. 더 엄격한 기준을 부과하는 특허 및 상표 조건과는 달리, 저작권 조건은 비교적 충족하기 쉬워서 저작권의 주제에 속하는 대부분의 저작물은 이러한 요구 사항을 충족할 수 있다.

모든 지적 재산권의 경우처럼 저작권은 아이디어의 유형적 표현만을 보호하며 기본 아이디어 자체로 확장되지 않는다. 예를 들어, 만일 책이 새로운 아이디어를 제시한다면, 저작권 보호는 아이디어에 대한 작가의 설명으로 확장될 뿐 아이디어 자체를 보호하지는 못한다. 따라서 표현형식(예: 아이디어를 설명하는 데 사용되는 단어)이 충분히 다른 경우 동일한 아이디어가 다른 책에 반영될 수 있다.

저작권은 일정한 기간 동안 부여된다. 개인이 창작한 저작권은 일반적으로 저자의 생애 기간과 70년 동안 보호된다. 익명 저작물과 고용을 위해 만들어진 저작물은 최초 출판연도로부터 95년 또는 창작연도로부터 120년 동안 보호된다. 저작권이 만료될 때, 저작물은 공공의 영역으로 들어간다. 즉, 누구나 그 저작자의 허가를 받지 않고 저작물을 사용할 수 있다는 것을 의미한다. 예를 들어, 100년 이상 저작권법의 보호를 받은 후, 아서 코난 도일Arthur Conan Doyle이 만든 가상의 인물인 셜록 홈즈Sherlock Holmes에 대한 이야기는 공공의 영역으로 들어갔다. 즉, 누구나 아서 코난 도일 재산에 라이선스 비용을 지불하지 않고 셜록 홈즈를 주인공으로 한 이야기를 쓸 수 있다(혹은 영화 제작)는 것을 의미한다.

● 특허

발명에 대한 특허는 발명자에게 "다른 사람이 발명을 제조, 사용, 판매 또는 판매하는 것을 배제할 수 있는 권리"를 부여한다. 엄밀히 말하면, 특허는 특허 소유자에게 발명을 제조, 사용, 판매 또는 수입할 수 있는 권한을 부여하는 것이 아니라 다른 사람을 제외할 수 있는 권한 만 부여한다.

마케팅과 관련 있는 특허 종류는 실용 특허와 디자인 특허가 있다. 실용 특허는 새롭고 유용한 방법, 기계, 제조품, 물질 구성 또는 새롭고 유용한 개선 사항을 보호하고, 디자인 특허는 항목의 새롭고 독창적이고 장식적인 디자인을 보호한다.

실용 특허는 ① 비즈니스 프로세스, 컴퓨터 소프트웨어 및 엔지니어링 기법을 포함한 방법, ② 기능을 수행하는 모든 것을 포함하는 기계, ③ 제조된 모든 것을 포함하는 제품, ④ 의약품, 화학 화합물 및 인공 유전자 생성을 포함한 물질의 구성을 보호한다. 아이디어만으로는 실용 특허를 얻을 수 없으며 새로운 발명에 대한 아이디어보다는 새로운 발명의 본보기를 위해 주어진다. 실용 특허를 받기 위해, 발명은 유용하고, 새롭고, 자명하지 않아야 하며, 충분히 설명되어야 한다.

실용 특허는 발명이 실제로 유용하거나 적어도 유용함에 대한 타당한 이론적 근거를 가질 것을 요구한다. 발명 효용성은 발명에 관련된 영역에서 일반적인 기술을 가진 사람에게 즉시 나타나야 한다. 유용한 결과를 전혀 얻을 수 없는 발명은 실용 특허를 받을 수 없다. 더군다나, 발명은 신뢰할 수 있어야 한다, 즉, 현대 지식 관점에서 그럴듯해야 한다거나 과학적으로 문서화되어야 한다는 것을 의미한다. 예를 들어, 실용 특허를 받으려면, 약물의 효과가 과학적으로 문서화해야 한다.

실용 특허는 발명품이 새롭다는 것을 요구한다. 이미 특허를 받았거나, 인쇄된 출판물에 설명되어 있거나, 공개적으로 사용되거나, 판매 중이거나, 일반 대중이 사용할 수 있는 발명(예: 과학 회의에서의 구두 발표, 무역 박람회에서의 시연, 강의 또는 연설, 웹사이트, 온라인 비디오 또는 기타 온라인 자료)은 특허를 받을 수 없다. 결과적으로 새로운 발명에 대한 상세한 설명을 특허 없이 공개하면 다른 사람들이 발명에 대한 특허를 얻을 수 있는 것을 막을 수 있다(방어공개라고 하는 관행).

실용 특허는 발명이 자명하지 않을 것non-obvious을 요구한다. 발명과 관련된 분야에서 일반적인 지식을 가진 사람에게 과거에 기술된 다른 발명과 충분히 다르게 보이는 경우 발명은 자명하지 않은 것으로 간주 된다. 예를 들어, 과거에 기술된 발명과 색상이나 크기가 단순히 다른 발명은 일반적으로 특허를 받을 수 없다.

실용 특허는 관련 분야의 일반의 지식을 가진 사람들이 발명이 무엇인지 이해하고, 이를 재현하고, 추가 실험 없이 사용할 수 있도록 발명을 충분히 설명해야 한다(그림 9.1). 전체 공개 요구 사항은 특허 기간 동안 발명을 만들거나 판매하는 것에서 제외되는 대가로 공개적인 세부 정보를 제공하는 라틴어 "퀴드 프로 쿼quid pro quo"이다.

디자인 특허는 제품의 장식적 또는 미적 측면을 포함한다. 디자인 특허에는 제품의 모양과 같은 3차원 기능이나 패턴, 선 또는 색상

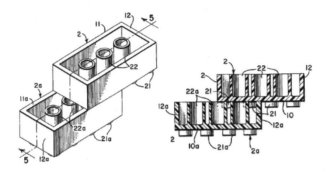

그림 9.1 레고 실용 특허출원 도면

과 같은 2차원 기능이 포함될 수 있다. 법적 보호를 받으려면 디자인이 순전히 기능적이어서는 안되며 장식 및 미적 특징이 제품의 기술적 기능에 의해 부과되어서는 안 된다. 디자인이 특정 기능을 수행하는 경우 디자인 특허로 보호할 수 없으며 실용 특허로 보호할 수 있다. 따라서 실용 특허와 달리 디자인 특허는 본질적으로 심미적이다. 제품의 외관만 보호하고 적용되는 제품의 기술적 측면은 보호하지 않는다(그림 9.2).

특허는 정해진 기간 동안 허가되며, 그 후에 특허는 그 보호가 존재하지 않게 되고 발명은 공공영역으로 넘어간다. 실용 특허 기간은 특허가 부여된 출원의 가장 빠른 출원일로부터 20년이다. 디자인 특허

그림 9.2 애플 시계 디자인 특허출원 도면

의 기간은 발행일로부터 14년이며, 미국에서 특허 출원은 워싱턴DC 소재의 연방 기관인 미국 특허 및 상표 사무소에 독점적으로 이루어진다.

● 영업 비밀

영업 비밀은 기업에 경쟁 우위를 제공하는 모든 기밀 사업 정보이다. 영업 비밀에는 판매 및 유통 방법, 소비자 프로파일, 광고 전략, 공급 업체 및 고객 목록, 제조 과정이 포함될 수 있다. 예를 들어, 코카콜라 주력 제품에 대한 코카콜라의 공식, KFC의 원래의 조리법에 있는 허브와 향신료의 혼합, 맥도날드 빅맥 특별한 소스의 재료, 트윙키Twinkies의 조리법, 베스트 셀러 목록에 있는 책을 확인하기 위한 뉴욕 타임즈 공식과 아마존, 구글, 페이스북과 같은 회사 고객 데이터베이스는 영업 비밀 예이다.

영업 비밀은 둘 다 보유자에게 어느 정도의 법적 보호를 제공할 수 있다는 점에서 특허와 유사하다. 그러나 발명자가 제한된 기간 동안 발명을 만들거나 판매하지 못하도록 타인을 배제할 수 있는 대가로 발명자가 발명의 세부 사항을 등록하고 공개해야 하는 특허와는 달리, 영업 비밀은 등록 없이 보호될 수 있으며(영업 비밀 공개는 그 목적에 위배됨), 특정 기간 동안 지속되지 않는다.

또한 특허를 받을 발명에 특정 제한이 적용되는 반면, 영업 비밀은 범위가 훨씬 더 넓으며 기밀로 유지되고, 상거래에서 사용되며, 경쟁력 우위를 제공한다. 동시에 다른 사람이 발명을 사용하는 것을 배제하는 특허와 달리, 영업 비밀은 독립적인 발견, 역 엔지니어링reverse engineering, 영업 비밀 보유자가 합리적인 보호 조치를 취하지 않아 의도치 않게 공개하는 것과 같은 합법적 수단을 통해 얻을 수 있다. 따라서 영업 비밀이 합법적으로 공개된 한, 더 이상 법적 보호를 받지 못한다.

영업 비밀은 영구적으로 유지될 수 있기 때문에(회사가 기밀을 유지하기 위해 합리적인 조치를 취하는 한) 발명품 중 일부를 특허하지 않고 대신 영업 비밀로 유지한다. 영업 비밀 보호를 특허 보호보다 더 유리하게 만드는 또 다른 요인은 경쟁사의 연구 개발 활동을 발전시키고 우수한 제품이나 기술을 개발하는 데 도움이 될 수 있는 독점 정보의 공개를 요구하지 않는다는 것이다. 마지막으로, 발명이 특허 보호를 받을 자격이 없는 경우(예: 충분히 새로운 것이 아니기 때문에), 일반적으로 영업 비밀 보호가 다음으로 실행 가능한 선택이다.

● 상표

상표는 브랜드 관리에 가장 적합한 지적 재산의 형태이다. 상표는 회사가 브랜드 식별자인 브랜드 이름, 로고, 좌우명, 캐릭터, 소리 표시, 제품 디자인 및 포장 등의 일부 또는 전체를 보호하는 데 사용할 수 있는 수단이다.

① 상표의 개념

미국 연방 상표법인 랜험 법Lanham Act은 상표를 "타인이 제조하거나 판매한 제품과 그 출처를 알 수 없는 경우에도 제품의 출처를 표시하기 위해(제품의) 상품을 식별하고 구별하기 위한 모든 단어, 이름, 기호 또는 장치 또는 이들의 조합(상거래에 사용되거나 의도된)"으로 정의한다. 상품이라는 용어는 상거래에서 사용되는 유형 또는 무형의 모든 유형의 제품을 의미한다. 기호 또는 장치라는 용어는 상품 또는 서비스 출처를 식별하는 사실상 모든 것을 의미한다. 따라서 표시는 숫자, 그림, 모양, 소리, 색상, 향기 또는 "의미를 전달할 수 있는 거의 모든 것"

이 될 수 있다.

상표권을 통해 소유자는 다른 사람이 동일하거나 혼동을 일으킬 정도로 유사한 상표를 사용하는 것을 방지할 수 있다. 따라서 특허와 같은 상표는 상표 사용 권한을 부여하는 것이 아니라 다른 사람이 사용하지 못하도록 배제할 수 있는 권한을 부여한다. 그러나 특허와 달리 상표는 다른 사람이 동일한 상품을 만들거나 동일한 상품이나 서비스를 다른 상표로 판매하는 것을 방지하지 않으므로 식별자와 관련된 실제 상품이 아닌 상품의 출처를 디자인하는 식별자를 보호한다.

특허와 유사하게 미국 상표는 미국 특허청에 등록되어 있다. 기호 ⓡ(보통 표시의 오른쪽 상단에 위치)는 해당 표시가 전국적으로 등록되었음을 대중에게 알려준다. ⓡ 기호는 표시가 이미 등록된 후에만 사용할 수 있으며, 등록된 상품에 대해서만, 등록이 아직 살아있는 동안에만 사용할 수 있다. 일반적으로 상표는 산업별로 다르며 법적 보호는 관련 없는 제품 범주에 적용되지 않는다.

상표권은 연방 등록보다는 상표의 실제 사용으로 인해 발생할 수도 있으므로 소비자의 마음속에 상품 출처를 표시하는 브랜드명으로 상품을 판매하면 관습 법상 상표권이 생성된다. 상표 소유자는 상표 'TM'을 사용해 상표에 대한 주 관습법 권리를 표시할 수 있다(또한 보류중인 연방 등록을 표시). 소유자에게 전국적으로 상표를 사용할 수 있는 배타적 권리를 부여하는 연방 등록 상표와 달리 관습법 상표권은 상표가 사용되는 지역으로 제한되며 연방 법률이 적용되는 등록 상표와 달리 관습법 상표권은 주법에 의해 관리된다.

상표는 상품명과 다르다. 상호는 법인을 식별하고 다른 법인과의 사업을 구별하는 데 사용되는 사업 법인의 실제 또는 가명이다. 특정 제품이나 서비스의 이름이 아니다. 반대로 상표 및 서비스 표시는 출처를 알 수 없는 경우에도 특정 상품 또는 서비스의 출처를 나타낸다.

예를 들어, 보스턴 비어Boston Beer company는 메사추세츠 양조장을 식별하는 상표명이고 새뮤얼 애덤Samuel Adam은 보스턴 맥주 회사가 소유한 상표 및 서비스 표시이므로 대중이 상표 소유자의 신원을 알지 못하더라도 제품을 식별할 수 있다.

상표명은 그냥 이름일 뿐이다. 반면에 상표는 이름 이상의 의미를 가질 수 있다. 이름, 기호, 장치 또는 이들의 조합 등 거의 모든 것이 될 수 있다. 더 중요한 것은 상표명이 본질적으로 지적 재산을 구성하지 않는 반면, 상표는 사업에 가치를 창출하는 지적 재산이다. 연방 수준에서 등록되고 시행되는 상표와 달리, 상표명은 주 수준에서 등록되고 시행된다. 이는 모든 주에 걸쳐 특정 상품 범주 내에서 고유성을 주장할 수 있는 상표와 달리, 동일한 상표명이 등록되어 다른 주에서 합법적으로 공존할 수 있음을 의미한다.

상표명은 실제로 제품이나 서비스를 장식하고 회사 상품을 다른 사람이 만든 상품과 식별하고 구별하고 상품의 출처를 표시하는 데 사용되지 않는 한, 상표로 간주되거나 상표법에 따라 보호받을 자격이 없다. 상표명은 제품을 소비자에게 홍보하는 데 사용되는 브랜드 이름과 겹치거나 회사가 다른 주체와의 사업 거래에서 해당 상표명을 사용하는 경우 상표가 될 수 있다. 예를 들어 애플Apple은 상표명이자 상표이다. 애플 주식회사Apple Inc.가 대중에게 오퍼링하는 것을 식별하기 위한 상표로서 애플Apple인 상표명을 사용하기 때문이다. 같은 맥락에서 구글Google과 알파벳Alphabet은 모두 회사의 오퍼링을 식별하는 데 사용되는 상표이며 알파벳은 회사의 상표명이기도 하다.

상표의 법적 보호를 받으려면 ① 상업에 사용하고, ② 상품의 출처를 식별하고, ③ 타인이 제조하거나 판매하는 상품과 관련 상품을 구별해야 한다. 상표 출처를 나타내는 것과 구별하는 것의 후자의 두 가지 기능은 다음 절에서 더 자세히 논의된다.

② 상표의 출처 표시 기능

상표는 상징symbol이지만 모든 상징이 상표는 아니다. 상표가 되려면 상징이 상품의 출처를 식별해야 한다. 상표의 출처 식별 기능은 한 회사의 상품을 다른 회사의 상품과 구별해야 함을 의미한다. 상표 소유자를 식별해야 한다는 의미는 아니다. 예를 들어, 타이드Tide는 프록터 앤드 갬블에서 제조한 것을 안다는 것과 관계없이 세탁 세제의 상표이다.

상표 소유자는 여러 가지 방법으로 상품의 '원천source'이 될 수 있다. ① 상품(또는 상품의 구성 요소)을 생산할 수 있고, ② 상표를 사용해 다른 사람이 생산한 상품을 재판매할 수 있으며, ③ 상표 소유자가 디자인한 상품을 다른 사람에게 생산 및 배포할 수 있는 라이선스를 부여할 수 있으며, ④ 다른 사람이 상품을 보증하기 위해 사용할 수 있는 표시를 제공할 수 있다. 출처가 여러 개인 상품에는 여러 상표가 포함될 수 있다. 예를 들어 제품에는 제조업체, 제품의 특정 성분 생산자 및 인증기관의 상표가 있을 수 있으며, 컴퓨터는 레노보Lenovo 이름과 로고, 인텔Intel 로고, ULUnderwriters Laboratory의 UL 인증이 표시될 수 있다.

상징의 원천 식별 기능은 그것이 수행하는 다른 기능과 구별되어야 한다. 상품의 출처를 식별하는 것 이외의 목적으로 사용되는 것으로 인식되는 상징은 상표로 인정되지 않을 수 있다. 예를 들어, 제품의 출처를 나타내기보다는 주로 미적 역할(예: 장식으로 사용되는 그래픽 디자인)을 제공하는 기호는 상표권을 획득할 수 없지만 디자인 특허를 받을 수 있다. 같은 맥락에서 특정 기능(예: 내용물의 소비를 용이하게 하는 병 모양)이 있는 기능은 상표로 인정되지 않을 수 있지만 실용 특허를 받을 수 있다.

상징은 단순히 상품이나 서비스 자체를 식별하는 것이 아니라 상품의 출처를 나타내야 한다. 영화의 문구는 영화의 상표가 될 수 없다. 상표로 간주되려면 다른 제품이나 서비스에 사용해야 한다. 예를 들어, '부바 검프 쉬림프Bubba Gump Shrimp Co.'는 영화 〈포레스트 검프 Forrest Gump〉의 상표가 아니지만, 영화에서 영감을 얻은 해산물 레스토랑 체인의 상품명이다. 같은 맥락에서 1928년 월트 디즈니가 만들었을 때 미키 마우스는 상품의 상징이라기보다는 상품 그 자체이기 때문에 영화 캐릭터로 상표를 붙일 수 없었다. 시계, 넥타이, 배낭과 같은 다른 제품에 적용되는 경우에만 미키 마우스가 상표로 간주될 수 있다.

③ 상표의 차별화 기능

상표로 간주되려면 상징이 고객에게 상품의 출처를 식별하는 뚜렷한 상업적 인상을 만들어야 한다. 이 결정은 상품의 출처에 대한 고객 믿음에 대한 상징의 전반적인 영향을 기반으로 한다. 이는 상징의 크기 및 배치, 기타 상징의 사용, 전체 제품 디자인 및 포장, 업계 관행 및 제품 또는 서비스에 대한 고객 인상에 대한 상징의 영향에 영향을 미치는 기타 요인과 같은 요소의 기능이다.

상표 목적은 상품의 출처를 구별하는 것이므로 기존 상표와 혼동을 일으킬 가능성이 있는 경우 보호할 수 없다. 혼동 가능성은 대중이 서로 다른 상표와 관련된 상품이 동일한 출처를 공유한다고 믿는 정도에 따라 결정된다. 혼동 가능성은 표시와 그 의미에 대한 고객의 인지, 시장에서 관련 제품의 근접성, 이러한 제품의 유형 및 품질, 표시의 유사성을 포함한 여러 요인의 기능이다.

상표로 인정되려면, 상징은 한 회사 상품을 다른 회사 상품과 구별해야 한다. 표시는 다음 두 가지 방법 중 하나로 구별될 수 있다. 본질적으로 고유한 경우, 이는 주요 기능이 제품의 출처를 식별하는 것임을 의미한다(고유한 특성). 또는 부차적인 의미를 개발한 경우, 소비자는 이름의 주된 중요성이 제품 자체가 아닌 제품의 출처를 식별하는 것임

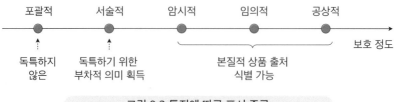

그림 9.3 특징에 따른 표시 종류

을 인식한다(획득된 고유성).

　표시는 "본질적인 특성이 특정 출처를 식별하는 데 도움이 되고" "거의 자동으로 고객에게 브랜드를 언급한다고 말하는 경우" 본질적으로 독특하다. 본질적으로 독특한 고유한 표시는 대중의 마음에서 고유성을 얻지 않고도 보호할 수 있다. 공상적이고 임의적이며 암시적인 표시(5장에서 자세히 설명)는 본질적으로 독특한 것으로 간주되므로 법적 보호를 받을 수 있다(그림 9.3).

　단순히 서술적 표시는 부차적 의미를 얻지 않는 한 구별되지 않으므로, "대중의 마음에서 '표시'의 주요 의미는 제품 자체가 아니라 제품의 출처를 식별하는 것"이다. 회사가 제품의 브랜드 이름 홍보에 매우 성공적이어서 소비자가 특정 제품의 이름을 한 생산자와만 즉시 연관짓게 되는 경우 서술적 표시는 부차적 의미를 얻을 수 있다. 예를 들어, 홀푸드Whole Foods라는 이름은 본질적으로 고유하지 않더라도, 소비자가 이 이름을 건강에 좋은 식품을 판매하는 장소가 아니라 특정 식료품점 체인과 연관시키는 부차적 의미를 얻는다.

　서술적 표시는 하룻밤 사이에 구별되지 않고, 시간이 지남에 따라 독특성을 얻으므로, 서술적인 이름은 한 회사의 사용을 통해 특별한 의미를 가지게 되어 소비자에게 해당 제품이 해당 특정 회사로 만들어졌다는 것을 의미하게 된다. 예를 들어, 코카콜라 이름은 1885년에 도입되었을 때 서술적이었으며, 코카나무 잎에서 추출한 추출물로 만든

콜라 음료를 가리킨다. 그러나 시간이 지남에 따라 코카콜라라는 이름은 다른 회사의 음료와 코카콜라 음료를 구별해 주된 의미가 출처의 식별자가 되었을 때 독특해지고 부차적 의미를 갖게 되었다.

같은 맥락에서 시간이 지남에 따라 처음 설명하는 올브랜All-Bran 이름은 올브랜 시리얼이 아니라 특정 브랜드의 올브랜 시리얼을 가리키는 독특한 의미를 얻었다. 성에 대해서도 같은 논리가 적용된다. 이름의 주된 의미가 특정 사람을 상품의 출처로 식별하는 것이라면, 부차적 의미를 얻지 않는 한 구별되는 것으로 간주되지 않는다. 예를 들어, 맥도날드McDonald's, 프록터 앤드 갬블Procter & Gamble, 랄프 로렌Ralph Lauren, 미세스 필드Mrs. Field는 출처 식별자로서의 중요성 때문에 차별화를 얻었다.

서술적 표시는 구별성을 얻기 위해 단순히 제품을 설명하거나 대체 기능을 제공하는 것이 아니라 출처를 나타내는 것이 주된 중요성인 부차적 의미를 획득해야 한다. 따라서 '부차적'이라는 용어는 의미가 달성되는 순서를 의미하며, 이 의미의 상대적 중요성을 나타내지는 않는다. 이러한 맥락에서 상표의 '주된' 의미는 상거래에서 사용되기 이전의 의미이며 '부차적' 의미는 광고, 판촉 및 판매와 같은 상업 활동을 통해 시간이 지남에 따라 표시에 영향을 미친다. 획득한 의미가 고유성을 얻기 위해서는 상품 원천을 나타내야 하며 소비자 마음에서 중요한 의미를 가져야 한다. 따라서 '표시'와 사업이 대중 마음속에서 동의어가 되었을 때 부차적 의미가 존재한다.

예를 들어, 베스트 바이Best Buy 표시에 있는 'Best Buy'라는 표현은 문구의 주요 의미인 우월적 가치의 주장을 고객에게 암시한다. 회사 상업 활동을 하는 동안, 'Best Buy'라는 용어는 대중에게 새롭고 다른 의미를 부여해, 특정 소매점을 나타낸다. 특정 소매업체의 식별자로서의 의미에 유리하게 'Best Buy'라는 용어의 서술적 의미를 함축해 상품의 출처를 나타내는 부차적 의미가 고객의 마음에 주된 의미를 갖게 된 경우, 베스트 바이 표시는 구별되는 것으로 간주되며 법적 보호를 받을 수 있다.

식별 표시의 주요 유형

랜험 법은 상표, 서비스 표시, 단체 표시, 인증 표시의 네 가지 주요 유형의 식별 표시를 구분한다. 네 가지 주요 유형 아래에 일반적으로 사용되는 식별 표시의 세 가지 추가 유형, 즉 지리적 표시, 원산지 명칭, 상품 외장이 포함된다. 이러한 다양한 유형의 식별 표시는 다음 절에서 설명한다.

● 서비스 표시

서비스 표시는 상품보다는 서비스를 포함하는 상표이다. 서비스는 무형이기 때문에, 일반적으로 제품과 포장에 나타나는 상표와는 다르게 서비스 표시는 서비스를 위한 광고로 나타난다. 대부분의 경우, 동일한 규칙이 상표와 서비스 표시에 적용되므로, 본 저서에서 '상표' 용어는 상표와 서비스 표시에 관해서 사용된다.

서비스 기반 산업에서 운영되는 회사는 일반적으로 브랜드 정체성 요소를 서비스 표시로 등록한다. 예를 들어, 월마트는 소매점 서비스로 서비스 표시를 등록했고, 맥도날드는 식당 서비스로 서비스 표시를 등록했다. 동일한 표시가 상표와 서비스 표시로 등록될 수 있다. 예를 들어, 티파니앤코Tiffany & Co.는 소매점 서비스, 보석 재정적 평가, 보석 수리 또는 유지보수, 각인 서비스를 위한 서비스 표시로 등록이 되었고, 보석 및 시계 제품의 상표로서 등록되었다.

상표와 유사하게, 연방적으로 등록된 서비스 표시는 표시가 등록되었다는 것을 다른 사람들에게 알리기 위한 ® 상징을 사용할 수 있다. 관습법 서비스 표시와 등록 대기 중인 표시는 표시의 역할을 식별하기 위해 표시와 함께 'SM' 기호를 사용할 수 있다. 서비스 표시 등록 과정은 상표 등록 과정과 거의 동일하다.

● 인증 표시

인증 표시는 소유자가 아닌 다른 사람이 "지역적 또는 그 밖의 원산지, 물질적, 제조자 방식, 품질 또는 개인의 재화나 용역에 대한 작업이나 노동이 조합이나 다른 조직의 구성원에 의해 수행되도록 하기 위해" 사용하는 기호이다. 상표와 서비스 표시와 유사하게, 인증 표시는 시중의 유사한 상품과 구별하고, 상표 및 서비스 표시와 유사하게 인증 표시는 상품의 출처를 표시해 시장에 나와 있는 유사한 상품과 구별하고 승인되지 않은 사람이 표시를 사용하지 못하도록 차단한다.

인증 표시는 상품의 지역적 원산지(예: '플로리다' 오렌지, '아디다호' 감자, '테네시' 위스키), 재료(예: USDA 유기농), 제조자 방식(예: 공정 무역), 또는 특정 표준 준수(예: 에너지 스타Energy Star)를 나타낼 수 있다. 인증 표시를 통해 고객은 표시 소유자인 제3자에게 의존해 제품 또는 서비스의 특정 측면에 대해 알릴 수 있다. 지리적 표시 및 원산지 명칭은 특정 유형의 상표로 간주된다.

인증 표시는 인증기관의 회원 자격이 필요하지 않으며, 관련 제품이 특정 표준을 충족함을 보여줄 수 있는 사람은 누구나 사용할 수 있다. 예를 들어, 울마크Woolmark는 상품이 100% 순수 양모로 만들어졌음을 인증하고, ULUnderwriters Laboratories는 상품이 특정 안전 표준을 충족함을 인증하며, 공정무역FairTrade은 제조 공정이 특정 사회 및 환경 표준을 준수함을 인증한다. 인증 표시는 생산자의 개별 표시와 함께 사용되어 회사의 오퍼링이 인증 표시 사용에 필요한 특정 표준을 충족함을 나타낼 수 있다.

● 단체 표시

단체 표시는 협동조합, 협회 또는 기타 단체 또는 단체의 구성원이 사용하는 상표 또는 서비스 표시이다. 단체 표시의 주요 기능은 단체 표시가 사용되는 제품 또는 서비스의 특정 기능을 대중에게 알리는 것이다. 예를 들어, 많은 꽃집이 표시하는 'FTD' 표시는 해당 상점이 꽃 배달 단체의 회원임을 의미한다(Florists' Transworld Delivery Association). 'AAA' 표시는 미국자동차협회American Automobile Association 회원임을 나타내며, 'CPA' 표시는 회계사가 공인 회계사 협회의 구성원임을 나타낸다. '스타 얼라이언스Star Alliance', '원 월드 얼라이언스One World Alliance', '스카이팀 얼라이언스SkyTeam Alliance' 표시는 항공사가 특정 항공사 협회의 회원임을 나타낸다.

특정 제품 또는 서비스와 관련되어야 하는 상표 및 서비스 표시와 달리, 단체 표시는 특정 상품을 식별할 필요가 없으며 그룹 또는 조직의 구성원을 표시하는 데만 사용할 수 있다. 단체 표시는 일반적으로 단체가 소유하는 반면 개별 회원은 표시를 사용해 단체 그룹과의 관계를 나타낼 수 있다. 집단 구성원임을 표시하는 데 사용되는 표시는 집단 구성원 표시라고 한다. 예를 들어, 전국 부동산중개인협회the National Association of Realtors(단체 표시)에는 부동산 중개인 또는 부동산 중개인으로 알려진 회원 중개인이 포함된다.

단체 표시는 여러 기관에서 사용할 수 있다는 점에서 인증 표시와 유사하다. 그러나 인증 표시의 소유자가 정의한 표준을 준수하는 모든 사람이 사용할 수 있는 인증 표시와 달리, 단체 표시는 특정 그룹 또는 조직의 구성원만 사용할 수 있다. 단체 표시의 소유자는 회원에 대한 특정 표준(일반적으로 표장 사용에 관한 규정에 반영됨)을 준수할 책임이 있다. 단체 표시의 가장 일반적인 형태는 인쇄에 나타나지만, 반지 또는 깃발 같은 물건도 포함할 수 있다.

● 출처 표시

출처 표시라는 용어는 제품의 원산지로서 국가 또는 지리적 영역을 나타낸다. 출처 표시의 예는 "made in…", "manufactured in…" 및 "product of…"와 같이 제품 또는 문구에 언급 된 국가 이름이다. 출처 표시는 제품을 제조하는 회사의 출처와 같은 다른 유형의 출처가 아닌 제품의 지리적 출처만을 의미한다. 표시된 연관 유형에 따라 출처 표시는 단순하거나 자격이 될 수 있다.

출처의 단순한 표시는 제품 또는 서비스의 특정 특성에 대한 대중 일부의 기대를 만들지 않는다. 스위스 의류, 프랑스 파스타 및 독일 신발은 출처의 간단한 표시이다. 따라서 원산지의 단순한 표시는 원산지에 기인하는 제품의 특별한 품질, 평판 또는 특성의 존재를 의미하지 않는다. 그것은 단지 출처 표시가 사용되는 제품 및 서비스가 특정 지역에서 비롯된 것임을 나타낸다.

대조적으로, 상품 또는 서비스의 지리적 출처를 표시하는 것 외에도 출처의 적합한 표시는 지리적 출처의 명성에서 비롯된 제품 또는 서비스의 특성에 대한 추가 기대치를 만든다. 예를 들어, 스위스 시계, 프랑스 와인 및 독일 자동차는 기본 제품 및 서비스의 특성에 대한 추가 정보를 전달하기 때문에 출처의 자격을 갖춘 표시이다. 이런 맥락에서 적합한 출처 표시는 다음 절에서 논의되는 지리적 표시 및 원산지 명칭과 동일하다.

● 지리적 표시

지리적 표시는 특정 지리적 원산지가 있고 원산지에서 비롯된 품질 또는 평판을 보유한 상품에 사용되는 표시이다. 지리적 표시는 해당 표시에 대한 표준에 명시된 기술을 보호하지 않는다. 그것은 단지 인증 표시로서 지리적 표시의 사용을 보호할 뿐이다. 지리적 표시는 일반적으로 농산물, 식료품, 와인 및 주류, 수공예품 및 산업 제품에 사용된다.

지리적 표시는 특정 장소에서 생산된 제품을 식별해야 하며 제품의 품질, 특성 또는 평판과 생산 지역 사이에 명확한 연결이 있어야 한다. 지리적 표시는 제품이 해당 표준을 준수하지 않는 제3자가 제품을 인증하는 데 표시를 사용하는 것을 방지한다. 제품의 특정 측면의 지역적 출처를 인증하기 때문에 지리적 표시는 특정 유형의 인증 표시로 간주된다. 지리적 표시가 그룹 또는 조직의 구성원이 소유하고 사용하는 경우에도 단체 표시로 간주 된다.

지리적 표시에는 일반적으로 상품의 원산지 이름이 포함된다. 예를 들어, 다르질링Darjeeling은 차가 인도 서부 벵골의 다르질링 구역에서 나왔다는 지리적 표시이다. 데킬라Tequila는 주류가 2세기 이상 생산된 멕시코주의 데킬라 마을에서 유래한 주류의 지리적 표시이며, 보르도Bordeaux는 프랑스 남부 보르도 지역에서 생산된 와인의 지리적 표시로 8세기부터 생산되었다. 투스카니Tuscany는 이탈리아의 투스카니 지역에서 생산되는 올리브 오일의 지리적 표시이며, 자메이카 블루마운틴 커피Jamaica Blue Mountain Coffee는 자메이카의 푸른 산에서 자란 커피의 지리적 표시이다. 스위스Swiss는 스위츠랜드Switzland에서 생산된 시계의 지리적 표시이다. 지리적 표시는 일반적으로 테킬라Tequila와 샴페인Champagne과 같은 제품의 원산지 이름으로 구성되지만 카바Cava(카타로니아) 및 비뉴 두 포르투Vinho do Porto(포루트갈)와 같이 일반적으로 특정 위치와 관련된 비 지리적 이름도 지리적 표시를 구성할 수 있다.

지리적 표시는 소비자에게 제품 또는 서비스의 출처를 알린다는 점에서 상표와 유사하다. 그러나 몇 가지 주목할 만한 차이점이 있다. 상표는 특정 회사의 제품 또는 서비스를 나타내는 반면, 지리적 표시는 특정 장소에서 발생한 상품을 식별한다. 또한 상표는 공상적이거나 임의적이거나 암시적인 단어나 기호일 수 있지만, 지리적 표시는 일반적으로 제품의 원산지 이름 또는 해당 위치에서 제품이 알려진 이름으로 구성된다. 마지막으로 상표는 특정 장소가 아닌 특정 회사와 연결되어 있기 때문에 세계 어느 곳에서나 누구에게나 할당하거나 라이선스를 부여할 수 있다. 반대로 특정 장소 외부에 있거나 승인된 생산자 그룹에 속하지 않는 사람에게 지리적 표시를 할당하거나 라이선스를 부여할 수 없다.

● 원산지 명칭

원산지 명칭은 특별한 유형의 표시이다. 지리적 표시와 원산지 명칭 모두 제품의 지리적 원산지와 원산지와 연결된 제품의 품질 또는 특성에 대해 대중에게 알린다. 그러나 원산지 명칭에 의해 보호되는 제품은 독점적으로 또는 본질적으로 지리적 환경에서 생성되어야 한다는 점에서 원산지 명칭의 경우 원산지와의 연결이 더 강해야 한다. 따라서 원산지 명칭에서는 원자재 및 제품 가공이 반드시 정의된 지리적 영역에서 완전히 이루어질 필요는 없으며, 원산지 명칭에 기인하는 단일 기준으로 충분할 수 있다.

예를 들어, 로크포르Roquefort는 프랑스 로크포르쉬르술종Roquefort-sur-Soulzon 지방 자치제 주변 지역에서 만든 블루 치즈이다. 로크 포르 Roquefort 치즈는 부드럽고 푸른 색맥이 고르고 독특한 향과 풍성한 맛이 있다. 전통에 따라 먹이를 준 라코네Lacaune 토종 양에서 얻은 우유의 특성, 치즈가 숙성된 석회 동굴의 특성, 치즈 제조 과정에서 사용되는 전통적인 노하우가 로크 포르 고유의 특징과 맛을 제공하고 원산지 명칭 상태를 받을 자격을 부여 한다.

마찬가지로 시계가 '스위스'라는 명칭을 사용할 수 있는지 여부는 부품의 원산지뿐만 아니라 스위스에서 실제로 수행되는 작업량에 따라 달라진다. '스위스'로 간주되려면 시계가 몇 가지 요구 사항을 충족해야 한다. 스위스에서 제작된 무브먼트(스위스 제작 부품이 시계 총 가치의 최소 50%를 차지함)가 있어야 하며 무브먼트는 스위스에서 케이스에 넣어야 한다. 또한 '스위스'로 간주되려면 손목시계가 특정 크기 요구 사항을 준수해야 한다(무브먼트는 너비, 길이 또는 직경이 50mm를 초과해서는 안되며 12mm보다 두꺼워서는 안 됨).

제품의 지리적 출처를 나타내기 때문에 원산지 명칭은 데킬라, 보르도, 샴페인과 같은 지리적 이름만을 나타낸다. 반대로 지리적 표시에는 파리 에펠타워, 스위스 마테호른산, 런던 타워브리지, 뉴욕 자유의 여신상과 같은 상징이 포함될 수 있다.

다른 유형의 식별 표시와 마찬가지로 지리적 표시는 일반적인 단어가 되어 보호 상태를 상실할 수 있다. 예를 들어, 카망베르Camembert는 지리적 표시로서의 기능을 상실했으며 이제는 전 세계 어디서나 만든 카망베르 유형 치즈에 사용할 수 있다. 대조적으로 카망베르 드 노르망디Camembert de Normandie는 노르망디에서만 생산되는 치즈의 프랑스 원산지 명칭이다.

브랜드 성장

● 상품외장

상품외장Trade Dress은 제품 또는 서비스의 전체 이미지 또는 전체적인 외양(모양 및 느낌)으로 출처를 나타내며 다른 사람이 제공하는 제품 및 서비스와 구별한다. 상품이나 포장(또는 서비스 판매에 사용되는)에 표시되는 상징인 상표와 달리, 상품외장은 제품의 전체적인 외관과 포장으로 구성된다.

상품외장은 라벨, 패키지, 디스플레이 카드 및 유사한 패키지 요소를 포함해 제품이 시장에 출시되기 위해 "차려입다(드레스업dressed up)" 방식을 나타낸다. 시간이 지남에 따라 상품외장이라는 용어의 의미는 크기, 모양, 색상 또는 색상 조합, 질감, 그래픽 및 특정 판매 기술과 같은 기능으로 확장되는 제품의 전체 이미지 또는 전체적인 외관을 포함하도록 확장되었다. 현재, 상품외장에는 제품 디자인(예: 오웬스 코닝Owens Corning 유리 섬유 단열재의 핑크색)과 제품 포장(예: 티파니의 파란색 상자)이 모두 포함될 수 있으며 제품 또는 서비스의 전체 이미지 또는 전체적인 외양을 나타내기 때문에 오퍼링의 모든 기능은 전체적으로 볼 수 있어야 한다. 따라서 상품외장은 일반적이거나 단순히 설명적인 요소가 포함되어 있어서 개별적으로 보호할 수 없는 경우에도 보호할 수 있다.

다른 유형의 상표와 유사하게, 상품외장은 기능적이지 않고 독특한 경우에만 법적으로 보호될 수 있다. 상품외장의 비기능적 측면은 특징이 소비자에게 기능적 혜택을 창출해서는 안된다는 것을 의미한다. 예를 들어, 오웬스 코닝Owens Corning 유리 섬유 단열재 제품의 분홍색은 기능적 목적이 없으며(사실 제조 비용이 증가함), 유일한 목적은 제품의 출처를 명확하게 식별하는 것이다. 같은 맥락에서 메이커스 마크Maker's Mark 켄터키 버번Kentucky bourbon(그림 9.4)의 떨어지는 빨간색 왁스 봉인은 특정 기능적 목적을 제공하지 않고 제품 출처를 식별한다(생

그림 9.4 상품외장: 메이커스 마크 왁스 봉인

산 비용 증가 외에도 병을 여는 것이 더 어려워짐). 특정 제품 디자인 또는 패키지 기능이 기능적인 경우, 상품외장으로 보호할 수 없으며 대신 실용특허로 보호할 수 있다.

상품외장은 비기능적일 뿐만 아니라 독특해야 하며, 두 가지 방법 중 하나로 구별될 수 있다. 본질적으로 상품 또는 서비스의 출처를 식별(본질적 독특함) 혹은 시간이 지남에 따라 부차적 의미를 개발(획득한 독특함). 이 두 가지 기준은 상품외장이 제품 디자인 또는 제품 포장을 포함하는지에 따라 다른 의미를 갖는다. 미국 대법원에 따르면, 제품 디자인은 "거의 항상 출처 식별 이외의 목적에 기여"하기 때문에 본질적으로 독특하지 않으며, 부차적 의미를 얻지 않는 한 상품외장으로 보호될 수 없으므로 제품 디자인은 제품 디자인과 회사가 사람들의 마음에서 동의어가 되도록 제품의 출처를 나타내는 지표로서 기본적인 중요성을 가져야 한다. 제품 디자인 상품외장과 달리 제품 포장 상품외장은 부차적 의미없이 본질적으로 구별될 수 있다.

상징적인 에르메스 버킨백(그림 9.5)의 상품외장을 생각해 보자. 이것은 "① 손잡이의 바닥 주위에 맞는 열쇠 구멍 모양의 노치notches가 있는 독특한 3개의 로브 플랩lobed flap 디자인, ② 보조개가 있는 삼각형 프로필, ③ 플랩 위에 맞도록 설계된 두 개의 얇고 수평적인 스트랩

그림 9.5 상품외장: 버킨백 디자인

으로 구성된 클로저, 양쪽 끝에는 원형 턴 잠금장치 위에 맞는 금속판, ④ 회전 잠금장치의 중앙 눈에 맞는 자물쇠 및 ⑤ 일반적으로 가죽끈에 부착된 열쇠고리, 한쪽 끝은 손잡이 한쪽 끝의 바닥을 감싸서 가방에 부착된다." 이 상품외장은 제품 출처를 식별하는 것 외에 다른 목적이 없기 때문에 비기능적이다. 더욱이 상품외장은 제품 디자인과 관련되어 있지만 대중의 마음 속에 에르메스를 제품의 출처로 명확하게 식별하는 디자인 때문에 부차적 의미를 획득했기 때문에 독특하다.

상품외장은 색상이 기능적이지 않은 경우 특정 색상을 보호할 수 있다. 즉, 제품 성능에 영향을 주지 않는다는 의미이다. 색상이 제품의 출처를 식별하는 것 이외의 실용적인 목적(예: 원뿔형 도로 표지의 주황색)을 나타내는 경우 상표를 등록할 수 없다. 또한 색상이 포장이 아닌 제품의 필수 구성 요소인 경우 사람들이 색상을 특정 브랜드와 연관시키는 부차적 의미를 설정해야 한다. 마지막으로 모든 상표의 경우와 마찬가지로 특정 색상에 대한 권리는 산업별로 다르며 일반적으로 관련 없는 제품 범주는 적용되지 않는다.

특정 색상을 성공적으로 상표 등록한 회사는 캐드버리Cadbury(보라), 캐터필러Caterpillar(노랑), 크리스찬 루부탱Christian Louboutin(빨강), 홈디포Home Depot(주황), 존디어John Deere(녹색 및 노란색 체계), 타겟Target(빨강), 티파니앤코Tiffany & Co.(타파니 파랑), UPS(갈색) 등과 같다. 상표가 있는 색상은 팬톤Panton과 같은 표준화된 색상 재현 시스템을 사용해 정의되며, 이 시스템은 거의 5,000개의 색상을 인쇄 및 포장용과 제품 디자인용으로 구성된 두 가지 시스템으로 구성한다. 예를 들어, 티파니 파란색은 팬톤 시스템에서 1837로 지정되어 있고, 홈디포의 주황색은 165, 타겟의 빨간색은 186C로 지정되어 있다.

상품외장은 주된 기능이 제품의 출처를 식별하는 경우 제품에 사용된 천의 디자인과 같은 특정 패턴을 보호할 수도 있다(그림 9.6). 예를 들어, 영국의 고급 디자이너 버버리Burberry는 일련의 독특한 체크 패턴을 사용해 제품을 구별한다. 이러한 패턴은(제품 패키징이 아닌) 실제 제품의 설계의 일부이기 때문에 상표로 인식되고 법적 보호를 받기 위해, 회사는 소비자의 마음속에 버버리로서 제품의 출처를 고유하게 식별하기 위해 이 패턴이 고유성을 획득했음을 문서화했다.

그림 9.6 상표로 등록된 버버리 직물 패턴

상품외장은 독특하고 기능이 없는 제품 디자인 측면을 보호한다는 점에서 디자인 특허와 유사하다. 동시에 디자인이 제품에서 수행할 수 있는 다양한 역할을 반영한다. 디자인 특허는 모양, 패턴, 선 및 색상과 같은 제품의 고유한 비기능적 장식 또는 미적 측면을 포함할 수 있다. 대조적으로 상품외장은 독특하고 비기능적일 뿐만 아니라 제품의 출처를 식별해야 하며 출처 식별 기능이 없는 제품 (또는 포장) 디자인이 상품외장으로 보호될 수 없다. 또 다른 주요 차이점은 디자인 특허의 기간은 제한되어 있지만, 모든 상표 요건을 충족하는 한 상품외장은 영구적일 수 있다는 것이며 수명은 브랜드의 지적 재산권을 장기간 보호할 수 있기 때문에 디자인 특허보다 더 바람직하다.

요약

브랜드는 일단 구축되면, 보호되어야 한다. 브랜드를 성공적으로 보호하기 위해, 관리자는 브랜드가 운영되는 법적 상황과 지적 재산권을 관장하는 법적 원칙을 이해해야 한다.

지적 재산권은 저작권, 특허, 영업 비밀, 상표의 네 가지 범주로 나누어진다. 저작권은 원본 저작물을 만든 사람이 저작물을 공개하는 방법을 선택할 수 있도록 한다. 특허는 다른 사람이 발명품을 사용, 판매 또는 판매하는 것을 배제할 수 있는 권리이다. 실용 특허를 받으려면 발명이 유용하고, 새롭고, 자명하지 않아야 하며, 충분히 설명되어야 한다. 저작권과 특허는 정해진 기간 동안 부여된다. 영업 비밀에는 기업에 경쟁 우위를 제공하는 상거래에 사용되는 기밀 정보가 포함된다. 회사가 기밀을 유지하기 위해 합리적인 조치를 취하는 한 영업 비밀은 영구적으로 지속될 수 있다.

상표는 회사가 브랜드 이름, 로고, 좌우명, 캐릭터, 소리 표시, 제품 디자인 및 포장과 같은 브랜드 식별자의 일부 또는 전부를 보호하는 데 사용할 수 있는 수단이다. 상표권을 통해 소유권자는 다른 사람이 동일 하거나 혼동을 일으킬 정도로 유사한 상표를 사용하지 못하도록 방지할 수 있다. 법적 보호를 받으려면 상표를 상거래에서 사용하고, 상품의 출처를 식별하고, 관련 상품을 타인이 제조 또는 판매하는 상품과 구별해야 한다.

상표는 상징이지만 모든 상징이 상표는 아니다. 상표가 되려면 상징이 상품의 출처를 식별해야 한다. 상표의 소리 식별 기능은 한 회사의 상품을 다른 회사의 상품과 구별해야 함을 의미이며 상표 소유자를 식별해야 한다는 의미는 아니다. 상징의 출처 식별 기능은 수행할 수 있는 다른 기능과 구별되어야 한다. 상품의 출처를 식별하는 것 이외의 기능을 수행하는 것으로 인식되는 상징은 상표로 인정되지 않을 수 있으며 이전 표시와 혼동을 일으키고 다른 상표와 관련된 상품이 동일한 출처를 공유한다고 대중이 믿게 할 가능성이 있는 경우 보호할 수 없다.

법적 보호를 받으려면 식별 표시가 한 회사의 상품을 다른 회사의 상품과 구별할 수 있어야 한다. 표시는 다음 두 가지 방법 중 하나로 구별될 수 있다. ① 기본 기능이 제품의 출처를 식별하는 것임을 본질적으로 암시하는 경우(본질적 독특함) 또는 ② 부차적 의미를 개발한 경우 소비자는 이름의 본질적 중요성이 제품 자체가 아닌 제품의 출처를 식별하는 것임을 인식한다(획득한 독특함).

식별 표시에는 상표, 서비스 표시, 단체 표시 및 인증 표시의 네 가지 주요 유형이 있다. 네 가지 주요 유형에는 지리적 표시, 원산지 명칭 및 상품 외장의 세 가지 추가 식별 표시 유형이 포함된다. 서비스 표시는 상품이 아닌 서비스를 포함하는 식별 표시이다. 인증 표시는 소유자가 아닌 다른 실체가 제품 또는 서비스의 원산지, 재료, 제조 방식, 품질, 정확성 또는 기타 특성을 인증하기 위해 사용하는 상징이다. 단체 표시는 협동조합, 협회 또는 기타 단체 또는 단체의 구성원이 사용하는 상표 또는 서비스 표시이다. 특정 제품 또는 서비스와 연관되어야 하는 상표 및 서비스 표시와 달리, 단체 표시는 특정 상품을 식별할 필요가 없으며, 대신 그룹 또는 조직의 회원임을 표시하기 위해 사용할 수 있다.

지리적 표시는 특정 지리적 원산지가 있고 원산지에서 비롯된 품질 또는 평판을 보유한 상품에 사용되는 표시이다. 오퍼링이 특정 회사에서 시작된 것으로 식별하는 상표 및 서비스 표시와 달리 지리적 표시는 오퍼링이 특정 위치에서 시작된 것으로 식별한다. 원산지 명칭은 원산지와의 강력한 연결을 필요로 하는 특별한 유형의 지리적

브랜드 성장

표시이다.

상품외장은 출처를 표시하고 다른 사람이 제공하는 제품 및 서비스와 구별하는 제품 또는 서비스의 전체 이미지 또는 전체적인 모양이며 상품이나 포장에 부착된 상징인 상표와는 달리, 상품외장은 제품의 전체 모양과 포장으로 구성된다. 상표와 유사하게 상품외장은 기능이 없고 독특해야 하며 비기능적 측면은 기능적 이점이 없어야 함을 의미한다. 상품외장이 기능적 요소를 포함하는 경우 상표로 등록 및 법적 보호를 받을 수 없으며 비기능적일 뿐만 아니라 독특해야 한다. 상품이나 서비스의 원천을 본질적으로 식별하거나(본질적 독특함) 시간이 지남에 따라 부차적인 의미를 개발하는 방식(획득한 독특함)의 두 가지 방법 중 하나로 상품외장이 독특할 수 있다. 다른 상표와 유사하게, 상품외장은 상표 요건을 충족하는 한 영구적으로 지속될 수 있다.

BRANDING INSIGHT 랜드마크 상표 사례

브랜드 관리의 많은 법적 측면은 미국 항소 법원(순회 법원)과 미국 대법원이 정한 판례를 따른다. 상표 고유성, 제품 디자인의 기능성, 상표로서의 색상 역할 및 상품외장을 다루는 몇 가지 획기적인 사례는 다음과 같다.

● 상표 독특함을 다루는 사례

상표로 간주되려면 제품 또는 서비스의 특정 기능이 해당 출처를 식별해야 한다. 상표의 출처 식별 기능은 한 회사의 상품을 다른 회사의 상품과 구별해야 함을 의미한다. 여기서 중요한 문제 중 하나는 상표의 독특함, 특히 상표의 주요 기능이 관련 상품의 출처를 식별하는 것이다. 차별화와 관련된 또 다른 주요 문제는 식별 표시가 충분히 다른지, 제품 출처에 대해 고객의 혼동을 유발할 가능성이 없는지 여부를 결정하는 기준을 설정하는 것이다. 상표 독특함을 다루는 두 가지 사례가 다음에 요약되어 있다.

아베크롬비앤피치Abercrombie & Fitch v. 헌팅월드Hunting World 537 F.2d 4(2d Cir. 1976)는 서로 다른 보호 등급이 부여된 다섯 가지 상표 범주를 식별해 상표 독특함의 범위spectrum를 확립 한 두 번째 순회 항소 법원이다. "① 포괄적, ② 서술적, ③ 암시적, ④ 임의적, ⑤ 공상적" 상표의 분류가 대법원에 의해 수용되었고(예: Qualitex Co. v. Jacobson Products Co., Inc. and Two Pesos v. Taco Cabana) 이제는 상표가 제공하는 법적 보호를 평가하는 표준 접근 방식이다(다섯 가지 유형의 상표는 5장에서 자세히 설명). 더 중요한 것은, 법원이 부차적 의미가 없는 경우, 상표로 인정받기 위해 주어진 용어에 대한 구분점을 설정했다. 구체적으로, 법원은 설명어가 부차적 의미를 개발하면 상표 보호를 받을 수 있는 반면, "용어가 암시적이면 부차적인 의미의 증거 없이 등록할 수 있다"고 결정했다. 법원은 상표의 분류가 시장에 따라 다르기 때문에 "용어가 한 시장에서는 일반적이고 다른 시장에서는 설명적이거나 암시적이거나 공상적일 수 있다."라고 결정했다.

폴라로이드 회사Polaroid Corporation v. 폴라로이드 전자 회사Polarad Electronics Corp, 287 F.2d 492(2d Cir. 1961)는 혼란 가능성을 설정하기 위한 기준을 설명하는 두 번째 순회 항소 법원이다. 법원은 표시가 혼동을 일으킬 가능성이 있는지 여부를 결정할 때 고려해야 할 여덟 가지 요소를 제공했다. ① 표시의 강도(예: 표시가 고유한지 여부), ② 두 표시 간의 유사성(예: 외관, 소리, 의미 및 상업적인 인상을 포함해 전체적으로 고려되는 표시의 정도), ③ 상품의 근접성(예: 상품이 충분히 유사해 일반 신중한 구매자가 다른 상품을 구매한다고 믿고 구매할 가능성이 있는지 여부), ④ 이전 소유자가 격차를 해소할 가능성(예: 제품이 현재 유사하지 않은 경우, 이전 상표 소유자가 유사한 제품을 출시하기 위해 제품 라인을 확장할 가능성이 있음), ⑤ 실제 혼란(예: 보통의 신중한 구매자가 실제로 혼란을 겪었다는 증거), ⑥ 자신의 상표를 채택하는 변호인의 선의의 상호(예: 피고가 혼동을 일으키려는 의도로 상표를 채택했는지 여부), ⑦ 피고 제품의 품질, ⑧ 구매자의 정교함(예: 구매자가 제품 범주에 익숙하고 구매할 제품을 결정할 때 주의를 기울여야 하는지 여부). 이러한 요소는 완전한 목록이 아니며, 법원은 당면한 사건의 세부 사항에 따라 다른 요소를 고려할 수 있다. 또한 이러한 요소는 보편적이지 않으며 각 연방 순회 항소 법원에는 혼동 가능성을 평가하기 위한 자체 다중 요소 시험(위의 8개 사실과 유사)이 있다.

● 제품 디자인 기능을 다루는 사례

제품 기능이 상표로 간주되고 법적 보호를 받으려면 출처 식별 기능이 수행하는 다른 기능과 구별되어야 한다. 따라서 특정 기능이 있는 기능은 상표로 인정되지 않을 가능성이 크다. 제품 디자인 기능성 문제를 다루는 세 가지 획기적인 사례의 요약은 아래와 같다.

켈로그 회사Kellogg Co. V. 내셔널 비스킷 회사National Biscuit Co. 305 U.S.111 (1938)는 상표의 법적 보호 적격성을 평가할 때 기능의 중요성을 입증한 대법원 사건이다. 이 사건에서 비롯된 기능성 원칙에 따르면 본질적으로 기능하는 제품 디자인은 시장 경쟁을 방해하기 때문에 상표법에 따라 보호될 수 없다. 특히 나비스코Nabisco는 켈로그가 '잘게 썬 밀Shredded Wheat'이라는 용어를 사용하고 베개 모양의 시리얼 비스킷이 나비스코의 시리얼 비스킷과 유사하다는 점에 대해 소송에서 불만을 제기했다. 그러나 대법원은 '잘게 썬 밀'이라는 용어가 일반적이고 부차적인 의미를 얻지 못했기 때문에 상표 보호를 받을 수 없다고 판결했으며, 모양이 기능적이며 특허가 만료되면 복사해 그 혜택을 대중이 자유롭게 누릴 수 있다고 판결했다. 법원 결정은 이후 랜햄Lanham 법의 일부로 법으로 성문화되었다.

인우드 연구소Inwood Laboratories, Inc. V. 아이브스 연구소Ives Laboratories. Inc., 456 U.S. 844 (1982)는 기능 및 부차적 의미의 개념을 명확하게 표현한 대법원 사건이다.

일반적으로 제품 기능은 제품의 용도나 목적에 따라 기능적이거나 제품의 비용이나 품질에 영향을 미치는 경우 기능적이다. […] 부차적 의미를 확립하기 위해 제조업체는 대중의 마음속에 '표시'의 1차적 의미가 제품 자체가 아니라 제품의 출처를 식별하는 것임을 보여야 한다.

디스크 골프협회Disc Golf Association, Inc. v. 챔피언 디스크 골프협회Champion Discs, Inc., 158 F.3d 1002(9th Cir. 1998)는 제품 디자인의 기능을 설정하기 위한 기준을 설명하는 아홉 번째 순회 항소 법원이다. 특히, 법원은 특정 기능이 기능적 목적에 부합하는지 여부를 결정할 때 고려해야 할 네 가지 요소를 제공했다. ① 디자인이 실용적 이점을 제공하는지, ② 대체 디자인이 이용 가능한지, ③ 광고가 디자인의 실용적 이점을 선전하는지 여부, ④ 특정 디자인이 비교적 간단하거나 저렴한 제조 방법에서 나온 것인지 여부. 따라서 비 기능성을 설정하기 위해 제품 기능은 식별 이외의 용도로 사용되지 않아야 한다. 제품 기능은 기능적으로 간주되는 몇 가지 실용적인 이점만 있으면 된다. 또한 대체 설계의 가용성만으로는 비 기능성을 입증하기에 충분하지 않다. 하나의 디자인에 상표 보호를 제공하는 것이 경쟁을 방해하지 않도록 충분한 수의 대체 디자인 및 대체 제조 방법이 있어야 한다. 마지막으로, 특정 기능이 소비자를 위한 효용을 창출하지 않더라도 제조의 경제를 달성함으로써 기업을 위한 효용을 창출할 수 있다. 기능은 때때로 식별하기 어렵기 때문에, 특정 기능에 실용 특허가 부여되었거나 판매자가 기능의 실용적 이점을 광고한다는 사실은 기능의 유효성을 구성하기에 충분한 것으로 간주된다.

● 상표로서 색상의 역할을 다루는 사례

색상은 상품의 출처를 식별하는 데 중요한 역할을 할 수 있다. 그러나 색상은 대부분의 상품의 일반적인 속성이므로 상표로 색상을 사용하는 것은 문제가 될 수 있다. 실제로 한 기업에게 특정 색상에 대한 독점권을 부여하는 것은 다른 기업이 색상을 사용할 수 없음을 의미한다. 결과적으로 색상은 상품의 출처를 식별하는 역할을 할 수 있지만, 상표가 되어 법적 보호를 받을 수 있는 능력은 간단하지 않다. 상표 등록을 위한 색상의 적합성을 다루는 세 가지 획기적인 사례는 다음과 같다.

리 오웬스 코닝 유리섬유 회사In Re Owens-Corning Fiberglass Corp., 744 F.2d 1116(Fed. Cir. 1985)는 색상만으로도 상표 등록이 가능한 연방 순회 항소 법원이다. 섬유 유리 가정용 단열재 제조업체인 오웬스코닝 유리섬유Owens-

Corning Fiberglass Corp.는, 단열 제품의 전체 표면을 덮고 있는 분홍색의 상표 등록을 위해 미국 특허 및 상표청USPTO에 신청했다. USPTO는 사각형이나 동그라미 등 디자인 형태의 색상이 상표를 구성할 수 있지만, 제품 전체 표면에 무차별적으로 적용되는 색상이 상표로서 기능할 수 없다는 점을 근거로 분홍색 표시 등록을 거부했다. USPTO의 결정은 팔레트에 제한된 수의 색상이 있으며 상표 등록자가 저장소를 고갈시키는 것을 허용함으로써 추가 제한을 조장하는 것은 공익이 아니라고 주장하는 색 고갈 이론에 근거했다. 따라서 캠벨 수프 Campbell Soup Co. 사건에서 법원은 캠벨이 "모든 음영에서 빨간색을 독점화" 한다면 경쟁이 색상 라벨이 관습인 산업에서 영향을 받을 것이라는 이유로 캠벨 라벨의 빨간색과 흰색 색상을 보호하기를 거부했다.

오웬스코닝 법원은 전체적인 색상이 전체적인 표면 디자인과 유사하며 법적 요건이 충족되면 상표 등록이 가능하다고 주장했다. 색상의 상표 등록 가능성을 결정하기 위해 법원은 고려해야 할 몇 가지 요소를 확인했다. 색상이 기능적인지 여부, 색상이 제품의 출처를 식별할 목적이 아닌 장식용인지 여부, 색상이 제품의 일부인지 여부, 임의적이고 독특한 디자인 및 그렇지 않은 경우, 부차적 의미를 얻었는지 여부. 결과적으로 법원은 오웬스코닝이 섬유 유리 주거용 단열재의 상표로 분홍색을 등록할 자격이 있다고 결정했다.

브런스윅 회사Brunswick Corp. v. 브리티시 시걸British Seagull Ltd., 35 .3d 1527 (Fed. Cir. 1994)은 상표로서의 등록 가능성과 관련해 색상 기능의 역할을 설명하는 연방 순회 항소 법원이다. 브런즈윅Brunswick Corp.은 USPTO가 머큐리 Mercury의 선외 모터에 대한 표시로 검은색을 등록하는 것을 거부하는 결정에 항소했다. 법원은 검은색으로 엔진이 더 잘 작동하고 엔진 외부 표면의 페인트가 기계적 목적에 영향을 미치지는 않지만, 색상은 "다양한 보트 색상과 함께 색상 호환성과 물체를 작게 보이게 하는 능력을 모두 갖추고 있다"고 판결했다. 잠재적 고객을 위한 이러한 이점으로, 법원은 엔진 제조업체가 선외 엔진에 검은색을 사용하는 경쟁적 필요성을 발견했다. 법원에 따르면, 특정 디자인이 상표 보호 대상인지 여부를 결정하는 열쇠는 경쟁에 미치는 영향이다.

법원은 더 나아가 브런스윅Brunswick 사건과 오웬스코닝 사건을 구별했다. 재판부는 오웬스코닝이 섬유 유리 단열재에 적용된 분홍색을 등록하려 했지만 다른 절연업체는 제품 중 어느 것도 채색하지 않았고, 사용 중인 절연체는 일반 시야에 노출되지 않아 분홍색이나 다른 색을 염색할 이유가 없었다고 지적했다. 이러한 맥락에서 오웬스코닝은 단열재를 착색하는 불필요한 추가 단계를 수행했다. 반대로 모든 선외 엔진 제조업체는 다양한 보트 색상과 쉽게 조화를 이루는 색상을 추구하며(때로는 엔진의 겉보기 크기를 줄이기 위해) 제품에 색상을 지정한다. 이러한 기능은 소비자에게 중요하기 때문에 법원은 검은색에 대한 경쟁적 필요성을 발견했으며 머큐리가 제안한 표시 등록이 경쟁을 방해할 수 있음을 발견했다.

퀼리텍스 회사Qualitex Co. v. 제이콥슨 프로덕츠Jacobson Products Co., Inc., 514 U.S. 159(1955)는 시장에서 부차적 의미를 획득한 경우 색상이 모든 상품외장 보호와 별도로 상표 역할을 할 수 있다고 법원이 판결한 대법원 사건이다. 구체적으로 법원은 다음과 같은 의견을 내놓았다.

오렌지 잼 병 위에 있는 상상 속의 단어 '선토스트Suntost' 또는 '선토스트 마멀레이드Suntost Marmalade'는 즉시 브랜드나 제품의 '출처'를 나타낼 것이다. 잼의 오렌지색은 그렇게 하지 않는다. 그러나 시간이 지남에 따라 고객은 제품 또는 제품 포장의 특정 색상(예: 기업의 절연 재료에 분홍색 또는 대규모 산업용 볼트 머리에 빨간색 등 맥락이 특이해 보이는 색상)을 브랜드를 나타내는 것으로 간주할 수 있다. 만약 그렇다면, 그 색상은 상품을 식별하고 구별하기 위해 왔을 것이다. 즉, '원본을 표시하기 위해' — 상품의 설명어가 상품의 원산지를 표시할 수 있는 방식과 비슷하다.

법원은 색상이 항상 기능적인 역할을 하는 것은 아니므로 상표로 보호될 수 있다고 판결했다. 구체적으로 법원은 다음과 같은 의견을 내놓았다.

기능 원칙은 회사의 평판을 보호해 경쟁을 촉진하려는 상표법을 방지하는 대신 생산자가 유용한 제품 기능을 제어할 수 있도록 해 합법적인 경쟁을 금지하는 것을 방지한다. 발명가들에게 제한된 기간 동안 신제품 디자인이나 기능에 대한 독점권을 부여함으로써 발명을 장려하는 것은 상표법이 아닌 특허법의 영역이며 [⋯]. 그 후 경쟁자들은 혁신을 자유롭게 사용할 수 있다. 그러나 제품의 기능적 특징을 상표로 사용할 수 있는 경우, 이러한 기능에 대한 독점권은 특허 자격 여부와 관계없이 획득될 수 있으며 영구적으로 연장될 수 있다(상표는 영구적으로 갱신될 수 있기 때문). [⋯] 색상이 제품을 보다 바람직하게 만드는 데 중요한 역할(출처 식별과 무관)을 수행하지만 가끔은 그렇지 않다. [⋯] 그러면 그 색상만으로도 최소한 상표로 사용하기 위한 기본적인 법적 요건을 충족할 수 있다. 그것은 다른 중요한 기능을 수행하지 않고도 회사의 상품을 구별하고 그 출처를 식별하는 상징으로 작용할 수 있다.

● 상품외장 관련 사례

상품외장이 다양한 제품 및 서비스에 걸쳐 사용됨에 따라 고유성 기준 및 동일한 기준이 제품 디자인 상품외장 및 포장 상품외장에 적용되는지 여부와 관련된 많은 문제가 발생한다. 상품외장의 고유성 문제를 조사하는 두 가지 획기적인 사례가 아래에 요약되어 있다.

투 페소Two Pesos, Inc. V. 타코 카바나Taco Cabana, Inc., 505 U.S. 763(1992)는 상품외장이 본질적으로 고유할 수 있으며, 랜햄 법에 따라 상표로 보호될 수 있음을 입증한 대법원 사건이다. 구체적으로 법원은 다음 의견을 내놓았다.

> 단순히 제품을 설명하는 표시는 본질적으로 독특하지 않다. 제품을 설명하는 데 사용되는 경우 본질적으로 특정 출처를 식별하지 않으므로 보호할 수 없다. 그러나 설명 표시는 법에 따라 보호될 수 있는 독특함을 획득할 수 있다. [⋯] 랜햄 법은 "상거래에서 신청자의 상품과 구별되는" 경우 법에 따라 재등록될 수 없는 설명 표시를 등록할 수 있다고 규정하고 있다. [⋯]이 획득한 독특함을 일반적으로 부차적 의미라고 한다.

법원은 또한 랜햄 법에 따라 상표 보호를 받기 위해 본질적으로 독특한 상품외장이 부차적 의미를 획득할 필요가 없다고 주장했다.

상품외장의 보호는 상표권의 소유자에게 "상표 소유자에게 자신의 사업의 영업권을 확보하고 경쟁하는 생산자들을 구별할 수 있는 소비자의 능력을 보호"하는 '랜햄' 법의 목적에 부합한다. 생산자를 자신의 제품으로 식별하는 것을 더 어렵게 함으로써 비서술적 상품외장에 대한 부차적 의미 요구 사항은 생산자의 경쟁적 위치를 개선하거나 유지하는 데 방해가 된다. 부차적 의미가 확립될 때까지 본질적으로 고유한 비기능적 상품외장에 대한 보호를 거부하면 고유한 상품외장을 채택하지 않은 경쟁자가 다른 시장에서 창작자의 외장을 적절하게 적용하고 창작자가 이 분야에서 확장 및 경쟁하는 것을 방지할 수 있다.

이러한 논리에 따라, 법원은 "공예품, 밝은 색상, 그림 및 벽화로 장식된 내부 식사 및 파티 공간이 있는 축제 분위기의 식사 분위기 […]"로 정의된 멕시코식당 체인의 장식이 독특한 상품외장이며, 따라서 부차적 의미의 증거없이 보호 가능하다고 판결했다.

월마트Wal-Mart Stores, Inc. v. 사마라 브라더스Samara Brothers, Inc., 529 U.S. 205(2000)는 부차적 의미를 획득한 정도와 관련해 포장 상품외장과 디자인 상품외장에 대한 상표 보호의 차이점을 명시한 대법원 사건이다.

부차적 의미를 보여줄 때만 색상을 상표로 보호할 수 있다고 판결한 퀄라텍스Qualitex 사건을 바탕으로 법원은 다음과 같이 추가로 의견을 밝혔다.

색상과 같은 디자인은 본질적으로 독특하지 않다. 특정 단어 표시 및 제품 포장 범주에 내재된 독특함의 귀속은 특정 단어를 제품에 부착하거나 독특한 포장에 넣는 목적이 대부분 제품의 출처를 식별하는 것이라는 사실에서 비롯된다. 단어와 포장이 보조 기능을 제공할 수 있지만, 주요 기능은 출처 식별로 남아 있다. 예를 들어, 암시적인 단어 표시(세탁 세제의 'Tide'와 같은)는 소비자의 마음에 긍정적인 의미를 불러일으킬 수 있으며, 화려한 형태의 포장(예: Tide의 쪼그리고 앉은 액체 세탁 세제를 위한 밝게 장식된 플라스틱 병)은 붐비는 상점 선반에서 무관심한 소비자의 관심을 끌 수 있다. 따라서 소비자는 이러한 상징을 생산자의 표시로 간주하는 경향이 있으며, 이러한 기호는 "거의 자동으로 고객에게 브랜드를 언급하고 있음을 알리고" "즉시 … 브랜드 또는 제품 '출처'에 신호를 보낸다."
[…] 제품 디자인의 경우 색상의 경우와 마찬가지로, […] 특성과 색상을
동일시하려는 소비자 성향이 존재하지 않는다. 소비자들은 거의 변함없이
가장 특이한 제품 디자인(예: 펭귄 모양의 칵테일 셰이커)조차도 출처를
식별하는 것이 아니라 제품 자체를 더 유용하거나 더 매력적으로 만들기
위한 것이라는 사실을 알고 있다.

법원은 또한 현재의 판결과 투 페소스Two Pesos 사건에 대한 판결 사이에
선을 그었고, 원칙적으로 부차적 의미를 보여주지 않고도 상품외장이 본질적
으로 독특할 수 있음을 받아 들였다. 그러나 월마트 사건에서 법원은 식당의
장식이 제품 디자인을 구성하지 않으며 제품 포장의 역할을 할 가능성이 더 높
기 때문에, 부차적 의미가 구별될 필요가 없다고 주장했다.

법원은 또한 제품 디자인과 제품 포장 상품외장 사이에 미세한 경계가 있
음을 지적하며, 종결 사건은 디자인으로 분류되어야 한다고 주장한다.

예를 들어, 고전적인 코카콜라 유리병은 콜라를 마시고 나서 병을 버리는
소비자들을 위한 포장이 될 수 있지만, 소비자는 유리병으로부터 마시는
것이 더 멋있다고 생각하기 때문에 캔이 아닌 고전적인 유리병에 콜라를
사는 소비자들을 위한 제품 그 자체를 구성할 수 있다. 종결 사건이 있는
한, 우리는 법원이 주의를 기울이고 모호한 상품외장을 제품 디자인으로
분류해 부차적 의미를 요구해야 한다고 믿는다.

BRANDING SPOTLIGHT 브랜드 보호 – 엑손

엑손모빌ExxonMobil의 역사는 존 록펠러John D. Rockefeller가 스탠더드 오일
Standard Oil Company을 설립한 1870년으로 거슬러 올라간다. 1911년 미국 대
법원은 스탠더드 오일을 스탠더드 오일 뉴저지Standard Oil of New Jersey(뉴저지
스탠더드Jersey Standard), 세컨드 오일Second Oil, 베큠 오일Vacuum Oil 등 33개
회사로 나누었고, 뉴저지 스탠더드는 1972년에 엑손Exxon Corp.이 되었으며

1999년에 모빌 오일Mobil Oil Corp.(이전 소코니베큠 오일Socony-Vacuum Oil)과 합병해 엑손모빌기업Exxon Mobil Corp.을 설립했으며, 이후 엑손모빌ExxonMobil로 이름이 변경되었다.

1950년대에 에소Esso(스탠더드 오일Standard Oil에서 첫 글자 S와 O의 음성 발음)라는 브랜드로 제품을 판매한 뉴저지 스탠더드는 품질과 힘을 나타내는 수단으로 호랑이를 사용하기 시작했으며, 에소의 호랑이는 1959년 회사가 "당신 탱크에 호랑이를 넣으세요Put a tiger in your tank"라는 문구를 만들면서 명성을 얻었다. 이 문구는 수많은 광고, 노래 및 TV 광고에 등장했으며 『타임Time』지는 1964년 "매디슨 거리를 따라 있는 호랑이의 해"를 발표했다. 1965년 엑손은 석유 제품 판매와 관련해 사용하기 위해 연방 정부에 "기발한 호랑이Whimsical Tiger"를 등록했다.

1980년대 초, 엑손은 만화 호랑이가 너무 기발해서 당시 만연했던 기름 부족을 감안할 때 부적절하다는 전제하에, 만화 호랑이의 사용을 단계적으로 중단하고 살아있는 호랑이를 사용하기로 결정했다. 그 결과 엑손은 모든 광고, POSpoint-of-sale 자료 및 회사 간행물에서 만화 호랑이의 사용을 중단하고 주유소에 대한 새로운 모습을 채택하기 시작해 주유기를 현대화하고 주유기 패널에서 만화 호랑이를 제거했다. 엑손은 더 이상 만화 호랑이를 사용하지 않았지만, 여전히 엔진 오일 및 가스 제품에 호랑이 사용 독점권을 유지하려고 했다. 상표는 실제로 상거래에 사용되는 경우에만 보호될 수 있기 때문에, 엑손은 만화 호랑이 상표를 보호하는 방법으로 만화 호랑이를 제한적으로 사용하면서 살아있는 호랑이로 전환하기로 결정했다.

1989년, 엑손 자회사 소유의 유조선인 엑손 발데즈Exxon Valdez는 알래스카에서 1,100만 갤런 이상의 석유를 유출해 이 지역의 동식물에 막대한 피해를 입혔다. 부정적인 홍보에 대한 반응으로, 엑손은 '더 부드럽고, 따뜻하고, 친근한' 광고 캠페인을 추진하기로 결정했다. 이를 위해, 엑손은 만화 호랑이의 광범위한 사용을 다시 도입했지만 다른 관점에서 묘사했다. 제작자는 "오늘의 호랑이는 이제 더 인도주의적인 역할을 맡았습니다. 그는 노인에게 예의 바르고 생태를 위해 나무를 심으며 환경에 대한 전반적인 관심을 가지고 있습니다."라고 말했다.

액손 타이거   토니 더 타이거

그림 9.7 '엑손 타이거'와 '토니 더 타이거'

1991년, 엑손은 편의점(이전 이름은 엑손샵Exxon Shops)에 '타이커 마트 Tiger Mart'라는 이름을 사용하기 시작했으며, 매장의 외부 간판뿐만 아니라 진열대, 분수 음료 컵, 단열 머그컵, 광고판에도 만화 호랑이를 등장시켰다. 식품 판매와 관련해 엑손이 만화 호랑이를 사용한 것은 켈로그의 법적 대응을 촉발시켰는데 켈로그는 자사 만화 호랑이인 토니Tony를 사용해 자사 제품을 브랜드화했다. 실제로 켈로그는 1952년 '토니 더 타이거Tony the Tiger' 이름과 삽화를 등록한 이후 켈로그의 프로스트 플레이크Frosted Flakes 시리얼과 관련해 만화 호랑이를 사용해왔다(그림 9.7).

엑손이 음식과 음료를 홍보하기 위해 마스코트를 사용하기 시작할 때까지 두 호랑이 캐릭터 모두 공존했다. 소비자들이 자동차 연료와 관련해 사용되는 브랜드를 시리얼과 관련해 사용하는 브랜드와 혼동할 가능성이 다소 낮았기 때문이다. 식품에 엑손의 호랑이를 사용하면 소비자가 두 브랜드를 혼동할 가능성이 높아져 켈로그 표시의 독특성, 영향력 및 가치가 점차 감소했다. 실제로 켈로그가 보고한 연구에 따르면 소비자에게 엑손의 호랑이가 표시되었을 때, 70%는 실제로 '토니 더 타이거'를 생각하고 있었다. 2001년에 법원은 켈로그의 브랜드 희석에 대한 주장을 모호하게 옹호했고 사건은 그 직후에 해결되었다.

BRANDING SPOTLIGHT 브랜드 일반화와 맞서기 - 롤러블레이드

미국에서 롤러스케이트는 1863년으로 거슬러 올라가며, 첫 번째 롤러스케이트의 바퀴는 2×2 대형으로 부착된다. 1959년이 되어서야 이 기술은 금속 바퀴 스케이트의 대량 생산을 허용했고, 1973년에는 폴리우레탄 바퀴의 개발과 함께 더욱 개선되었다. 1980년, 미네소타에서 온 두 명의 하키 형제가 스포츠 용품점에서 인라인 스케이트를 우연히 발견하고 완벽한 오프 시즌 하키 훈련 도구를 만들기로 결정했다. 그들은 스케이트의 디자인을 다듬고 집 지하에서 스케이트를 조립하기 시작했다. 스케이트는 하키 선수와 스키어들 사이에서 인기를 얻었으며, 스케이팅을 훈련에 사용한 선수를 넘어 시장을 성장시키기 위해 새로 설립된 회사는 광고 및 홍보 캠페인을 시작하고 인라인 스케이팅 이벤트 및 대회를 후원해 인라인 스케이팅을 새로운 스포츠로 홍보하는 데 투자했다. 그 여파로 롤러블레이드Rollerblade는 인라인 스케이팅을 널리 받아들여지는 라이프 스타일 활동으로 변모시킴으로써 세계에서 가장 빠르게 성장하는 스포츠 중 하나를 만들었다.

'스케이팅'이라는 용어는 일반적으로 롤러 스케이팅에 사용되었기 때문에, 대중은 단일 줄에 바퀴가 배열된 스케이트를 롤러 블레이드로, 스케이트 활동을 롤러 블레이딩으로 언급하기 시작했다. 사실, 초기에 회사는 실제 제품을 설명하기 위해 '롤러블레이드'라는 용어를 사용했다(롤러블레이드에서 만든 특정 유형의 인라인스케이트 대신). 새로운 스포츠의 인기가 높아지고 더 많은 경쟁자가 시장에 진입함에 따라, 인라인스케이트라는 용어가 일반 제품을 설명하기 위해 도입되었다. 당면과제는 새로운 용어가 대중의 마음에 각인되지 않았고 스케이트를 계속해서 롤러블레이드라고 부르는 것이었다. 롤러블레이드가 일반적인 용어로 널리 사용됨에 따라 회사는 상표 보호를 잃을까 봐 우려하고, 실제 스케이트와 인라인 스케이팅의 활동에 대한 롤러블레이드라는 상표명의 잘못된 사용을 유머러스하게 지적하면서 인라인스케이트와 인라인 스케이팅이라는 용어의 사용을 적극적으로 장려하기 시작했다(그림 9.8).

롤러블레이드의 어려움은 성공적인 세계 신제품을 출시하는 회사들 사이에서 일반적이다. 한편, 회사는 대중이 특정 니즈 또는 활동을 브랜드와 연관

Everyday, irregardless of his homework, Jeffrey went "rollerblading" because it was to nice to lay around with his nose in a english book.

Of the seven errors in this headline, the use of "rollerblading" as a verb strikes us as the most extreme. Rollerblade® is a brand name. It is, also, technically incorrect to use "rollerblader" and "rollerblades" as nouns. Remember, the careful writer skates on in-line skates known as Rollerblade® skates.

Rollerblade.

그림 9.8 브랜드 일반화를 방지하기 위해 설계된 롤러블레이드 광고

시켜 사람들이 이러한 니즈 또는 활동에 대해 생각할 때 가장 먼저 떠오르는 것이 브랜드가 되기를 바란다. 반면 브랜드명이 특정 제품(예: 인라인스케이트를 롤러블레이드로 지칭)이나 활동(예: 인라인스케이팅을 롤러블레이딩으로 지칭)을 설명하기 위해 대중들에 의해 사용된다면, 브랜드는 일반화되는 위험에 처하게 되고, 상표로서의 보호 상태를 상실한다.

　　롤러블레이드만이 상표의 생성을 위험에 빠뜨리는 것은 아니다. 제록스는 "'아스피린'을 사용하는 방식으로 '제록스'를 사용할 경우 두통이 생기고 '지퍼zipper'를 사용하는 방식으로 '제록스'를 사용할 경우 우리의 상표가 널리 공개될 수 있다"와 같은 광고를 통해 브랜드 이름을 적절하게 사용하는 방법에 대해 비즈니스 세계와 매체를 교육하는 데 수백만 달러를 투자했다. 마찬가지로 2006년 워싱턴 포스트에 단어 '구글google'이 메리암-웹스터의 대학 사전에 등재가 되었다는 기사에 대해, 구글은 구글의 '일반화'와 단어의 적절하고 부적절한 사용에 대한 설명 부족에 이의를 제기하는 서신으로 대응했다.

　　회사는 브랜드 이름의 올바른 사용을 대중에게 알리는 것 외에도, 브랜드 홍보 방식도 변경한다. 예를 들어, 존슨앤드존슨Johnson & Johnson은 광고 노래를 "나는 밴드-에이드에 붙어있다I'm stuck on Band-Aid"에서 "나는 밴드-에이드 브랜드에 붙어있다I'm stuck on Band-Aid brand"로 바꾸고, 킴벌리클락

Kimberly-Clark은 포장 및 홍보 활동에 '크리넥스Kleenex' 대신 '크리넥스 브랜드 티슈Kleenex brand tissue'를 사용하고 있다. 위에서 언급한 것 외에도, 한때 일 반화된 다른 상표로는 지프Jeep, 포마이카Formica, 후버Hoover, 자쿠지Jacuzzi, 벨크로Velcro 및 프리스비Frisbee가 있다.

브랜드 이름의 사용은 대중에게 달려 있지만, 회사의 상표 사용 방식은 차이를 만들 수 있다. 상표 지위를 보호하기 위해 브랜드 이름은 제품 자체가 아닌 제품의 출처를 참조하는 데 사용되어야 하며(예: 롤러블레이드가 아닌 롤러 블레이드 인라인스케이트) 복수형(예: 롤러블레이드보다 롤러블레이드 스케이트) 또 는 동사(예: 롤러블레이딩이 아닌 롤러블레이드 스케이트로 인라인스케이트를 타는 것) 로 사용해서는 안 된다. 상표의 올바른 사용을 위한 간단한 테스트는 문장에서 상표를 제거하고 문장이 여전히 의미가 있는지 확인하는 것이다. 그렇지 않은 경우, 상표가 제품에 대한 동사 또는 설명 용어로 사용될 가능성이 있으므로 사용이 잘못되었을 가능성이 있다.

4부

브랜드 분석 및 기획

진리는 사물의 복잡함과 혼란이 아니라,
단순함에서 찾을 수 있다.

- 아이작 뉴턴, 영국 물리학자, 수학자, 천문학자

브랜드 관리는 브랜드 관리자에게 해당 결정을 알리기 위한 관련 정보를 제공하는 시장 조사에 의해 수행이 된다. 브랜드 조사를 통해 생성된 통찰력은 관리자가 시장에 대한 이해와 브랜드가 시장에서 가치를 창출할 수 있는지 여부와 방법을 이해함으로써 강력한 브랜드를 구축하는 데 도움이 된다. 브랜드 조사가 효과적이려면, 의미 있는 연구 방법을 사용하고, 관련 자료를 수집하고, 회사의 브랜드 구축 활동에 정보를 제공하는 방식으로 자료를 분석해야 한다.

브랜드 조사가 관련성이 있으려면, 브랜드 생성, 성장 및 방어하는 과정을 설명하는 전략적 브랜드 경영 계획에서 시작되어야 한다. 이 계획은 브랜드 본질, 브랜드가 경쟁하는 시장, 시장에서 창출하려는 가치, 시장 가치를 창출할 구체적인 방법을 분명히 한다. 전략적 지침으로서, 브랜드 경영 계획은 브랜드에 대한 회사 비전을 설명하고 비전을 구현하기 위한 수단을 설명한다.

시장 통찰력 수집 및 전략적 브랜드 경영 계획 수립과 관련된 몇 가지 주요 문제는 이 책의 4부에서 다룬다.

10장에서는 브랜드가 고객의 신념, 감정, 행동에 미치는 영향과 브랜드가 회사를 위해 가치를 창출하는 방식을 조사하기 위한 주요 연구 방법을 개괄적으로 설명한다. 특히, 이 장에서는 브랜드 이미지와 브랜드의 고객 가치를 평가하고 브랜드 파워와 브랜드 자산을 평가하는 데 중점을 둔다. 조사 질문에 대한 논의는 시장 통찰력을 수집하기 위한 세 가지 일반적인 접근 방식(탐색적, 기술적, 실험적 연구)에 대한 개요를 통해 설명된다.

11장에서는 브랜드 분석 및 계획의 주요 측면을 설명한다. 특히, 브랜드 경영 계획의 주요 구성 요소를 설명하는데, 브랜드가 달성해야 할 목표 식별, 브랜드 전략 수립, 브랜드 전술 설계, 집행 정의, 브랜드 구축 진행 상황을 측정하기 위한 통제 설정이다. 또한 몇 가지 중요한 브랜드 관리 도구를 개발하는 핵심 원칙에 대해 논의한다. 즉, 브랜드 전략에 대한 간략한 개요를 제공하는 브랜드 포지셔닝 선언문, 브랜드 정체성 요소가 모든 고객 접점에서 준수해야 하는 표준을 설명하는 브랜드 정체성 가이드, 브랜드의 현재 상태에 대한 평가를 제공하는 브랜드 감사이다.

이 두 장에서 논의되는 주제는 브랜드 영향을 측정하는 과정과 강력한 브랜드를 구축하기 위한 체계적인 접근 방식의 사용에 대한 광범위한 이해이다.

10

브랜드 영향 측정

연구는 새로운 지식을 창출한다.
- 닐 암스트롱. 미국 우주비행사

강력한 브랜드를 구축하려면 브랜드가 시장 가치를 창출하는 방식에 대한 명확한 이해가 필요하다. 이러한 지식을 얻기 위해 브랜드 조사는 브랜드가 가치를 창출하는 특정 과정을 식별하고 브랜드의 시장 영향을 측정하기 위한 방법론 포트폴리오를 개발하는 것을 목표로 한다. 브랜드 관리에서 조사의 역할과 브랜드가 시장 가치를 창출하는 방법을 평가하는 주요 방법은 다음 절에 요약되어 있다.

브랜드 영향 측정을 위한 틀

브랜드 조사의 주요 목표는 관리자에게 의사 결정을 알리는 관련 자료를 제공해 브랜드 구축을 촉진하는 것이다. 브랜드 조사를 통해 생성된 통찰력은 관리자에게 시장에 대한 이해와 브랜드가 시장에서 가치를 창출하는지 여부와 방법을 제공한다. 효과적인 브랜드 조사는 경영적으로 관련된 질문과 효과적인 조사 방법을 사용하고, 의미 있는 자료를 수집하고, 회사의 브랜드 구축 활동을 알리는 방식으로 자료를 분석한다.

의미 있는 브랜드 조사를 기획하는 것은 브랜드가 시장 가치를 창출하는 과정을 설명하고, 과정의 각 단계에서 해결해야 할 주요 질문을 식별해 경영 의사 결정을 내리는 것으로 시작된다. 따라서 회사의 브랜드 조사 활동은 브랜드가 시장 가치를 창출하는 과정을 중심으로 구성될 수 있다. 이러한 시장 영향에 초점을 맞추면 실행 가능한 결과를 제공하는 효과적이고 비용 효율적인 방식으로 브랜드 조사가 설계되고 수행된다.

브랜드가 시장 가치를 창출하는 과정은 다음과 같이 요약할 수 있다. 회사는 브랜드가 달성해야 할 목표와 회사가 이러한 목표를 달성하기 위해 취해야 하는 특정 활동을 요약한 브랜드 경영 계획을 수립한다. 그런 다음 회사는 계획을 시장 현실로 만들기 위해 설계된 조치를 취해 브랜딩 계획을 집행한다. 회사의 브랜딩 행동에 따라 고객은 브랜드를 인식하는 방식을 반영하는 브랜드의 정신적 이미지를 형성한다. 고객은 개인 니즈, 선호도 및 신념을 기준으로 사용해 장단점 및 브랜드 매력을 평가한다. 브랜드에 대한 고객 평가는 고객 행동에 영향을 미치고 브랜드와 관련된 오퍼링을 구매할 가능성, 오퍼링을 사용하는 빈도, 경험을 공유하고 브랜드 옹호자가 될 것으로 기대되는

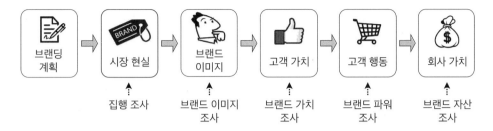

그림 10.1 브랜드 영향 측정을 위한 틀

정도이다. 고객의 시장 행동은 회사 가치로 변환되며, 브랜드가 창출한 한계 가치에 상응하는 금전적 가치는 브랜드 자산을 반영한다(그림 10.1).

브랜드가 시장 가치를 창출하는 과정을 기반으로, 브랜드 조사는 회사가 브랜드 경영 계획을 올바르게 집행했는지 여부부터 브랜드가 회사를 위해 어떤 가치를 창출했는지에 이르기까지 다섯 가지 주요 질문에 답할 수 있다. 특히, 브랜드의 시장 영향을 평가하기 위해 관리자는 다음과 같은 질문을 해야 한다.

● 집행. 회사는 관련 브랜드 요소를 적절하게 설계하고 전달해 브랜드 경영 계획을 집행했는가?

● 브랜드 이미지. 표적 고객의 마음속에 브랜드가 어떻게 표현되는가? 브랜드 이미지의 주요 측면은 무엇인가?

● 가치. 브랜드는 표적 고객을 위해 어떻게 가치를 창출하는가? 브랜드가 제공하는 기능적, 심리적, 금전적 혜택은 무엇인가?

● 브랜드의 힘. 브랜드가 고객의 행동을 어떻게 바꾸나? 브랜드의 힘은 무엇인가?

● 브랜드 자산. 회사의 브랜드 가치는 무엇인가? 브랜드 자산은 무엇인가?

시장 가치를 창출하기 위해, 경영자는 브랜드가 표적 고객에게 전달되는 방법, 고객의 마음속에 존재하는 브랜드 이미지, 이미지와 관련된 고객 가치, 브랜드가 고객의 행동을 변화시킬 수 있는 방법, 회사에 대한 브랜드의 가치에 대한 명확한 이해를 가지고 있어야 한다. 브랜드 시장의 다양한 측면들인 시장 집행, 브랜드 이미지, 고객 가치, 브랜드 파워, 브랜드 자산을 평가하기 위해 접근하는 핵심은 다음 절에서 논의된다.

브랜드 집행 평가

관리자의 최선의 노력에도 불구하고 마케팅 계획이 항상 완벽하게 집행되는 것은 아니다. 가장 상세하고 세심한 계획도 현실이 되지 않을 수 있다. 이러한 맥락에서 브랜드가 시장에서 정확하게 표현되도록 하는 것은 고객이 브랜드에 대한 정신적 이미지를 형성하는 기반이 되기 때문에 중요하다. 브랜드 요소의 적절한 시장 집행이 없으면 표적 고객이 브랜드를 잘못 식별하거나 의미를 오해할 수 있다.

회사의 실행 계획에 명시된 브랜드 구축 활동과 브랜드가 실제로 시장에서 표현되는 방식 사이에 불일치하는 가장 일반적인 두 가지 이유는 브랜드 디자인의 핵심 요소의 부적절한 실행과 표적 고객을 위한 이러한 요소들의 불충분한 커뮤니케이션이다. 브랜드 집행의 이러한 두 가지 측면과 평가하기 위한 조사 도구는 다음 절에 요약되어 있다.

● 브랜드 디자인 집행 평가

브랜드 디자인 집행 평가에는 브랜드 식별자와 브랜드 참조자라는 두 가지 주요 구성 요소가 기본 브랜드 경영 계획과 일치하는 정도를 평가하는 것이 포함된다. 첫 번째 단계는 브랜드가 시장에 존재하는 다양한 방법에 대한 전체 목록을 작성하는 것이다. 여기에는 브랜드 이름, 로고, 좌우명, 캐릭터, 소리 표시, 제품 디자인 및 포장 등 모든 브랜드 식별자가 시장에 존재하는 다양한 형식을 분류하는 것을 포함한다.

회사가 커지고 브랜드 관리자가 회사의 모든 브랜드 구축 활동을 직접 감독할 수 없기 때문에 브랜드 식별자 목록을 만드는 것이 중요해진다. 또한 전 세계적으로 운영되는 기업을 포함한 많은 시장에서 운영되는 기업에게도 특히 중요하다. 이러한 기업은 브랜드 경영 계획을 일관되게 집행하는 데 어려움을 겪기 때문이다. 브랜드 디자인 요소의 목록을 개발하는 것은 브랜딩의 특정 측면이 회사의 브랜딩 지침을 밀접하게 따르지 않을 수 있는 다른 주체(공동 브랜딩 파트너, 라이선시 licensee 또는 프랜차이즈franchisee)에게 위임될 때 매우 중요하다. 고객을 대상으로 오퍼링을 제공하는 것이 주된 목표이고 브랜드 정체성 요소를 형성하는 데 중요한 역할을 하는 전통적인 유통 경로조차도 브랜드의 의도된 포지셔닝에서 벗어날 수 있다.

브랜드 이름, 로고 및 좌우명과 같은 브랜드를 정의하는 정체성 요소의 일관된 집행을 보장하기 위해 회사는 브랜드 식별자를 목록화하고 외부 및 내부적으로 사용하는 방법을 명확하게 설명하는 브랜드 정체성 가이드를 개발한다. 브랜드 정체성 가이드의 주요 이점은 브랜드가 모든 관련 커뮤니케이션에 어떻게 표시되어야 하는지에 대한 자세한 지침을 제공할 뿐만 아니라 브랜드 디자인의 일관된 집행을 평가하기 위한 기준점 역할을 할 수 있다는 것이다. 브랜드 정체성 가이드에 요약된 표준을 통해 회사는 브랜드 경영 계획에서 집행 격차를 정확히 찾아내고 이를 해결할 수 있다.

브랜드 식별자의 목록을 작성하는 것 외에도 회사는 브랜드와 관련해 사용되는 다양한 대상의 목록을 생성할 수 있다. 예를 들어, 시장 조사는 영업 사원이 브랜드를 참조하는 방법, 브랜드가 소매업체의 홍보 자료에 표시되는 방법, 브랜드 제품이 표시되는 방법(예: 브랜드 간판, 브랜드 관련 커뮤니케이션 및 경쟁 브랜드의 존재) 등이 있다. 이러한 목록을 개발하는 목표는 브랜드가 고객의 마음속에서 창출하고자 하는 브랜드 이미지와 일치하는 방식으로 시장에 제시가 되었는지 여부를 결정하는 것이다.

● 브랜드 커뮤니케이션 집행 평가

실제로 존재하는 브랜드 요소와 브랜드 경영 계획에서 의도한 요소의 일관성을 평가하는 것 외에도 회사는 이러한 브랜드 요소가 실제로 대상 고객에게 전달되었는지 여부를 조사할 수 있다. 회사는 브랜드 기획을 올바르게 실행했지만 올바른 고객에게 브랜드 메시지를 전달하지 못했을 수 있다. 따라서 여기서의 질문은 브랜드 기획의 일관성에 관한 것이 아니라 실제 커뮤니케이션이 브랜드 경영 계획에 의해 규정된 대로 이루어졌는가 하는 것이다.

브랜드 커뮤니케이션의 집행을 평가하는 데 널리 사용되는 접근 방식은 브랜드 노출을 측정해 회사의 브랜드 커뮤니케이션이 의도한 고객에 도달했는지 여부를 확인하는 것이다. 따라서 유료 커뮤니케이션의 경우 회사는 브랜드가 합의된 노출을 받았는지 여부를 확인하려고 할 수 있다. 예를 들어, 회사에서 실제로 광고를 본 시청자 수, 판촉 행사에 출연한 사람 수, 브랜드가 표시된 온라인 배너를 본 고객 수를 물어볼 수 있다. 이를 위해 특정 TV 프로그램을 보거나, 신문을 읽거나, 행사에 참석하거나, 웹사이트를 방문하는 사람들의 수를 평가할 수 있으며, 이를 통해 브랜드 관련 메시지에 노출된 사람들의 수를 추정할 수 있다.

브랜드 커뮤니케이션이 발생했는지를 판단하는 것 외에, 기업은 커뮤니케이션 캠페인에 제시된 브랜드 관련 메시지가 브랜드의 원하는 포지셔닝과 일치하는지 여부도 평가할 수 있다. 실제로 잘 수립된 브랜드 커뮤니케이션 계획이 존재하더라도, 실제 캠페인은 브랜드에 대한 원하는 시장 전략을 벗어났으며, 브랜드의 본질을 완벽하게 포착하지 못하고(때로는 심지어 모순되기도 하는) 메시지를 전달할 수 있다. 커뮤니케이션 캠페인의 내용이 원하는 브랜드 포지셔닝과 일치하는지 확인하기 위해, 기업은 캠페인이 대상 고객에게 어떻게 인식되는지, 브랜드 관련 메시지에 대한 이해가 회사가 실제로 말하고자 하는 것과 일치하는지 여부를 결정하기 위해 독립적인 조사를 수행할 수 있다.

브랜드 집행 평가(커뮤니케이션과 디자인 모두)에는 일반적으로 탐색적 연구가 포함된다(이 장의 끝에서 자세히 설명). 여기에서 회사는(실험 연구의 경우와 같이) 특정 가설을 시험하는 것을 목표로 하는 것이 아니라 브랜드가 표적 고객에게 제시되는 다양한 방법을 분류하고 원하는 실제 브랜드 디자인과 커뮤니케이션 사이의 궁극적인 불일치를 확인하는 것을 목표로 한다. 브랜드 커뮤니케이션의 집행을 평가하는 데 브랜드 커뮤니케이션 캠페인의 특정 측면(예: 브랜드에 노출된 사람 수)을 정량화해 효과를 결정하는 서술적 연구도 포함될 수 있다.

브랜드 이미지 검사

브랜드 이미지는 소비자가 특정 브랜드 이름에 연결하는 연결 네트워크이다. 이 네트워크는 사람들의 마음속에 존재하기 때문에 브랜드 이미지는 쉽게 관찰할 수 없으므로, 브랜드 이미지를 검사하는 것은 사람들이 주어진 브랜드와 연관시키는 의미를 밝히는 것을 목표로 하는 조사 방법을 사용한다.

브랜드 이미지를 검사하는 것은 브랜드 집행을 평가하는 것과 다르다. 브랜드 집행은 객관적으로 존재하는 브랜드 디자인 요소와 커뮤니케이션을 다루는 반면, 브랜드 이미지는 사람들의 마음에 이러한 요소의 주관적인 표현을 반영한다. 결과적으로, 브랜드 집행을 평가하면 회사의 브랜드가 이 브랜드의 전략 계획과 일치하는 방식으로 고객을 대상으로 제공되었는지 여부를 조사한다. 반대로, 브랜드 이미지를 검사하는 것은 표적 고객과 브랜드와 관련된 정신 구조가 브랜드를 어떻게 인식하는지 확인하는 것을 목표로 한다. 이러한 맥락에서 브랜드 조사는 일반적으로 브랜드 이미지의 두 가지 주요 측면인, 브랜드 이름에 대한 고객의 인지도 및 이 브랜드 이름과 연결된 연관성에 초점을 맞춘다.

● 브랜드 인지도 평가

사람들은 본인이 브랜드를 인식하는 정도에 따라 다양하다. 예를 들어, 일부는 특정 브랜드에 대해 들어 본 적이 없을 수도 있다. 다른 사람들은 브랜드 이름을 들었지만 다른 브랜드 요소를 모르고 있는 반면, 다른 사람들은 브랜드 이름과 다른 브랜드 요소에 익숙하지만 브랜드의 의미를 알지 못한다. 따라서 브랜드 인지도 평가는 고객의 마음속에 존재하는 브랜드 이미지를 평가하는 첫 번째 단계이다.

브랜드 인지도를 검사하는 가장 기본적인 수준은 표적 고객이 브랜드 이름을 잘 알고 있는지 테스트하는 것이다. 브랜드 인지도에 대한보다 포괄적인 측정은 브랜드 이름을 넘어서 일부 또는 모든 다른 브랜드 식별자(로고, 좌우명, 캐릭터, 소리 표시, 제품 디자인 및 포장) 및 브랜드 참조자(예: 니즈, 혜택, 사용 상황, 경험, 장소 및 사람)이다. 예를 들어, 브랜드 조사는 브랜드 로고, 캐릭터 또는 대변인에 대한 고객의 인지도 수준을 검사할 수 있다. 브랜드 인지도에 대한 보다 포괄적인 평가는 표적 고객이 브랜드 이름에 익숙한지 여부뿐만 아니라 브랜드의 다른 모든 요소가 사람들의 마음에 적절하게 표현되는지 여부를 결정하는 것을 목표로 한다.

브랜드 인지도는 일반적으로 브랜드 회상 및 브랜드 인식 측면에서 측정된다. 이 두 가지 방법은 조사원이 기억에서 브랜드 이름을 검색하는 정도에 따라 다르다.

- 브랜드 회상Brand recall. 브랜드 회상 측정은 응답자에게 특정 제품 범주, 특정 요구 또는 주어진 사용 상황에 따라 브랜드를 식별하도록 요청하는 것이다. 예를 들어, 응답자들에게 떠오르는 시리얼 브랜드(범주 기반 브랜드 회상), 배고플 때 생각하는 시리얼 브랜드(필요 기반 브랜드 회상), 또는 아침 식사 관련 시리얼 브랜드(상황 기반 브랜드 회상)이다. 이 경우 브랜드 회상 척도는 특정 브랜드의 이름이 전혀 지정 되었는지 여부와 만약 그렇다면 다른 시리얼 브랜드와 비교해 얼마나 빠르고 어떤 순서로 있는지이다.

- 브랜드 인식Brand recognition. 브랜드 인식 측정은 사람들 마음속에 특정 브랜드를 홍보하고 이 브랜드가 친숙한지 묻는 것이다. 예를 들어, 응답자에게 제시된 브랜드 목록에서 익숙한 브랜드를 식별하도록 요청받을 수 있다. 브랜드 인식은 단순히 사람들이 중심 브랜드를 식별할 수 있다는 것을 의미하기 때문에, 고객이 단순히 브랜드를 인식하는 것보다 연상시켜야 하는 브랜드 회상보다 브랜드 인지도의 척도가 더 낮다. 브랜드 인식은 대상 브랜

드를 회상하지 못한 응답자의 후속 조치로 브랜드 회상과 함께 사용된다.

브랜드 인지도 평가는 고객의 마음속에 존재하는 브랜드 이미지를 평가하는 첫 번째 단계이다. 중요하긴 하지만, 브랜드 인지도 평가는 개인이 브랜드 이름에 대해 잘 알고 있는지 여부를 나타낼 뿐이며, 보다 포괄적인 분석의 경우에는, 브랜드 식별자와 브랜드 참조자를 알 수 있다. 브랜드 이미지에 대한 더 유익한 평가는 다른 개념과 브랜드 이름을 연결하는 연관성을 조사함으로써 얻을 수 있다.

◉ 브랜드 연관성 검사

브랜드 연관 조사는 주어진 브랜드 이름과 연결된 고객의 마음속에서 아이디어와 개념을 밝히기 위해 노력한다. 단순히 고객이 특정 브랜드의 요소에 대해 정보를 받았는지 여부를 반영하는 브랜드 인지도와 달리 브랜드 연관성은 개인의 마음속에 존재하는 독특한 브랜드 이미지를 반영한다. 따라서 브랜드 연관 조사는 브랜드에 대한 특정 수준의 고객 인지도를 의미하며, 브랜드가 고객의 마음에 어떻게 표현되는지 검사하는 것을 목표로 한다.

브랜드 연관성 검사는 유형, 폭, 감정가valence, 강도의 네 가지 주요 측면에 중점을 둔다.

● 연관성 유형. 사람들의 마음속에 있는 특정 브랜드 이름과 연결된 핵심 아이디어와 개념을 식별한다. 이러한 연관성 중 일부는 일반적으로 회사가 정의한 속성(브랜드 식별자 및 참조자)을 반영하는 반면, 다른 연관성은 고객의 고유한 생활경험 및 브랜드와의 상호작용을 기반으로 고객이 생성한 특이한 연관성이다. 예를 들어, 특정 고객은 스타벅스를 커피, 마끼아또 macchiato, 빠르고 친절한 서비스, 집에서 멀리 떨어진 집, 사회적 책임과 같

은 회사 정의 개념과 내 아침 음료, 컵에 있는 내 이름, 모퉁이 돌고, 편리하고, 비싸고, 하고 싶은 대로 함과 같은 특이한 개념과 연관시킬 수 있다.

● 연관성의 폭. 특정 브랜드 이름과 관련된 정신 구조의 수와 다양성을 반영한다. 일반적으로 연결 수가 많을수록 고객의 마음속에서 브랜드의 정신 이미지가 더 풍부해지고 다양한 상황과 사용 상황에서 활성화될 가능성이 높아진다. 예를 들어, 랄프로렌과 같은 라이프 스타일 브랜드는 달러 셰이브 클럽Dollar Shave Club과 같은 보다 기능적인 브랜드에 비해 훨씬 더 광범위한 정신 구조의 폭을 가지고 있다.

● 연관성의 감정가. 브랜드 이름과 사람들의 마음에 있는 관련 구성 사이의 연관성의 선호도를 반영한다. 긍정적인 연관성이 많고 부정적인 연관성이 적을수록 브랜드 이미지가 더 좋아진다. 예를 들어, 고객의 마음을 사로잡은 할리데이비슨, 와비파커Warby Parker, 톰스TOMS와 같은 브랜드는 전반적으로 긍정적인 연관성을 갖고있는 반면, 폭스바겐(2015), 웰스파고Wells Fargo(2016). 보잉(2019)과 같은 스캔들에 휘말린 브랜드는 부정적인 연관성이 급증했다. 브랜드 연관성의 가치를 측정하기 위한 대중적인 도구는 이 장의 끝에서 논의되는 의미적 차이 척도이다.

● 연관성의 강도. 브랜드 이름이 특정 정신 구성과 연관되는 정도를 반영한다. 예를 들어, 연관성의 강도는 브랜드 이름이 해당 범주를 떠올리게 하고 그 반대의 경우도 마찬가지일 수 있도록 중심 브랜드와 관련 제품 범주간의 관계의 강도를 반영할 수 있다. 구글 브랜드는 온라인 검색의 개념을 연상시키는 경향이 있고 온라인 검색의 개념은 구글 브랜드를 즉시 떠올리게 하는 경향이 있다.

브랜드 연관성은 주어진 브랜드 이름과 사람들의 마음속에 있는 관련 구성들 사이의 정신적인 연관성을 밝혀내는 것을 목표로 하는 다양한 조사 방법에 의해 검사된다. 가장 간단한 형식으로, 브랜드 연관 연구는 응답자들에게 중심 브랜드가 언급될 때 떠오르는 모든 생각을 나열하도록 요청한다(자유 연관이라고도 함). 그런 다음 응답자의 답변을 사용해 이 브랜드의 연관 네트워크(1장 및 5장에 표시된 것과 유사함)를 구성하며, 여기서 먼저 언급된 대상과 여러 번 언급된 대상은 더 강력한 연관성을 의미하는 것으로 해석된다. 시각화 목적을 위해, 브랜드 연관성의 강점은 관련 정신 구성 간의 거리에 반영될 수 있다.

브랜드 연관 연구는 응답자들에게 명시적 요구, 혜택, 경험, 사건, 활동, 장소, 사람, 사물, 제품 및 서비스 및 기타 브랜드와 관련해 브랜드별 연관(지시적 연관이라고도 함)을 식별하도록 요청하는 미리 결정된 일련의 질문을 포함할 수 있다. 예를 들어, 응답자에게 브랜드를 사용할 가능성이 높은 특정 상황, 브랜드를 사용할 가능성이 가장 높은 사람들의 유형, 브랜드로 식별될 가능성이 가장 높은 제품, 중심 브랜드와 유사한 다른 브랜드의 유형을 식별하도록 요청할 수 있다.

연관성 연구에는 응답자들이 브랜드를 사람, 국가, 동물, 자동차, 나무, 잡지 및 스포츠를 포함한 다른 항목과 비교하도록 요청하는 비교 작업도 포함될 수 있다. 예를 들어, 응답자는 특정 브랜드가 동물이라고 상상한 다음 어떤 동물 브랜드가 가장 가능성이 높은지 물을 수 있다. 응답에 대한 더 깊은 통찰력을 얻기 위해 개인은 특정 비교를 한 이유를 추가로 설명하도록 요청받는다. 다른 유형의 브랜드 연관 연구와 마찬가지로, 이러한 비교 결과는 본질적으로 질적이며 일반적으로 탐색 목적으로 사용된다.

브랜드 연관성의 강점을 평가하는 다른 접근 방식은 누군가가 질문에 답하는 데 걸리는 시간(응답 시간)과 같은 암시적 측정을 사용하는 것이다. 이러한 접근 방식은 상호 관련된 개념의 네트워크로서 기억에 대한 관점을 기반으로 하나의 개념(예: 브랜드 이름)이 활성화되면 가장 밀접하게 연결된 개념도 활성화된다. 밀접한 의미 관계를 나타내는 마디nodes와 같이 자주 함께 활성화되는 마디는 두뇌에 의해 더 빠르게 검색되는 더 강한 연결(마디 간의 짧은 링크에 반영됨)을 형성한다. 이러한 맥락에서 확산 활성화 이론은 브랜드가 특정 품질(암시적 연관시험에서와 같이)을 보유하고 있는지 확인하기 위해 응답 시간을 측정하고, 눈의 움직임을 추적하고, 전기적 활동을 기록(EEG)하고, 뇌의 혈류와 관련된 변화를 감지(fMRI)하는 것과 같은 사람들의 정신 과정을 검사함으로써, 개인의 마음에 형성된 브랜드 이미지의 세부 사항에 대한 통찰력을 얻을 수 있음을 의미한다.

블로그 항목, 소셜 미디어 게시물, 공유 사진 및 비디오를 포함한 소셜 미디어 활동을 모니터링해 브랜드 연관성을 확인할 수도 있다. 이 경우 브랜드 연관성은 대화의 광범위한 상황에 포함되는 경향이 있고 명시적으로 언급되지 않기 때문에 기업들은 개인의 선호도를 추론하기 위해 브랜드와 관련된 정보를 추출하고 해석하기 위해 자연어 처리와 의미 분석 같은 다양한 자료 분석 방법을 사용한다.

브랜드의 고객 가치 평가

브랜드의 고객 가치는 그와 관련된 고객 혜택 및 비용을 반영한다. 브랜드에 대한 고객의 인식을 밝히기 위한 브랜드 이미지 조사와 달리 브랜드 가치를 검사하는 조사는 표적 고객에 대한 브랜드의 개인적 중요성에 초점을 맞추고 있다. 따라서 여기서 핵심 질문은 고객이 브랜드 이미지의 다양한 측면을 평가하는 방법과 브랜드에 대한 전반적인 평가를 구성하는 방법이다.

브랜드는 고객 니즈에 대한 불충분한 이해에서부터 브랜드 가치 제안에 대한 비현실적인 가정, 가치제안을 효과적으로 전달할 수 없는 브랜드의 무능과 경쟁적 대응의 오산에 이르기까지 다양한 이유로 가치를 창출하지 못할 수 있다. 이러한 맥락에서 브랜드에 의해 창출된 고객 가치를 창출하는 것은 회사의 브랜드 구축 노력에 대한 지침을 제공하고 브랜드 속성이 브랜드의 약속을 이행하는 방식으로 설계되고 전달되도록 하는 것을 목표로 한다.

고객 가치 평가는 브랜드가 기능적functional, 심리적psychological, 금전적monetary 세 가지 핵심 차원에서 가치를 창출한다는 일반적인 개념을 따른다.

● 브랜드의 기능적 가치 평가

브랜드의 기능적 가치는 이 브랜드를 특정 제품 또는 서비스와 연결함으로써 발생하는 기능적 혜택 및 비용을 반영한다. 브랜드는 회사의 오퍼링을 식별하고, 오퍼링의 성능을 알리고, 오퍼링의 성능에 대한 고객 인식을 향상시키는 세 가지 차원에서 기능적 가치를 창출할 수 있기 때문에(자세한 내용은 3장 참조) 회사는 다양한 방법을 사용해 브랜드의 기능적 가치의 다양한 측면을 평가할 수 있다.

브랜드가 회사의 오퍼링을 얼마나 잘 식별하는지 측정하는 한 가지 접근 방식은 표적 고객이 다른 회사에서 만든 제품과 서비스와 브랜드 제품 및 서비스를 구별할 수 있는 정도를 평가하는 것이다. 브랜드 오퍼링이 더 뚜렷하고 다른 오퍼링과 혼동될 가능성이 낮을수록 브랜드의 기능적 가치가 높아진다. 이러한 맥락에서 브랜드의 기능적 가치는 유사한 오퍼링 중에서 브랜드 제품을 쉽게 식별할 수 있을 뿐만 아니라 이 제품이 다른 회사에서 만든 다른 오퍼링과 혼동되지 않을 가능성에 의해 측정될 수 있다.

회사 오퍼링을 식별하는 것 외에도, 브랜드가 창출하는 또 다른 기능적 혜택은 오퍼링의 인지된 성능을 알리고 향상시키는 능력이다. 예를 들어, 사람들은 브랜드 및 일반 제약 제품의 경우처럼, 브랜드 제품이 동일한 브랜드가 없는 제품보다 기능적으로 우수하다고 생각할 수 있다. 이 경우 브랜드의 기능적 가치는 제품의 브랜드 및 비브랜드의 인지된 성능에 대한 고객 평가를 비교해 측정할 수 있다. 여기에서 브랜드가 회사 오퍼링의 성능을 나타내는 정도는 이러한 오퍼링에 대한 고객 기대치를 평가해 측정할 수 있으며, 브랜드가 오퍼링의 인지 성능을 향상시키는 정도는 회사의 오퍼링을 경험 후 고객 만족도를 평가해 측정할 수 있다.

● 브랜드의 심리적 가치 평가

심리적 가치는 일반적으로 사람들이 브랜드가 개인적으로 관련이 있다고 생각하는 정도에 반영된다. 이러한 개인적 관련성은 브랜드가 감정 전달, 자기표현 촉진, 사회적 책임 전달이라는 세 가지 주요 방식으로 가치를 창출하는 데 도움이 된다(자세한 내용은 3장 참조). 심리적 가치의 세 가지 측면이 서로 연결되어 있기 때문에 이를 측정하는 방법은 본질적으로 매우 유사하며, 고객에게 브랜드 고유의 의미에 초점을 맞추고 있다.

브랜드 심리적 가치를 측정하는 일반적인 접근 방식은 응답자에게 브랜드 관련성을 평가하도록 요청하고 이러한 평가를 응답자가 브랜드와 관련된 가치를 나타내는 것으로 처리하는 것이다. 응답자 답변은 숫자 척도(예: 이 장 끝부분에서 설명하는 리커드Likert 척도)를 사용하거나, 보다 시각적인 접근 방식(예: 브랜드 관련성 척도, 이 장 끝부분에서 설명함)을 통해 확인할 수 있다. 브랜드의 심리적 가치를 평가하는 또 다른 인기 있는 방법은 표적 고객에게 특정 브랜드에 대한 생각과 감정을 나타내는 사진을 수집하도록 요청한 다음, 이 사진을 심층 인터뷰의 기초로 사용해 브랜드가 사람들의 삶에서 수행하는 역할에 대한 더 나은 통찰력을 얻는 것이다.

브랜드가 창출한 심리적 가치는 가장 중요한 것을 식별하기 위해 응답자가 브랜드 혜택의 우선순위를 지정하도록 요청하는 과정인 혜택 사다리benefit laddering를 사용해 검사할 수도 있다. 혜택 사다리는 특정 속성과 관련된 깊은 개인적 측면을 밝혀야 하며, 이는 일반적으로 응답자에게 브랜드의 이 측면을 중요하게 만드는 요소를 식별하도록 반복적으로 요청함으로써 달성된다. 설명을 위해 다음 인터뷰 발췌 부분을 고려해보자. "할리데이비슨에 대해 가장 좋아하는 기능은 무엇인가? 소리. 그게 중요한 이유는 무엇인가? 도로에서 다른 것과 다르게 들린다. 그게 중요한 이유는 무엇인가? 즉시 인식할 수 있다. 다른 어떤 소리도 들리지 않는다. 왜 그게 중요한가? 다른 느낌이 들기 때문이다. 왜 그게 중요한가? 비행기를 타는 것처럼 자유로워지기 때문이다." 따라서 혜택 사다리를 통해 조사자는 브랜드가 보다 일반적인 요구를 충족할 때 특정 혜택을 도출할 수 있다.

브랜드의 심리적 가치를 평가하는 데는 고객의 브랜드별 신념, 태도 및 동기를 이끌어내는 작업이 포함될 수 있다. 예를 들어, 응답자들은 모호한 대상에 대해 자세히 설명하도록 요청받을 수 있으므로 명시적인 질문에 의한 것보다 더 깊은 수준에서 발생하는 생각을 표현할 수 있다. 이를 위해, 응답자들은 브랜드가 등장하는 불완전한 그림이나 이야기를 제시하고 해석하거나 완성하도록 요청할 수 있다. 예를 들어, 응답자들은 브랜드에 대해 논의하는 두 소비자 간의 대화를 하고 이를 완료하도록 요청하거나, 응답자에게 두 명의 소비자가 브랜드에 대해 논의하는 그림을 보여주고 그림 아래에 글 또는 그림에 놓인 빈 만화 같은 거품을 채워서 참가자의 생각을 확인하는 방식으로 가능한 대화를 적어 달라는 요청을 받을 수 있다.

● 브랜드의 금전적 가치 평가

브랜드의 금전적 가치는 일반적으로 브랜드와 관련된 오퍼링에 대해 더 높은 가격을 지불하려는 고객의 의지에 반영된다. 브랜드의 금전적 가치는 브랜드의 기능적·심리적 가치와 복잡하게 관련되어 있으며, 때로는 서로 다른 유형의 브랜드 가치의 개별적인 영향을 분리하기 어렵게 만든다.

브랜드의 금전적 가치를 평가하는 인기 있는 접근 방식은 고객에게 브랜드 오퍼링에 대해 기꺼이 가격 프리미엄을 표시하도록 요청하는 것이다. 구체적으로 응답자들은 기능적으로 동일한 오퍼링의 브랜드 및 비브랜드에 대해 지불할 의사가 있는 가격을 언급하도록 요청받을 수 있으며 가격 차이는 소비자를 위한 브랜드의 금전적 가치를 나타낸다. 개념적으로 이 접근 방식은 이 장의 뒷부분에서 설명하는 브랜드 자산을 추정하기 위한 시장 기반 접근 방식과 유사하다.

브랜드의 금전적 가치를 평가하는 다른 접근 방식은 응답자에게 브랜드가 없는 오퍼링의 설명과 가격을 제공하고 동일한 오퍼링의 브랜드 버전이 브랜드가 없는 버전과 똑같이 매력적일 수 있는 가격을 식별하도록 요청하는 것이다. 브랜드의 금전적 가치를 식별하는 또 다른 인기있는 접근 방식은 컨조인트conjoint 분석이다. 일반적인 컨조인트 연구는 응답자들에게 서로 다른 가격대에서 제공되는 일련의 브랜드 선택과 비브랜드 선택권 짝을 보여주고 응답자들에게 각 짝에서 선호하는 선택권을 선택하도록 요청하는 것이다. 가격과 브랜드의 존재 여부에 따른 응답자의 선호도의 분산을 검사함으로써 컨조인트 분석은 브랜드에 할당된 금전적 가치를 식별하는 데 도움이 될 수 있다.

브랜드 파워 측정

브랜드 파워는 회사의 목표 고객, 공동 협력자, 주주 및 직원 행동에 영향을 미치는 브랜드 능력을 반영한다. 대부분의 브랜드 파워는 고객을 위해 창출하는 가치에서 파생되기 때문에 여기서는 고객이 회사의 제품에 반응하는 방식을 변화시키는 특정 브랜드의 능력에 중점을 둔다.

　　브랜드 파워는 브랜드를 회사의 오퍼링과 연결함으로써 발생하는 혜택과 비용에서 비롯된다는 점에서 브랜드의 고객 가치와 관련이 있다. 브랜드가 고객에게 영향을 미치는 이 두 가지 방식의 주요 차이점은 영향의 결과이다. 따라서 브랜드 가치는 사람들이 브랜드에 대해 어떻게 생각하고 느끼는지에 초점을 맞추면서 브랜드 영향의 주관적인 (쉽게 관찰할 수 없는) 측면을 반영한다. 반대로 브랜드 파워는 사람들이 브랜드에 대해 어떻게 행동하는지에 초점을 맞춰 브랜드의 보다 객관적인(쉽게 관찰할 수 있는) 측면을 반영한다.

　　브랜드 파워 측정은 브랜드 선택, 브랜드 사용 및 브랜드 옹호의 세 가지 유형의 고객 활동을 분석하고 브랜드 존재에 의해 영향을 받는 정도를 평가하는 데 중점을 둔다.

◉ 브랜드 선택 평가

브랜드 선택 조사는 브랜드가 브랜드와 관련된 오퍼링을 선택할 가능성에 브랜드가 영향을 미치는 정도를 식별하는 것을 목표로 한다. 브랜드 선택을 평가하는 데 있어 핵심 과제는 브랜드가 고객 행동에 영향을 미치는 여러 요소 중 하나일 뿐이라는 것이다. 제품 및 서비스 품질, 가격, 인센티브, 의사소통 및 가용성과 같은 다른 변수도 선택에 큰 영향을 미칠 수 있다. 따라서 브랜드의 진정한 영향력을 평가하려면 다른 시장요인과 브랜드의 영향을 분리하는 것이 필수적이다.

　브랜드가 고객 선택에 미치는 영향을 조사하는 인기 있는 접근 방식은 구매 의도를 측정하는 것이다. 이는 고객이 더 높은 가격, 더 많은 노력 또는 제품의 즉각적인 가용성 부족과 같은 특정 비용과 관련된 회사 오퍼링의 브랜드 버전과 추가 비용과 관련되지 않은 동일한 오퍼링의 비브랜드 버전 중에서 고객이 선택하도록 요구하는 특정한 상충관계tradeoff를 적용해 달성할 수 있다. 앞서 논의한 브랜드의 금전적 가치에 대한 평가와 달리 브랜드 선택의 평가에는 가격 외에도 시간과 노력이 포함된다.

　구매 의도에서 브랜드의 역할을 조사하는 가장 인기 있는 방법 중 하나는 컨조인트 분석이다. 앞 절에서 논의한 가격 중심 컨조인트 방식과 달리, 구매 가능성 컨조인트 연구는 오퍼링 가격뿐만 아니라 성능, 신뢰성 및 가용성과 같은 다른 속성도 다양하다. 브랜드 존재의 함수로서 응답자의 선호도의 분산을 검사함으로써 컨조인트 분석은 브랜드가 고객 선택에 미치는 고유한 영향을 식별하는 데 도움이 될 수 있다.

　브랜드 선택을 검토하는 또 다른 인기 있는 접근 방식은 일부 구매자에게 회사 오퍼링의 브랜드 버전을 제공하고 다른 구매자에게는 동일한 오퍼링의 브랜드가 없는 버전을 제공하는 시험 시장을 포함한다. 시험 시장 연구는 실제 쇼핑 환경에 근접하는 정도에 따라 다르다. 가장 현실적인 것은 고객에게 제공되는 제품의 브랜드 및 비브랜드 버전과 두 버전의 판매량을 비교하는 것이다. 그렇지 않으면, 실제 쇼핑 환경을 자극하는 실험실 환경에서 시험 시장 연구를 수행할 수 있다. 이 방식은 실행하는 데 더 빠르고, 쉬우며, 비용이 적게 든다. 실험실 시험 시장 연구는 오프라인 소매업체를 모방한 물리적 설정을 포함하거나, 온라인 소매업체에 대한 고객의 경험을 시뮬레이션해 온라인으로 수행할 수 있다. 실험실 실험의 잠재적인 한계는 인위적 환경에서 이루어지기 때문에, 결과적으로 자연환경에서 수행된 연구에 비해 결과의 신뢰성이 떨어질 수 있다는 것이다.

● 브랜드 사용 평가

소비자 선택을 연구하는 것 외에도, 브랜드 사용과 고객이 회사 제품 및 서비스와 상호 작용하는 방식에 브랜드가 미치는 영향을 조사해 브랜드 파워를 측정할 수 있다. 사용량이 많을수록 고객 충성도가 높아지고 재구매율이 높아지기 때문에 브랜드가 사용량에 영향을 미치는 능력을 이해하는 것이 중요하다.

브랜드 사용을 평가하는 일반적인 접근 방식에는 관찰, 인터뷰 및 활동 기반 연구와 같은 탐색 방법이 포함된다. 예를 들어, 조사원은 소비자의 니즈, 일상생활 및 제품 사용에 대한 통찰력을 얻기 위해 가정이나 사무실의 소비자를 방문해 자연환경에서의 행동을 관찰할 수 있다. 또 다른 관찰 방법은 원격 모니터링을 포함하며, 연구 참여에 동의한 소비자의 행동은 가정, 사무실 및 자동차에 내장된 비디오카메라를 사용해 관찰된다.

조사자들은 소비 행동을 수동적으로 관찰하는 대신 소비자를 인터뷰해 소비자가 브랜드와 상호 작용하는 방식과 브랜드가 전반적인 소비 경험에서 하는 역할에 대해 더 나은 통찰력을 얻을 수 있다. 브랜드 이미지는 브랜드에 대한 고객의 경험을 묘사하는 그림 기반 또는 사진 기반 이야기를 만드는 것과 같은 활동 기반 방법을 사용해 검사할 수도 있다. 다양한 탐색적 연구 방법에 대한 더 자세한 논의는 이장의 끝에서 다룬다.

● 브랜드 옹호 평가

회사 오퍼링의 선택 및 사용에 대한 브랜드 영향을 측정하는 것 외에도 브랜드가 고객을 브랜드 옹호자로 만들고 다른 사람들이 브랜드 오퍼링을 채택하고 사용하도록 설득하는 정도를 조사해 브랜드 파워를 평가할 수도 있다. 브랜드 옹호를 평가하는 것은 브랜드를 홍보하고 충성도 높은 고객 기반을 구축하려는 회사의 노력을 확대하는 데 도움이 될 수 있기 때문에 중요하다.

브랜드 옹호를 측정하는 데 널리 사용되는 접근 방식은 순 프로모터 점수net promoter score이다. 이는 고객이 회사 및 제품에 대해 긍정적인 입소문을 퍼뜨릴 가능성을 측정하기 위해 설계된 측정 항목이다. 순 프로모터 점수는 회사의 고객에게 회사의 브랜드를 다른 사람에게 추천할 가능성을 표시하도록 요청해 계산된다(이 브랜드를 친구 나 동료에게 추천할 가능성은 얼마나 됩니까?). 응답은 일반적으로 0~10점으로 점수가 매겨지며 0은 가능성이 매우 낮음을 의미하고 10은 가능성이 매우 높음을 의미한다. 순 프로모터 자료(단일 질문 포함)를 수집하는 단순성으로 인해 브랜드 옹호에서 전반적인 고객 만족도에 이르기까지 광범위한 행동 현상을 측정하는 데 매우 인기 있는 방법이지만, 마케팅 조사에 적용할 수 없는 여러 가지 단점이 있다. 브랜드 옹호를 측정할 때 이러한 제한 사항 중 하나는 오퍼링의 다른 측면의 영향에서 브랜드의 영향을 식별할 수 없다는 것이다.

브랜드 옹호를 측정하는 또 다른 접근 방식은 제품 후기 및 소셜 미디어 게시물과 같은 소비자의 온라인 커뮤니케이션 콘텐츠를 분석하는 것이다. 이 접근 방식의 급속한 인기는 브랜드 추천의 상당 부분이 온라인에서 발생하므로 쉽게 관찰할 수 있으며 긍정적인 브랜드 의미의 동인을 선별하기 위해 분석할 수 있다는 것이다. 고객이 브랜드에 대해 말하는 내용을 반영하는 고객 커뮤니케이션의 내용을 분석하는 것 외에도, 브랜드 옹호는 고객이 브랜드에 대해 어떻게 느끼는지를 식별하기 위해 감성적인 단어, 문구, 구문 등의 요소들에 초점을 맞춰 고객 커뮤니케이션의 어조(감성)를 분석함으로써 검사할 수 있다.

브랜드 자산 측정

브랜드 자산은 브랜드가 평생동안 창출할 재정적 수익에 반영된 브랜드의 금전적 가치이다. 금전적 가치는 회사의 핵심 성과 지표 중 하나이며 많은 회사에서 브랜드가 금전적 성과의 중요한 동인이기 때문에 브랜드 자산을 정확하게 측정하는 능력은 회사의 재정적 안정을 보장하는 것이 가장 중요하다.

브랜드 자산의 중요성에도 불구하고 평가를 위해 일반적으로 합의된 단일 방법론은 없다. 오히려, 브랜드 자산의 다른 측면을 강조하는 몇 가지 대체 방법이 있다. 브랜드 자산을 측정하는 가장 인기 있는 세 가지 접근 방식은 비용 접근 방식, 시장 접근 방식, 재무 접근 방식이다. 이러한 접근 방식은 모두 수익 흐름을 창출할 수 있는 분리 및 양도 가능한 회사 자산으로 접근했으며, 브랜드 자산의 원천을 개념화하고 브랜드 가치를 정량화하기 위해 다양한 방법론에 의존한다.

◉ 브랜드 자산 측정에 대한 비용 접근 방식

비용 접근 방식은 브랜드 구축을 위한 마케팅 조사, 브랜드 디자인, 커뮤니케이션, 관리 및 법적 비용과 관련된 비용을 기반으로 브랜드 자산을 계산하는 것이다. 비용 방법은 일반적으로 브랜드 구축과 관련된 모든 관련 지출을 추정해 브랜드를 만드는 데 소요되는 과거 비용을 기반으로 한다. 또는, 브랜드 가치는 평가 시점에 브랜드를 재구축하는 데 드는 금전적 비용을 반영하는 교체 비용을 기반으로 할 수 있다.

비용 접근 방식은 매우 직관적이며 회사의 유형 자산을 평가하는 데 일반적으로 사용된다. 그러나 회사의 무형 자산, 특히 브랜드 가치를 평가하는 데 사용되는 경우 비용 접근 방식을 적용하는 것은 간단하지 않다. 이 접근 방식을 사용해 브랜드 자산을 평가하는 데 있어 가장 큰 과제는 회사가 동일한 브랜드를 구축하기 위해 발생해야 하는 비용을 추정하는 것이 매우 복잡하다는 것이다. 특히 코카콜라, 맥도날드 또는 질레트와 같은 잘 확립된 브랜드의 경우 수년, 어떤 경우에는 수십 년의 과정이 고객의 마음속에 자리 잡았다.

이러한 제한으로 인해, 비용 접근 방식은 대체 비용을 식별하기 쉽고 시간의 경과가 선호도 형성의 핵심 요소가 아닌 새로 생겨난 브랜드의 가치를 평가하는 데 더 적합하다. 그러나 이 경우에도, 이 접근 방식으로 생성된 브랜드 가치 평가는 브랜드의 시장 가치를 창출할 수 있는 브랜드의 잠재력과 브랜드가 직면한 잠재적 위험을 고려하지 않기 때문에 정확하지 않을 수 있다.

● 브랜드 자산 측정에 대한 시장 접근 방식

시장 접근 방식은 브랜드 자산을 브랜드 구축 비용을 조정한 브랜드 오퍼링의 판매 수익과 브랜드가 없는 동일한 오퍼링의 판매 수익 간의 차이로 추정한다. 예를 들어, 몰튼 솔트Morton salt 브랜드의 가치를 평가하기 위해 브랜드 제품에서 생성된 판매 수익을 일반적인 등가물의 일반 소금으로 생성된 판매 수익과 비교한 다음 브랜드 구축 및 관리 비용을 뺀다. 이 접근 방식은 다음 방정식으로 요약된다.

브랜드 자산 = 판매 수익(브랜드) − 판매 수익(비브랜드) − 브랜드 비용

브랜드 제품의 일반 등가물generic equivalent이 시장에서 쉽게 구할 수 없는 경우, 실험실 실험이나 시험 시장을 사용해 브랜드 오퍼링의 단일 단위와 판매량과 브랜드 비용에 대해 조정된 동일한 브랜드 없는 오퍼링 사이의 가격 차이를 결정할 수 있다.

비용 기반 접근 방식에 비해 시장 접근 방식의 중요한 이점은 브랜드 가치를 평가할 때 가설이 덜 필요하다는 것이다. 동시에 시장 접근 방식에는 유효성과 관련성을 제한하는 여러 가지 중요한 단점이 있다. 주요 단점 중 하나는 이 방법이 브랜드 가치(가격 프리미엄)의 한 가지 지표에만 초점을 맞추고 회사의 공동 협력자로부터 브랜드 제품에 대한 더 유리한 조건과 숙련된 직원을 채용하고 유지하는 회사의 능력에 대한 브랜드의 영향과 같은 브랜드가 창출한 가치의 다른 측면을 고려하지 않는다는 것이다. 더욱이 이 접근 방식은 회사가 브랜드 가치를 충분히 활용했다고 가정하므로 잠재적인 브랜드 확장 및 라이선싱 기회로 인해 창출되는 가치를 고려하지 않는다.

또한 시장 접근 방식은 브랜드 및 비브랜드 제품과 관련된 비용 구조의 잠재적 차이를 고려하지 않는다. 예를 들어, 몰튼 솔트와 브랜드가 없는 대안 간의 판매 수익 차이 중 일부는 브랜드가 요구하는 가격 프리미엄이 아니라 생산 및 유통 비용의 차이에서 나타날 수 있다. 시장 접근 방식은 상표 손실, 경쟁 환경 변화, 고객 선호도 변화를 포함할 수 있는 브랜드와 관련된 미래 위험을 고려하지 않으며, 단일 브랜드가 다양한 제품 범주의 다양한 제품 계열에 사용되는 우산 브랜딩 전략을 사용하는 회사에 쉽게 적용되지 않는다.

브랜드 분석 및 기획

● 브랜드 자산 측정에 대한 재정적 접근 방식

재정적 접근 방식은 브랜드의 금전적 가치를 측정하는 데 가장 널리 사용되는 접근 방식이다. 브랜드 자산을 브랜드 미래 수익의 순 현재 가치(NPV)로 평가한다. 이 접근 방식은 일반적으로 회사의 미래 현금 흐름 추정, 이 현금 흐름에 대한 브랜드의 기여도 추정, 브랜드에 귀속된 수익의 변동성을 반영하는 위험 요소를 사용해 현금 흐름 조정의 세 가지 주요 단계를 포함하며, 재정적 접근 방식은 다음 방정식으로 요약이 된다.

> 브랜드 자산 = 미래 현금 흐름의 NPV × 브랜드 기여 요소 × 위험 요소

더 넓은 범위의 요인을 고려해 재정적 접근 방식은 비용 기반 및 시장 기반 접근 방식의 일부 단점을 해결한다. 동시에 재정적 접근 방식에도 몇 가지 중요한 제한이 있다. 첫 번째 과제는 회사의 오퍼링에서 파생된 미래 현금 흐름을 정확하게 추정하는 일반적인 어려움이다.

이러한 어려움은 부분적으로 회사의 미래 현금 흐름이 예측하기 어려운 수많은 외부 요인에 따라 달라진다는 사실에서 비롯된다. 예를 들어, 포드 파이어스톤Ford-Firestone 타이어 리콜(2000), BP 멕시코만 기름 유출(2010), 폭스바겐 디젤 배출량 스캔들(2015)과 같은 제품 결함이나 재앙적인 사건으로 인해 브랜드 명성이 손상될 수 있다. 회사의 현금 흐름은 회사가 운영되는 시장의 변화에 영향을 받을 수도 있다. 예를 들어, 디지털 기술로의 전환은 코닥 및 제록스의 기존 시장 규모를 크게 줄여 이러한 브랜드의 시장 가치를 크게 떨어뜨렸다.

재무적 접근 방식을 사용할 때 또 다른 과제는 생산 시설, 특허 및 노하우, 제품 성능, 공급 업체 및 유통 네트워크, 관리 기술과 같은 비

브랜드 요소로 인한 현금 흐름에서 브랜드로 인한 현금 흐름을 분리하는 데 어려움이 있다는 것이다. 예를 들어, 피자 회사 두 곳을 생각해보자. 하나는 배달 서비스를 통해 피자를 배달하고 다른 하나는 피자를 카페테리아에 판매한다. 두 회사 모두 판매 수익과 이익이 비슷할 수 있지만, 브랜드 자산 측면에서 크게 다를 수 있다. 도미노Domino's, 피자헛Pizza Hut, 파파존스Papa John's와 같은 다른 피자 배달 회사와 경쟁해 고객에게 직접 피자를 판매하는 회사의 경우, 이 브랜드는 회사의 매출과 수익을 높이는 데 중요한 역할을 한다. 반대로 고객에게 단일 피자 옵션을 제공하는 카페테리아에 피자를 판매하는 회사의 경우 브랜드는 제품 품질, 서비스 및 유통 네트워크가 주요 수익 동인으로 판매를 유도하는 데 상대적으로 작은 역할을 한다.

재정적 접근 방식의 또 다른 중요한 한계는 브랜드의 수명을 정확하게 추정하는 것이 어렵다는 점이며, 이는 브랜드에 기인하는 미래 현금 흐름의 기간을 정의하기 위한 전제 조건이다. 재무적 접근 방식은 또한 미래의 브랜드 확장 및 라이선싱 계약에서 비롯된 가치와 같이, 시장에서 완전히 실현되지 않은 브랜드 가치를 고려하지 않는다.

요약

브랜드 조사의 주요 목표는 관리자에게 의사 결정을 알리는 관련 자료를 제공해 브랜드 경영을 용이하게 하는 것이다. 특히 브랜드 조사는 다섯 가지 핵심 질문을 다룬다. 회사가 모든 브랜드 요소를 적절하게 설계하고 전달해 브랜딩 계획을 구현했는지? 목표 고객의 마음속에 브랜드가 어떻게 표현되어 있는지? 브랜드가 목표 고객을 위한 가치를 어떻게 창출하는지? 브랜드가 고객의 행동을 어떻게 바꾸는지? 회사에 대한 브랜드의 금전적 가치는 얼마인지? 이 다섯 가지 질문은 브랜드 집행, 브랜드 이미지, 브랜드 가치, 브랜드 파워 및 브랜드 자산의 5개 영역에서 브랜드 조사를 수행해 해결된다.

브랜드 집행 조사는 브랜드가 시장에서 정확하게 표현되고 표적 고객에게 효과적으로 전달 되는지 여부를 검사한다. 여기에는 브랜드 식별자와 브랜드 참조자라는 두 가지 핵심 요소가 기본 마케팅 계획과 일치하는 정도와 이러한 브랜드 요소가 실제로 표적 고객에게 커뮤니케이션 되었는지 여부를 평가하는 것이 포함된다.

브랜드 이미지 조사는 브랜드의 의미에 대한 고객의 주관적인 해석을 검사하고 브랜드 이름에 대한 고객 인지도 및 브랜드 이름과 연결된 연관성이라는 두 가지 요소를 검사한다. 브랜드 인지도 조사는 소비자가 브랜드를 인지하는 정도를 검사하고 브랜드 회상 및 브랜드 인지도 측면에서 측정된다. 브랜드 연상 조사는 고객 마음속에 존재하는 브랜드의 독특한 이미지를 파악하는 것을 목표로 한다. 브랜드 연상을 검사하는 것은 일반적으로 주어진 브랜드 이름과 관련된 정신적 연결의 본질을 밝히기 위해 연관성의 유형, 폭, 감정가 및 강도의 네 가지 주요 지표에 초점을 맞춘다.

브랜드 가치 조사는 표적 고객에 대한 브랜드의 개인적 중요성을 검사한다. 브랜드 가치를 조사할 수 있는 세 가지 차원은 기능적, 심리적, 금전적이다. 기능적 가치 평가에는 이 브랜드를 특정 제품 또는 서비스와 연관시킴으로써 발생하는 기능적 혜택과 비용을 검사하는 것이 포함된다. 심리적 가치는 일반적으로 표적 고객이 브랜드를 개인적으로 관련이 있는지 검사한다. 브랜드의 금전적 가치를 검사하는 것은 브랜드를 특정 오퍼링과 연관시킴으로써 발생하는 금전적 혜택과 비용을 식별하는 것을 포함한다.

브랜드 파워 조사는 대상 고객, 협력자, 회사 직원 및 이해 관계자의 행동을 변화시키는 브랜드의 능력을 검사한다. 브랜드 중심의 행동을 검사하는 것은 세 가지 유형의 고객 활동에 초점을 맞추고 있다. ① 고객이 회사의 오퍼링을 구매할 가능성을 반영하는 브랜드 선택, ② 고객이 회사의 제품 및 서비스와 상호 작용하는 방식을 반영하는 브랜드 사용, ③ 고객이 브랜드 옹호자가 될 가능성을 반영하는 브랜드 옹호.

브랜드 자산 조사는 브랜드가 평생 동안 창출할 재정적 수익에 반영된 회사에 대한 브랜드의 금전적 가치를 검사한다. 브랜드 자산을 측정하는 세 가지 일반적인 접근 방식이 있다. 비용 접근 방식에는 브랜드 구축과 관련된 비용(과거 또는 대체)을 기반으로 브랜드 자산을 계산하는 것이 포함된다. 시장 접근 방식은 브랜드 자산 수익과 브랜드 관리 비용에 맞게 조정된 동일한 비브랜드 오퍼링 수익 간의 차이로 브랜드 자산을 측정한다. 재정적 접근 방식은 브랜드 자산을 브랜드의 미래 수익의 순 현재 가치로 측정한다. 이 접근 방식은 일반적으로 세 가지 주요 단계를 포함한다. ① 회사의 미래 현금 흐름 추정, ② 이 현금 흐름에 대한 브랜드 기여도 추정, ③ 브랜드에 귀속된 수익의 변동성을 반영하는 위험 요소를 사용해 현금 흐름 조정.

브랜드 자산의 중요성에도 불구하고 평가를 위해 일반적으로 합의된 단일 방법론은 없다. 브랜드 자산을 측정하는 데 있어 공통적인 과제는 브랜드 고유의 수익과 이익을 평가하고, 향후 수익을 창출할 수 있는 브랜드의 능력과 관련된 불확실성을 식별하고, 브랜드의 수명을 추정하고, 향후 브랜드 확장 및 라이선싱 계약의 가치를 결정하는 것이다.

BRANDING INSIGHT 탐색적 조사

탐색적 조사는 고객의 니즈, 선호도 및 신념에 대한 일반적인 이해를 얻기 위해 브랜드를 기획하는 초기 단계, 즉 새로운 아이디어를 생성하고 가설을 수립하는 단계에서 특히 유용하다. 이러한 유형의 조사는 프로젝트 방향을 설정하고 보다 구체적인 연구 질문을 생성하기 위한 출발점으로 사용할 수 있는 통찰력으로 이어진다. 대부분의 경우, 통찰력을 정량화하거나 인과 관계를 설정하는 데 초점을 맞추지 않는다. 일반적인 탐색 방법에는 관찰observation, 개인 인터뷰personal interviews, 포커스그룹 인터뷰focus group interviews, 활동 기반 작업activity-based tasks 및 탐색 자료 마이닝exploratory data mining이 포함된다.

- **관찰**. 자연환경에서 사람들의 행동을 조사해 그들의 니즈에 대한 통찰력을 얻고 그러한 니즈를 충족시키기 위해 선택하는 방법을 얻는다. 관찰은 소비자의 집과 사무실 방문을 통해 소비자 행동을 모니터링해 구매 및 소비할 제품과 서비스를 결정하는 방법을 직접 확인한다. 이를 통해 관리자는 고객 니즈, 구매 습관 및 제품 사용에 대해 더 나은 해결책을 얻을 수 있다. 또 다른 방법은, 그들이 살고 일하는 곳에 비디오카메라를 두는 것과 같은 원격 관찰을 포함한다. 관찰에는 소셜 미디어 커뮤니케이션, 자주 사용하는 웹사이트, 온라인 검색 및 구매 패턴을 포함한 소비자의 온라인 행동 검사도 포함될 수 있다.

- **개인 인터뷰**. 사람들의 견해, 경험, 신념 및 동기를 심층적으로 탐구해 충족되지 않은 니즈 사항을 발견하고 결정을 내리는 방법을 이해하며 행동에 영향을 미치는 요인을 식별한다. 인터뷰는 우편이나 온라인으로 관리되는 설문지를 사용해 직접 또는 간접적으로 수행할 수 있다. 수행 방식에 따라 인터뷰는 ① 후속 질문이나 대화(구조화된 인터뷰)를 허용하지 않고 참가자에게 사전 정의된 질문을 할 수 있으며, ② 응답자의 답변이 인터뷰 과정을 결정하는 대화와 유사하거나(비정형 인터뷰) 또는 ③ 사전 정의된 질문을 포함하는 동시에 추가 정교화가 필요한 경우 후속 질문 및 상호작용을 허용한다(반 구조적 인터뷰).

- **포커스 그룹**. 개인이 아닌 그룹을 대상으로 실시되는 인터뷰이다. 그룹 참가자는 일반적으로 회사의 표적 고객이며, 회사가 상호 작용하는 사회적 상황에서 탐색하려는 관점, 통찰력 및 아이디어를 가지고 있다. 포커스 그룹은 토론을 요점으로 유지하고, 참가자가 제안한 잠재적으로 흥미로운 아이디어를 탐색하고, 모든 참가자가 자신의 생각을 공유할 기회를 갖도록하는 역할을 하는 전문 조력자가 중재한다. 진행자는 토론에 대한 해석을 제공하고 이를 회사가 해결하려는 비즈니스 문제와 관련시킨다. 포커스 그룹 인터뷰는 직접 또는 원격으로 수행할 수 있으며, 온라인 포커스 그룹 인터뷰는 비용이 저렴하고 실행 용이성이 높아 인기가 높아지고 있다.

- **활동 기반 연구**. 사람들에게 그림 그리기, 상황 역할극, 이야기를 만들기 위해 일련의 이미지 배열과 같은 특정 작업을 수행하도록 요청함으로써 사람들의 생각을 탐구한다. 이러한 방법은 사람들의 신념, 감정 및 동기가 말보다는 행동으로 더 잘 포착된다는 생각에 뿌리를 두고 있다. 예를 들어, 연구 참가자는 자신의 삶의 한 측면과 관련된 자신의 생각과 감정을 나타내는 사진을 수집하도록 요청할 수 있다. 그런 다음, 이 사진은 개인의 신념, 니즈 및 선호도에 대한 더 나은 통찰력을 얻기 위해 심층 인터뷰에 사용된다. 또는, 응답자에게 브랜드의 일반적인 사용자 만화를 그리거나 브랜드 사망 기사를 작성하거나, 브랜드를 동물, 자동차 또는 잡지와 비교하도록 요청받을 수 있다. 표적 고객을 이해하는 대안적인 접근 방식을 제공하기 때문에 활동 기반 연구는 관찰 연구, 개인 인터뷰 및 포커스 그룹을 보완하는 데 자주 사용된다.

- **탐색 자료 마이닝**. 소셜 미디어 커뮤니케이션 및 검색 행동과 같은 기존 자료를 사용해 관리자가 시장 동향을 더 잘 이해하는 데 도움이 되는 패턴을 찾는다. 여기에는 소비자 선호, 니즈 또는 태도의 변화를 찾는 분석을 포함하고, 제품 범주의 성장을 지도화하며, 소비자 행동에 영향을 미치는 일반적인 거시 경제 또는 인구통계학적 추세를 검사한다. 소비자 행동에 대한 통찰력을 제공하는 것 외에도, 탐색적 자료 분석에는 회사의 경쟁자 및 협력자를 포함한 다른 시장 주체의 행동을 검사하는 것이 포함될 수 있다. 또한 기업은 탐색적 자료 분석을 사용해 자체 운영에 대해 더 잘 이해하고, 여러 사업부의 성과를 평가하고, 오퍼링의 시장 영향을 검사할 수 있다.

BRANDING INSIGHT 서술적 조사

서술적 조사는 회사가 가치 창출을 목표로 하는 시장에 대한 정보를 얻는 데 도움이 된다는 점에서 탐색적 조사와 유사하다. 그러나 본질적으로 주로 질적인 탐색적 조사와 달리 서술적 조사는 정량적 정보를 수집한다. 따라서 서술적 조사는 주어진 시장의 규모, 회사의 표적 고객의 인구통계학적 특성, 경쟁 오퍼링의 시장 위치 및 회사가 달성할 수 있는 판매량에 대한 정보를 제공할 수 있

브랜드 분석 및 기획

다. 서술적 조사는 네 가지 주요 질문인 누가? 무엇을? 어디서? 언제?에 답하는 것을 목표로 하고, 왜?라는 질문은 다루지 않는다.

서술적 조사에서 제공하는 일반적인 유형의 통찰력에는 고객 통찰력, 경쟁적 통찰력 및 회사 통찰력이 포함된다.

- 고객 통찰력. 회사가 주어진 시장의 규모와 잠재력을 추정해 사업 기회를 평가하는 데 도움이 된다. 이 평가는 회사가 특정 시장이 시장 진입을 정당화하고 회사의 시장 지위를 성장 및 방어하기에 충분히 매력적인지 여부를 결정하는 데 도움이 될 수 있다. 고객 조사는 회사의 브랜드에 대한 고객의 반응 가능성을 기반으로 다양한 유형의 구매자 식별을 용이하게 할 수 있다. 결과적인 세분화는 회사가 표적으로 할 세그먼트와 무시할 세그먼트를 결정하고, 선택한 세그먼트에 대해 브랜드를 최적화하는 방법을 결정하는 데 도움이 된다.

- 경쟁적 통찰력. 경쟁사 규모, 시장 점유율, 판촉 활동 및 유통 네트워크와 같은 요소에 초점을 맞춰 경쟁사의 시장 위치에 대해 회사에 알려준다. 경쟁적 통찰력을 얻으면 회사는 경쟁사의 강점과 약점을 더 잘 이해하고, 오퍼링에 대한 실행 가능한 위협을 평가하며, 궁극적으로 경쟁 위협에 대응하고 회사의 시장 지위를 강화하기 위한 조치를 개발할 수 있다.

- 회사 통찰력. 자사 제품의 시장 성과에 대해 회사에 알려준다. 예를 들어, 조사를 통해 제품 및 서비스의 시장 점유율, 브랜드의 강점, 다양한 유통 채널에서 제공되는 오퍼링의 가용성과 같은 핵심 성과 지표에 대해 회사에 알릴 수 있다. 회사 조사는 회사 내부 운영의 비용 효율성, 영업 인력의 할당 및 생산성, 생산 시설 용량 활용도를 조사할 수 있다.

서술적 조사는 고객, 경쟁사 및 회사 통찰력을 생성하는 것 외에도, 특정 제품 범주 또는 경제의 광범위한 추세를 조사해 이러한 추세가 회사의 비즈니스 모델에 영향을 미칠 수 있는지 여부와 방법에 대한 더 나은 이해를 얻을 수 있다. 이러한 맥락에서 서술적 조사는 회사가 운영되는 환경을 정의하는 주요 요소를 식별하고 회사 브랜드에 미칠 수 있는 영향을 정량화하는 데 도움이 될 수 있다.

실험적 조사를 통해 관리자는 시장에서 인과 관계를 이해할 수 있다. 일반적으로 한 요소(예: 브랜드 포지셔닝)를 변경해 다른 요소(예: 제품 만족도)에 인과적 영향을 미치는지 여부를 확인한다. 이러한 통제 수준은 실험적 조사와 관찰자가 오퍼링 또는 시장 환경의 다른 측면을 변경하지 않고 정보를 수집하는 탐색적 및 서술적 조사와 구별된다. 실험적 조사를 통해 확립된 인과 관계는 다른 형태의 조사보다 고객과 그들의 행동에 대한보다 철저한 이해를 제공할 수 있다. 인과 관계를 확립하는 데 사용되는 주요 방법이 실험이기 때문에 인과적 조사와 실험적 조사라는 용어는 자주 혼용된다.

A/B 테스트라고 불리는 가장 간단한 실험은 두 가지 조건을 포함한다. ① 관심 요소(예: 제품 설계, 브랜드 이름 또는 가격)의 영향을 측정하기 위해 사용되는 실험 조건과 실험 및 통제 조건이 조사자에 의해 설계되었는지 또는 ② 시장에서 자연적으로 발생했는지에 따라 통제된 실험과 자연 실험의 두 가지 유형의 실험이 있다.

통제된 실험은 소비자의 반응을 관찰하기 위해 의도적으로 소비자를 다른 실험 조건에 노출시킨다. 통제된 실험은 실험실 연구의 경우와 같이 인위적인 환경에서 수행되거나 현장 연구의 경우와 같이 실제 시장 환경에서 수행될 수 있다. 예를 들어, 가격이 판매량에 미치는 영향을 조사하기 위해 조사자는 응답자를 연구 시설에 초대하고 다른 가격대에서 관심 제품을 구매할 가능성을 나타내도록 요청할 수 있다. 또는, 조사자가 고객 반응을 관찰하기 위해 회사가 특정 제품의 브랜드 이름을 변경하는 현장 실험을 설정할 수 있다.

응답자를 다른 실험 조건에 할당하는 대신 자연 실험은 시장에 이미 존재하는 차이를 활용하고 이러한 차이를 사용해 관심 관계에 대한 추론을 도출한다. 예를 들어, 가격 변화가 판매량에 미치는 영향을 이해하기 위해 관리자는 가격의 과거 변동에 따라 제품 판매의 변화를 조사할 수 있다. 기존 자료에 의존하기 때문에 자연 실험은 일반적으로 더 빠르고 비용이 적게 들고 수행하기 쉽다. 동시에 관리자가 연구 중인 이벤트에 대한 직접적인 통제권을 가지고 있지 않기 때문에, 관찰된 행동 패턴이 동시에 발생한 다른 요인(예: 제품 가격)이 아니라 관심 요소(예: 경쟁력 있는 가격 인하)에 의해 실제로 발생하는지 확인하는 것은 어렵다. 결과적으로 자연 실험은 통제된 실험보다 인과 관계를 검증할 가능성이 적다.

BRANDING INSIGHT 인터브랜드와 브랜드Z 브랜드 가치평가 방법

브랜드의 금전적 가치를 평가하기 위해 가장 많이 사용되는 두 가지 방법은 인터브랜드Interbrand와 칸타Kantar의 브랜드Z 방법으로 개발된 브랜드 평가 방법이다. 두 방법 모두 회사에 대한 브랜드의 금전적 가치(즉, 브랜드 자산)를 평가하는 동일한 최종 목표를 가지고 있다. 추가로, 두 방법은 브랜드 평가에 대한 재정적 접근 방식을 사용하기 때문에(이 장의 앞부분에서 논의됨) 여러 공통점을 공유한다. 두 가지 공통점은 모두 브랜드 오퍼링과 관련된 순익을 결정하는 것으로부터 시작해 미래에 이 순익을 창출하는 데 있어 브랜드의 역할을 식별한다. 이러한 방법이 다른 점은 이러한 추정치를 도출하는 방식과 절차에서 가정하는 방식에 있다. 이 두 가지 브랜드 평가 방법의 주요 측면이 아래에 요약되어 있다.

인터브랜드의 가치 평가 방법은 브랜드 제품 및 서비스의 재무 성과 분석, 구매 결정에서 브랜드의 역할 조사, 브랜드의 경쟁력 탐색이라는 세 가지 핵심 요소를 포함한다.

- **재무 분석**. 투자자에 대한 전반적인 재무 수익 또는 브랜드의 경제적 이익(수익을 창출하는 데 사용된 자본에 맞게 조정된 브랜드의 세후 영업 이익을 나타내는 용어)을 나타낸다.

- **브랜드 역할**. 제품 혜택, 편의성, 가격과 같은 다른 요소와는 반대로 구매 결정이 브랜드의 기능인 정도를 반영한다. 브랜드 영향은 세 가지 방법 중 하나를 사용해 설정된다. 기본조사, 해당 업계에서 브랜드의 과거 역할 검토, 전문가 패널 평가. 백분율로 표시된 브랜드의 영향은 브랜드의 전반적인 평가에 대한 입력으로 사용되는 RBI(Role of Brand Index-브랜드

색인의 역할)를 형성한다.

- <mark>브랜드 강점</mark>. 고객 충성도를 만들고 유지하는 브랜드의 능력을 반영한다.
  브랜드 강도는 내부 및 외부의 두 가지 범주로 구성된 열 가지 주요 기준의
  평가를 기반으로 0~100점으로 평가된다. 내부 요소는 회사가 브랜드를
  관리하는 방식을 반영하며 네 가지 주요 차원을 포함한다. ① 브랜드가
  표적 고객을 나타내는 명확성과 가치제안, ② 브랜드에 대한 헌신, ③
  법적 보호, ④ 시장 변화에 대한 대응이며, 외부 요인은 고객 요구에
  대한 관련성, 브랜드 차별화, 모든 접점 및 형식에 걸친 브랜드 디자인 및
  커뮤니케이션의 일관성, 매체에서의 브랜드 존재, 브랜드의 독특한 측면에
  대한 친밀도를 반영한다. 그런 다음 브랜드 강도는 브랜드와 관련된 미래
  위험을 반영하는 브랜드별 요인으로 전환된다.

브랜드 가치(브랜드 수익의 순 현재 가치)는 경제적 이익(재무 분석에서 파생)
에 RBI(브랜드 분석의 역할에서 파생)를 곱하고 브랜드 위험을 조정(브랜드 강도 분
석에서 파생된 할인율을 사용해) 한다.

브랜드Z 평가 방법은 글로벌 시장 조사 기관인 밀워드 브라운Millward
Brown(현 kantar 사업부)에서 개발했다. 인터브랜드의 접근 방식과 유사하게,
브랜드Z 방법은 브랜드에 기인하는 현재 및 미래 수익을 계산하기 위해 재무
조사에 의존한다. 브랜드Z 방법의 뚜렷한 특징은 전문가 패널로부터 소비자의
관점을 도출하기보다는, 50개 이상의 글로벌 시장에서 300만 명 이상의 소비
자를 대상으로 하는 심층 소비자 조사에 의존한다는 것이다. 브랜드Z 방법은
세 가지 주요 단계를 포함한다.

- <mark>재무 평가</mark>. 이 단계는 브랜드와 관련된 제품 및 서비스의 기업 수익을
  확인하는 것으로 시작된다. 여러 브랜드를 소유한 회사의 경우 기업 수익은
  브랜드 포트폴리오 전체에 배분된다. 그런 다음 브랜드의 재무 가치는
  브랜드 수익에 현재 수익의 배수로 미래 수익 전망을 평가하는 요소인
  브랜드 배수를 곱해 계산된다. 브랜드 배수의 파생은 재무 분석가가 현재
  수입(예: 10배 수입)의 함수로 주식의 시장 가치를 결정하는 데 사용하는
  계산과 유사하다.

- **브랜드 기여**. 두 번째 단계는 브랜드 오퍼링의 재무 평가에 기여하는 가격, 가용성 및 유통과 같은 비브랜드 요소를 제거해 브랜드 기여도를 계산하는 것이다. 목표는 판매를 촉진하고 회사의 가치를 창출하는 능력과 관련해 대중의 마음속에 존재하는 브랜드 이미지에 가치를 부여하는 것이다. 이를 위해, 브랜드Z 방식은 브랜드 가치의 세 가지 동인을 식별한다. 즉, 의미(사람들이 브랜드에 대한 친화력을 갖는 정도), 차별화(브랜드가 독특하다고 인식되는 정도), 유명성(소비자가 브랜드에 대한 최우선 인식을 갖는 정도)이다. 이러한 브랜드 연상에 의해 제공되는 판매량과 추가 가격 프리미엄은 브랜드에 의해 수행되는 고유한 역할을 반영하며 브랜드 기여라고 불린다.

- **브랜드 가치**. 브랜드Z 접근 방식의 마지막 단계는 브랜드가 회사의 전체 가치에 기여하는 금전적 금액을 나타내는 브랜드 가치를 계산하는 것이다. 브랜드 가치는 재무 가치에 브랜드 기여도를 곱해 계산된다. 인터브랜드Interbrand와 칸타kantar에 의해 생성된 가치평가는 그들의 가설과 밀접하게 연결되어 있기 때문에 기본 가설의 작은 변화가 브랜드 가치 평가에 상당한 변화를 가져올 수 있다. 예를 들어, 이 두 가지 방법으로 생성된 아마존의 브랜드 자산 가치를 고려해보자. 2019년 인터브랜드는 아마존의 브랜드 자산을 1,250억 달러로 추정한 반면, 브랜드Z는 구글 브랜드의 가치를 2배 이상인 3,150억 달러로 평가했다. 이 두 추정치의 1,900억 달러 차이는 코카콜라, 펩시, 맥도날드, 질레트, 스타벅스 및 루이비통 브랜드를 합친 가치를 초과한다. 추정치의 편향은 단방향이 아니므로 브랜드 간 추정치는 항상 브랜드Z에서 생성한 추정치보다 낮다. 예를 들어, 인터브랜드는 삼성 브랜드에 610억 달러의 가치를 부여하는 반면, 브랜드Z는 이 브랜드의 가치를 300억 달러로 평가하며, 이는 인터브랜드 가치의 절반이다. 시간이 지남에 따라 동일한 방법으로도 현실적이지 않은 추정치를 생성할 수 있다. 예를 들어, 브랜드Z는 2017년 아마존 브랜드에 1,390억 달러의 가치를, 2019년에는 3,150억 달러의 가치를 부여해 불과 2년 만에 콜라와 펩시 브랜드의 합친 가치의 2배 이상인 브랜드 가치가 1,750억 달러 증가했음을 의미한다.

두 가지 평가방법에 의해 산출된 브랜드 가치의 유의적인 차이는 실현 가능한 가정을 채택하고 브랜드 가치를 측정하기 위해 수렴 방법을 사용하는 대체 평가방법의 개발의 중요성을 강조한다. 이러한 접근법은 브랜드의 전략적 가치, 즉 브랜드를 현재 목표 시장과 제품 범주 이상으로 확장하는 잠재력, 그리고 다른 시장 실체의 행동에 영향을 미치는 브랜드의 힘을 고려해야 한다.

BRAND INSIGHT 브랜드 측정 척도

브랜드의 다양한 측면에 대한 고객 평가를 포착하기 위해 관리자는 응답자의 답변을 기록할 수 있는 다양한 척도를 사용할 수 있다. 이러한 척도의 대부분은 심리학 및 심리 측정에서 파생되며 사람들의 태도, 감정 및 행동을 포착하는 데 사용된다. 브랜드 관리에서 특히 흔히 볼 수 있는 세 가지 척도인 리커트 Likert 척도, 브랜드 관련성 척도, 의미 차이 척도는 아래에 요약되어 있다.

● **브랜드 설문 조사 개발을 위한 리커트 척도**

리커트 척도(발명자인 심리학자 렌시스 리커트Rensis Likert의 이름을 따서 명명)는 특정 문제에 대한 사람들의 신념을 측정하기 위해 설문 조사에 사용되는 인기 있는 도구이다. 리커트 척도에는 일반적으로 응답자에게 동의하거나 동의하지 않는 정도를 표시하도록 요청받은 일련의 진술이 포함된다. 이러한 문구의 예로는 "사용하기 쉬운 제품이다", "서비스에 만족한다", "가격이 적당하다" 등이 있다.

각 진술에 따라 응답자들은 일반적으로 사전 코딩된 5~9개의 응답 중에서 선택할 수 있으며 중립적인 점은 "동의하지도 반대하지도 않음"이다. 리커트 척도의 가장 인기 있는 형태는 5점 응답 척도를 포함한다. 강력하게 반대하지도, 반대하지도, 동의하지도 반대하지도, 동의하지도, 강력히 동의한다(그림 10.2).

일반적으로, 리커트 척도는 홀수 점 척도이다. 그러나 균등한 척도 유형(동의하거나 동의하지 않는 중립적 선택권이 없음)은 때때로 응답자들이 각 진술에 더 동의하는지 또는 동의하지 않는지 결정하도록 강요하는 데 사용되었다. 원

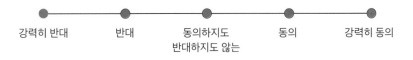

강력히 반대　　　반대　　　동의하지도　　　동의　　　강력히 동의
　　　　　　　　　　　　　반대하지도 않는

그림 10.2 리커트 척도

래 리커드 척도는 특정 아이디어에 동의하는지 동의하지 않는지를 측정해 사람들의 신념을 평가하는 것을 목표로 한다. 리커드 유형 척도는 빈도, 중요도 및 가능성과 같은 다른 요소를 측정하는 데도 사용할 수 있다.

● 　브랜드에 대한 개인적인 참여를 측정하기 위한 브랜드 관련성 척도

브랜드 관련성 척도는 브랜드가 개인과 개인적으로 관련이 있다고 인식되는 정도를 평가하는 것을 목표로 한다. 척도는 한 쌍의 원으로 구성되며 하나는 고객을 나타내고 다른 하나는 브랜드를 나타낸다. 응답자들은 브랜드가 내면의 신념, 가치 및 인격을 반영하는 정도를 가장 잘 나타내는 짝을 식별하도록 요청받는다. 척도는 일반적으로 겹치지 않는 것부터 거의 완전히 겹치는 것까지 5짝(그림 10.3 참조) 또는 7짝의 원을 포함한다.

브랜드 관련성 척도는 브랜드 관계가 대인관계와 유사하므로 브랜드가 나타내는 가치와 표적 고객이 보유한 가치의 일관성으로 설명할 수 있다는 생각을 기반으로 한다. 단순한 기하학적 도형(원)을 사용하면 응답자가 브랜드와 연결되어 있다고 느끼는 정도와 브랜드가 보유한 가치와 겹치는 가치를 쉽게 평가할 수 있다.

단순성 외에도 이 척도의 중요한 장점은 개인의 반응을 정량화할 수 있다

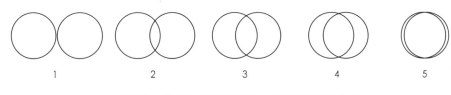

1　　　　　2　　　　　3　　　　　4　　　　　5

그림 10.3 브랜드 관련성 척도

는 것이다. 브랜드 관련성 척도는 본질적으로 서수이기 때문에(개인적으로 브랜드가 관련된 정도를 기준으로 개인의 응답을 정렬할 수 있음을 의미함), 개별 응답을 통합 브랜드 관련성 점수로 결합하는 데 사용할 수 있는 숫자 값을 할당할 수 있다.

● 브랜드 태도 측정을 위한 의미 차이 척도

의미 차이 척도는 브랜드에 대한 사람들의 감정적인 반응을 밝히기 위해 일반적으로 브랜드 조사에서 사용된다. 미국 심리학자 찰스 오스굿Charles Osgood이 개발한 의미 차등 척도는 단어와 그 대상의 뜻(의미)를 측정하기 위해 설계되었다. 응답자들은 각 끝에 대조되는 형용사로 고정된 양극성 척도로 서로 다른 단어 혹은 대상을 평가하도록 요청받는다. 응답자 답변은 주어진 단어의 의미론적 프로필을 시각적으로 표현하기 위해 선으로 연결된다. 브랜드 관리에 사용될 때, 의미적 차별화 척도는 단일 브랜드를 포함하거나 다른 브랜드에 대한 고객 태도를 포함할 수 있으므로 관리자가 이러한 브랜드를 고객이 인식하는 방식을 비교할 수 있다(그림 10.4).

의미 차이 척도는 사람들의 반응에 있는 대부분의 고유한 정보를 포착하는 세 가지 기본 차원(평가, 효능 및 활동)을 식별한다. 평가 차원은 사람이 주어진 대상을 긍정적으로 또는 부정적으로 인식하는 정도를 반영하며 좋은-나쁜, 좋은-끔찍한, 도움이 되는-도움이 되지 않는 것과 같은 척도 anchor(앵커-극단적인 값)를 포함한다. 효능 차원은 평가대상의 강도를 반영하며 강한-약한, 힘 있는-힘없는, 큰-작은 등의 대조적인 형용사로 정의된다. 마지막으로, 활

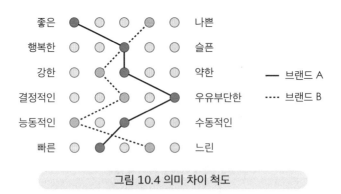

그림 10.4 의미 차이 척도

동 차원은 대상과 관련된 에너지 수준을 검사하며 능동-수동, 살아있는-죽은, 빠른-느린, 젊은-늙은과 같은 앵커에 의해 정의된다. 이 세 가지 차원의 의미는 상당히 견고하며 서로 다른 문화에 대한 연구에 의해 검증되었다.

11

전략적 브랜드 경영 계획 수립

계획 없는 목표는 그저 소망일 뿐이다.
- 투안 드 생텍쥐페리, 프랑스 작가, 『어린 왕자』의 작가

　　강력한 브랜드를 구축하려면 관리자는 회사가 브랜드로 달성하려는 목표와 이 목표를 달성하기 위해 기획된 브랜드 관련 활동을 포함한 브랜드가 시장 가치를 창출하는 방법에 대해 명확하게 이해해야 한다. 이러한 이해는 브랜드를 만들고, 성장시키고, 방어하는 과정을 설명하는 전략적 브랜드 경영 계획에 반영된다. 전략적 브랜드 경영 계획의 본질과 계획을 문서화 하는 절차, 브랜드 가치 지도, 브랜드 포지셔닝 선언문 및 브랜드 정체성 가이드 개발 그리고 브랜드 감사를 수행하는 주요 측면이 이 장의 초점이다.

전략적 브랜드 경영 계획의 본질

전략적 브랜드 경영 계획은 회사 브랜드의 본질, 경쟁하는 시장, 시장에서 창출하고자 하는 가치, 그리고 시장 가치를 창출하는 구체적인 방법을 명확히 한다. 따라서 브랜드 경영 계획은 브랜드에 대한 회사의 전략적 비전을 설명하고 이 비전을 구현하기 위한 도구를 설명한다. 브랜드 경영 계획 및 조직의 핵심 요소는 다음 절에서 설명한다.

● 전략적 브랜드 경영 계획의 주요 요소

브랜드는 회사가 시장 가치를 창출하는 데 사용할 수 있는 도구 중 하나이기 때문에 전략적 브랜드 경영 계획은 회사 전체 마케팅 계획의 일부이다(2장에서 논의됨). 이 두 계획의 주요 차이점은 범위이다. 마케팅 계획은 오퍼링의 제품, 서비스, 브랜드, 가격, 인센티브, 커뮤니케이션 및 유통 측면을 포함한 광범위한 결정을 내리는 반면, 브랜드 경영 계획은 브랜드 경영과 관련된 문제에만 초점을 맞추고 있다. 이러한 맥락에서 브랜드 경영 계획은 회사가 브랜드로 달성하고자 하는 목표와 이 목표를 달성하기 위한 구체적인 활동을 개략적으로 설명한다.

브랜드 경영 계획의 중추는 2장에 설명된 G-STIC 체계에 의해 가이드 되는 실행 계획이며, 브랜드 경영 계획에는 다섯 가지 핵심 요소가 포함된다. ① 브랜드 성공을 위한 궁극적인 기준을 나타내는 목표 설정, ② 브랜드가 시장 가치를 창출하는 방법을 명확하게 설명하는 전략 정의, ③ 특정 브랜드 속성을 식별하고 표적 고객에게 커뮤니케이션 방식인 전술 기획, ④ 브랜드 구축의 실행 계획을 기술하는 집행 계획 정의, ⑤ 브랜드의 현재 상태를 평가하는 통제과정 식별 등이며, 설정된 목표를 향한 진행 상황을 평가하고 브랜드가 운영되는 환경을 관

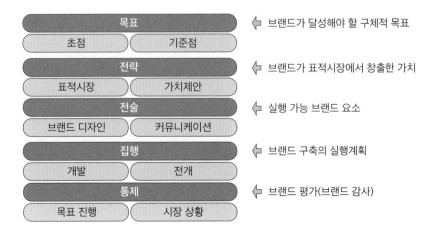

목표 ⇐ 브랜드가 달성해야 할 구체적 목표
초점　　기준점

전략 ⇐ 브랜드가 표적시장에서 창출한 가치
표적시장　　가치제안

전술 ⇐ 실행 가능 브랜드 요소
브랜드 디자인　　커뮤니케이션

집행 ⇐ 브랜드 구축의 실행계획
개발　　전개

통제 ⇐ 브랜드 평가(브랜드 감사)
목표 진행　　시장 상황

그림 11.1 전략적 브랜드 경영 계획

찰한다. 브랜드 경영 계획의 다섯 가지 요소와 주요 구성 요소가 〈그림 11.1〉에 나와 있다.

브랜드 경영 계획의 전체적인 구성과 다섯 가지 주요 요소의 내용이 아래에 요약되어 있다.

⊙ 목표

목표는 특정 브랜드와 함께 회사가 달성하고자 하는 바람직한 결과를 정의한다. 브랜드 목표를 정의하는 데에는 두 가지 요소, 즉 초점focus 과 기준점benchmark이 포함된다.

● **목표 초점**. 회사가 특정 브랜드로 달성하고자 하는 주요 결과이다. 목표 초점은 특정 금전적 결과와 관련되지 않고 브랜드 파워를 높이는 것과 같이 본질적으로 전략적일 수 있다. 목표 초점은 브랜드 자산 증가와 같은 특정한 금전적 결과의 관점에서 정의될 수 있다.

- **성능 기준점**. 원하는 결과를 정량화하고 이 결과를 달성하기 위한 일정을 설정한다. 예를 들어, 성능 기준점은 회사가 달성하고자 하는 원하는 브랜드 자산과 회사가 이 수준의 브랜드 자산에 도달하는 것을 목표로 하는 시기를 정의할 수 있다.

브랜드가 달성하고자 하는 목표를 명확하게 정의하는 것은 브랜드 전략과 전술을 가이드할 뿐만 아니라 브랜드 구축에 할당된 회사 자원을 결정하기 때문에 중요하다. 잘 수립된 브랜드 목표는 회사의 브랜드 구축 노력에 집중하는 동시에 성능을 측정하고 브랜드 성공의 궁극적인 기준이 되는 척도 역할을 한다.

● 전략

전략은 브랜드의 표적 시장과 이 시장에서 창출하고자 하는 가치를 명확히 한다. 따라서 브랜드 전략은 표적 시장과 가치제안이라는 두 가지 구성 요소로 정의된다.

- **표적 시장**. 브랜드의 표적 고객, 동일한 고객을 표적으로 하는 경쟁자, 고객 가치를 창출하기 위해 회사와 협력하는 협력자, 오퍼링을 관리하는 회사 및 브랜드가 운영되는 상황을 식별한다. 브랜드 표적 시장을 정의하는 요소는 표적 고객의 선택이며, 이는 표적 시장의 다른 측면을 결정한다.
- **가치제안**. 선택한 표적 시장에서 창출하고자 하는 가치를 반영한다. 브랜드의 가치제안에는 고객, 회사 및 협력자 가치의 세 가지 차원이 있다. 브랜드 가치 제안의 고객 측면은 일반적으로 브랜드 가치의 다른 측면을 주도하는 측면이다.

브랜드 전략은 중요한 브랜드 목표를 따르며 브랜드가 이 목표를 달성하는 방식을 반영한다. 브랜드 전략은 일반적으로 브랜드 목표에 의해 정의된 시간 범위와 일치하는 장기적 시간 범위를 가지고 있다. 브랜드 전략의 본질은 브랜드의 표적 고객과 고객이 이 브랜드를 선택해야 하는 주된 이유를 설명하는 브랜드 포지셔닝 선언문에서 알 수 있다. 포지셔닝 선언문의 수립은 이 장의 뒷부분에서 자세히 설명한다.

● 전술

전술은 브랜드 전략을 브랜드의 핵심 측면을 정의하는 일련의 실행 가능한 결정으로 변환한다. 브랜드 전술에는 브랜드 디자인과 브랜드 커뮤니케이션의 두 가지 구성 요소가 포함된다.

- 브랜드 디자인. 브랜드의 본질을 정의하는 요소를 표현한다. 브랜드 디자인에는 브랜드를 식별하고 경쟁업체와 차별화하기 위해 회사에서 생성, 관리 및 소유하는 브랜드 식별자(이름, 로고, 좌우명, 캐릭터, 소리 표시, 제품 디자인 및 포장)와 회사가 브랜드 이름과 연결해 활용하려는 의미인 브랜드 참조자인 필요, 혜택, 경험, 행사, 활동, 장소, 사람, 사물, 제품 및 서비스 및 기타 브랜드가 포함된다.

- 브랜드 커뮤니케이션. 브랜드 디자인 식별자와 브랜드 참조자를 연결해 원하는 브랜드 이미지를 마음에 구축하기 위해 고객을 표적으로 한다. 브랜드 커뮤니케이션 결정에는 브랜드와의 고객 접점을 정의하는 브랜드 매체 선택과 브랜드의 전략과 전술의 다양한 측면을 표현하기 위해 사용되는 메시지 문구, 광고 문구 배치, 비디오 대본 및 사운드 트랙 편곡과 같은 수단을 정의하는 창의적인 실행이 포함된다.

브랜드 전술은 브랜드 전략에 따라 결정되며 브랜드를 정의하는 속성을 기획한 다음 브랜드의 본질을 포착하는 방식으로 표적 고객에게 이러한 속성을 전달하는 것을 목표로 한다. 이러한 맥락에서 브랜드 전술은 브랜드를 시장 현실로 만들기 위한 로드맵을 정의한다. 브랜드 전략 및 전술의 주요 측면은 이 장의 뒷부분에서 설명하는 별도의 문서인 브랜드 가치 지도에도 설명되어 있다.

● 집행

집행은 브랜드의 전략과 전술을 현실로 만드는 실행 계획을 설명한다. 구체적으로, 집행에는 브랜드별 자원을 개발하고 브랜드를 시장에 배치하는 두 가지 구성 요소가 포함 된다.

- 자원 개발. 회사가 전략과 전술을 집행하는 데 필요한 자산과 역량을 개발하는 과정을 설명한다. 브랜드 식별자에 대한 지적 재산권 확보, 브랜드 대변인 계약, 브랜드 커뮤니케이션에 필요한 매체 확보와 같은 활동이 포함된다.

- 브랜드 배치. 브랜드를 표적 고객에게 커뮤니케이션해 브랜드를 시장에 출시하는 과정을 설명한다. 브랜드 출시를 조정하고, 다양한 매체 채널을 통해 브랜드 커뮤니케이션 일정을 잡고, 활동과 행사를 관리하는 것이 포함된다.

브랜드 경영 계획의 집행 측면은 브랜드의 전략과 전술을 고객의 마음속에 의미 있는 브랜드 이미지로 변환하는 것을 목표로 한다. 집행 성공 여부는 브랜드가 시장에서 인식되는 방식이 회사가 원하는 이미지와 일치하는 정도에 따라 측정된다.

● 통제

통제는 브랜드의 시장 성과를 최적화하기 위해 회사의 성과를 평가하는 과정을 확인한다. 통제에는 브랜드의 목표 진행 상황을 평가하고 브랜드가 운영되는 시장 상황을 분석하는 두 가지 구성 요소가 수반된다.

- **목표 진행 상황 분석**. 목표와 관련된 브랜드의 시장 성과를 추적하는 과정을 정의한다. 예를 들어, 목표 진행률 분석은 브랜드가 표적 고객 사이에서 원하는 인지도를 달성했는지 여부를 검사할 수 있다.

- **시장 상황 분석**. 회사가 새 브랜드 관련 기회와 위협을 식별하기 위해 시장 환경을 관찰하는 과정을 정의한다. 예를 들어, 상황 분석은 브랜드를 포지셔닝 하는 데 사용할 수 있는 새로운 소비자 동향의 출현을 검사할 수 있다.

브랜드 경영 계획의 통제 구성 요소는 회사가 결정된 행동 방침을 집행할 수 있는지, 현재 브랜드 경영 계획을 재평가하고 수정해야 하는지 또는 현재 행동 방침을 포기하고 브랜드 목표에 도달할 새로운 전략을 수립해야 하는지 여부를 나타낸다. 브랜드 경영 계획의 통제 측면을 집행하기 위한 실용적인 도구는 브랜드의 현재 상태에 대한 포괄적인 분석을 포함하는 브랜드 감사audit이다. 브랜드 감사 수행의 주요 측면은 이 장의 뒷부분에서 설명한다.

전략적 브랜드 경영 계획 문서화

브랜드 경영 계획이 일단 수립되면, 서면으로 작성해 집행에 관여한 주체 간에 공유해야 한다. 이러한 맥락에서 브랜드 경영 계획은 회사의 브랜드별 목표를 정의하고 목표를 달성하기 위한 행동 과정을 설명하며, 목표를 향한 진행 상황을 평가하기 위한 지침을 제공하는 문서이다. 회사의 전략적 계획 절차의 가시적인 결과로서 브랜드 경영 계획은 회사 브랜드의 생성, 성장 및 방어를 가이드한다.

비즈니스 문서로서, 브랜드 경영 계획은 네 가지 주요 부분으로 구성된다. ① 브랜드 경영 계획의 주요 측면을 설명하는 요약executive summary, ② 브랜드가 운영되는 환경에 대한 관련 배경을 제공하는 상황 개요situation overview, ③ 브랜드가 달성하고자 하는 목표와 이 목표를 달성할 방법을 설명하는 실행 계획action plan, ④ 상황 개요 및 제안된 행동 방침의 다양한 측면과 관련된 추가 정보를 제공하는 표exhibits. 브랜드 경영 계획의 네 가지 요소는 〈그림 11.2〉에 자세히 설명되어 있다.

요약	
브랜드 경영 계획의 주요 측면은 무엇인가?	

상황개요	
회사 회사와 브랜드 역사, 문화, 자원, 오퍼링 및 지속적인 활동은 무엇인가?	**시장** 브랜드가 경쟁하거나 경쟁할 시장의 주요 측면은?

브랜드 실행계획

목표	
초점 브랜드를 통해 달성하고자 하는 핵심 결과는?	**기준점** 목표에 도달하기 위한 시간적·양적 기준은?

전략	
표적시장 브랜드 표적고객, 경쟁자, 협력자는 누구인가? 회사 자원 및 상황은?	**가치제안** 표적고객, 협력자, 회사를 위한 브랜드 가치 제안은 무엇인가?

전술	
기획 브랜드를 식별하는 주요 요소(식별자 및 참조자)는 무엇인가?	**커뮤니케이션** 표적고객과 브랜드를 연결하는 데 사용되는 수단(매체 및 크리에이티브 실행)은 무엇인가?

집행	
개발 브랜드는 어떻게 개발되고 있는가?	**전개** 브랜드를 시장에 출시하는 과정은 무엇인가?

통제	
성과 브랜드 경영 목표 진행 상황을 어떻게 평가할 것인가?	**환경** 새로운 기회와 위협을 파악하기 위해 환경을 어떻게 모니터링할 것인가?

표	
브랜드 경영계획을 뒷받침하는 세부사항/증거는?	

그림 11.2 비즈니스 문서로서의 전략적 브랜드 경영 계획

◉ 요약

요약은 브랜드 경영 계획의 주요 측면에 대한 높은 수준의 개요를 제공한다. 목표를 달성하기 위해 제안된 행동 방침과 회사의 목표에 대한 간소화되고 간결한 개요인 마케팅 계획을 위한 "엘리베이터 피치 elevator pitch"이다.

의미 있는 요약을 작성하는 핵심은 오퍼링에 익숙하지 않은 읽는 사람이 제안된 행동 방침의 본질을 파악할 수 있는 방식으로 정보를 제공하는 것이다. 마케팅 계획의 복잡성에 따라, 요약은 반 페이지에서 두세 페이지까지 작성될 수 있다.

◉ 상황 개요

상황 개요는 브랜드가 현재 경쟁하고 있는 시장과 향후 경쟁할 수 있는 시장의 주요 측면을 설명한다. 상황 개요는 제안된 행동 방침의 근거를 이해하는 데 필요한 배경을 제공함으로써 브랜드 행동 계획의 단계를 설정하는 것을 목표로 한다. 이러한 배경 정보를 제공하는 것은 모든 관리자가 시장의 세부사항에 익숙하지 않거나 자신의 사전 지식을 당면한 문제와 쉽게 연관시키지 않을 수 있기 때문에 중요하다. 상황 개요는 일반적으로 회사 개요와 시장 개요의 두 부분으로 구성된다.

- 회사 개요. 목표, 시장 성과, 연혁, 자원을 포함해 브랜드를 관리하는 회사에 대한 관련 정보를 제공한다. 회사 개요에는 브랜드, 브랜드와 관련된 제품 및 서비스, 회사 포트폴리오의 다른 브랜드와 관련된 최근 전략적 주도 및 전술 활동을 포함해 브랜드에 대한 배경 정보를 제공하는 개요도 포함된다.

- 시장 개요. 브랜드가 운영되는 시장의 주요 측면을 개략적으로 설명한다. 특정 니즈를 가진 고객(회사가 브랜드를 맞춤화하는 고객 및 회사가 인정하지 않

는 고객 포함)이 고객의 니즈를 충족시키는 것을 목표로 하는 브랜드의 경쟁자, 이러한 니즈의 충족을 촉진하는 협력자, 브랜드가 운영되는 관련 상황이다.

상황 개요를 개발할 때 관리자는 필수(알아야 할 필요) 정보와 미미한 관련(알아두면 좋은) 정보를 분리해야 한다. 알아야 할 정보는 제안된 행동 방침을 성공적으로 개발하고 집행하는 데 중요하다. 이름에서 알 수 있듯이, 알아야 할 정보는 정보에 입각한 브랜드 관리 결정을 내리기 위해 지식 관리자가 가져야 하는 정보이다. 대조적으로, 알아두면 좋은 정보는 당면한 결정과 밀접한 관련이 있으며 제안된 행동 방침을 결정하는 데 필수적인 것은 아니다. 알아두면 좋은 정보는 실행 가능하지 않기 때문에 브랜드 경영 계획의 일부가 되어서는 안 된다.

● 브랜드 실행 계획

브랜드 실행 계획은 브랜드 경영 계획의 중추이다. G-STIC 체계를 따르고 회사가 브랜드로 달성하고자 하는 목표, 목표 시장에서 정의한 브랜드 전략 및 브랜드가 이 시장에서 창출하려는 가치, 브랜드 디자인 및 커뮤니케이션의 핵심 측면을 식별하는 브랜드 전술, 브랜드 전략 및 전술을 집행하는 실행 계획, 회사가 브랜드 성과를 통제하는 방법을 설명한다. 브랜드 경영 계획의 개별 구성 요소는 이 장의 앞부분에서 설명했다.

● 표

표는 일반적으로 브랜드 경영 계획의 마지막 부분을 구성하고, 브랜드 경영 계획에 요약된 분석과 그에 따른 행동 과정을 지원한다. 표는 계획과 프레젠테이션 형식에서 수행하는 기능에 따라 다르다. 일반적인 브랜드 경영 표는 고객 가치 지도, 브랜드 디자인 지침, 브랜드 커뮤니케이션 계획, 브랜드 감사가 포함된다.

- **고객 가치지도**. 브랜드가 표적 고객을 위해 가치를 창출하는 방식에 초점을 맞춰 브랜드 전략 및 전술의 주요 측면을 간략하게 설명한다. 고객 가치지도의 개발은 이 장의 뒷부분에서 설명한다.

- **브랜드 디자인 지침**. 다양한 시장, 제품 및 매체 형식에서 일관된 브랜드 표현을 달성하기 위해 브랜드 요소를 사용해야 하는 방법을 설명한다. 일반적인 유형의 브랜드 디자인 지침에는 브랜드 이름, 로고, 타이포그래피 및 색상 사용에 대한 세부사항이 포함된다. 브랜드 디자인 지침의 개발은 이 장의 뒷부분에서 다룬다.

- **브랜드 커뮤니케이션 계획**. 표적 고객, 전달할 메시지, 사용할 매체 및 창의적인 해결책, 커뮤니케이션 배포 및 관리의 실행 계획, 커뮤니케이션 효과 측정 방법 등 브랜드 커뮤니케이션 캠페인의 주요 측면을 간략하게 설명한다.

- **브랜드 감사**. 브랜드의 현재 상태와 시장 가치를 창출하고 포착하는 방식을 평가한다. 브랜드 감사는 일반적으로 브랜드 경영 계획의 회사 측면을 다룬다. 브랜드 감사는 이 장의 뒷부분에서 설명한다.

표의 주요 목적은 관련 정보를 효과적으로 전달하는 것이다. 따라서 표의 효과는 브랜드 경영 계획의 근거와 세부 사항에 대한 이해를 용이하게 하는 정도에 따라 달라지므로, 효과적인 표는 다섯 가지 핵심 원칙을 따라야 한다. 표는 필요하고 설정된 목표 및 제안된 행동 방침과 관련된 정보를 제시해야 한다. 표는 구체적이고 계획 본문에 포함된 본문과 직접 관련되어야 하며 각 표는 본문에서 참조되어야 한다. 또한 읽는 사람이 본문을 참조하지 않고도 그 의미를 이해할 수 있도록 자체 설명이 필요하다. 더욱이 표는 간결해야 하며 만들고자 하는 특정 요점과 직접적으로 관련된 정보만을 포함해야 한다. 마지막으로, 표는 문체적으로 기능적stylistically functional이어야 한다. 즉, 표의 기능은 문체를 대체하고 장식 요소의 수와 시각적으로 산만한 세부사항을 최소화해야 한다.

○ 브랜드 경영 계획 작성의 핵심 원칙

브랜드 경영 계획이 효과적이려면, 목표를 달성하기 위한 건전한 목표와 실행 가능한 실행 계획을 요약한 다음, 이 계획을 집행하는 데 관여하는 주체에게 이 전략을 전달해야 한다. 브랜드 경영 계획은 분명하고 간결하며 실행 가능해야 한다.

- 분명. 브랜드 경영 계획의 주요 목표는 제안된 행동 방침에 대해 관련 이해관계자들에게 알리고 실행 가능성을 설득하는 것이다. 따라서 브랜드 경영 계획은 회사가 달성하려는 목표를 명확하게 설명하고 제안된 실행 계획을 설명해야 한다. 논리적으로 정해진 브랜드 경영 계획을 갖는 것은 이 계획을 후속 조치하는 회사의 능력에 필수적이다.

- 간결. 대부분의 브랜드 경영 계획은 불필요하게 길고 관련성이 낮은 정보로 가득 차 있다. 그러한 계획을 수립하는 관리자는 계획의 길이가 사람들의 행동 과정에 대한 생각의 깊이를 반영한다는 잘못된 생각에 의해 주도된다. 브랜드 경영 계획의 길이가 더 광범위한 분석과 심층적 사고의 지표로 사용되는 것은 사실이지만, 더 많은 관리자가 더 짧은 계획이 더 긴 계획보다 낫다는 것을 깨닫게 되었다. 행동 계획을 작성할 때 적은 것이 더 많은 경우가 종종 있다.

- 실행 가능. 브랜드 경영 계획은 설정된 목표를 달성하기 위한 행동 과정을 설명해야 한다. 제안된 행동 방침에는 브랜드의 속성 중 하나 이상을 개발하거나 수정하고, 새로운 커뮤니케이션 캠페인을 시작하고, 브랜드를 재배치하거나 확장하는 것과 같은 활동이 포함될 수 있다. 이러한 조치는 수행

해야 할 작업, 제안된 조치를 시행하기 위한 기간 및 시행 책임자와 관련해 명확하게 정의되어야 한다.

브랜드 구축은 협력적인 노력이기 때문에 기본 목표와 해당 목표를 달성하기 위해 제안된 행동 방침을 공통적으로 이해하는 것이 오퍼링의 성공에 필수적이다. 위의 세 가지 원칙(분명, 간결 및 실행 가능)을 따르면 회사는 마케팅 계획이 브랜드 구축 활동을 효과적으로 가이드하고 회사가 브랜드 목표를 달성할 수 있도록 보장할 수 있다.

고객 가치 지도 만들기

브랜드 경영 계획의 궁극적인 목표는 표적 고객, 회사 및 협력자를 위한 가치를 창출하는 것이다. 세 가지 요소에 모두에 대한 가치 창출이 중요하지만 고객 가치 창출은 브랜드 구축의 정의 단계이기 때문에 우선순위가 높다. 이런 맥락에서 고객 가치지도는 브랜드의 표적 고객을 식별하고 브랜드가 고객을 위해 가치를 창출하는 방식을 설명한다. 따라서 회사의 브랜드 구축 노력의 본질을 포착하고 관리자가 강력한 브랜드를 구축하기 위한 많은 주요 결정을 명확하게 표현한다.

고객 가치지도는 브랜드 경영 계획의 두 가지 구성 요소인 브랜드 전략과 브랜드 전술에 초점을 맞춰 브랜드가 표적 고객을 위한 가치를 창출하는 방식을 확인한다. 전략적 관점에서 고객 가치지도는 "표적 고객이 대체 선택권 대신 회사의 브랜드를 선택하는 이유는 무엇인가?"라는 질문을 해결하는 것을 목표로 한다. 브랜드가 고객을 위해 창출하는 가치는 ① 고객 니즈, ② 회사 브랜드가 창출하는 혜택, ③ 동일한 고객 니즈를 충족하는 대안적 수단(경쟁 브랜드 및 비브랜드 오퍼링)에 의해 창출

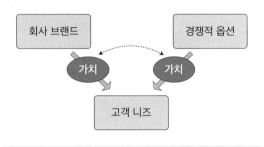

그림 11.3 고객 가치 지도의 전략적인 측면

되는 혜택이다(그림 11.3). 여기서 핵심 원칙은 회사 브랜드가 표적 고객에게 더 나은 혜택을 제공해야 한다는 것이며, 이는 표적고객에게 대체 오퍼링이 아닌 회사의 오퍼링을 선택할 이유를 제공한다.

가치 창출 과정의 전략적 측면을 다루는 것 외에도, 고객 가치지도는 브랜드 전술의 주요 측면, 특히 브랜드를 정의하는 주요 속성 및 브랜드가 표적 고객에게 전달되는 방식을 다룬다. 결과적으로 고객 가치지도에는 브랜드 전략을 반영하는 표적 시장 및 고객 가치 제안과 브랜드 전술을 반영하는 브랜드 디자인 및 커뮤니케이션의 네 가지 주요 구성요소가 포함된다. 브랜드 가치 지도의 네 가지 구성 요소, 주요 성분 및 각 지점에서 다루어야 하는 관련 질문이 〈그림 11.4〉에 나와 있다.

여기서 브랜드의 표적 시장은 두 가지 주요 측면으로 정의된다. 브랜드가 요구하는 목표를 달성하려는 고객과 동일한 고객 니즈를 충족하려는 경쟁사의 브랜드이다. 고객 가치는 브랜드의 가치제안과 고객의 마음속에 브랜드가 원하는 포지셔닝에 의해 정의된다. 전술적 측면에서 브랜드 디자인은 브랜드의 고유한 특성을 정의하는 브랜드 식별자와 브랜드가 고객의 마음에 뚜렷한 이미지를 만드는 데 활용하는 의미를 갖는 브랜드 참조자로 묘사된다. 마지막으로, 브랜드 커뮤니케

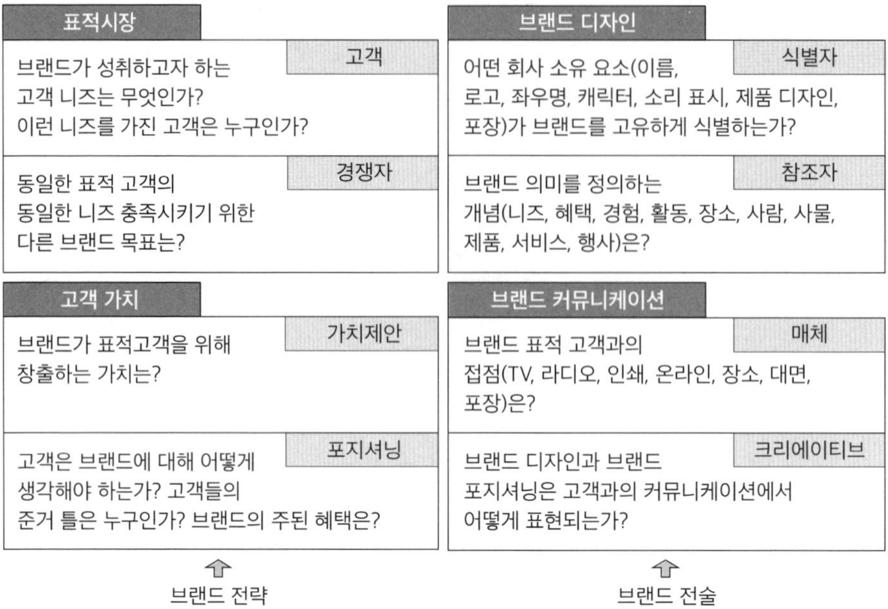

표적시장		브랜드 디자인	
브랜드가 성취하고자 하는 고객 니즈는 무엇인가? 이런 니즈를 가진 고객은 누구인가?	**고객**	어떤 회사 소유 요소(이름, 로고, 좌우명, 캐릭터, 소리 표시, 제품 디자인, 포장)가 브랜드를 고유하게 식별하는가?	**식별자**
동일한 표적 고객의 동일한 니즈 충족시키기 위한 다른 브랜드 목표는?	**경쟁자**	브랜드 의미를 정의하는 개념(니즈, 혜택, 경험, 활동, 장소, 사람, 사물, 제품, 서비스, 행사)은?	**참조자**
고객 가치		브랜드 커뮤니케이션	
브랜드가 표적고객을 위해 창출하는 가치는?	**가치제안**	브랜드 표적 고객과의 접점(TV, 라디오, 인쇄, 온라인, 장소, 대면, 포장)은?	**매체**
고객은 브랜드에 대해 어떻게 생각해야 하는가? 고객들의 준거 틀은 누구인가? 브랜드의 주된 혜택은?	**포지셔닝**	브랜드 디자인과 브랜드 포지셔닝은 고객과의 커뮤니케이션에서 어떻게 표현되는가?	**크리에이티브**

⇧ 브랜드 전략　　　　　　　　　　　⇧ 브랜드 전술

그림 11.4 고객 가치 지도

이션은 매체 선택과 브랜드 메시지를 표현하는 데 사용되는 창의적인 수단으로 정의된다.

　고객 가치 지도는 일반적으로 제품관리자 및 고위 경영진과 긴밀하게 협력하는 브랜드 관리자가 개발해 회사 내의 여러 팀이 중요한 브랜드 전략을 동일하게 이해하도록 한다. 브랜드 가치 지도, 특히 브랜드 식별자 개발은 브랜드 지적 재산의 보호 가능성을 보장하기 위해 법무팀과 협력해야 한다. 마지막으로, 고객 가치 지도의 브랜드 커뮤니케이션 측면은 기본 전략이 실행 가능한 커뮤니케이션 캠페인으로 적절하게 변환되도록 커뮤니케이션 팀과 함께 개발된다.

　고객 가치지도는 브랜드에 대해 잘 알지 못하고 브랜드 경영 계획에 제시된 세부 수준이 반드시 필요하지 않은 주체와 의사소통할 때 특히 유용하다. 따라서 고객 가치지도는 제품 디자인 및 고객 서비스 팀, 영업 사원 및 고위 경영진을 포함해 브랜드 구축에 직접 관여하지 않는 주체들과 소통하기 위해 내부적으로 사용되며 광고, 홍보, 소셜 미디어 및 마케팅 조사 기관을 포함한 회사의 협력자와의 상호작용에도 사용된다.

브랜드 포지셔닝 선언문 개발

브랜드 포지셔닝 선언문은 브랜드 전략의 본질을 설명하는 회사 내부 문서(보통 단일 문장으로 구성됨)이다. 브랜드 포지셔닝 선언문의 주요 목적은 브랜드 관리와 관련된 전술적 결정을 가이드하는 것이다. 고객 가치지도와 유사하게 브랜드 포지셔닝 선언문은 브랜드 전략의 본질을 브랜드 생성, 관리 및 지원과 관련된 관련 주체와 간결하게 공유하는 것을 목표로 한다. 동시에 브랜드 포지셔닝 선언문은 고객 가치지도보다 범위가 훨씬 좁으며 브랜드 전술을 다루지 않고 브랜드 전략의 핵심 측면에만 집중한다.

회사 내의 여러 주체가 브랜드 전략(브랜드의 표적 고객이 누구인지, 브랜드가 고객을 위한 가치를 창출하는 방법)을 정확히 이해하지 못할 수 있기 때문에 포지셔닝 선언문은 브랜드 관리에 중요한 역할을 한다. 따라서 포지셔닝 선언문은 제품 디자인, 광고 및 홍보 대행사를 포함한 회사의 협력자, 유통 파트너 및 외부 영업 사원뿐만 아니라 회사의 모든 관련 주체 간에 브랜드 전략에 대한 공유된 견해를 조성하는 것을 목표로 한다.

포지셔닝 선언문은 표적 고객, 준거 틀frame of reference, 주요 혜택의 세 가지 주요 구성 요소를 포함하며 다음과 같다.

- **표적 고객**. 회사가 의미 있는 브랜드 이미지 구축을 목표로 하고 브랜드가 가치 창출을 목표로 하는 개인이다.

- **준거 틀**. 브랜드를 정의하는 데 사용되는 기준점을 식별한다. 준거 틀은 비 비교적이거나 비교적일 수 있다. 비 비교 틀은 브랜드를 다른 브랜드와 명시적으로 비교하지 않고 이행하고자 하는 고객의 요구에 브랜드를 연결하는 반면, 비교 틀은 브랜드를 다른 브랜드와 대조해 브랜드를 정의한다.

- **주요 혜택**. 고객이 회사의 브랜드를 선호하는 주된 이유를 파악한다. 대부분의 포지셔닝 선언문은 단일 혜택을 파악하지만 여러 혜택을 나타내는 포지셔닝 선언문은 드물지 않다. 주요 혜택에는 브랜드가 이러한 혜택을 주장할 수 있는 이유에 대한 정당성도 포함될 수 있다.

브랜드 포지셔닝 선언문은 브랜드가 고객 가치를 창출하는 주요 방식의 청사진이다. 따라서 브랜드 포지셔닝 선언문이 대답해야 하는 핵심 질문은 "브랜드의 표적 고객은 누구이며 이 브랜드를 선호하는 이유는 무엇인가?"이다. 브랜드 포지셔닝 선언문은 브랜드 포지셔닝(4장에서 논의됨)에서 직접 따르지만 브랜드의 표적 고객을 식별하기 때문에 범위가 더 넓다. 조직의 예와 브랜드 포지셔닝 선언문의 핵심 구성 요소는 이 장의 끝에 나와 있다.

브랜드 포지셔닝 선언문은 일반적으로 브랜드 좌우명에 반영된다. 브랜드 포지셔닝 선언문과 브랜드 좌우명의 차이는 브랜드를 관리하는 역할에 따라 정의된다. 브랜드 포지셔닝 선언문은 본질적으로 더 일반적이며 브랜드 전략의 요약으로 생각할 수 있는 반면, 브랜드 좌우명은 브랜드 전략에서 비롯된 특정 브랜딩 전술이다.

다른 수준의 일반성 외에도 브랜드 포지셔닝 선언문과 브랜드 좌우명은 다른 대상을 위해 디자인되었다. 브랜드 포지셔닝 선언문은 회사 직원, 이해 관계자 및 협력자를 위해 작성된 내부 회사 문서이며 고객과 공유되지 않는다. 반대로, 브랜드의 표적 고객을 위해 브랜드 좌우명이 작성된다. 브랜드 죄우명은 간결하고 고객의 관심을 끌기 위해 고안된 눈에 띄고 기억에 남는 문구를 사용한다. 브랜드 전략의 본질을 간결하게 전달하기 위해 논리적이고 직관적인 방식으로 작성된 브랜드 포지셔닝 선언문과 대조적이다. 예를 들어, 질레트의 포지셔닝 선언문은 다음과 같이 쓸 수 있다. "남성을 위해, 질레트는 최고의 면도 경험을 제공합니다." 반면 그 죄우명은 기억에 남는 "질레트, 남자가 얻을 수 있는 최고의 것"이다. 같은 맥락에서 BMW의 포지셔닝 선언문은 다음과 같이 표현할 수 있다. "BMW는 차별화된 운전자에게 최고의 운전 경험을 제공합니다." 반면 브랜드 죄우명은 "궁극의 드라이빙 머신입니다"이다.

브랜드 정체성 가이드 개발

브랜드 정체성 가이드는 브랜드 정체성 요소가 고객과의 모든 접점에서 준수해야 하는 표준을 설명하는 문서이다. 브랜드 정체성 가이드의 주요 역할은 시간이 지남에 따라 다양한 상황에서 브랜드가 고객에게 제공되는 방식의 일관성을 보장하는 것이다. 브랜드 정체성 가이드의 역할과 주요 구성 요소는 다음 절에서 설명한다.

● 비즈니스 문서로서의 브랜드 정체성 가이드

브랜드 정체성 가이드는 여러 고객 접점이 있는 회사(예: 다양한 판매, 서비스 및 매체 채널), 다양한 시장에서 운영되는 회사(예: 여러 지역 거점이 있는 글로벌 회사), 다운 스트림 협력자와의 고객 상호작용에 의존하는 회사(예: 독립 유통 채널, 프랜차이지 및 브랜드 라이선싱 회사)에 특히 중요하다. 브랜드 책이라고도 하는 브랜드 정체성 가이드는, 브랜드가 대중에게 어떻게 표시되어야 하는지 정의하는 일관된 지침을 제공함으로써 표적 고객 마음에 일관된 브랜드 이미지를 만들 수 있도록 도와준다.

회사는 브랜드 정체성 가이드를 참조하는 방식이 다르다. 일반적인 참조에는 브랜드 안내서(월마트), 브랜드 설명서(테슬라), 브랜드 지침(마이크로소프트 윈도우), 브랜드 책(에너지 스타), 브랜딩 및 후원 지침(타겟Target), 브랜드 커뮤니케이션 지침(삼성), 브랜드 정체성 패키지(코카콜라), 브랜드 정체성 표준(델Dell), 브랜드 정체성 설명서(마텔Mattel), 정체성 가이드(NFL), 시각 정체성 지침(화웨이Huawei), 시각 정체성 및 상표 지침(할리데이비슨), 제품 자산 및 정체성 지침(페이스북), 그래픽 표준 가이드(룰루레몬LuLulemon), 주요 시각적 요소 및 사용 지침(피아트Fiat) 및 마케팅 지침(BMW)이다. 이름은 다르지만, 정체성 가이드는 모두 동일한 목표를 가지고 있다. 즉, 브랜드의 정체성 요소와 다양한 매체 형식에 대한 적용을 명확히 정의해 고객 마음에 일관된 브랜드 이미지를 보장하는 것이다.

일관되고 의미 있는 브랜드 이미지를 만드는 목적을 달성하기 위해 브랜드 정체성 가이드는 전반적인 브랜드 경영 계획에서 파생되어야 하며 전략적으로 실행 가능할 뿐만 아니라 브랜드와 관련된 제품 및 서비스의 세부사항을 고려해 브랜드가 회사 제품에 적용되는 방식의 일관성을 보장해야 한다. 브랜드 정체성 가이드는 브랜드와 관련된 지적 재산을 보호하고 적절한 상표 사용을 정의하기 위해 법적 관점에서 실행 가능해야 하므로 브랜드 관리팀, 제품 디자인팀 및 법률팀이 참여하는 교차 기능적 노력으로 개발된다. 이들 모두는 전략적으로 실행 가능하고, 집행 가능하고, 브랜드 법적 보호를 제공하는 문서를 만들기 위해 협력한다.

브랜드 정체성 가이드는 다양한 고객을 위해 설계되었다. 내부적으로는 제품 개발 및 관리를 담당하는 팀원과 커뮤니케이션 및 홍보팀에게 브랜드 정체성의 주요 측면과 회사 제품 및 서비스 관리에 이러한 요소를 사용하는 방법에 대해 알리는 것을 목표로 한다. 외부적으로, 브랜드 정체성 가이드는 제품 개발 파트너, 커뮤니케이션(예: 광고, 소셜 미디어 및 홍보) 대행사, 유통 채널 파트너, 판매원, 프랜차이즈 및 브랜드 라이선스 사용자를 포함하는 회사 공동 작업자를 대상으로 한다. 일부 회사는 공동 작업자의 브랜드 정체성 요소 사용을 지정하는 별도의 가이드를 개발한다. 예를 들어, 스타벅스는 "We Proudly Serve(우리는 자랑스럽게 봉사한다)" 로고 사용에 대한 별도 지침을 개발했다.

대부분의 브랜드 정체성 가이드는 주요 브랜드 전략 개요와 브랜드 디자인 표준의 두 가지 주요 구성 요소로 구성되며 다음 절에서 자세히 설명한다.

● 브랜드 정체성 가이드의 전략적 측면

정체성 가이드에 브랜드 전략에 대한 개요를 포함하는 것은 회사 직원과 공동 작업자가 회사가 브랜드를 통해 달성하려는 목표와 고객 마음에 어떤 이미지를 만들려고 하는지를 더 잘 이해하는 데 도움이 되기 때문에 중요하다.

브랜드 전략 부문에는 브랜드가 제공하려는 고객, 브랜드 진언(또는 브랜드 약속), 원하는 브랜드 포지셔닝 및 브랜드 개성의 핵심 측면과 같이 브랜드의 본질을 정의하는 요소가 포함될 수 있다. 예를 들어, 월마트의 브랜드 가이드에는 표적 고객의 정의("우리 고객은 가치에 대한 욕구로 정의됨"), 브랜드 목적("더 잘 살 수 있도록 사람들의 돈 절약"), 포지셔닝("우리는 쉽고 빠른 원스톱 쇼핑 경험을 통해 고객이 신뢰하는 브랜드에 대해 저렴한 가격을 제공하기 때문에 고객이 더 나은 삶을 살 수 있도록 돕는다") 및 브랜드 개성

("진정하고 혁신적이며 솔직하며 낙관적인 배려").

브랜드 전략을 설명하면 회사 파트너가 브랜드의 가치제안을 더 잘 전달하는 데 도움이 될 수 있지만 모든 브랜드 정체성 가이드에 브랜드 전략의 개요가 포함되어 있는 것은 아니다. 일부 정체성 가이드는 브랜드 이름과 로고를 표시하기 위해 규정된 색상, 타이포그래피 및 형식을 정의하는 것과 같이 브랜드 관리의 전술적 측면에만 집중하도록 선택한다. 이 접근 방식이 반드시 잘못된 것은 아니지만, 브랜드의 전술적 측면에 대한 설명에 전략적 차원을 추가하면 브랜드 파트너가 고객을 대상으로 브랜드의 의미를 더 잘 전달할 수 있다.

● 브랜드 정체성 가이드의 브랜드 디자인 측면

브랜드 디자인의 다양한 측면을 표현하는 것이 브랜드 정체성 가이드의 주요 구성 요소이다. 브랜드 디자인에 대한 설명에는 두 가지 유형의 정체성 요소가 포함된다. 이름, 로고, 좌우명, 캐릭터, 소리 표시, 제품 디자인, 포장과 같은 회사 소유 요소인 브랜드 식별자 및 회사가 사람들의 마음속에 관련 브랜드 이미지를 구축하기 위해 활용하는 의미인 브랜드 참조자는 니즈, 경험, 행사, 활동, 장소, 사람, 사물과 같은 개념이다.

브랜드 디자인에서 특정 브랜드 요소의 역할과 이러한 요소가 전달되는 수단에 따라 브랜드 정체성 가이드는 브랜드 집행의 네 가지 측면인 언어, 시각 및 오디오 식별자, 브랜드 이미지를 다룰 수 있다.

- **구두**verbal **식별자**. 브랜드 이름 및 좌우명과 같은 구두 식별자의 사용은 일반적으로 다른 텍스트 및 이미지와 관련된 타이포그래피, 색상 및 위치를 지정해 정의된다. 브랜드 정체성 가이드는 브랜드가 일반적이 되지 않도록

항상 브랜드 식별자가 포함하는 제품 이름을 포함해 복수형 또는 소유격 형식으로 브랜드를 사용하지 않는 등 회사가 브랜드 이름을 사용하는 방법을 설명할 수 있다(9장의 브랜드 생성 논의 참조).

- **시각적 식별자**. 시각적 식별자(예: 브랜드 로고, 브랜드 문자, 브랜드의 전체적인 모양과 느낌)의 사용은 일반적으로 디자인, 색상 팔레트(예: 핵심 색상, 일치하는 색상, 색상 비율 및 색상 변형), 크기 및 배치(예: 최소 로고 크기, 공간 및 배경 요구 사항)를 지정해 정의된다.

- **오디오 식별자**. 오디오 식별자(예: 상표가 있는 소리, 곡 및 광고 노래) 사용은 일반적으로 광고, 홍보 자료 또는 서비스 제공 상황에서 길이, 음향 및 배치를 지정해 정의된다.

- **이미지**. 정지 이미지 및 사진과 같은 이미지의 사용은 일반적으로 광고, 홍보 자료, 구매 시점 디스플레이 및 서비스 제공에 사용될 특정 이미지를 식별해 정의된다. 회사가 소유하고 관리하는 시각적 인식자와 달리 브랜드 이미지에는 일반적으로 회사가 소유하지 않고도 브랜드의 의미를 향상시키는 브랜드 참조자가 포함된다. 브랜드 정체성 가이드에는 이러한 시각적 요소를 표시할 위치, 방법 및 시기에 대한 지침이 포함되어 있어 모든 고객 접점에서 일관성을 유지하면서 영향을 극대화할 수 있다.

브랜드 디자인의 개별 요소를 정의하는 것 외에도 브랜드 정체성 가이드는 명함, 레터 헤드, 봉투, 이메일 서명, 컴퓨터 프레젠테이션 및 직원 복장에 대한 브랜드의 기업 사용을 설명할 수도 있다. 이러한 응용은 개별 브랜드 디자인 요소를 창의적으로 결합해 브랜드와 더 복잡한 기업 식별을 생성한다. 여기에서 브랜드 정체성 가이드는 사용되는 정확한 언어, 로고, 그래픽 디자인 및 이미지, 크기 및 배치를 설명한다.

브랜드 감사 실시

브랜드 감사는 브랜드 실행 계획의 통제 측면을 나타낸다. 브랜드가 시장 가치를 창출하는 방식과 이 가치 창출 과정을 최적화할 수 있는 수단에 초점을 맞춰 브랜드의 현재 상태를 평가한다. 브랜드 감사의 본질, 브랜드 감사의 네 가지 주요 유형 및 브랜드 감사 수행의 주요 원칙이 다음 절에 요약되어 있다.

● 브랜드 감사의 본질

브랜드 감사는 브랜드가 간과된 기회와 문제 영역을 식별하고 브랜드 성능을 강화하기 위한 조치를 제안하기 위해 브랜드가 시장 가치를 창출하는 과정에 대한 심층 조사이다. 따라서 의미 있는 브랜드 감사는 브랜드가 시장 가치를 창출하는 방식을 설명하는 것으로 시작된다. 이를 위해, 브랜드 감사는 회사의 브랜드 경영 계획, 이 계획의 집행 및 고객 및 회사 가치 창출 측면에서 시장 영향을 검사한다.

브랜드 감사는 3장에 설명된 브랜드 관리 체계를 따른다. 이 체계는 회사가 달성해야 할 최종 목표를 개략적으로 설명하고 해당 목표를 달성하는 데 필요한 브랜드 전략과 전술을 설명하는 브랜드 경영 계획에 따라 회사의 브랜드별 활동을 안내한다. 브랜드 목표는 회사가 브랜드와 함께 달성하고자 하는 전략적 및 금전적 가치를 반영한다. 브랜드 전략은 표적 고객, 회사 및 협력자에 대한 브랜드의 표적 시장과 가치 제안을 정의한다. 브랜드 전술은 브랜드 식별자와 참조자를 설명하는 브랜드 디자인, 표적 고객에게 브랜드 디자인이 전달되는 수단을 정의하는 브랜드 커뮤니케이션 등 브랜드 전략이 구체적인 행동으로 변환되는 방식을 명확히 설명한다.

브랜드 경영 계획의 실행은 고객이 브랜드를 보는 방식을 반영하는 브랜드 이미지 형성으로 이어진다. 브랜드 이미지에 대한 고객의 평가는 기능적, 심리적, 금전적 세 가지 영역에서 브랜드의 고객 가치를 정의한다. 고객 가치를 창출함으로써 브랜드는 고객 행동에 영향을 미치므로 고객이 브랜드를 구매, 사용 및 홍보할 가능성이 높아진다. 이 브랜드 중심의 고객 행동은 기업 가치를 창출할 수 있는 잠재력을 가지고 있다. 회사 가치를 창출하는 브랜드의 능력은 브랜드가 운영되는 상황, 특히 회사 제품이 제공되는 환경의 변화를 반영하는 시장의 힘, 브랜드가 창출 한 시장 가치에 영향을 미칠 수 있는 기타 마케팅 전술 (제품, 서비스, 가격, 인센티브, 커뮤니케이션 및 유통)에 영향을 받는다.

위에 설명된 브랜드 경영 과정은 브랜드 계획 감사, 브랜드 집행 감사, 고객 영향 감사 및 회사 가치 감사의 네 가지 유형의 브랜드 감사를 의미한다(그림 11.5). 이 네 가지 유형의 감사는 독립적으로 또는 더 자주, 포괄적인 브랜드 관리 감사의 다른 측면에서 수행될 수 있다.

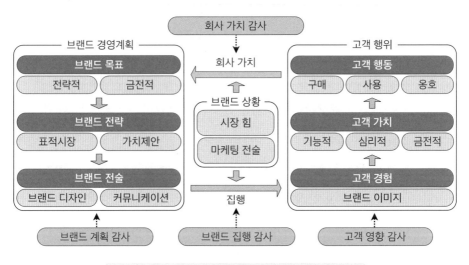

그림 11.5 전략적 브랜드 감사 체계

브랜드 감사의 네 가지 유형(브랜드 계획 감사, 브랜드 집행 감사, 고객 영향 감사, 회사 가치 감사 및 주요 구성 요소)은 다음 절에서 자세히 설명한다.

● 브랜드 경영 계획 감사

브랜드 경영 계획 감사는 회사 브랜드 행동 계획의 건전성과 시장 가치를 창출하고 포착하는 능력을 평가한다. 그것은 회사 브랜드 전략과 전술에 근본적인 결함이 없도록 하고, 적절하게 실행된다면, 계획을 통해 회사가 브랜드에 설정된 목표를 달성할 수 있도록 하는 것을 목표로 한다. 브랜드 경영 계획 감사에는 목표 감사, 전략 감사 및 전술 감사의 세 가지 주요 구성 요소가 포함된다.

- 브랜드 목표 감사. 브랜드 목표가 명확하게 표현되고 전체 마케팅 목표와 핵심 역량 및 전략적 자산과 일치하는지 확인하는 것이다.

- 브랜드 전략 감사. 브랜드 전략 실행 가능성과 브랜드에 대해 설정한 목표를 달성하는 능력을 평가한다. 브랜드 전략 감사 초점은 표적 시장 선택과 표적 고객, 회사 및 협력자를 위한 가치를 창출하는 브랜드 능력이다.

- 브랜드 전술 감사. 중요한 브랜드 전략과의 일관성, 개별 브랜드 속성(식별자 및 참조자)이 서로 조화를 이루는 정도와 관련해 브랜드 디자인과 브랜드 커뮤니케이션을 평가하며 효과적이고 비용 효율적인 방식으로 표적 고객에게 전달할 수 있다.

브랜드 경영 계획 감사는 브랜드 경영의 계획 구성 요소에 초점을 맞추고 있으며, 이러한 맥락에서 회사가 브랜드를 관리하기 위한 명확하고 실행 가능한 실행 계획을 가지고 있는지 확인하는 것을 목표로 한다. 브랜드 경영 계획에 대한 감사에 이어 이 계획이 시장에서 집행되었는지 여부와 방법에 대한 감사가 이어진다.

　브랜드 분석 및 기획

◉ 브랜드 집행 감사

브랜드 집행 감사는 브랜드 전략과 전술이 실제로 시장에서 집행되는 방식을 평가한다. 브랜드 집행 감사는 프랜차이즈 및 라이선싱과 관련된 경우처럼 회사에서 직접 관리하지 않는 브랜드뿐 아니라 다양한 매체 형식과 여러 시장에서 사용되는 브랜드에 특히 중요하다.

예를 들어, 맥도날드, 피자헛, 타코벨, KFC와 같은 다국적 대형 프랜차이즈는 전 세계의 모든 프랜차이즈가 TV, 인쇄, 옥외, 구매 시점, 포장 등 모든 매체 형식에 걸쳐 브랜드 경영 계획과 일치하는 방식으로 브랜드를 사용하도록 해야 한다. 특히, 집행 감사는 브랜드 전술의 두 가지 구성요소인 브랜드 디자인과 브랜드 커뮤니케이션의 집행을 검사한다.

- 브랜드 디자인 감사. 브랜드 요소(식별자 및 참조자)가 브랜드가 사용되는 모든 시장에서 브랜드 경영 계획과 일치하는 정도를 조사한다. 특히, 브랜드 식별자 감사는 이름, 로고, 좌우명, 캐릭터, 소리 표시, 제품 디자인 및 포장과 같은 모든 독점 브랜드 요소가 계획대로 집행되었는지 확인하는 것을 목표로 한다. 유사하게, 브랜드 참조자 감사는 브랜드를 설명하는 데 사용되는 단어, 브랜드와 관련된 이미지 및 유명인 보증인의 선택과 같은 주요 브랜드 참조자가 브랜드의 원하는 의미를 전달하는 데 일관성이 있는지 확인하는 것을 목표로 한다.

- 브랜드 커뮤니케이션 감사. 브랜드 디자인의 주요 측면을 전달하기 위해 특정 매체의 사용과 창의적인 실행을 검사한다. 특히, 브랜드 매체 감사는 매체가 표적 청중에게 도달하고 의도한 메시지를 전달할 수 있는 능력을 포함해 브랜드를 전달하기 위해 사용하는 매체의 다양한 측면이 계획대로 구현되는지 확인하는 것을 목표로 한다. 같은 맥락에서 크리에이티브 실행 감사는 브랜드 메시지 표현, 카피 레이아웃, 비디오 대본 및 사운드 트랙 편성을 표현하는 데 사용되는 수단이 원하는 브랜딩 전략을 따르는지 확인하는 것을 목표로 한다.

브랜드 집행 감사는 또한 소셜 미디어, 경쟁 활동 및 협력자 지원과 같은 시장요인의 영향뿐만 아니라 비브랜드 마케팅 전술(제품, 서비스, 가격, 인센티브, (비브랜드) 커뮤니케이션 및 배포) 영향을 포함한다. 브랜드가 운영되는 상황의 영향을 통제하는 것은 브랜드가 고객 가치를 창출하는 능력에 직접적인 영향을 미칠 수 있기 때문에 중요하다.

◉ 고객 영향 감사

고객 영향감사는 표적 고객에 대한 회사의 브랜드 구축 활동의 영향을 평가한다. 회사 자체 활동에 대한 평가를 포함하는 브랜드 경영 계획 및 브랜드 집행 감사와 달리 고객 영향감사는 고객이 브랜드에 어떻게 반응하는지 조사한다. 고객 영향감사에는 브랜드 이미지 감사, 브랜드 가치 감사, 브랜드 파워 감사의 세 가지 구성 요소가 포함된다.

- 브랜드 이미지 감사. 표적 고객과 브랜드와 관련된 정신적 연상에 의해 브랜드가 어떻게 인식되는지 검사한다. 이러한 맥락에서 브랜드 이미지 감사는 브랜드의 의미가 고객의 마음에 적절하게 표현되는지 확인하는 것을 목표로 한다. 특히 브랜드 이미지의 두 가지 주요 측면인 브랜드 이름에 대한 고객의 인식과 이 브랜드 이름과 연결된 연상이 브랜드 관리 계획과 일치하는지 여부를 조사한다.

- 브랜드 가치 감사. 표적 고객에 대한 브랜드의 개인적 중요성을 검사한다. 여기서 핵심 문제는 고객이 브랜드 이미지의 다양한 측면을 평가하는 방법과 브랜드 가치에 대한 전반적인 평가를 구성하는 방법이다. 브랜드 가치 감사는 심리적·기능적·금전적 가치라는 세 가지 차원을 포괄하며 이러한 각 차원에서 창출된 가치가 브랜드의 가치제안과 일치하는지 확인하는 것을 목표로 한다.

- 브랜드 파워 감사. 표적 고객의 행동에 영향을 미치는 브랜드의 능력을 조사한다. 특히 브랜드 파워 감사는 고객이 브랜드 오퍼링을 구매하고 이 오

퍼링을 자주 사용하며 다른 사람에게 브랜드를 추천할 가능성에 대한 브랜드의 영향을 조사한다. 브랜드 파워의 고객 측면은 회사 협력자, 이해 관계자 및 직원에 대한 브랜드의 영향도 포함하는 브랜드 파워에 대한 전반적인 평가의 구성 요소이다. 브랜드 파워를 평가하는 다양한 방법은 10장에서 논의한다.

고객 영향감사의 궁극적인 목표는 회사의 브랜드 구축 노력에 대한 지침을 제공하고 브랜드 속성이 고객에게 브랜드의 약속을 전달하는 방식으로 설계 및 구현되도록 하는 것이다. 고객 영향감사는 일반적으로 브랜드가 창출한 고객 가치가 회사의 가치로 전환되는 정도에 대한 감사로 이어진다.

◉ 회사 가치 감사

회사 가치 감사는 브랜드가 회사에 이익이 되는 방식을 검사한다. 여기서 중요한 문제는 브랜드가 고객과 협력자를 위해 창출한 가치가 회사의 가치로 전환되는지 여부이다. 회사 가치 감사에는 전략적 가치 감사와 금전적 가치 감사의 두 가지 구성 요소가 포함된다.

- 전략적 가치 감사. 회사의 비금전적 이익을 창출하는 방식으로 회사의 표적 고객, 협력자, 이해 관계자 및 직원의 행동에 영향을 미치는 브랜드의 능력을 검사한다. 이러한 비금전적 혜택에는 회사 포트폴리오의 다른 브랜드에 대한 더 큰 인지도와 선호, 거래 협력 및 지원 강화, 숙련된 직원 채용 및 유지 능력 강화, 이해 관계자 및 일반 대중의 회사 활동 지원 확대 등이 있다. 전략적 이익의 즉각적인 영향은 비금전적이지만 많은 전략적 이익이 궁극적으로 회사의 재정적 가치를 창출한다는 점에 유의해야 한다.

- 금전적 가치 감사. 회사를 위한 재정적 이익을 창출하고 회사의 수익에 기여할 수 있는 브랜드의 능력을 검사한다. 전략적 가치와 금전적 가치의 구

분은 감사의 범위와 기간에 따라 결정된다. 회사 포트폴리오의 다른 브랜드와 분리되어 초점 브랜드에 초점을 맞추는 단기 감사는 회사 활동과 브랜드에 대한 더 넓은 관점을 채택하는 장기 감사에 비해 더 많은 이점을 전략적으로 고려할 가능성이 있다. 후자의 감사는 브랜드 자산을 측정하는 것과 유사하며, 이는 브랜드가 지금까지 창출했으며 미래에 창출할 재정적 수익을 반영한다. 브랜드 자산을 평가하는 다양한 방법은 10장에서 논의된다.

브랜드는 회사 가치 창출에 핵심적인 역할을 하기 때문에 전략적 및 금전적 가치를 모니터링하는 것은 회사의 시장 성공을 보장하는 데 가장 중요하다. 브랜드 가치를 아는 것은 기업 브랜드 구축 활동의 결과를 평가하기 위한 기준 역할을 하고 기업이 강력한 브랜드를 개발하는 가장 효과적이고 비용 효율적인 방법을 식별할 수 있게 해주기 때문에 중요하다. 또한 브랜드가 창출한 가치에 대한 전략적 및 금전적 평가를 제공함으로써 회사 가치 감사는 브랜드 구축 비용을 정당화하고 이러한 비용을 단기 판촉 비용이 아닌 가치 창출에 대한 투자로 처리하는 데 도움이 된다.

● 브랜드 감사 실시

회사는 브랜드 감사를 수행하는 방식이 다르다. 일부 회사는 정기적으로 브랜드를 감사하지만 다른 회사는 문제가 발생할 때만 감사를 한다. 일부 회사는 심층 감사를 수행하는 반면 다른 회사는 브랜드 성과의 특정 측면만 평가한다. 일부 회사는 내부적으로 감사를 수행하고, 다른 회사는 외부 전문가를 고용한다. 기업 전반에 걸친 브랜드 감사 관행의 다양성은 무엇이 "좋은" 브랜드 감사를 구성하는지에 대한 질문을 제기한다.

각 브랜드 감사는 이를 수행하는 회사의 목표와 세부사항에 맞게 조정되지만, 의미 있는 브랜드 감사를 수행하는 것과 관련된 일반원칙은 대부분의 회사에서 동일하게 유지된다. 따라서 효과적인 브랜드 감사는 네 가지 주요 특성으로 정의된다. 체계적이고 포괄적이며 주기적이며 편향되지 않아야 한다.

- **체계적**. 브랜드 감사는 브랜드가 운영되는 환경, 목표, 전략 및 특정 활동에 대한 체계적인 검사이다. 이를 위해, 브랜드 감사는 브랜드에 대한 회사 목표, 전략, 전술, 실행 및 통제의 건전성을 분석한다. 따라서 브랜드 감사는 브랜드 경영 계획의 설계 및 집행의 각 단계에서 문제와 기회를 식별하고 의미 있는 실행 계획에 통합할 수 있다.

- **포괄적**. 브랜드 감사는 로고 디자인, 색 구성표 또는 커뮤니케이션 결구 tagline 같은 단일 활동에 초점을 맞추기보다는 브랜드와 관련된 모든 주요 마케팅 활동을 포함한다. 브랜드의 특정 측면을 조사하는 감사는 유용하지만, 브랜드 성과를 이끄는 인과 관계를 정확하게 포착하지 못할 수도 있다. 예를 들어, 낮은 브랜드 자산은 형편없는 브랜드 디자인, 불충분한 커뮤니케이션, 열등한 제품 성능, 제한된 유통, 강력한 경쟁 등 다양한 요인에서 비롯될 수 있다. 포괄적인 감사를 통해 문제의 실제 원인을 찾고 이러한 문제를 해결하기 위한 효과적인 해결책을 추천할 수 있다.

- **주기적**. 많은 기업들이 문제에 직면했을 때만 브랜드 감사를 시작하는데, 이는 종종 회사의 목표에 도달하지 못하는 측면에서 나타난다. 이 접근법에는 두 가지 주요 단점이 있다. 첫째, 기존의 문제에만 초점을 맞추면 잠재적인 문제를 조기에 파악하지 못하고, 문제는 눈에 띌 정도로 큰 부정적 영향을 미친 경우에만 감지된다. 이것은 특히 문제가 된 후에 대처하는 비용이 많이 들 수 있는 법적 이슈의 경우에 해당된다. 둘째, 문제에만 집중하는 것은 회사가 미래의 성장 영역을 대표할 수 있는 유망한 기회를 간과하게 만들 수 있다.

- **편향되지 않는**. 브랜드 감사는 관리자가 자신의 활동을 평가하는 자체 감사가 지나치게 주관적일 수 있고 공정한 관찰자에게 쉽게 명백한 문제를 식별하지 못할 수 있기 때문에 외부 기관에서 수행할 때 더 유익한 경향이 있다.

관리자가 공정하려고 노력하더라도 내부 평가는 결국 관리자 자신의 견해, 이론 및 동기를 반영해 편향될 수 있다. 이러한 맥락에서 제3자 감사인은 일상적인 관리 작업에 주의를 기울이지 않고도 필요한 객관성과 범주 간 및 산업 간 경험을 가져올 수 있다.

브랜드 감사를 수행하는 이러한 원칙을 준수하면 감사로 생성된 결과가 공정하고 회사가 브랜드 구축 자원을 할당하는 방식을 관리하기 위한 실행 가능한 도구로 작용할 수 있다. 브랜드 감사는 브랜딩 활동의 결과에 대한 통찰력을 제공함으로써 회사가 최적의 결과를 생성하는 방식으로 브랜드를 관리하는 데 도움이 된다.

요약

전략적 브랜드 경영 계획은 브랜드를 만들고, 성장시키고, 방어하는 과정을 간략하게 설명하며 회사 브랜드의 본질, 회사가 경쟁하는 시장, 이 시장에서 창출하고자 하는 가치, 그리고 시장 가치를 창출할 구체적인 방법을 분명히 한다.

G-STIC 체계는 회사의 브랜드 경영 계획의 중추이다. 따라서 브랜드 경영 계획의 수립에는 다섯 가지 주요 구성 요소가 포함된다. 브랜드 성공의 궁극적인 기준을 명시하는 목표 설정, 브랜드가 시장 가치를 창출하는 방식을 명확히 설명하는 전략 정의, 특정 브랜드 속성을 식별하는 전술 설계, 브랜드 구축의 실행 계획을 설명하는 집행 계획을 정의하고 브랜드의 현재 상태와 브랜드가 운영되는 환경을 평가하는 통제과정을 식별한다.

계획이 수립되면, 그 시행에 부여된 기업들과 공유되기 위해 문서화되고 기록될 필요가 있다. 기업의 전략적 계획 과정의 가시적인 결과로서, 브랜드 경영 계획은 4개의 주요 부문으로 구성된다. ① 브랜드 경영 계획의 주요 측면을 설명하는 요약, ② 브랜드가 운영되는 환경에 대한 관련 배경을 제공하는 상황 개요, ③ 브랜드가 달성하고자 하는 목표와 이 목표를 달성하는 방법을 설명하는 실행 계획, ④ 상황 개요 및 제안된 행동 방침의 다양한 측면과 관련된 추가 정보를 제공하는 표이다. 브랜드 경영계획이 효과적이려면 분명하고 간결하며 실행 가능해야 한다.

고객 가치 지도는 브랜드가 표적 고객을 위해 가치를 창출하는 방식에 초점을 맞춘 브랜드 전략 및 전술의 주요 측면을 설명한다. 브랜드가 운영되는 표적 시장, 브랜드가 창출하는 고객 가치, 브랜드 디자인, 브랜드 커뮤니케이션의 네 가지 핵심 요소를 포함한다. 브랜드 표적 고객을 식별하고 브랜드가 이러한 고객을 위해 가치를 창출하는 방식을 기술하기 때문에 고객 가치 지도는 브랜드 경영 계획의 초석이다.

브랜드 포지셔닝 선언문은 일반적으로 한 문장으로 구성되는 내부 회사 문서로, 브랜드 경영과 관련된 전술적 결정을 가이드하는 브랜드 전략의 본질을 설명한다. 포지셔닝 선언문에는 세 가지 주요 구성 요소가 포함된다. ① 브랜드가 가치 창출을 목표로 하는 표적 고객, ② 브랜드를 정의하는 데 사용되는 참조점을 식별하는 준거 틀, ③ 고객이 회사 브랜드를 선호하는 주요 이유를 식별하는 주요 혜택.

브랜드 정체성 가이드는 고객과의 모든 접점에서 브랜드 정체성 요소가 준수해야 하는 표준을 설명하는 서면 문서이다. 브랜드 정체성 가이드의 주요 역할은 시간이 지남에 따라 다양한 경우에 브랜드가 고객에게 제공되는 방식의 일관성을 보장하는 것이다. 대부분의 브랜드 정체성 가이드는 두 가지 주요 구성 요소로 구성되어 있다. 즉, 포괄적인 브랜드 전략의 개요와 브랜드의 식별자 및 참조자 디자인의 세부 사항이다.

브랜드 감사는 브랜드 실행 계획의 통제 측면을 나타낸다. 브랜드가 시장 가치를 창출하는 방식과 이러한 가치 창출 과정이 최적화될 수 있는 방식에 초점을 맞춰 브랜드의 현재 상태를 평가한다. 브랜드 감사에는 네 가지 주요 구성요소가 포함된다. ① 회사의 브랜드 실행 계획의 건전성과 시장 가치를 창출하고 포착하는 능력을 평가하는 브랜드 계획 감사, ② 브랜드의 전략과 전술이 시장에서 구현되는 방식을 평가하는 브랜드 집행 감사, ③ 표적 고객에 대한 회사의 브랜드 구축 활동의 영향을 평가하는 고객 영향감사, ④ 브랜드가 회사를 위해 가치를 창출하는 방식을 조사하는 회사 가치 감사. 브랜드 감사가 효과적이기 위해서는 체계적이고 포괄적이며 주기적이며 편견이 없어야 한다.

참고문헌

1장. 사업 분야로서의 브랜드 경영

David Aaker, *Brand Relevance: Making Competitors Irrelevant* (New York, NY: Jossey-Bass, 2011).

David Aaker and Erich Joachimsthaler, *Brand Leadership* (New York, NY: Simon and Schuster, 2012).

Nigel Hollis, *The Meaningful Brand: How Strong Brands Make More Money* (New York, NY: Pal-grave Macmillan, 2013).

Jean-Noël Kapferer, *The New Strategic Brand Management: Advanced Insights and Strategic Think-ing*, 5th ed. (London, UK: Kogan Page Publishers, 2012).

Kevin Lane Keller and Vanitha Swaminathan, *Strategic Brand Management: Building, Measuring, and Managing Brand Equity*, 5th ed. (Upper Saddle River, NJ: Prentice Hall, 2019).

Bernd Schmitt and Alex Simonson, *Marketing Aesthetics: The Strategic Management of Brand, Iden-tity, and Image* (New York, NY: Free Press, 1997).

Alice Tybout and Tim Calkins, *Kellogg on Branding in a Hyper-Connected World* (Hoboken, NJ: John Wiley & Sons, 2019).

2장. 가치 창출 과정으로서의 브랜드 경영

Alexander Chernev, *Strategic Marketing Management: Theory and Practice* (Chicago, IL: Cerebellum Press, 2019).

Alexander Chernev, *The Business Model: How to Develop New Products, Create*

Market Value and Make the Competition Irrelevant (Chicago, IL: Cerebellum Press, 2017).

Alice Tybout and Bobby Calder, *Kellogg on Marketing* (New York, NY: John Wiley & Sons, 2010).

David Aaker, *Strategic Market Management*, 10th ed. (New York, NY: John Wiley & Sons, 2013).

Jagdish Sheth and Rajendra Sisodia, *The 4 A's of Marketing: Creating Value for Customers, Compa-nies and Society* (New York, NY: Routledge, 2012).

Philip Kotler, *Kotler on Marketing: How to Create, Win, and Dominate Markets* (New York, NY: Free Press, 1999).

Philip Kotler and Kevin Lane Keller, *Marketing Management*, 15th ed. (Upper Saddle River, NJ: Prentice Hall, 2016).

Russell Winer and Ravi Dhar, *Marketing Management*, 4th ed. (Upper Saddle River, NJ: Prentice Hall, 2010).

Robert Palmatier and Shrihari Sridhar, *Marketing Strategy: Based on First Principles and Data Ana-lytics* (New York, NY: Red Globe Press, 2017).

3장. 시장 가치 창출 수단으로서의 브랜드

Tom Blackett, *Brands: The New Wealth Creators*, Susannah Hart and John M. Murphy, Eds. (New York, NY: New York University Press, 1998.

Kevin Lane Keller and Vanitha Swaminathan, *Strategic Brand Management: Building, Measuring, and Managing Brand Equity*, 5th ed. (Upper Saddle River, NJ: Prentice Hall, 2019).

Alice Tybout and Tim Calkins, *Kellogg on Branding in a Hyper-Connected World* (Hoboken, NJ: John Wiley & Sons, 2019).

David Aaker, *Managing Brand Equity* (New York, NY: Simon and Schuster, 2009).

Gabriela Salinas, *The International Brand Valuation Manual: A Complete Overview and Analysis of Brand Valuation Techniques, Methodologies and Applications* (Hoboken, NJ: John Wiley & Sons, 2009).

Gordon Smith, *Trademark Valuation*, 2nd ed. (Hoboken, NJ: John Wiley & Sons, 2013).

전략적 브랜드 경영

4장. 브랜드 전략 수립

Alexander Chernev, *Strategic Marketing Management: Theory and Practice* (Chicago, IL: Cerebellum Press, 2019).

Patrick Barwise and Sean Meehan, *Simply Better: Winning and Keeping Customers by Delivering What Matters Most* (Boston, MA: Harvard Business School Press, 2004).

W. Chan Kim and Renée Mauborgne, *Blue Ocean Strategy: How to Create Uncontested Market Space and Make the Competition Irrelevant* (Boston, MA: Harvard Business School Press, 2005).

Al Ries and Jack Trout, *Positioning: The Battle for Your Mind*, 20th Anniversary Edition (New York, NY: McGraw-Hill, 2000).

David Aaker and Erich Joachimsthaler, *Brand Leadership* (New York, NY: Simon and Schuster, 2012).

Kevin Lane Keller and Vanitha Swaminathan, *Strategic Brand Management: Building, Measuring, and Managing Brand Equity*, 5th ed. (Upper Saddle River, NJ: Prentice Hall, 2019).

Youngme Moon, *Different: Escaping the Competitive Herd* (New York, NY: Crown Business, 2016).

5장. 브랜드 디자인

David Airey, *Logo Design Love: A Guide to Creating Iconic Brand Identities*, 2nd ed. (Berkeley, CA: New Riders, 2014).

Bernd Schmitt and Alex Simonson, *Marketing Aesthetics: The Strategic Management of Brands, Identity, and Image* (New York, NY: Free Press, 1997).

Alina Wheeler, *Designing Brand Identity: An Essential Guide for the Whole Branding Team*, 5th ed. (Hoboken, NJ: John Wiley & Sons, 2017).

6장. 브랜드 커뮤니케이션

George Belch and Michael Belch, *Advertising and Promotion: An Integrated Marketing Communica-tions Perspective*, 10th ed. (Boston, MA: McGraw-Hill/Irwin, 2014).

Jonah Berger, *Contagious: Why Things Catch On* (New York, NY: Simon & Schuster,

2013).

Douglas Holt, "Branding in the Age of Social Media," *Harvard Business Review* 94 (March 2016), pp. 40-50.

David Ogilvy, *Ogilvy on Advertising* (New York, NY: Crown, 1983).

Yoram Wind and Catharine Findiesen Hays, *Beyond Advertising: Creating Value Through All Cus-tomer Touchpoints* (New York, NY: Wiley, 2016).

Robert Cialdini, *Influence: Science and Practice*, 5th ed. (New York, NY: Pearson, 2009).

7장. 브랜드 아키텍처 만들기

David Aaker, *Brand Portfolio Strategy: Creating Relevance, Differentiation, Energy, Leverage, and Clarity* (New York, NY: Free Press, 2004).

Jean-Noël Kapferer and Vincent Bastien, *The Luxury Strategy: Break the Rules of Marketing to Build Luxury Brands* (London, UK: Kogan Page Publishers, 2012).

Nirmalya Kumar and Jan-Benedict E. M. Steenkamp, *Private Label Strategy: How to Meet the Store Brand Challenge* (Boston, MA: Harvard Business School Press, 2007).

8장. 브랜드 역동성 관리

David Aaker, *Building Strong Brands* (New York, NY: Free Press, 1996).

Byron Sharp, *How Brands Grow: What Marketers Don't Know* (South Melbourne, Australia: Ox-ford University Press, 2010).

Tim Calkins, *Defending Your Brand: How Smart Companies Use Defensive Strategy to Deal with Competitive Attacks* (London, UK: Palgrave Macmillan, 2012).

9장. 브랜드 보호

Deborah Bouchoux, *Intellectual Property: The Law of Trademarks, Copyrights, Patents, and Trade Se-crets*, 4th ed. (Boston, MA: Cengage Learning, 2012).

Stephen McJohn, *Intellectual Property: Examples and Explanations*, 5th ed. (Alphen aan den Rijn, The Netherlands: Wolters Kluwer, 2015).

Andrew Sherman, *Harvesting Intangible Assets* (New York, NY: AMACOM, 2011).

Mark Ritson, "Should You Launch a Fighter Brand?," *Harvard Business Review* 87 (October 2009), pp. 87-94.

10장. 브랜드 영향 측정

David Aaker, V. Kumar, Robert Leone, and George Day, *Marketing Research* (Hoboken, NJ: John Wiley & Sons, 2012).

Floyd Fowler, *Survey Research Methods*, 5th ed. (Thousand Oaks, CA: Sage Publications, 2013).

Jacob Jacoby, *Trademark Surveys: Designing, Implementing, and Evaluating Surveys* (Chicago, IL: American Bar Association, 2015).

David Aaker, V. Kumar, *Robert Leone, and George Day, Marketing Research*, 12th ed. (New York, NY: John Wiley & Sons, 2015).

Naresh Malhotra, *Marketing Research: An Applied Orientation*, 7th ed. (Upper Saddle River, NJ: Pearson, 2018).

Catherine Marshall and Gretchen Rossman, *Designing Qualitative Research*, 4th ed. (Thousand Oaks, CA: Sage Publications, 2006).

11장. 전략적 브랜드 경영 계획 수립

Alexander Chernev, *The Marketing Plan Handbook*, 5th ed. (Chicago, IL: Cerebellum Press, 2018).

John Gerzema and Edward Lebar, *The Brand Bubble: The Looming Crisis in Brand Value and How to Avoid It* (Hoboken, NJ: John Wiley & Sons, 2008).

Kevin Lane Keller and Vanitha Swaminathan, *Strategic Brand Management: Building, Measuring, and Managing Brand Equity*, 5th ed. (Upper Saddle River, NJ: Prentice Hall, 2019).

Alina Wheeler, *Designing Brand Identity: An Essential Guide for the Whole Branding Team*, 5th ed. (Ho-boken, NJ: John Wiley & Sons, 2017).

찾아보기

전략적 브랜드 경영

알렉산더 체르네프 Alexander Chernev

미국 노스웨스턴대학교Northwestern University 켈로그 경영대학원Kellogg School of Management 마케팅 교수이며, 소피아대학교에서 심리학 박사 학위, 듀크대학교에서 경영학 박사 학위를 받았다.

체르네프 교수는 주요 마케팅 저널에 게재되었으며, *The Wall Street Journal*, *Financial Times*, *The New York Times*, *The Washington Post*, *Harvard Business Review*, *Scientific American*, *Associated Press*, *Forbes*, *Business Week* 등을 포함한 비즈니스와 대중 언론에서 자주 인용되었고, *Journal of Marketing*에서 주요 마케팅 저널에서 가장 다작을 하는 10대 학자 중 한 명으로, *Journal of Marketing Education*에서 발행한 마케팅 교수진 글로벌 설문 조사에서는 소비자 행동 영역에서 상위 5대 마케팅 교수진 중 한 명으로 선정되었다.

체르네프 교수의 저서(전략적 마케팅 관리, 전략적 브랜드 관리, 마케팅 계획 핸드북 및 비즈니스 모델: 신제품 개발, 시장 가치 창출, 경쟁을 무의미하게 만드는 방법)는 다중어로 번역되어 전 세계 최고의 경영대학원에서 현재 사용되고 있으며, 필립 코틀러, 케빈 켈러와 함께 획기적인 마케팅 경영 교재의 신판 공동 저자이며, *Journal of Marketing* 영역 편집자 및 *Journal of Marketing Research*, *Journal of Consumer Research*, *Journal of Consumer Psychology*, *Journal of the Academy of Marketing Science*, *International Journal of Research in Marketing*, *Journal of Marketing Behavior*를 비롯한 주요 연구 저널 편집위원을 역임했다.

체르네프 교수는 켈로그 경영대학원에서 MBA, PhD 및 임원 교육프로그램에서 마케팅 전략, 브랜드 관리 및 행동 결정 이론 강의 및 프랑스와 싱가포르 INSEAD, 스위스 IMD, 홍콩 과학 기술 대학교에서 경영자 프로그램 등을 강의했으며, Kellogg Executive MBA Program에서 14차례 최고 교수상, 핵심과정 교수상, 교수진 영향상(Faculty Impact Award) 등을 수상했다.

연구 및 교육 외에도 Marketing Science Institute 학술 이사이며 비즈니스 전략, 브랜드 경영, 소비자 행동 및 지적 재산권 전문가로서 활동하고 있고, 특히 비즈니스 모델 재수립 및 신제품 출시 전략 수립 등을 포함한 포춘*Fortune* 500대 기업의 경쟁 우위 확보를 위해 협력하고 있으며, 많은 스타트업 기업들의 시장 진출을 위한 새로운 사업 모델 및 시장 전략 수립에 조력을 아끼지 않고 있다.

오해동

연세대학교(미래캠퍼스) 경영학부 객원교수
미국 일리노이주립대학교 학사
미국 로욜라 시카고 경영대학원 석사
연세대학교 경영학 박사(마케팅 전공)
삼성전자 임원(해외 마케팅) 및 대기업 임원 마케팅 부문

노전표

연세대학교(미래캠퍼스) 경영학부 교수
연세대학교 학사 및 석사
미국 테네시대학교 경영학 박사(마케팅 전공)
미국 시러큐스대학교 조교수
LG 경제연구소 연구위원
강원대학교 부교수
미국 텍사스대학교, 일본 와세다대학교 초빙교수
미국 워싱턴대학교 풀브라이트 펠로